FUNDAMENTOS DE ADMINISTRAÇÃO PÚBLICA BRASILEIRA

Marcelo Douglas de Figueiredo Torres

Copyright © 2012 Marcelo Douglas de Figueiredo Torres

Direitos desta edição reservados à
Editora FGV
Rua Jornalista Orlando Dantas, 37
22231-010 | Rio de Janeiro, RJ | Brasil
Tels.: 0800-021-7777 | 21-3799-4427
Fax: 21-3799-4430
editora@fgv.br | pedidoseditora@fgv.br
www.fgv.br/editora

Impresso no Brasil | *Printed in Brazil*

Todos os direitos reservados. A reprodução não autorizada desta publicação,
no todo ou em parte, constitui violação do copyright Lei nº 9.610/98).

Os conceitos emitidos neste livro são de inteira responsabilidade do(s) autor(es).

1ª edição — 2012

Revisão de originais: Maria Lucia Leão Velloso
Revisão: Fatima Caroni e Tathyana Viana
Projeto gráfico e editoração eletrônica: Mari Taboada
Capa: Letra e Imagem
Imagem da capa: Frontpage / Shutterstock.com.

Ficha catalográfica elaborada pela
Biblioteca Mario Henrique Simonsen/FGV

Torres, Marcelo Douglas de Figueiredo
    Fundamentos de administração pública brasileira / Marcelo Douglas de
Figueiredo Torres. — Rio de Janeiro: Editora FGV, 2012.
    352 p.

    Inclui bibliografia e anexos.
    ISBN: 978-85-225-1232-4

    1. Administração pública — Brasil. I. Fundação Getulio Vargas. II. Título.

CDD – 353

Para Cristina, por mais 26 anos de amor, respeito e dedicação.

Deve-se considerar aqui que não há coisa mais difícil, nem de êxito mais duvidoso, nem mais perigosa, do que o estabelecimento de novas leis. O novo legislador terá por inimigos todos aqueles a quem as leis antigas beneficiava, e terá tímidos defensores nos que forem beneficiados pelo novo estado de coisas. Essa fraqueza nasce parte do medo dos adversários, parte da incredulidade dos homens, que não acreditam na verdade das coisas novas senão depois de uma firme experiência. Daí resulta que os adversários, quando têm ocasião de assaltar, o fazem fervorosamente, como sectários, e os outros o defendem sem entusiasmo e periclita a defesa do príncipe."

MAQUIAVEL. *O Príncipe.*

SUMÁRIO

Apresentação	9
1. Federalismo e administração pública no Brasil	17
2. A política de recursos humanos na administração pública federal	85
3. Compras governamentais: marco legal e operacionalização	147
4. Execução orçamentária e financeira: desafios, especificidades e alocação de recursos	189
5. Ciclo de formulação, execução e acompanhamento de políticas públicas	235
6. O controle da administração pública no Brasil	275
7. Breve histórico da administração pública brasileira	315
Bibliografia	331
Anexo — Legislação federal consultada	339
Lista de tabelas	349

Apresentação

A preocupação básica deste livro é organizar, estruturar e analisar um conjunto de informações sobre a administração pública brasileira. Fruto de longos anos de experiência do autor como servidor público federal e professor em escolas especializadas na formação e aperfeiçoamento de servidores públicos dos três níveis de governo, este trabalho tem por objetivo ser didático e estudar a vasta legislação que estrutura o funcionamento do setor público no Brasil, enfocando as experiências mais determinantes e fundamentais que marcam o cotidiano do Estado. Com este livro pretendo preencher uma lacuna na literatura especializada, ao apresentar uma visão sistêmica e estrutural dessa gigantesca máquina governamental, e também contribuir para a formação, o treinamento, a especialização e o aperfeiçoamento dos servidores públicos, tarefa que considero fundamental para incrementar o nível de desempenho institucional do setor estatal.

Quando se apontam as causas da baixa performance das políticas públicas brasileiras, que seriam implementadas com níveis insatisfatórios de eficiência e efetividade, a precária qualificação dos servidores públicos aparece como um dos principais desafios a superar. Paradoxalmente, ainda são poucas e insuficientes as iniciativas para atacar esse grave problema, e escassos as escolas de governo e os cursos superiores especializados em administração pública no Brasil. Como acredito que a solução de boa parte dos problemas de performance da administração pública brasileira passa pela sala de aula, tendo a ver com o treinamento, o aperfeiçoamento e a formação de servidores públicos, torna-se crucial a produção de material didático de qualidade. Assim, dentro de suas limitações, a contribuição deste livro é oferecer uma visão ampla, sistêmica e estrutural da administração pública brasileira, mediante a análise da legislação que lhe é específica, além de focalizar as experiências mais estabelecidas e rotineiras que caracterizam o funcionamento do setor público.

Por seu amplo conjunto de singularidades, acredito que a administração pública representa uma área bastante específica do conhecimento, organizando-se através de um conjunto próprio de leis, valores, cultura organizacional, procedimentos burocráticos, entre outras diferenças cruciais em relação ao mundo corporativo. Apesar, porém, da importância do setor público no desenvolvimento histórico brasileiro, a produção de conhecimento científico, os estudos de casos e a atividade acadêmica dos melhores centros de pesquisa não refletem essa realidade, já que é proporcionalmente pequena a literatura especializada sobre administração pública.

Mais recentemente, pode-se constatar um esforço crescente para introduzir na administração pública técnicas gerenciais fartamente utilizadas na iniciativa privada. Essa tendência é fruto de um movimento de reformas administrativas do setor público iniciado na década de 1980 que pode ser genericamente denominado Nova Gestão Pública e que teve como consequência, entre outras, o estreitamento da área comum entre a administração pública e a administração de empresas.

Paralelamente, no sentido inverso, é visível o incremento da responsabilidade social de empresas e instituições privadas nas últimas décadas, sinalizando uma preocupação maior com a sociedade, o meio ambiente e os cidadãos, e abandonando definitivamente a antiga visão de priorizar apenas o lucro e os balanços financeiros. Esse processo de aprofundamento do compromisso social do mundo corporativo demonstra claramente que o setor estatal não mais constitui o ente exclusivo encarregado de pensar, financiar e implementar atividades de interesse público ou social.

Simultaneamente, e como consequência desse novo compromisso, observa-se um intenso crescimento das organizações do terceiro setor. Essas instituições possuem características peculiares que as afastam das empresas típicas do capitalismo, uma vez que não têm como foco a obtenção do lucro e desempenham importantes atividades assistenciais, o que deixa evidente que as políticas públicas de interesse social não precisam necessariamente ser empreendidas exclusivamente pelo setor estatal. Recentemente, a experiência brasileira de atuação conjunta do setor estatal e das instituições de direito privado sem fins lucrativos se intensificou, atuando o Estado como o gestor de uma grande rede de instituições, com variados formatos jurídicos, que formulam e implementam, em parceria, políticas públicas nas mais diversas áreas.

Mas, apesar das aproximações mencionadas, resta ainda um amplo terreno em que as diferenças entre o mundo corporativo e o da administração pública se mantêm, especialmente no caso do Brasil, onde existe legislação vasta e bem específica para organizar e estruturar o funcionamento do setor estatal. Usualmente, o senso comum e parte da própria literatura especializada difundem uma dicotomia bastante consagrada: o mundo corporativo trabalharia no nível máximo de eficiência, enquanto a administração pública representaria toda sorte de práticas obsoletas, burocráticas, corruptas e improdutivas.

Fugindo dessa falsa dicotomia, este trabalho pretende demonstrar que tanto a administração pública quanto a administração de empresas enfrentam problemas específicos e desafiadores. Por ter sua imagem intrinsecamente associada ao funcionamento do mercado, não raro ingenuamente tido como infalível e autossuficiente, a administração de empresas é considerada infinitamente mais produtiva e moderna do que a gestão pública. Nesse cenário, em geral, a imagem da administração pública é fartamente relacionada com suas conhecidas disfunções: ineficiência, corrupção, corpo de servidores autorreferidos, morosidade, excesso de burocracia, entre outras características exaustivamente consagradas pelo senso comum.

Inexplicavelmente, contudo, as deficiências encontradas no funcionamento do mercado e no gerenciamento das empresas tendem a ser minimizadas pela literatura especializada. Fazendo-se uma análise realista e pragmática, ficam evidentes as falhas de funcionamento do mercado e da gestão das empresas, como: a) formação de cartéis, monopólios e oligopólios; b) práticas hobbesianas, predatórias e desiguais no mercado internacional; c) carga de trabalho, competitividade e cobrança por desempenho absolutamente desumanas; d) deficiência no sistema de mérito (ou alguém ainda acredita que a ascensão profissional no mundo corporativo é essencialmente calcada na capacidade técnica e na habilidade dos funcionários?); e) corrupção e fraudes — que não são prerrogativas exclusivas da administração pública, como comprovam os abundantes escândalos no mundo corporativo —, entre outras deficiências.[1]

Os analistas mais qualificados consideram historicamente superada a discussão sobre a importância, a necessidade e a viabilidade da atuação do Estado em face das imperfeições observáveis no funcionamento do mercado. A crise mundial que se iniciou em 2007 e se agravou ferozmente no 2º semestre de 2008 não deixa dúvidas sobre as lógicas diferentes e, em alguns casos, antagônicas que estruturam o mercado e a administração pública. A crise teve início com a inadimplência dos mutuários norte-americanos, que não mais conseguiam pagar as hipotecas de suas casas avaliadas com valores acima do mercado. Ato contínuo, as gigantes hipotecárias norte-americanas

---

[1] Para uma discussão acerca das diferenças de tratamento dos problemas relacionados a fraudes e à corrupção no setor público e no mundo corporativo, ver Torres (2002).

Fannie Mae e Freddie Mac entraram em colapso, necessitando de urgente e enorme socorro financeiro do Tesouro americano. No aprofundamento da crise, o setor financeiro norte-americano entrou em bancarrota, levando o quarto maior banco de investimentos dos Estados Unidos, o Lehman Brothers, a pedir concordata em setembro de 2008.

Em seguida, o setor de seguros repercutiu a crise, que se estendeu a outros países e se alastrou por toda a economia mundial, exigindo um enorme aporte de recursos públicos para salvar a maior seguradora do mundo, a American International Group (AIG). Em 19 de dezembro de 2008 chegou a vez de as grandes montadoras norte-americanas, General Motors e Chrysler, serem socorridas pelo governo com um pacote de mais de US$ 17 bilhões — uma intervenção crucial para mantê-las no mercado. Finalmente, do mesmo modo que a Chrysler, em 2 de junho de 2009 a General Motors, ícone de uma era do capitalismo americano, entrou em concordata, com o governo dos Estados Unidos assumindo 60% de suas ações.

Medidas emergenciais de salvamento de empresas e políticas de incentivo ao consumo e à manutenção do emprego foram adotadas na grande maioria dos países, especialmente nos mais desenvolvidos. Essa nova postura dos governantes ficou bem explicitada e caracterizada na reunião do G-20, em Londres, no início de abril de 2009. A principal medida adotada pelos governantes foi injetar mais de US$ 1 trilhão na economia, em incentivos ao crédito, com amplo financiamento ao Fundo Monetário Internacional, visando manter as taxas de emprego e consumo. Além do abrangente pacote de ajuda econômica, também ficou decidido que se faria um esforço para melhor regular o sistema financeiro internacional, evitando os abusos e calotes que desencadearam a crise, só comparável em intensidade e virulência aos acontecimentos que culminaram no *crack* da Bolsa de Valores de Nova York em 1929.

Toda essa dolorosa experiência que causou desemprego, empobrecimento e perdas bilionárias reforçou as diferenças entre as regras do mercado e o funcionamento do setor estatal, que se mantém único e essencial na estruturação, coordenação e regulação de nossas complexas sociedades, desempenhando papel fundamental na organização do tecido econômico e social. Quando se assiste ao desmoronamento, em semanas, de ícones sagrados do capitalismo, vários problemas estruturais ficam evidentes, especialmente no que se refere à necessidade de regulação e coordenação do mercado.

Esses momentos de crise exigem, por parte do Estado, intervenções tempestivas, complexas e vultosas do ponto de vista financeiro. Nesse cenário, as ferramentas, a legislação, a capacidade operacional e técnica da administração pública assumem papel primordial, não deixando dúvidas quanto às especificidades e à essencialidade dessa área do conhecimento.

Particularmente em um contexto adverso como o vivenciado durante o ano de 2008, a burocracia pública assume papel relevante, devendo estar aparelhada para enfrentar esses terríveis desafios. Ao redor do mundo e também no Brasil a intervenção estatal tem amenizado sobremaneira os impactos causados pelas disfunções do funcionamento do mercado. Trabalhasse a burocracia pública com os níveis de desempenho e ineficiência a ela equivocadamente associados, os efeitos da crise financeira e econômica seriam catastróficos. Essas e outras experiências recentes e concretas têm demonstrado os avanços e os aperfeiçoamentos vivenciados pelo setor público no Brasil e no mundo.

A administração pública brasileira, enquanto área específica do conhecimento, em sintonia com o que se observa no mundo, vem experimentando considerável avanço técnico, institucional e legal nas últimas décadas. A título de exemplo, com o intuito de demonstrar como a administração pública desempenha papel importante e pioneiro em várias áreas e situações específicas do conhecimento desde sua origem, reproduzo a passagem a seguir:

> A primeira aplicação consciente e sistemática dos princípios da administração não se deu numa empresa. Foi a reorganização do Exército dos Estados Unidos feita em 1901 por Elibu Root, o secretário de Guerra de Theodor Roosevelt. O primeiro Congresso de administração — em Praga, em 1922 — foi organizado não por empresários, mas por Herbert Hoover, então secretário de Comércio americano, e Thomas Masaryk, historiador mundialmente famoso e presidente-fundador da recém-criada República da Checoslováquia. A identificação de administração com administração de empresas começou apenas com a Grande Depressão, que gerou hostilidade em relação às empresas e desprezo pelos seus executivos. Para não ser contaminada pela associação da sua imagem com a de empresas, a administração no setor público foi rebatizada de administração pública e proclamada uma disciplina distinta [Tenório e Saravia, 2007:113-114].

Ao longo das décadas, essa segmentação se intensificou no Brasil e no mundo. Em sua estruturação, em pelo menos três grandes áreas existe uma diferenciação muito intensa entre a administração pública e o funcionamento e a estruturação do mundo corporativo. Por isso, também constitui um foco deste livro analisar as especificidades legais, culturais e organizacionais observáveis nas áreas de recursos humanos, compras governamentais e execução orçamentária e financeira.

Assim, ao longo deste livro farei uma análise detalhada da legislação que fundamenta a organização e o funcionamento desses três grandes segmentos, que têm grande repercussão sobre as características da administração pública. Analisarei o vasto marco legal que subsidia o funcionamento da administração pública brasileira, começando pela Constituição Federal de 5/10/1988 e passando por boa parte da legislação infraconstitucional, como leis complementares, ordinárias, decretos, portarias, instruções normativas etc.

Nos sete capítulos que integram este livro, faço uma análise ao mesmo tempo didática e abrangente do marco legal e da cultura organizacional da administração pública brasileira, abordando aspectos teóricos e práticos de maneira objetiva e direta, e trazendo à luz uma quantidade enorme e valiosa de dados e informações cruciais para o correto entendimento do setor estatal no Brasil.

No capítulo 1, discuto os impactos da estrutura política federativa sobre a administração pública brasileira, focalizando especialmente a heterogeneidade entre os níveis federativos e o recente processo de descentralização, sobremaneira intensificado pela Constituição Federal de 1988. A ideia central do capítulo é analisar as grandes estruturas legais, institucionais e políticas que influenciam o setor estatal no Brasil.

O gerenciamento e a organização dos recursos humanos são abordados no capítulo 2. A administração pública brasileira dispõe de um regime especial para estruturar, formar e recrutar servidores que contrasta intensamente com o do mundo corporativo. Dois institutos fundamentais serão abordados em profundidade: o concurso público e a estabilidade. Nesse capítulo também tento avaliar a qualificação, a distribuição, a quantidade e a remuneração dos servidores públicos, especialmente em comparação com a realidade da iniciativa privada no Brasil.

No capítulo 3 são abordados em detalhe o processo de compras governamentais e o regime de execução de contratos. Nessa parte do trabalho, discuto, de forma isenta e imparcial, a polêmica Lei de Licitações, destacando suas dificuldades, erros e desafios atuais, mas apontando também inovações e méritos, algo especialmente raro nas publicações especializadas.

Uma das grandes diferenças entre a administração pública e o mundo corporativo reside na forma de execução orçamentária e financeira, abordada no capítulo 4. Além de tratar das questões essencialmente técnicas relacionadas com o tema, faço uma leitura abrangente da peça orçamentária, que tem, entre outras capacidades, a de retratar a distribuição do poder político e econômico da sociedade brasileira.

Apresentação

O capítulo 5 apresenta uma análise do longo e complexo processo de formulação e implementação de políticas públicas no Brasil, enfatizando os problemas práticos e cotidianos enfrentados pelo gestor público. A ideia é simples e operacional: apontar os atalhos e as armadilhas que se encontram no caminho do executor de políticas públicas no Brasil. Sem grandes pretensões, o capítulo pretende ser uma útil referência para servidores públicos dos três níveis de governo e poderes da República, tendo sido redigido especialmente com o intuito de facilitar o dia a dia de quem trabalha nas repartições públicas brasileiras.

Como a corrupção e o patrimonialismo representam importantes problemas a serem enfrentados pelo Estado brasileiro, no capítulo 6 descrevo detalhadamente os mecanismos de controle da administração pública, tal como se concretizam em uma instituição padrão do Executivo federal. O capítulo apresenta ainda os mecanismos de que a sociedade dispõe e que deve acionar para exercer a fiscalização sobre o Estado, detalhando especialmente as virtudes e desafios do controle social, atualmente consagrado na literatura e na legislação brasileiras.

Finalizando o livro, o capítulo 7 sistematiza os principais momentos de transformação da administração pública brasileira, obedecendo a uma ordem cronológica que atende aos objetivos didáticos da obra. Para maior comodidade dos leitores, servidores e pesquisadores também foram arroladas em anexo as leis federais consultadas, que em seu conjunto abrangem parte significativa da vasta legislação que disciplina a administração pública federal no Brasil.

Resta uma última consideração a fazer nessa parte introdutória: como o Brasil se organiza politicamente sob a forma federativa, com clara prevalência da União, a referência maior deste livro é, naturalmente, o Executivo federal. Vale ressaltar que, no orçamento da União, o Executivo é responsável por aproximadamente 96% dos gastos, atuando os poderes Judiciário e Legislativo como atores coadjuvantes, detentores de uma pequena parcela da estrutura burocrática e do orçamento do governo federal.[2]

Na Constituição Federal de 1988, a competência privativa da União em matéria legislativa é vasta, como deixa clara a redação do art. 22. Essa am-

---

[2] Na Lei nº 11.897, de 30/12/2008, que estabelece a LOA para o exercício de 2009, o Legislativo federal executa 0,84% do orçamento — Câmara dos Deputados, 0,39%; Senado Federal, 0,31%; e Tribunal de Contas da União, 0,14%. Já o Judiciário é responsável por executar 3,44% do orçamento federal, assim distribuídos: Supremo Tribunal Federal (0,06%), Superior Tribunal de Justiça (0,10%), Justiça Federal (1,27%), Justiça Militar da União (0,04%), Justiça Eleitoral (0,47%), Justiça do Trabalho (1,34%) e Justiça do Distrito Federal e dos Territórios (0,16%).

pla prerrogativa também é capaz de repercutir fortemente sobre a legislação estadual e municipal. Em função desse conjunto de características, a União acaba por influenciar, direta ou indiretamente, a estruturação e organização de toda a administração pública subnacional. Dessa forma, com algumas pequenas exceções ou particularidades, o Executivo federal pode ser considerado um espelho representativo da administração pública brasileira, servindo como ótima referência para os objetivos didáticos deste livro.

Finalmente, cabe ressaltar que os objetivos precípuos deste livro abrangente e essencialmente didático não se restringem a um estudo sobre a vasta legislação ou mesmo sobre a cultura organizacional que caracteriza a administração pública brasileira. Acredito que os melhores frutos desta obra brotarão da capacidade de, através de uma visão ao mesmo tempo ampla, sistêmica e pragmática das instituições estatais, buscar soluções para os gestores governamentais na complexa e árdua tarefa de tocar o dia a dia das repartições públicas nacionais. O livro pretende ser útil para todos os poderes e níveis da administração pública brasileira, mas se preocupa especialmente com as burocracias municipais, relativamente mais carentes e despreparadas para enfrentar os desafios impostos pela complexidade e pelas gritantes carências do setor público e da sociedade brasileira.

1. FEDERALISMO E ADMINISTRAÇÃO PÚBLICA NO BRASIL

Breve histórico do Estado federal[3]

Na literatura especializada, os Estados são classificados, quanto a sua organização política, em unitários e federais. São unitários os Estados em que uma estrutura centralizada representa a cúpula máxima do poder, havendo apenas um centro de poder político autônomo. Atualmente, a grande maioria dos Estados nacionais se organiza adotando a forma unitária, como Inglaterra, França, Portugal, Paraguai, Uruguai e quase todos os países da Europa ocidental.

É equivocada a ideia de que os Estados unitários são excessivamente centralizados. Na prática, esses Estados se organizam em vários níveis de descentralização e desconcentração administrativa. O que realmente falta aos entes subnacionais nos Estados unitários é autonomia política, sendo esta a grande marca distintiva dessa maneira de se organizar o Estado. Vejamos como Virgílio Afonso da Silva (2010:550) esclarece esse aspecto:

> Assim, da mesma forma que existe unidade, existe também descentralização em ambas as formas de Estado. A distinção entre a descentralização existente em um Estado federal e aquela que existe em um Estado unitário consiste no fato de que, no primeiro caso, a descentralização é político-legislativa, enquanto no segundo ela é sobretudo administrativa.

Esses níveis variados de centralização fizeram surgir um tipo intermediário de organização denominado Estado regional — na verdade, Estados unitários muito descentralizados. Os exemplos clássicos são Itália e Espanha, mas é importante ressaltar que, nesse modelo, ainda falta autonomia política e institucional às unidades subnacionais.

O Estado federal — que em latim significa pacto/aliança — é uma criação institucional recente, surgida com a Constituição dos Estados Unidos em

---

[3] Boa parte desses argumentos foi aproveitada de Torres (2002).

1787. Atualmente, cerca de 10% dos países adotam o modelo federativo. Importantes Estados, como Alemanha, Brasil, Estados Unidos, Canadá, Argentina etc., se organizam politicamente segundo o modelo federativo. Nesses Estados, há a conjugação de pelo menos dois centros políticos autônomos.

Poucas instituições políticas têm seu nascimento histórico tão bem-delimitado no tempo e no espaço quanto o Estado federal. Logo após a independência, em 1776, as 13 colônias norte-americanas organizaram-se em uma grande Confederação de Estados, cada unidade retendo sua soberania e autonomia política. Eis como a defesa dessa soberania aparece no art. II do Tratado da Confederação, de 1782:

> Cada Estado reterá sua soberania, liberdade e independência, e cada poder, jurisdição e direitos que não sejam delegados expressamente por esta confederação para os Estados Unidos, reunidos em Congresso.[4]

Essa Confederação de Estados mostrou-se frágil e inoperante, constituindo importante empecilho ao desenvolvimento das ex-colônias. A única autoridade federal, o Congresso, não tinha poder direto sobre os cidadãos, pois este era exercido apenas por intermédio dos estados. Dessa forma, a autoridade central não dispunha de instrumentos legais para obrigar os cidadãos. Para se ter uma ideia das dificuldades criadas por esse modelo, basta lembrar que nem mesmo a unificação da moeda foi conseguida pelos americanos nesse período, com grande prejuízo para o desenvolvimento do comércio e da indústria.

Diante de tamanha dificuldade, entre maio e setembro de 1787, os "pais da nação" reuniram-se em convenção na Filadélfia e propuseram a aprovação de uma Constituição que teria a organização federal como uma de suas principais características. Essa Constituição tinha de ser ratificada por pelo menos nove dos 13 estados americanos, processo que se estendeu até 1790. Nesse contexto é que foram escritos os *Federalist papers*, defendendo a aprovação da Constituição. Nesses escritos, a engenharia institucional do Estado federal é extremamente bem-delineada e brilhantemente defendida.

Os papéis federalistas constituem um total de 85 artigos, publicados na grande imprensa americana em 1788 com o objetivo de defender a ratificação da Constituição. Sob o pseudônimo de Publius, três pensadores escreveram essa obra conjunta. Especialistas atribuem a Alexander Hamilton

---

[4] Para uma descrição mais detalhada desse processo, ver o texto de Fernando Limongi sobre os federalistas em Weffort (1991, v. 1).

(1757-1804) a autoria de 51 artigos; James Madison (1751-1836), "The Father of Constitution", teria escrito 29 e John Jay (1745-1829), cinco artigos.

Até a independência dos Estados Unidos os grandes pensadores políticos não vislumbravam a possibilidade de se organizar um governo democrático e popular em uma nação tão grande quanto a americana. Maquiavel, Montesquieu e Rousseau apontavam dois critérios fundamentais para a existência de um governo popular nos Estados modernos: um território pequeno e um povo virtuoso. A primeira condição, claramente, não era preenchida pelos Estados Unidos, cujo território é um dos maiores do planeta.

Pela primeira vez na história o problema do governo popular foi debatido sem se olhar para o retrovisor, ou seja, para a experiência democrática da Antiguidade. Dessas dificuldades, surgiu o desafio de criar uma engenharia institucional que organizasse uma sociedade sob moldes democráticos em um imenso território geográfico. É impressionante como os fundadores da nação americana tinham a clara percepção de que estavam executando uma tarefa histórica, na medida em que desenvolviam um aparato institucional que combinava os interesses de autonomia dos estados com a necessidade de construir uma nação forte e desenvolvida.

Um problema crucial da Confederação é que as leis nacionais eram feitas pelo Congresso e executadas pelos estados, ou seja, o governo federal não se relacionava diretamente com os cidadãos. Alexander Hamilton entendia — o que se pode observar no nº 15 de *The Federalist* — que "governar é baixar leis", por isso o governo federal precisava ser fortalecido para que pudesse estruturar e organizar toda a grande nação americana. No fazer as leis está implícita a necessidade do governo de dispor de instrumentos coercitivos para garantir seu cumprimento. Literalmente:

> A ideia de governo envolve o poder de fazer lei, mas é essencial à ideia de lei que a execução seja afiançada pela sanção, isto é, por uma pena que remova a lembrança de desobedecer-lhe. Se não houver pena contra a desobediência, as resoluções chamadas leis são meras recomendações [*Os pensadores*, 1990:110].

A necessidade de fortalecer o poder impôs outro desafio diretamente ligado ao arranjo federalista que então surgia: como melhor controlá-lo? Como Hobbes, os defensores do federalismo acreditavam que os homens tinham uma tendência natural para abusar do poder que detinham, sendo necessário uma estrutura institucional que dificultasse ou, na melhor das hipóteses, impedisse a usurpação do poder. Assim Madison colocou a questão no nº 51 de *The Federalist*:

Se os homens fossem anjos, não seria necessário haver governo. Se os homens fossem governados por anjos, dispensar-se-iam os controles internos e externos do governo. Ao constituir um governo — integrado por homens que terão autoridade sobre outros homens —, a grande dificuldade está em que se deve, primeiro, habilitar o governante a controlar o governado e, depois, obrigá-lo a controlar-se a si mesmo [Weffort, 1991:273].

Como facilmente se constata na história norte-americana, o processo de criação de um novo aparato institucional democrático e republicano, válido para sociedades modernas, populosas, com grande área territorial, é uma tarefa das mais complexas. Do embate entre as forças centrípetas (criação de uma nação única e forte, para viabilizar um mercado nacional unificado e desenvolvido e atender à necessidade de fortalecimento militar) e as forças centrífugas (que lutavam para garantir a autonomia das ex-colônias) surgiu a engenharia federalista, que conseguiu compatibilizar esses interesses supostamente antagônicos. Os complexos problemas de organização da nação americana exigiram uma nova engenharia política, que foi sendo criada ao longo desse período de intenso debate e enorme inovação institucional.

No cerne do arranjo federalista está a preocupação de organizar o Estado de modo que nenhuma classe, organização política, região geográfica ou grupo de interesse, por mais numeroso que seja, exerça o poder em seu proveito exclusivo pelo fato de representar os interesses de um setor majoritário da sociedade. Para colocar a questão da forma como esta aparece nos debates da época: como impedir a ditadura da facção mais numerosa e evitar que as minorias sejam alijadas do exercício do poder?

Em texto clássico, Madison aponta alguns mecanismos inibidores da ditadura da maioria. Para conter a força da representação dos estados mais populosos no Congresso Nacional foi criada uma segunda casa legislativa, o Senado da República, com critérios diferentes dos utilizados na eleição e na representação da Câmara Federal — um mecanismo estritamente federativo, ao contrário dos outros arranjos institucionais adotados pela carta de 1787 (*Os Pensadores*, 1990).

A democracia representativa que surgia também constituiria, segundo os pais fundadores da nação americana, um filtro no qual a participação política da população seria amenizada, polida e controlada, uma vez que cidadãos mais aptos, virtuosos e criteriosos se colocariam entre a população e o Estado. Uma manifestação desse mecanismo de intermediação entre a população e os governantes permanece até hoje e é muito bem-representado pela eleição indireta para a presidência da República dos Estados Unidos.

Uma vez esboçado o contexto em que surgiu a estrutura federalista, vejamos as principais características desse arranjo:

- há convivência de entes estatais de estaturas diversas, com raios de ação claramente delimitados, atuando pelo menos dois entes políticos autônomos no mesmo território e sobre a mesma população;
- a base jurídica é uma Constituição, nunca um tratado, como acontece em uma confederação;
- não existe o direito de secessão, tendo soberania apenas o Estado federal, e autonomia política os demais entes, estados e municípios;
- constitucionalmente, há uma distribuição de competências entre os entes federados. No caso brasileiro, essa distribuição encontra-se, principalmente, nos arts. 21 a 24 da Carta de 1988. Existem competências privativas e comuns, além das concorrentes, todas especificadas na Carta Magna;[5]
- a cada esfera de competência é atribuída uma fonte de renda própria. Na Constituição Federal de 1988 essa distribuição se encontra nos arts. 153 a 162;
- existência de duas casas legislativas com critérios distintos de eleição. No Brasil, a segunda casa é o Senado da República;
- existência dos poderes Executivo, Legislativo e Judiciário nos dois níveis de governo.[6]

Assim, o Estado federal não se mostrou apenas como uma engenharia institucional eficiente do ponto de vista administrativo e operacional, mas tem funcionado também como importante mecanismo para garantir legitimidade às democracias, principalmente em países com ampla base territorial e heterogeneidade social, cultural, econômica etc.

O federalismo brasileiro

Depois da introdução na Constituição norte-americana o ideal federalista rondou a sociedade brasileira durante boa parte do século XIX, criticando e

---

[5] Os constitucionalistas dividem essas competências em duas categorias: a) a competência legislativa, albergada pelos arts. 22 (privativa da União) e 24 (competências *concorrentes* entre União, estados e municípios); e b) competências administrativas ou materiais, que implicam alguma ação concreta do ente federativo, previstas nos arts. 21 (competências da União) e 23 (competências *comuns* da União, estados, Distrito Federal e municípios). Destaque-se que no art. 30 (das competências dos municípios), as responsabilidades legislativas e administrativas são tratadas em conjunto.

[6] Algumas dessas características são mais bem-desenvolvidas em Soares (1998).

abalando as estruturas políticas mais fundamentais do Império (1824-89), cabendo ressaltar que dom Pedro I (7/9/1822 a 7/4/1831) e dom Pedro II (7/4/1831 a 15/11/1889) passaram boa parte desse período buscando consolidar a unidade nacional. Não sem fundamento, dom Pedro I, que enfrentou os movimentos separatistas e revoltas políticas mais consistentes, identificava, naquele momento, o ideal federalista com a possível fragmentação política do Brasil, receando que acontecesse conosco o mesmo que observava na América espanhola, que se dividiu em inúmeras nações. Em quase todas as grandes rebeliões políticas do século XIX as ideias federalistas aparecem com muito destaque, como se pode constatar nos manifestos da Confederação do Equador, que emergiu no estado de Pernambuco em 1817-24; no movimento dos Cabanos no Pará em 1835; na revolução Praieira no Recife em 1849; na revolução dos Farrapos no Rio Grande do Sul em 1833 e, finalmente, na criação do Partido Republicano em dezembro de 1870, aliando a defesa da República e do Estado federal.

Formalmente, o federalismo no Brasil nasceu com a proclamação da República em 15/11/1889, uma vez que o Decreto nº 1, de mesma data, introduz ao mesmo tempo a República e o Estado federal:

> Art. 1º Fica proclamada provisoriamente e decretada como a forma de governo da nação brasileira — a República Federativa. Art. 2º As províncias do Brasil, reunidas pelo laço da federação, ficam constituindo os Estados Unidos do Brasil. Art. 3º Cada um desses Estados, no exercício de sua legítima soberania, decretará oportunamente a sua constituição definitiva, elegendo os seus corpos deliberantes e os seus governos locais.[7]

No bojo dos acontecimentos políticos inerentes à fundação de uma nova ordem econômica e social, e em contraste com a estrutura unitária adotada no Império, após a proclamação da República, a Constituição de 24/2/1891 consagrou, pela primeira vez, a forma federativa de organização do Estado brasileiro:

> Art. 1º — A Nação brasileira adota como forma de Governo, sob o regime representativo, a República Federativa, proclamada a 15 de novembro de 1889, e constitui-se, por união perpétua e indissolúvel das suas antigas Províncias, em Estados Unidos do Brasil.[8]

---

[7] Os constitucionalistas identificam um grave erro conceitual na redação do art. 3º, uma vez que, no arranjo federalista, os estados não possuem soberania — privativa da União —, que possui personalidade de direito público internacional, restando aos estados a autonomia política.
[8] Por força do art. 90, §4º, o arranjo federalista já constituía cláusula pétrea da Constituição de 1891, como acontece atualmente.

Em grande medida, foi Rui Barbosa um dos grandes defensores dos ideais federalistas, sendo um dos responsáveis por sua adoção no Brasil. O que se observou foi uma completa transplantação do modelo norte-americano diretamente para a Constituição Federal de 1891, uma vez que a engenharia institucional da Constituição americana de 1787 sempre exerceu grande fascínio entre a elite política brasileira.

Cabe ressaltar que o federalismo brasileiro já nasceu excessivamente marcado por uma de suas principais características: a grande desigualdade entre os entes federados. Na Primeira República, o presidente Campos Sales (15/11/1898 a 15/11/1902) estruturou o arranjo denominado política dos governadores, no qual os estados de Minas Gerais e São Paulo tiveram papel político central em detrimento das outras unidades da Federação. Assim, nesse período, pode-se falar de um federalismo de dois estados, que comandavam o destino da nação sempre atentos aos seus próprios interesses.

Do ponto de vista legal, é necessário fazer duas observações sobre pilares centrais da Constituição da República Federativa do Brasil promulgada em 5/10/1988. Por força do art. 60, §4º, inciso I, o Estado Federal representa uma cláusula pétrea, ou seja, não pode ser modificado através de emenda à Constituição. Assim, qualquer tentativa de acabar com a forma federativa do Estado brasileiro só pode ocorrer ao largo da ordem institucional e democrática estabelecida. A Constituição de 1988 também trouxe uma inovação institucional relevante ao incluir os municípios entre os entes federados, o que não ocorre em nenhum dos países do mundo que adotam o modelo federativo. O padrão mundial contempla basicamente dois entes federados: um de estatura nacional e outro de nível subnacional — os estados, províncias ou cantões (não importa a denominação). Diz categoricamente o *caput* do art. 18 da Constituição Federal de 1988:

A organização político-administrativa da República Federativa do Brasil compreende a União, os Estados, o Distrito Federal e os Municípios, todos autônomos, nos termos desta Constituição.

Ainda cabe fazer um esclarecimento de cunho conceitual: a República Federativa do Brasil é a pessoa de direito público internacional que responde pelos interesses brasileiros nos organismos internacionais, ao passo que a União Federal é pessoa de direito público interno, representando o nível nacional no pacto federativo brasileiro.

É pacífico na literatura que o equilíbrio federalista traz intrinsecamente elementos conflituosos de difícil equacionamento, pois atender ao princípio fundamental do *self-rule plus shared rule* (busca de autonomia política com divisão de poder) é tarefa das mais árduas. Nesse contexto, a estrutura institucional do federalismo brasileiro encontra enormes desafios adicionais ao procurar harmonizar (e atender) os interesses de múltiplos atores: 26 estados, um Distrito Federal e 5.564 municípios. Um contexto que se torna ainda mais adverso pela enorme desigualdade regional, social, cultural e econômica que caracteriza esses entes federados.

Em linhas gerais, apesar de nítidos e importantes elementos de continuidade, o federalismo brasileiro pode ser caracterizado por um movimento pendular de centralização e descentralização que, basicamente, coincide com a também cíclica alternância entre regimes autoritários e democráticos. Claramente, nos períodos autoritários (1937-45 e 1964-85) pode-se observar um esforço em concentrar o poder no âmbito federal, em detrimento da autonomia política e administrativa dos estados. Dessa forma, nesses momentos políticos mais fechados e autoritários, cabe falar em um forte eclipse do modelo federalista no Brasil, consistindo em um federalismo mais nominal que real. Esse movimento demonstra com nitidez a natureza dinâmica das relações intergovernamentais no Brasil, que continuamente passa por ajustes, alternâncias e reequilíbrios.

Nesse movimento de descentralização/centralização, três mecanismos são de fundamental importância para o fortalecimento do governo federal, ao mesmo tempo em que enfraquecem os entes subnacionais: a) a repartição de competências, ou seja, as funções e atribuições de cada ente federado; b) a distribuição de recursos fiscais e orçamentários; e c) o controle da política estadual através de intervenção ou eleição indireta de governadores.

Analisando a articulação e a utilização desses três instrumentos, entende-se com clareza o movimento de sístole/diástole que tão bem caracteriza a evolução do pacto federativo brasileiro, sempre marcado por um equilíbrio dinâmico e instável entre os três entes federativos.

Apesar da natureza descentralizadora da Carta de 1988, o papel da União no pacto federativo brasileiro é predominante, como demonstram alguns aspectos cruciais: a) o simbolismo e a força da figura do presidente da República, que estrutura e organiza toda a vida política nacional; b) o conjunto de prerrogativas e áreas privativas em que apenas a União pode legislar, em detrimento de estados e municípios (o art. 22 da Constituição de 1988 tem precisos 29 incisos que tratam das mais variadas e importantes matérias sobre as quais apenas a União pode legislar. Mesmo quando se trata de competência concorrente entre União e estados para legislar, as normas gerais restam como responsabilidade da União, conforme redação do §1º do art. 24); c) a concentração da receita tributária no Tesouro do governo federal; d) a melhor estruturação, remuneração e qualificação da burocracia federal, entre outros aspectos importantes.

Naturalmente, a estrutura política da democracia representativa brasileira, moldada sobre os alicerces do federalismo, influencia a organização e o funcionamento da administração pública. Dessa forma, os desequilíbrios políticos, econômicos e institucionais tão característicos da sociedade brasileira, inclusive a natureza predatória do federalismo, têm repercussão sobre os níveis de eficiência, cultura organizacional e capacidade gerencial da administração pública.

Ao longo da história republicana identificam-se momentos em que se alternam e prevalecem as características cooperativas ou predatórias do federalismo brasileiro. Como veremos adiante, apesar dos esforços contidos na Carta de 1988 em favor de uma maior harmonia, cooperação e coordenação federativas, o caráter predatório do Estado federal no Brasil ainda é muito forte, com importantes reflexos na administração pública.

No contexto institucional do federalismo brasileiro, o processo de centralização/descentralização política e administrativa desempenha papel crucial, com reflexos diretos e intensos sobre o funcionamento, a organização e o desempenho da administração pública. Por esse ângulo, vários dos problemas e desafios enfrentados pela administração pública brasileira não lhe são intrínsecos, apenas repercutem negativamente dificuldades próprias da engenharia política de nossa democracia representativa. Passemos à análise de como a estrutura federativa tem influenciado o atual processo de descentralização de políticas públicas iniciado com a Constituição de 1988.

Antecedentes históricos do processo de descentralização

A crise econômica que o mundo experimentou em meados da década de 1970 provocou profundas alterações na engenharia institucional dos países desenvolvidos, especialmente na Europa ocidental. Depois de praticamente três décadas (1945-75) de crescimento econômico vertiginoso, as crises do petróleo de 1975 e 1979 interromperam um ciclo de desenvolvimento iniciado logo após o final da II Guerra Mundial, cujo marco inicial foi o Plano Marshall. Nesse período, a engenharia política do regime democrático ocidental transformou-se profundamente, resultando na criação, com consideráveis níveis de diferenciação entre os países, do *Welfare State* keynesiano, ou simplesmente social-democracia.

A operação do regime democrático por longas décadas na Europa ocidental resultou na criação de um aparelho estatal forte, grande, interventor, planejador e — característica importante para nosso estudo — redistribuidor de riquezas. O contraste com o Estado liberal do século XIX é evidente, especialmente quando se elencam as poucas atribuições sociais assumidas por este ao longo da Revolução Industrial, que se processou, especialmente nos países centrais do capitalismo como Estados Unidos e Inglaterra, de forma autônoma em relação às instituições públicas. Na Europa, ao longo da Revolução Industrial, a interferência do Estado no processo de desenvolvimento econômico foi sensivelmente menor em comparação com o processo de desenvolvimento capitalista experimentado pela América Latina no século XX. Contrastando, por exemplo, com o crescimento econômico brasileiro a partir da década de 1930, completamente planejado, incentivado, financiado e controlado pelo Estado, o desenvolvimento experimentado pelos países centrais do capitalismo na época da Revolução Industrial foi intenso.

A criação, o desenvolvimento e a consolidação do *Welfare State* keynesiano têm sido amplamente teorizados por economistas, cientistas políticos e sociólogos nas últimas décadas. De modo geral, há convergência em classificar o fenômeno como uma estrutura institucional complexa, dinâmica e, na maior parte dos casos, essencial para a sustentação do regime democrático. Entre outros inúmeros especialistas que se debruçaram sobre o tema, destaca-se Adam Przeworski. Em importante trabalho publicado em 1989, o autor polonês radicado nos EUA classifica a social-democracia como um gigantesco arranjo social entre Estado, trabalhadores e capitalistas, cada ator assumindo sua parcela de responsabilidades e benefícios. Nesse complexo e dinâmico arranjo, cada um dos três grandes atores principais desempenha papéis econômicos, políticos e sociais bem-definidos, como mostra a figura:

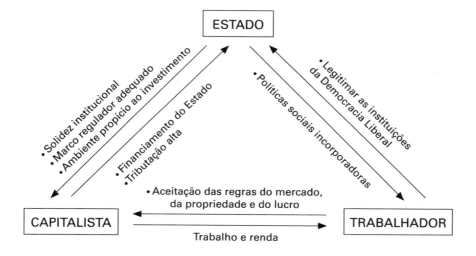

Da perspectiva do capital, espera-se que o Estado possa criar um ambiente institucional confiável para os investimentos. As instituições políticas devem ser funcionais, estáveis e eficientes, e garantir aos empresários o marco regulatório propício ao desenvolvimento do capitalismo, ao aumento da produtividade e da segurança da moeda, dos contratos e dos lucros. O capital, a propriedade e o lucro, por sua vez, serão taxados com voracidade, impondo ao capitalista o ônus mais pesado na crucial tarefa de, através dos tributos, financiar o Estado. No arranjo social-democrata, a voracidade do Estado em tributar é conhecida, pois são pesados os níveis de taxação sobre o lucro e a propriedade. Reconhecidamente, nesse arranjo social, cabe aos empresários e à classe média alta o fardo maior no financiamento das crescentes burocracias estatais, inclusive tornando-as mais sensíveis aos seus interesses, estabelecendo o que Przeworski denominou afinidade eletiva entre o capital e o Estado social-democrata.

Os trabalhadores cumprem papel fundamental na montagem da arquitetura institucional do *Welfare State*. Em linhas gerais, há o consentimento explícito ou tácito em relação às principais instituições do capitalismo e da democracia representativa. Assim, os trabalhadores, através de sindicatos, partidos políticos ou associações, apoiam e legitimam as eleições regulares, o funcionamento do mercado, a garantia do lucro, a manutenção da propriedade privada, entre outras inúmeras instituições fundamentais de nossas modernas sociedades. De certa forma, existe apenas um questionamento retórico ou moral por parte dos trabalhadores quanto às principais regras da democracia representativa e do funcionamento do livre-mercado. Na prática, em nenhum país europeu há um discurso crível, ideológico e viável de superação da social-democracia em favor de alguma experiência socialista ou mesmo comunista, o que sinaliza uma importante acomodação ideológica da classe trabalhadora no arranjo institucional da democracia representativa.

Em contrapartida à posição legitimadora e não revolucionária em relação ao arranjo social-democrata, os trabalhadores recebem um conjunto de políticas públicas voltadas para sua proteção econômica e social. Assim, ao longo da segunda metade do século XX foi sendo construída uma vasta e profunda rede de proteção social nos países social-democratas europeus. Políticas de assistência social, proteção trabalhista, universalização da saúde e da educação, incentivo à cultura, previdência social, lazer, entre outras, foram montadas a fim de proteger e incorporar o maior número possível de cidadãos. Przeworski, de forma arguta, ressalta que os trabalhadores receberam um amplo conjunto de políticas de proteção social para aderirem e legitimarem a social-democracia, caracterizando o que ele denomina "bases materiais para o consentimento".

O fato é que, ao contrário da época em que Marx escrevia, na segunda metade do século XIX, a classe trabalhadora, a partir de meados do século XX, tem muito mais a perder do que apenas seus próprios grilhões, para usar uma frase de efeito que se tornou clássica na obra do fundador do materialismo dialético. Os benefícios sociais proporcionados pelo arranjo social-democrata da Europa ocidental são muito consistentes e palpáveis, tornando muito onerosa a decisão de romper com o *status quo* por parte da classe trabalhadora. A inovadora experiência do *Welfare State* é singular na história da humanidade no que se refere a implantar políticas públicas que visam à promoção e à incorporação social da quase totalidade dos cidadãos.

Como previsto, o Estado, terceiro pilar fundamental do arranjo político social-democrata, assume enfaticamente a tarefa de ser o principal agente redistribuidor de riquezas, corrigindo as deficiências de operação do mercado capitalista, incorporando camadas sociais antes marginalizadas e garantindo um nível mínimo de bem-estar social à grande maioria da população. Simplificando: o Estado representaria um sistema de vasos comunicantes que, por um lado, arrecada vorazmente do capitalista e, por outro, redistribui políticas públicas dirigidas aos trabalhadores e aos cidadãos não inseridos socialmente, sedimentando os fundamentos sociais, institucionais e políticos do arranjo social-democrata.

Naturalmente, com a expansão das atividades estatais necessárias à formulação, ao planejamento, à execução e ao controle das políticas sociais incorporadoras, há o crescimento vertiginoso da burocracia estatal. Políticas públicas tecnicamente complexas, voltadas para populações enormes, fomentaram o intenso processo de crescimento e diferenciação do aparato estatal, consolidando o modelo burocrático weberiano. Políticas sociais nas áreas da saúde, educação e previdência social, entre outras, exigem o desenvolvimento de novas instituições públicas para atender às demandas sociais verbalizadas e canalizadas pelo processo democrático através de eleições regulares. Resumidamente, pode-se dizer que, a cada conquista social, surge a necessidade de se criar uma nova estrutura na burocracia pública para operacionalizar o direito recém-conquistado. Nesse contexto, mais do que nunca, vale a máxima: para cada direito conquistado, um novo ministério (estrutura burocrática).

Essencialmente um ator político repleto de demandas em relação à administração pública, o cidadão/eleitor se utiliza do voto para verbalizar suas crescentes necessidades. Tradicionalmente, o sufrágio universal é usado para ampliar conquistas sociais, sendo inverossímil a possibilidade de participação e mobilização política com a intenção deliberada de restringir direitos.

Historicamente, observa-se que a operacionalização do regime democrático implica necessariamente o aumento da burocracia pública, desaguadouro natural de uma infinidade de demandas sociais. Como o *welfare* keynesiano é intrinsecamente incorporador do ponto de vista econômico e social, o desenvolvimento do modelo burocrático weberiano foi condição necessária para garantir a expansão quantitativa e qualitativa das atividades estatais.

No contexto histórico do arranjo social-democrata, há pressões constantes no sentido da expansão das burocracias governamentais, necessárias à realização de políticas públicas incorporadoras. Ressalte-se que, no *Welfare State*, a demanda por políticas públicas sociais é crescente, do ponto de vista tanto quantitativo quanto qualitativo. Naturalmente, na medida em que o nível de cidadania de determinada sociedade se desenvolve, através da educação, da mobilização política, da difusão de uma cultura cívica, entre outros processos culturais e sociais, a demanda sobre a administração pública tende a se tornar mais sofisticada, exigindo um salto qualitativo da burocracia estatal. Por esse ângulo específico, a pressão sobre a administração pública é crescente e inesgotável, uma vez que é impossível determinar o nível de bem-estar social satisfatório para um ator político organizado e mobilizado, com capacidade de fazer valer suas reivindicações políticas.

Duas pressões específicas sobre a administração pública, estreitamente relacionadas, devem ser destacadas nesse contexto: a assistência previdenciária e as políticas públicas de saúde. Com o avanço exponencial das técnicas na área médica, a expectativa de vida da população cresceu enormemente ao longo do século XX. O avanço nas técnicas de diagnóstico laboratorial, na eficiência dos medicamentos, no campo cirúrgico, entre outros, prolongou a vida dos cidadãos de maneira considerável. Ocorre que o desenvolvimento técnico da medicina implicou necessariamente o aumento dos custos dos remédios e dos procedimentos, que se sofisticaram em demasia. Desse modo, em um país como o Brasil, onde o serviço de saúde é universal (de acordo com a redação do art. 196 da Constituição de 1988 a saúde é direito de todos e dever do Estado), à medida que os procedimentos se sofisticam e se tornam muito mais caros, a pressão orçamentária sobre o sistema público de saúde cresce, tornando-se praticamente inadministrável, para dizer o mínimo. Assim, de duas formas a administração pública é instada a fazer inversões crescentes na área da saúde: por um lado, as pessoas vivem mais e por longo tempo utilizam o sistema de saúde nas mais variadas modalidades, por outro, os avanços técnicos implicam um aumento vertiginoso dos custos dos procedimentos médicos, o que onera fortemente os orçamentos da saúde pública.

Outra face da mesma moeda são as políticas de proteção na área da previdência social. Como os avanços na medicina proporcionam o aumento da expectativa de vida ao nascer, a pressão sobre o sistema é crescente, uma vez que provoca um intenso desequilíbrio entre o tempo de contribuição do trabalhador na ativa e o período em que ele irá receber o benefício como aposentado.[9] No caso do regime previdenciário brasileiro, em que uma geração financia o benefício da outra, há a possibilidade de um cidadão receber o benefício pelo mesmo período que contribuiu. Naturalmente, se alguém contribui com cerca de 10% do seu vencimento por 35 anos e depois recebe o salário de aposentado (mesmo defasado) por um período de 30 ou 35 anos, não há regime de previdência que aguente, o que impõe um ônus enorme ao Tesouro Nacional, o qual, especificamente no caso brasileiro, é constitucionalmente obrigado a cobrir qualquer déficit do regime geral de previdência.[10]

O fenômeno da social-democracia é facilmente datado e bem-delimitado geograficamente. A montagem do *Welfare State* ocorreu entre 1945 e 1975, tendo início com o Plano Marshall e enfrentando seus primeiros grandes desafios com a eclosão da crise do petróleo em meados da década de 1970.[11] Os países que mais intensamente avançaram na construção do Estado de

---

[9] De acordo com dados do IBGE, a expectativa de vida média ao nascer do brasileiro em 2006 era de 72,3 anos (sendo de 76,1 anos no caso das mulheres e de 68,5 no dos homens). Para efeito de comparação, a expectativa média de vida do brasileiro que nasceu em 1960 era de apenas 54,6 anos.

[10] Em vários países, os regimes previdenciários estão sendo modificados para aumentar o tempo de contribuição e retardar a idade de aposentadoria a fim de que os sistemas se tornem mais sustentáveis e racionais. No Brasil, uma reforma nesse sentido foi introduzida pelo fator previdenciário através da Lei nº 9.876, de 26/11/1999, que, por ocasião da concessão do benefício, considera, além da idade e do tempo de contribuição, a expectativa de sobrevida do segurado no momento da concessão. Especialmente em relação ao servidor público, a Emenda Constitucional nº 41, de 19/12/2003 também introduziu alguns dispositivos que mitigam a integralidade dos vencimentos para os aposentados e retarda um pouco sua entrada na inatividade, uma vez que estabelece um redutor (3,5% a 5% por ano antecipado) para as aposentadorias precoces. Essa situação finalmente foi equacionada de forma equitativa com a Lei nº 12.618, de 30/4/2012, que cria o regime de previdência complementar para os servidores públicos federais e os iguala com os trabalhadores do regime geral de previdência.

[11] George Marshall (1880-1959), general do Exército norte-americano na função de secretário de Estado do governo Harry Truman, organizou o plano de recuperação econômica da Europa após a II Guerra Mundial. Com investimentos da ordem de US$ 13 bilhões (em valores da época) em quatro exercícios fiscais entre 1948 e 1952, o plano alavancou fortemente a economia europeia. Lançado em 5 de junho de 1947, o plano de assistência técnica e ajuda econômica envolveu o fornecimento de adubo, máquinas, combustível e medicamentos, tendo sido fundamental para a reconstrução europeia logo após o término da guerra.

bem-estar social estão localizados na Europa, sobretudo os mais centrais do ponto de vista econômico, como Alemanha, França e Inglaterra, além da forte contribuição dos países escandinavos. Naturalmente, existem várias gradações e experiências singulares entre os países na construção do arranjo social, político e econômico da social-democracia.

O *Welfare State* keynesiano enfrentou seus primeiros questionamentos mais sérios a partir da crise do petróleo, que interrompeu o longo período de crescimento econômico contínuo e vigoroso experimentado pelos países centrais do capitalismo desde o final da II Guerra Mundial. É importante ressaltar que, até o início da crise, cresciam juntas e de maneira sincronizada as demandas sociais, a produção e a produtividade industrial, a arrecadação de impostos e a capacidade do Estado de atender às principais demandas sociais oriundas do funcionamento da democracia liberal. Assim, de maneira harmônica, o *Welfare State* foi-se consolidando, uma vez que o forte e constante crescimento econômico sustentava o aumento do gasto público com políticas sociais. Ou seja, enquanto cresciam juntos os indicadores econômicos e as demandas sociais, não houve maiores problemas institucionais ou orçamentários quanto ao funcionamento desse amplo e complexo arranjo político, econômico e social.

Quando, em função da crise do petróleo, os países europeus começaram a ver seus índices de crescimento econômico minguarem, passaram a diminuir, em proporção equivalente, a arrecadação e a capacidade do Estado de fazer políticas sociais incorporadoras. Dessa forma, ao contrário do que acontecera até então, começou a haver uma assincronia entre os níveis declinantes de crescimento econômico e de arrecadação de impostos, por um lado, e a tendência crescente de gastos sociais do Estado, por outro. Vários autores analisam a crise do *Welfare State* em função desse descompasso entre demandas sociais crescentes e ilimitadas, e orçamentos públicos escassos e inelásticos. Assim Bobbio reproduz a perspectiva de um dos grandes analistas desse processo:

> Segundo O'Connor, a crise de legitimação se apresenta como *crise fiscal* do Estado, ou seja, como incapacidade da autoridade política em enfrentar a situação contraditória dos interesses do grande capital e da força-trabalho marginal, existentes dentro do corpo social. As despesas públicas não conseguem prover, devido à diferença crescente entre as saídas necessárias e as entradas insuficientes, a distribuição de recursos que satisfaçam as aspirações de uma área cada vez mais vasta de indivíduos, cuja reprodução social só pode ser esperada da expansão das despesas sociais por parte do Estado. A crise fiscal, junto com a crise da legitimação, se revela, portanto, como uma crise social, como uma crise do Estado de segurança social [Bobbio, Pasquino e Matteucci, 1986:405].

A experiência histórica demonstra o quanto é extremamente improvável e politicamente árdua a tarefa de cortar gastos sociais em pleno funcionamento do regime democrático. Em função dessa dificuldade política, iniciam-se múltiplos processos para melhorar a eficiência do gasto público. Foi nesse contexto que surgiram propostas de reformas administrativas que atingiram, com intensidades diferentes, boa parte dos países desenvolvidos. Na dificuldade eleitoral e partidária de se empreender uma política mais agressiva de contenção de gastos públicos, especialmente na área social, resta como alternativa mais viável investir na melhoria da performance do setor público, procurando aumentar a eficiência e a efetividade do gasto governamental.

No entanto, é equivocado atribuir apenas à crise fiscal do *Welfare State* a intensificação da pressão por racionalização e aperfeiçoamento do gasto governamental, a fim de aumentar a eficiência e o desempenho da administração pública. À medida que a sociedade se desenvolve cultural e organizacionalmente, incrementando a noção de cidadania através de maior mobilização social e melhor formação educacional, intensifica-se a busca por serviços públicos mais complexos e prestados de modo mais profissional. Assim, pode-se dizer que existem vários níveis de cidadania, com graus variados de exigência em relação ao Estado. Creio que não só a crise fiscal, mas também a sofisticação dos níveis de cidadania e de consciência política das sociedades europeias implicaram significativo aumento das demandas por eficiência e desempenho sobre a administração pública a partir da década de 1980.[12]

De certa forma, em resposta a esse processo complexo, interligado e dinâmico, que pôs em xeque a eficiência e a efetividade do gasto governamental, a administração pública dos países desenvolvidos iniciou um movimento de profunda transformação institucional. Em linhas gerais, pode-se argumentar que o modelo weberiano tradicional começou a ser questionado por supostamente representar uma estrutura processualística, excessivamente burocrática, autorreferida, com regras rígidas de funcionamento, e que teria se tornado anacrônica para os desafios do Estado contemporâneo. Sem pretender entrar no mérito da questão nesse momento, evitando a difícil tarefa de realizar um balanço analítico desse diagnóstico, o movimento que pode ser

---

[12] Fazendo uma análise comparada das reformas gerenciais pelo mundo, Flávio Rezende (2002) chegou a uma intrigante constatação: a opção pela diminuição do Estado é mais intensa nos países de baixo desenvolvimento econômico e social, ao passo que, nos países ricos, os gastos sociais e a intervenção estatal ou permanecem iguais ou mesmo crescem em relação ao período anterior às reformas.

genericamente denominado Nova Gestão Pública ganhou força e visibilidade em vários países, especialmente nos de língua inglesa, como Inglaterra, Nova Zelândia e Austrália, entre outros (Pollitt e Bouckaert, 2002).

Foram vários os elementos comuns aos processos de modernização das estruturas governamentais que se difundiram pelo mundo, naturalmente com intensidades diferentes, a partir da década de 1980: a) criação de agências governamentais autônomas, que no Brasil tomaram os formatos jurídicos das agências reguladoras, agências executivas e organizações sociais, entre outras; b) assinatura de contratos de gestão[13] com o estabelecimento de metas; c) avaliação de desempenho institucional e individual dos servidores; d) descentralização; e) estabelecimento de parcerias com a iniciativa privada e com o terceiro setor, formato que no Brasil foi personificado nas Oscips, entre outras características importantes (Longo, 2001).

No decorrer do século XX a administração pública deixou de representar apenas o papel de intérprete e garantidora do fiel cumprimento das leis e assumiu infinitas responsabilidades enquanto prestadora de serviços nas mais variadas áreas, todas fundamentais para o bem-estar da sociedade. Nesse cenário transformador, os fundamentos do modelo weberiano tradicional começaram a ser confrontados com a necessidade de melhorar a eficiência do gasto público. Desnecessário sustentar que a busca pela eficiência (questão que emergiu mais tardiamente já no final do século passado, quando a administração pública assumiu definitivamente a tarefa de um grande prestador de serviços) não pode ocorrer às custas de se sacrificar outro conjunto mais tradicional de atribuições do Estado, qual seja, elaborar e implementar leis e regulamentos de forma universal, trazendo segurança jurídica e igualdade entre os cidadãos. Essa transformação, enfrentada e disseminada pela Nova Gestão Pública, pode ser assim descrita:

> a estratégia parecia ser que o futuro da legitimidade das instituições do setor público devia depender menos de valores tradicionais, como universalidade, equidade e segurança legal, e mais de desempenho e entrega de serviços [Pierre e Peters, 2010:20].

Neste livro, o ponto que pretendo ressaltar está relacionado com o processo de descentralização administrativa, que entra na agenda como pauta

---

[13] Existe uma afinidade eletiva entre o controle de resultados e os contratos de gestão, uma vez que nesses instrumentos jurídicos são fixadas as metas e os objetivos que devem ser alvo de avaliação, averiguação e controle por parte da sociedade e dos gestores públicos.

obrigatória e relevante em boa parte dos processos de modernização gerencial que caracterizam a Nova Gestão Pública. Assim, com maior ou menor intensidade, inclusive em função do tipo de organização do Estado, se federalista ou unitário, entre outras variáveis não menos importantes, a descentralização administrativa, pelo menos do ponto de vista conceitual, tornou-se elemento comum a todos os projetos de modernização do setor público. Por isso, em todos os grandes processos de reformas administrativas experimentadas ao redor do mundo a partir da década de 1980 a descentralização passou a desempenhar papel de enorme relevância.

Do ponto de vista conceitual e teórico, o processo de descentralização administrativa na área governamental alcançou notável unanimidade na literatura especializada. O entendimento intrínseco destaca que a aproximação entre o público-alvo e os formuladores/executores de políticas públicas abriga um potencial enorme no que se refere ao incremento dos níveis de eficiência e efetividade da ação governamental.

A literatura especializada destaca que, de várias formas potenciais, o aumento da eficiência da ação estatal se viabiliza no processo de descentralização administrativa: a) conhecendo melhor e vivenciando mais intensamente a realidade local do público-alvo, do ponto de vista tanto social quanto geográfico, os formuladores de políticas públicas encontram subsídios mais confiáveis para engendrar soluções menos suscetíveis a equívocos na fase de formatação das ações governamentais; b) a proximidade entre executor e público-alvo também pode ser benéfica em termos de transparência e controle das políticas públicas, pois, mobilizando-se a comunidade envolvida, que naturalmente participa mais quando existe maior proximidade, o controle social e a transparência se aprofundam, coibindo de maneira eficaz a corrupção e o desperdício de recursos públicos; c) do ponto de vista da adequação e da correção das políticas públicas, a descentralização administrativa também pode ser muito eficiente, uma vez que a facilidade de identificar problemas e agilizar novas soluções é potencialmente maior quando existe interlocução e proximidade entre os executores e a população-alvo de diferentes e múltiplas políticas públicas.

Em função do enorme consenso em torno do conceito, a descentralização tem caracterizado a quase totalidade dos processos de reforma administrativa que visam implantar a Nova Gestão Pública em vários países. No Brasil, a descentralização de políticas públicas entrou com força na agenda ainda na década de 1960, com relativa antecedência em relação aos intensos projetos de reforma administrativa que se iniciaram apenas no final da década de 1970, especialmente com a ascensão de Margaret Thatcher na Inglaterra em 1979 e Ronald Reagan nos Estados Unidos em 1981.[14]

A descentralização de políticas públicas no Brasil se concretizou em contextos históricos distintos, mediante variados mecanismos legais introduzidos em estruturas institucionais complexas e diferenciadas. Nessa longa trajetória, pelo menos três grandes processos são identificáveis: a) a multiplicação da administração indireta, intensificada no final da década de 1960 pelo Decreto-lei nº 200;[15] b) a descentralização de políticas públicas em favor de estados e municípios, consagrada pela Constituição de 1988; e c) o processo de privatização de empresas estatais introduzido na década de 1990.

Foi com o Decreto-lei nº 200, de 25/2/1967, ainda em vigência e atualmente considerado legislação basilar da administração pública brasileira, que a descentralização tornou-se princípio fundamental da administração federal, juntamente com o planejamento, a coordenação, a delegação de competência e o controle. Na redação do art. 10 do decreto, o princípio fica mais claro, apesar da confusão conceitual do legislador:[16]

> Art. 10. A execução das atividades da Administração Federal deverá ser amplamente descentralizada. §1º A descentralização será posta em prática em três planos principais: a) dentro dos quadros da Administração, distinguindo-se claramente o nível de direção do de execução; b) da Administração Federal para a das unidades federadas, quando estejam devidamente aparelhadas e mediante convênio; c) da Administração Federal para a órbita privada, mediante contratos ou concessões.

Posteriormente, na Constituição Federal de 1988, o princípio da descentralização foi reforçado do ponto de vista institucional, uma vez que é recor-

---

[14] Thatcher, do Partido Conservador (*Tory*), foi primeira-ministra entre 4/5/1979 e 22/11/1990; e Reagan, do Partido Republicano, governou de 20/1/1981 a 20/1/1989.

[15] A constituição e o desenvolvimento da administração indireta no Brasil já é antiga, tendo sido disciplinada pela primeira vez ainda na década de 1940, pelo Decreto nº 6.016, de 22/12/1943. Já no art. 2º do decreto há a definição de autarquia: "Art. 2º Considera-se autarquia, para efeito deste decreto-lei, o serviço estatal descentralizado, com personalidade de direito público, explícita ou implicitamente reconhecida por lei".

[16] Apesar da confusão conceitual do legislador (o primeiro caso é de desconcentração; o segundo, pela utilização do convênio, é apenas de cooperação; e o terceiro, em alusão ao contrato, é simplesmente de execução indireta, sendo o termo apropriado apenas para os casos de concessão), o fato é que se buscou descentralizar a administração pública brasileira de forma intensa a partir da publicação do referido decreto.

rente a referência à descentralização ao longo do texto legal.[17] Praticamente nenhuma atividade de execução de políticas públicas permaneceu como atribuição direta da União, que descentralizou profundamente suas responsabilidades para estados e municípios. Nesse contexto histórico, é importante ressaltar uma característica peculiar da redemocratização brasileira que teve papel fundamental na intensificação do processo de descentralização de políticas públicas almejado pela Carta de 1988. Pela relevância e intensidade desse processo, farei adiante uma breve análise do retorno brasileiro ao regime democrático.

Entre os países que passaram pela experiência da implantação de regimes políticos autoritários nos anos 1960 e 70, quando a América Latina vivenciou uma onda de governos militares, o Brasil foi o único que retornou ao regime democrático através de pleitos para os governos estaduais (Huntington, 1994). Historicamente, a grande marca do retorno à democracia nos demais países latino-americanos foram eleições para a Presidência da República, instituição de especial relevância política e simbólica em países presidencialistas. Acontece que o Brasil teve sua primeira eleição presidencial depois do regime militar apenas em 15 de novembro de 1989 (segundo turno em 17 de dezembro), quando da eleição de Fernando Collor de Mello.[18] Mas o país já havia passado por duas eleições diretas para governadores de estados, em 1982 e 1986, que mobilizaram fortemente a população até então apática e desorganizada.

O que pretendo ressaltar com essa análise histórica é o fato de que, na redemocratização brasileira, o papel político dos governadores de estado foi enorme, o que potencializou ainda mais a vocação descentralizadora da Constituição de 1988. Governadores como Tancredo Neves, José Richa, Antônio Carlos Magalhães, Leonel Brizola, Franco Montoro e Miguel Arraes, entre outros, tiveram influência decisiva na Constituinte convocada em 1986, imprimindo forte viés federativo na organização política e administrativa brasileira. Naturalmente, essas características históricas implicaram o aprofundamento do princípio da descentralização no âmbito da administração pública brasileira.

Um exemplo paradoxal e contundente desse processo foi a inclusão dos municípios como entes federativos autônomos, através do *caput* do art. 18

---

[17] O processo de descentralização usualmente exige um enorme esforço de coordenação e articulação intergovernamental, pondo em evidência uma série de problemas que surgem na execução de políticas públicas. Para uma avaliação desse processo de descentralização especificamente na área social no Brasil, consultar Graef (2010).

[18] Fernando Collor governou de 15/3/1990 a 2/10/1992, quando foi impedido pelo Congresso Nacional por improbidade administrativa.

da Constituição de 1988, *status* jurídico e político único entre os países que se organizam politicamente como federação. A redação é precisa: "A organização político-administrativa da República Federativa do Brasil compreende a União, os Estados, o Distrito Federal e os Municípios, todos autônomos, nos termos desta Constituição".

Juridicamente, existem modalidades diferentes de descentralização, com pequenas variações conceituais entre os autores mais consagrados na área do direito administrativo brasileiro. Inicialmente, cabe fazer uma distinção fundamental entre os conceitos de descentralização e de desconcentração administrativas.[19] *Descentralização* é a distribuição de competências administrativas de uma para outra pessoa jurídica, ao passo que a *desconcentração*, processo muito mais simples do ponto de vista jurídico, envolve apenas a redistribuição interna de competências. A descentralização necessariamente envolve duas personalidades jurídicas, enquanto, na desconcentração, a distribuição de competências se dá no âmbito do mesmo ente jurídico. Na desconcentração existe uma distribuição espacial ou geográfica de responsabilidades dentro da mesma estrutura da administração direta, permanecendo intactos e operantes os vínculos hierárquicos.

Os exemplos são múltiplos e vastos na administração pública brasileira, que se organiza fortemente como um modelo desconcentrado. Muitos ministérios têm ramificações nos estados, com diferentes nomenclaturas, como gerências, delegacias ou superintendências, todas representando manifestações de uma estrutura desconcentrada de organização da administração direta. Ainda seguindo a classificação de Di Pietro (2005), existe descentralização política quando, por meio de uma Constituição, determina-se a distribuição de responsabilidades, que migram do poder central — ou seja, da União — em direção aos entes subnacionais; no caso brasileiro, estados e municípios. Diferente é a descentralização territorial ou geográfica, típica dos Estados unitários, onde a distribuição de competências se dá por ato ou vontade do poder central. Ressalte-se que, nesse cenário peculiar, as instituições locais não dispõem de autonomia, apenas capacidade de autoadministração.

Como já ressaltado, no caso específico brasileiro, a descentralização administrativa encontrou três grandes e diferentes sustentáculos jurídicos para se desenvolver e aprofundar. Cada uma das três grandes categorias de descentralização que a administração pública brasileira experimentou nas últimas décadas — política, técnica e por colaboração — teve um marco

---

[19] Essa parte, de conceituação jurídica do princípio da descentralização, apoia-se integralmente em Di Pietro (2005).

legal bastante específico. O Decreto-lei nº 200/67 difundiu e aprofundou o que a literatura especializada denomina processo de descentralização por serviços, funcional ou técnica, transferindo competências e atribuições da administração direta para entidades da administração indireta, ou seja, houve uma intensa criação de empresas públicas, sociedades de economia mista, fundações públicas e autarquias, cada uma com personalidade jurídica própria. Nesse processo, buscam-se ganhos de produtividade através do princípio da especialização, uma vez que a administração direta fica descongestionada e livre de atribuições que exijam capacidade técnica apurada. Assim, a partir de meados da década de 1960, a administração pública brasileira aprofundou radicalmente o processo de descentralização. Em 1976, contabilizando todos os entes federativos, havia no Brasil 571 instituições da administração indireta, 60% delas criadas entre 1966 e 1976 (Martins, 1997).

Já na Constituição Federal de 1988 houve um aprofundamento intenso do processo de descentralização política da administração pública brasileira. A descentralização política, assim denominada pelos administrativistas por ter fundamento na própria Constituição, implicou uma gigantesca transferência de responsabilidades para estados e municípios, especialmente os últimos, que receberam enorme conjunto de atribuições, como detalharei mais adiante. De modo geral, a execução da grande maioria das políticas públicas foi transferida para os municípios, restando à União apenas as atribuições de formulação, financiamento, normatização, fiscalização e controle. Em praticamente todo o texto constitucional existe uma referência explícita à descentralização política, demonstrando a rapidez e a intensidade desse processo. Tal velocidade, sem uma análise mais detalhada das condições institucionais dos municípios, a meu ver trouxe inúmeros problemas graves quando da implantação dessa nova forma de organização da administração pública brasileira.

Por último, completando as três grandes modalidades de descentralização que o Estado brasileiro vem experimentando, temos os impactos da modalidade que Di Pietro (2005:365) conceitua como descentralização por colaboração. Assim a autora descreve essa forma de descentralização:

> A descentralização por colaboração é feita por contrato ou ato unilateral, pelo qual se atribui a uma pessoa de direito privado a execução de serviço público, conservando o Poder Público a sua titularidade.

No direito positivo brasileiro são três os instrumentos jurídicos utilizados para efetivar a descentralização por colaboração: a concessão, a permissão e a autorização de serviços públicos. De acordo com a Lei nº 8.031, de 12/4/1990, que estabelece o Programa Nacional de Desestatização, por meio da privatização, o Estado descentraliza utilizando uma modalidade específica de concessão, mais precisamente a delegação de serviços públicos à iniciativa privada.[20]

Dessa forma, por influência das reformas administrativas ocorridas nos países desenvolvidos do Ocidente e também por transformações internas profundas do Estado brasileiro, o processo de descentralização, mediante vários mecanismos e institutos legais, ganhou dimensões gigantescas no âmbito da administração pública. Como já dito, o processo de descentralização é normalmente associado ao incremento do desempenho da administração pública, supostamente trazendo eficiência ao gasto governamental. A literatura é farta em estudos demonstrando os ganhos que o processo de descentralização potencializa para a administração pública, dando racionalidade e efetividade às ações estatais.

Não obstante a consagração teórica do conceito de descentralização na bibliografia especializada, pretendo analisar alguns aspectos pouco lembrados quando se trata de avaliar a experiência concreta desse processo na administração pública brasileira. Em linhas gerais, trata-se de averiguar as condições institucionais, burocráticas, gerenciais, financeiras e fiscais que caracterizam o processo de descentralização no Brasil. Indo direto ao ponto, levantei os problemas enfrentados por um processo de descentralização que encontra uma realidade municipal extremamente precária e adversa, anulando e, no limite, inviabilizando os ganhos potenciais intrínsecos ao modelo.

A ideia de descentralização, especialmente em um contexto federativo como o do Brasil, envolve dois outros conceitos cruciais: cooperação e coordenação. A concepção de cooperação é intrínseca ao federalismo, requerendo que os níveis de governo trabalhem em conjunto e em estreita sintonia para executar com eficiência políticas públicas nas mais variadas áreas. Por outro lado, considerando a desigualdade entre os entes federativos no Brasil, com a ampla e profunda supremacia e melhores condições fiscais e burocráticas da União, o esforço de coordenação torna-se crucial para o sucesso das intervenções estatais.

O processo de descentralização de políticas públicas observado no Brasil depois da Constituição de 1988 exige, mais do que em qualquer outro momento de nossa história, esforços intensos no sentido de não apenas ampliar as áreas de cooperação entre os entes federativos, como também aperfeiçoar

---

[20] Alguns dados sobre o processo de desestatização são encontrados em Torres (2007).

a capacidade de coordenação de políticas públicas da União. Na ausência de um bom desempenho nessas áreas específicas, o processo de descentralização de políticas públicas desenhado pela Carta de 1988 fica comprometido, condenado a obter resultados aquém do verdadeiro potencial inerente a essa complexa transformação da administração pública brasileira.

Essa preocupação com as condições institucionais do processo de descentralização de políticas públicas também envolve outros problemas, além dos esforços para melhorar a cooperação e a coordenação. A preocupação com a realidade institucional dos municípios é assim colocada por Abrucio (2002:210-211):

> Além disso, a existência de um sistema político mais republicano e competitivo, contrário às práticas oligárquicas, garante a democratização que, por sua vez, pressiona os governantes a melhorarem o desempenho estatal. Caso não vigore um cenário como esse, a descentralização não será por si só produtora nem de democracia nem de eficiência.

Em vários aspectos, é preocupante a situação da administração pública municipal: pela excessivamente baixa qualidade profissional da burocracia; pelo estrangulamento orçamentário e fiscal desse ente federativo e também pela reduzida capacidade da comunidade local de se mobilizar e efetivamente controlar a administração municipal. A realidade da administração pública municipal exige algumas qualificações e reflexões importantes para o sucesso do processo de descentralização política e administrativa que o Estado brasileiro experimentou com intensidade nas últimas décadas. Assim, nas páginas seguintes procurarei discutir a realidade objetiva dos municípios brasileiros, principal desaguadouro do processo de descentralização consagrado na Constituição de 1988. Na legislação e em boa parte da literatura especializada, há uma correlação positiva e quase automática entre eficiência das políticas públicas e aproximação com a população local. Ocorre que, se não houver um ambiente burocrático, institucional e fiscal adequado, os ganhos e vantagens inerentes ao processo de descentralização podem ser anulados por uma série enorme de dificuldades hoje claramente identificáveis no plano municipal brasileiro.

Fazendo uma comparação livre e simples, muitas vezes o legislador e o analista se esquecem de que, em certas situações, é mais fácil levar água encanada e esgoto a uma comunidade distante 50 km do rio do que a uma cidade ribeirinha. A proximidade de uma represa ou rio não facilita necessariamente a tarefa de distribuir água e recolher esgoto de uma determinada população. Ainda hoje são fartos os exemplos de populações muito próximas do rio São Francisco que não têm água encanada, o que sugere que a proximidade entre política pública socialmente incorporadora e população-alvo não é garantia de sucesso, participação ou eficiência.

Em estudo qualitativo sobre os conselhos municipais de educação da Região Metropolitana do Recife, Guimarães (2007:155) vai direto ao ponto que pretendo destacar:

> Incorria-se com frequência na "falácia de proximidade", isto é, quanto mais próximo fisicamente o cidadão estivesse das instituições estatais, maior seria sua efetividade potencial (Melo, 2003:6). Reforçando esse argumento, Santos Júnior (2001) informa que a relação entre descentralização, democracia e equidade não é inequívoca. Por conseguinte, a proximidade física com o governo municipal não é condição suficiente nem garantia de mais democracia e participação, nem de elevação da performance estatal.

O problema que busco qualificar e ressaltar está relacionado com a possível perda de eficiência e efetividade de políticas públicas causada pelo processo de descentralização. Esse dilema pode ser assim colocado: considerando-se as melhores condições institucionais do governo federal, é certo que existem perdas gerenciais, burocráticas e operacionais quando se descentraliza da União para os municípios e não existem garantias de que a maior proximidade proporcionada pela municipalização trará mais mobilização, participação e efetividade ao gasto público. Dessa forma, não propriamente questionando o processo de descentralização do ponto de vista conceitual e teórico, pretendo introduzir algumas variáveis que podem nortear uma avaliação mais objetiva e pragmática da realidade municipal, desaguadouro de toda essa complexa transformação institucional da administração pública brasileira. Desnecessário lembrar que a mais intensa interação entre a sociedade civil e a administração pública acontece provavelmente em um órgão municipal, que naquele momento personifica o Estado brasileiro.

Descentralização e burocracia pública municipal

A literatura especializada é unânime em apontar o intenso déficit de desempenho da administração pública brasileira na formulação, execução e controle das políticas públicas. Em um conjunto enorme de variáveis que explicariam essa baixa performance, os analistas destacam: a) a politização excessiva da máquina governamental; b) o peso da herança patrimonial ibérica; c) as dificuldades orçamentárias e fiscais do Estado; d) a cultura política adversa que impera na mentalidade dos administradores da *res publica*; e) a desmotivação, o amadorismo e os baixos salários dos servidores; f) a rigidez da legislação e o excesso de burocracia, entre outros aspectos não menos relevantes.

Esse diagnóstico provavelmente é correto para o conjunto da administração pública brasileira, avaliada como um todo e de maneira bem ampla. Porém, o conceito de "administração pública brasileira" é muito genérico e pouco explicativo, especialmente se considerarmos as várias realidades do Estado brasileiro. São inúmeras as diferenças econômicas, sociais, culturais e regionais no Brasil, com reflexos diretos sobre a estrutura da administração pública. Existem também diferenças oriundas da própria estrutura federativa brasileira, que implica burocracias públicas bastante diferenciadas entre a União, os estados e os municípios. Ainda no mesmo nível federativo, encontramos diferenças enormes entre estados e municípios. A burocracia pública de São Paulo é muito diferente da máquina governamental do Acre ou de Pernambuco, por exemplo. No nível municipal, as diferenças são gritantes entre os grandes e ricos municípios do Sudeste e as pequenas e distantes prefeituras das regiões mais pobres e longínquas do Brasil.

As especificidades também se evidenciam quando analisamos as estruturas dos poderes Executivo, Legislativo e Judiciário, cada qual operando com níveis diferenciados de eficiência, remuneração de pessoal, capacidade burocrática, especialização técnica etc. Radicalizando o raciocínio e focalizando apenas a administração direta do Poder Executivo federal, encontramos burocracias que operam com níveis muito diferenciados de eficiência e profissionalismo. E, dependendo do ministério ou da secretaria que o analista focalize, haverá burocracias distintas trabalhando com níveis de eficiência também variados. A experiência se assemelharia a entrar em um poderoso túnel do tempo, capaz de levar o estudioso da burocracia pública brasileira aos séculos XIX, XX ou XXI em plena esplanada dos ministérios. Seria possível identificar burocracias profissionais, servidores qualificados e bem-remunerados trabalhando com razoável nível de eficiência em um ministério ou secretaria e, apenas poucos metros adiante ou alguns andares mais acima, encontrar burocracias desqualificadas, absurdamente ineficientes e politicamente aparelhadas, onde impera absoluta a vocação patrimonial do século XIX, que até hoje se faz presente em boa parte dos órgãos públicos federais.

Assim, sem dúvida, a heterogeneidade é uma marca importante da burocracia pública brasileira, que convive harmoniosamente com uma infinidade de situações, implicando níveis de eficiência radicalmente distintos.

Utilizando conceitos clássicos nas avaliações sobre a máquina pública, pode-se dizer que os modelos patrimonialista, weberiano e gerencial convivem harmonicamente dentro dessa enorme, complexa, dinâmica e heterogênea realidade da administração pública brasileira.

Considerando tais diferenças e fazendo uma análise mais detalhada da qualificação das burocracias públicas distribuídas entre os três entes federativos, encontramos diferenças gritantes quanto à qualificação dos servidores. Na ausência de outros dados analíticos confiáveis e complementares, considerarei a escolaridade indicador adequado para apontar a qualificação de determinada burocracia pública. Naturalmente, essa heterogeneidade em relação à educação formal implica distintas habilidades burocráticas e profissionais, especialmente quanto à capacidade de formulação, gerenciamento, implementação e avaliação de políticas públicas. Vejamos algumas comparações relevantes sobre a escolaridade, tomando como referência as administrações municipal e federal, conforme a tabela 1:

Tabela 1. Pessoal ocupado na administração, por escolaridade (%)

Categoria de servidores	Fundamental	Média	Superior
Federais	14,5	34,4	54,8
Municipais (administração direta)	33,6	40,6	25,8
Municipais de cidades com menos de 5 mil habitantes	40,4	38,7	20,9
Municipais de cidades com mais de 500 mil habitantes	27,3	34,1	38,6

Fontes: Para os servidores municipais, IBGE (2006); e para o nível federal, *Boletim Estatístico de Pessoal*, n. 129, jan. 2007. Obs.: Não foi possível classificar 0,3% dos servidores federais; no nível superior também estão incluídos especializações, mestrados e doutorados, ou seja, os estudos de pós-graduação.

Lembre-se que os debates acerca da remuneração e da produtividade dos servidores públicos em relação ao mundo corporativo devem considerar também o nível de escolaridade da mão de obra empregada em cada setor; a título de informação, faremos uma rápida comparação entre essas duas esferas. Dados do IBGE (2011) apontam que dos 28.238.708 trabalhadores das empresas brasileiras em dezembro de 2009, apenas 2.627.979 (9,3%) possuíam o terceiro grau completo. Quando se desagrega esses números pelo tamanho das empresas, a distribuição fica como se segue: nas microempresas, apenas 4,7% dos trabalhadores possuem nível superior; nas pequenas empresas, 6,6%; nas médias empresas, 8,9%; e, finalmente, nas grandes empresas, que apresentam um nível de escolarização maior, precisos 12,6% dos funcionários possuem o nível superior.

Repare que o nível de escolaridade no âmbito da administração pública é muito maior em comparação com a iniciativa privada no Brasil, mesmo quando se compara a média geral no mundo corporativo (apenas 9,3% possuem nível superior) com a escolaridade das burocracias públicas dos municípios com menos de 5 mil habitantes (20,9% possuem nível superior). Realizadas essas qualificações, voltemos ao foco da questão deste capítulo.

Como se pode constatar, a qualificação dos servidores federais é bem superior à da burocracia municipal. Enquanto 14,5% dos servidores públicos federais cursaram apenas o ensino fundamental, esse número sobe para 33,6% quando se trata de servidores municipais.[21] Por outro lado, quase 55% dos servidores federais possuem nível superior de escolaridade, contra apenas 25,8% dos servidores municipais. Quando se desagregam os dados para as cidades com menos de 5 mil e mais de meio milhão de habitantes os números pioram ainda mais, demonstrando que a baixa qualificação da burocracia municipal se acentua à medida que se caminha para os municípios menores, mais pobres e distantes.

Os dados relativos à qualificação dos servidores públicos brasileiros, tomando-se como referência a escolaridade, são contundentes em demonstrar a melhor posição comparativa da União em relação à situação da burocracia pública municipal. A perversidade dos dados é especialmente relevante quando se constata que as principais políticas públicas na área social, notadamente saúde e educação, estão sob a responsabilidade do ente federativo que possui a burocracia pública menos qualificada, implicando prestação ineficiente e precária de serviços.

Os dados propiciam também importantes reflexões. Fica evidente que um conjunto urgente e articulado de medidas precisa ser tomado para melhorar as condições gerenciais e operacionais da burocracia pública municipal no Brasil; caso contrário, a população estará condenada — especialmente a mais pobre e carente, que depende integralmente dos serviços públicos na área social — a permanecer refém da prestação de serviços ruins e insuficientes.

Parece-me também evidente que a União e os estados federados devem empreender esforços para assumir essa tarefa com responsabilidade e rapidez, uma vez que as administrações municipais não possuem as condições institucionais necessárias para solucionar o problema de maneira satisfatória. Na maior parte das vezes, nem mesmo um diagnóstico correto de sua incapacidade burocrática os gestores municipais conseguem fazer, pois estão

---

[21] Dados do *Boletim Estatístico de Pessoal* (n. 172, ago. 2010) demonstram que essa importante diferença de qualificação das burocracias públicas se intensificou nos últimos anos, haja vista que em julho de 2010 apenas 8,8% dos servidores federais tinham ensino fundamental, 28,4% haviam cursado o segundo grau e expressivos 62,8% eram portadores de diploma de nível superior. Ressalte-se também que 4,9% eram mestres e 8,5%, doutores.

totalmente envolvidos na tarefa de controlar os incêndios e apagões administrativos que explodem no gerenciamento cotidiano da máquina pública.

Como a solução de um problema grave como esse requer uma visão estratégica, complexa, bem-elaborada e de longo prazo, a ajuda técnica, operacional e institucional dos estados e da União será decisiva. Nas condições atuais, seria impossível pensar e empreender, no plano municipal, uma solução adequada para tal situação. Urge que a parcela mais institucionalizada e preparada da administração pública brasileira socorra as burocracias municipais, especialmente as menores, mais pobres e distantes. Ressalte-se que a própria Constituição de 1988, mesmo com a redação dada pela Emenda Constitucional nº 19, de 4/6/1998, não demonstrou preocupação em equacionar o problema da qualificação do servidor público municipal. Um olhar atento sobre a redação do §2º do art. 39 da Constituição é revelador, uma vez que este obriga apenas a União, os estados e o Distrito Federal a manterem escolas de governo para a formação e o aperfeiçoamento de servidores públicos.

Dados do Programa Nacional de Apoio à Modernização da Gestão e do Planejamento dos Estados Brasileiros e do Distrito Federal (Pnage), do governo federal, publicados no *Diagnóstico geral das administrações públicas estaduais*, informam que, até 2003, em apenas 48% dos estados haviam sido implantadas escolas de governo.[22] O baixo desempenho na implantação das escolas de governo demonstra claramente algumas características da realidade da administração pública brasileira: a) o nível deficiente de institucionalização das burocracias estaduais; b) a ausência de vontade política de cumprir a determinação constitucional de instituir escolas de governo; e c) a pouca relevância do tema administração pública para a classe política, partidos, burocratas e, como não poderia ser diferente, também para a sociedade civil organizada.

Apesar do fracasso dos estados em implantar as escolas de governos, entendo que o §2º do art. 39 deveria estender a determinação constitucional aos grandes municípios, mais ricos, estruturados e populosos. Cedo ou tarde a Constituição de 1988 deverá ser observada por pressão da sociedade, dos tribunais de contas, de decisões judiciais, demandas dos próprios servidores ou mesmo da classe política. Por essa visão, seria importante que os grandes municípios se envolvessem mais decisivamente no esforço de melhorar a capacidade instalada de sua burocracia.[23]

---

[22] Esses dados estão disponíveis no site do Conselho Nacional de Secretários de Estado da Administração: <www.consad.org.br>.

[23] Pelo menos uma aproximação inicial entre as escolas de governo está em implantação, com o desenvolvimento da Rede Nacional de Escolas de Governo, que integra 171 escolas especializadas em administração pública, sendo 43 escolas federais, 88 estaduais e 40 municipais.

Dados do IBGE informam que a administração pública municipal está extremamente concentrada do ponto de vista da distribuição dos servidores. Apenas 4,57% dos municípios brasileiros têm mais de 100 mil habitantes, mas empregam 37,62% (19,23% + 18,39%) dos servidores, como demonstra a tabela 2:

Tabela 2. Distribuição dos servidores nos municípios, por faixa da população

Faixa da população	Nº de municípios	%	Servidores da administração direta	% de servidores
Até 5.000	1.362	24,47	242.257	5,39
De 5.001 a 10.000	1.310	23,54	385.159	8,57
De 10.001 a 20.000	1.298	23,32	659.143	14,66
De 20.001 a 50.000	1.026	18,43	954.030	21,22
De 50.001 a 100.000	313	5,62	562.245	12,51
De 100.001 a 500.000	220	3,95	864.653	19,23
Mais de 500.000	35	0,62	826.667	18,39
Totais	**5.564**	**99,95**	**4.494.154**	**99,97**

Fonte: Para o número de municípios e servidores, IBGE (2005).

Sob alguns aspectos relevantes, essa forte concentração de servidores em apenas 4,57% das cidades brasileiras favorece a articulação e a profissionalização das burocracias públicas municipais. Assim, a tarefa de implantar escolas e formar turmas de alunos para aperfeiçoamento e treinamento torna-se mais viável e eficiente. Por outro lado, para contornar a dificuldade institucional de criar escolas de governo, existe uma alternativa prevista no próprio texto do §2º do art. 39 da Constituição de 1988: a possibilidade de celebrar convênios ou contratos entre os entes federados com a finalidade de formar ou capacitar servidores públicos. Dessa forma, como os grandes municípios concentram muitos servidores, apresentam melhores condições burocráticas e estão geograficamente mais próximos das administrações estaduais, torna-se possível, necessário e viável que se aproveitem da expertise e da estrutura administrativa das escolas estaduais de governo. Seja como for, cabe ressaltar que os pequenos municípios, que dispõem das piores burocracias, continuam absolutamente desamparados quanto ao desenvolvimento de políticas públicas que busquem o aprimoramento de seus servidores.

A literatura especializada aponta corretamente o baixo desempenho da administração pública como um dos grandes problemas do Estado brasileiro. No entanto, não se observam na legislação, nem na agenda política, ações decisivas e sistemáticas que visem ao aperfeiçoamento e à qualificação dos servidores públicos municipais, notadamente a parte mais desestruturada e menos preparada da burocracia pública brasileira.

Tenho convicção de que os caminhos para resolver esses problemas de performance apontam para a sala de aula e escolas de governo. Mais especificamente, a burocracia pública municipal não tem alternativa senão passar por um amplo processo de profissionalização e aperfeiçoamento de seus quadros. Essa situação se agrava quando se constata que, de acordo com dados que analisarei adiante, a administração municipal congrega a grande maioria dos servidores públicos brasileiros, com expressivos 58,33% do total, restando aos estados 35,20% e à União apenas 6,46% dos servidores civis ativos. Esses dados não deixam dúvidas quanto às prioridades a serem elencadas quando se trata de aprimorar e aperfeiçoar o desempenho do setor público brasileiro.

Também se pode identificar outros óbices legais e institucionais à profissionalização da burocracia municipal, potencializados pelo intenso processo de descentralização política e administrativa em direção aos municípios. Do ponto de vista da eficiência, produtividade, economicidade e profissionalismo, existe uma gritante diferenciação na burocracia pública municipal, como se vê na tabela 3:

Tabela 3. Distribuição da população, dos servidores públicos municipais e relação habitantes/servidores

Faixa da população	Nº de municípios	%	População	%	Nº de servidores (administração direta)	Habitantes por servidor
Até 5.000	1.362	24,47	4.996.931	2,71	242.257	20,62
De 5.001 a 10.000	1.310	23,54	10.141.374	5,50	385.159	26,33
De 10.001 a 20.000	1.298	23,32	21.333.763	11,57	659.143	32,36
De 20.001 a 50.000	1.026	18,43	31.290.748	16,97	954.030	32,79
De 50.001 a 100.000	313	5,62	22.569.167	12,24	562.245	40,14
De 100.001 a 500.000	220	3,95	43.165.375	23,41	864.653	49,92
Mais de 500.000	35	0,62	50.817.503	27,56	826.667	61,47
Totais	**5.564**	**99,95**	**184.314.861**	**99,96**	**4.494.154**	**41,01**

Fontes: Para o número de municípios e servidores, IBGE (2005); para o tamanho da população, Pnad 2004/2005, do IBGE; para a distribuição da população por faixas de tamanho dos municípios, Censo de 2000.

Obs.: O número de habitantes por servidores foi apurado tomando como tamanho da população os dados da Pnad 2004/2005, considerando a distribuição da população por faixa de municípios apurada pelo Censo de 2000.

Mesmo sabendo que os grandes municípios agregam uma quantidade muito maior de serviços prestados à população, especialmente nas áreas da saúde, justiça, educação e assistência social, disponibilizando equipamentos urbanos não ofertados nas pequenas cidades, a produtividade dos servidores aumenta na medida em que cresce o tamanho da população. Repare-se que, enquanto nos municípios com mais de 500 mil habitantes cada servidor atende a 61,47 cidadãos, nos menores a proporção cai para 20,62 habitantes por servidor, implicando uma produtividade expressivamente menor.

Duas são as explicações prováveis para essa desproporção na produtividade dos servidores municipais, que aumenta constantemente à medida que cresce o tamanho da população, como demonstra a tabela 3. Primeiro, como constatado na tabela 1, a escolaridade dos servidores públicos municipais das grandes cidades é consideravelmente maior do que a observada nos pequenos municípios. Os números indicam que 40,4% dos servidores dos municípios com menos de 5 mil habitantes têm apenas o ensino fundamental, caindo esse número para 27,3% nas cidades com mais de 500 mil habitantes. Já o percentual de servidores com ensino superior sobe de 20,9% para 38,6% quando transitamos das menores para as maiores cidades brasileiras.

Seguramente, essa enorme desproporção na escolaridade tem influência direta na produtividade e na capacidade de trabalho dos servidores públicos municipais. É natural que servidores mais qualificados tenham condições de racionalizar e maximizar suas atividades, e fazer melhor uso de equipamentos e infraestrutura administrativa, como computadores, software, internet, máquinas e técnicas mais modernas, complexas e produtivas de gestão.

Em outra direção, pode-se argumentar que existe um ganho de escala, na medida em que a população dos municípios e o número de servidores crescem de maneira concentrada, implicando maior racionalidade e produtividade das atividades executadas pelas burocracias públicas municipais. Esse ganho de produtividade é significativo e representaria uma economia enorme para a administração pública municipal se a produtividade do servidor dos menores municípios fosse equivalente à dos maiores. Utilizando-se a mesma produtividade dos maiores municípios (61,47 habitantes por servidor) nas cidades com menos de 5 mil (um servidor para cada 20,62 habitantes), seriam necessários apenas 81.290 servidores para atender a toda a população dessa classe de municípios. A conta é simples: em vez dos atuais 242.257 servidores para atender a uma população de 4.996.931 cidadãos, seriam necessários apenas 81.290 servidores, uma economia potencial de 160.967 funcionários públicos. Enfim, os dados apontam uma relação direta entre concentração e maior produtividade de servidores, por um lado, e dispersão e ineficiência, por outro.

Como já vimos, a heterogeneidade da administração pública brasileira é tamanha que os próprios ganhos de produtividade diferem dependendo do nível da administração pública. Procurando levantar o ganho de produtividade do setor público brasileiro, o Ipea realizou um trabalho que relaciona a despesa orçamentária executada com as unidades de trabalho disponíveis nos três entes federativos. Nesse trabalho, que abrange o período 1999-2007, também em função dos problemas já apontados aqui, a produtividade da burocracia pública municipal caiu em 5,2%, contra um incremento de 30,2% no nível da União e de 24,3% no plano estadual. *In verbis*:

> Analisando-se a evolução acumulada da produtividade na administração pública entre 1999 e 2007, observa-se o crescimento total no país de 9,3%. Nesse mesmo período de tempo, contudo, não houve homogeneidade entre as esferas governamentais [Ipea, 2009b:7].

Por tudo que foi levantado e debatido, é possível apontar gargalos, desafios e estrangulamentos enfrentados pelo intenso processo de descentralização que a administração pública brasileira experimentou nas últimas décadas. Naturalmente, as dificuldades analisadas em muitos casos inviabilizam os potenciais ganhos de eficiência pretendidos pela descentralização, que definitivamente não encontrou nas administrações municipais as condições institucionais ideais para produzir seus melhores frutos. Especialmente no que diz respeito à precária formação da burocracia pública municipal, é preciso fazer algo com certa urgência, contando com a iniciativa e o apoio institucional, técnico e financeiro dos entes federativos mais bem-estruturados — os estados e a União. A permanecer essa situação, os municípios continuarão desestruturados e ineficientes, deixando a população mais carente refém de políticas públicas mal formuladas e executadas.

Reverter ou mitigar a assincronia entre o processo de descentralização política e a incapacidade burocrática dos municípios é um dos maiores desafios gerenciais da administração pública brasileira, que dificilmente conseguirá melhorar seus níveis de desempenho sem atacar frontal e decididamente esse desencontro institucional.

Por fim, um aspecto subjetivo peculiar deve ser lembrado em relação às dificuldades dos municípios. O despreparo da burocracia pública municipal também se reflete na percepção que a população tem sobre o Estado brasileiro. Como a maior interação entre a sociedade e a administração pública brasileira se dá preferencialmente no nível municipal, essa parte da burocracia torna-se o grande referencial da população:

> A administração pública também é essencial para os contatos com organizações públicas e da sociedade civil e, portanto, a imagem que os cidadãos têm de seu governo é aquela projetada pela burocracia. Os cidadãos raramente encontram os funcionários eleitos cara a cara, mas encontram membros da burocracia pública com muita frequência [Pierre e Peters, 2010:11].

Dessa maneira, como a administração pública municipal compõe a grande maioria dos servidores brasileiros (cerca de 57% do total) e também é a mais despreparada e mal remunerada em comparação com estados e União, a imagem do Estado que a população projeta fica, em algum grau, enviesada e negativamente desproporcional, uma vez que seu contato ocorre com a parcela mais ineficiente da burocracia governamental. Como se constata, é possível que as deficiências próprias da burocracia municipal nivelem por baixo a imagem que a sociedade civil projeta das instituições governamentais brasileiras, nublando ainda mais um cenário que já não é tão animador.

Descentralização e repartição tributária

Como já vimos, na trajetória histórica da administração pública brasileira experimentamos vários e diferenciados processos de descentralização administrativa, como revela a proliferação da administração indireta logo após a publicação do Decreto-lei nº 200/67. Nesse período, foi intensa a criação de autarquias, fundações públicas, sociedades de economia mista e empresas públicas. Depois, já na década de 1990, em função de uma reorganização profunda do Estado brasileiro, a administração pública experimentou outro forte processo de descentralização administrativa, através das privatizações — uma forma de delegação de serviços públicos à iniciativa privada. Mas nenhum outro processo de descentralização administrativa foi tão agudo quanto o ocorrido em função da Constituição de 1988, que repassou a estados e municípios um conjunto muito grande de novas atribuições.

Como passamos por um período democrático que se consolida desde 1985, atualmente não cabe falar de intervenção direta da União nos assuntos políticos subnacionais. Dessa forma, focalizarei essa análise nas outras duas variáveis cruciais para o arranjo federalista: a repartição de receitas tributárias e o estabelecimento, na Constituição, das competências legislativas, econômicas e sociais de cada ente.[24]

Especialmente em relação aos municípios, o acréscimo de competências foi profundo. A meu ver, o maior problema é que esse processo não foi acompanhado pelo incremento de sua capacidade orçamentária, fiscal, financeira, gerencial e administrativa. Em grandes linhas, pode-se sustentar que existe um descompasso enorme entre dois núcleos de artigos da Constituição de 1988: os que tratam da distribuição de competências entre os entes federativos e os relativos à repartição das receitas tributárias. O desequilíbrio é claramente observável nos arts. 21 (competências da União), 25 (competências dos estados) e 30 (atribuições dos municípios). Após a Constituição de 1988, a União praticamente deixou de executar diretamente um conjunto enorme de atribuições, repassando a estados e municípios a responsabilidade institucional pela implementação de políticas públicas. Nesse diapasão, o art. 21 trata de um conjunto de atribuições mais relacionadas com a regulação, o controle, a normatização, o financiamento e a fiscalização de políticas públicas, abrindo mão de qualquer responsabilidade de execução direta.

Quanto aos estados, o art. 25 determina que devam ser responsabilizados pela exploração dos serviços de gás canalizado (§2º). Por outro lado, o §1º diz que são reservadas aos estados as competências que não lhes sejam vedadas na Carta de 1988. Pela redação do art. 144, o papel dos estados na estrutura da segurança pública é fundamental, tornando-se o eixo de sustentação de todo o sistema estatal de segurança. Mais adiante, pelo art. 211, §3º, os estados também assumem importantes responsabilidades na área da educação, especialmente em relação aos ensinos fundamental e médio. E também devem prestar apoio técnico e financeiro aos municípios na implantação de serviços de saúde e educação.

Já o art. 30 da Constituição de 1988, que trata das atribuições dos municípios, agrega um conjunto excepcional de atribuições constitucionais. Os vários incisos do artigo determinam que os municípios devam, com a cooperação técnica e financeira da União e dos estados, prestar e manter serviços de educação infantil e ensino fundamental (inciso VI) e atendimento à saúde da população (inciso VII). O inciso V determina que os municípios sejam responsáveis pela organização e prestação dos serviços públicos de interesse local. Como ninguém vive, trabalha ou adoece em um espaço físico denominado União, em princípio, a quase totalidade dos serviços públicos é de interesse local, o que sobrecarrega enormemente esse ente federativo. Quando se

---

[24] Para uma melhor aproximação do tema, ver Torres (2002).

observa a infinidade de problemas do cidadão que deságuam nas administrações municipais, até pela proximidade desta com a população, verifica-se claramente que existe uma sobreposição de demandas sobre o ente federativo menos estruturado do ponto de vista gerencial, fiscal e financeiro.

Não bastassem as responsabilidades formais e as determinações constitucionais, também se verifica que os municípios, por puro pragmatismo, necessidades urgentes e falta de opção institucional, têm assumido um enorme conjunto de atribuições informais.[25] O exemplo mais contundente talvez seja o da área de segurança pública, em que os municípios acabam assumindo tarefas e responsabilidades constitucionalmente atribuídas aos estados federados. Como as administrações estaduais têm falhado sistematicamente em solucionar os problemas relativos à segurança pública, tanto a União quanto os municípios estão sendo chamados a assumir parte das responsabilidades de gerenciamento e financiamento do vasto sistema de segurança pública.

Cada vez mais a Secretaria Nacional de Segurança Pública (Senasp) vem recebendo novas atribuições, orçamento e responsabilidades dentro do Ministério da Justiça, revelando-se a cada dia mais estratégica no equacionamento do sistema público de segurança. Entre outros exemplos cabe destacar a importância do Fundo Nacional de Segurança Pública, o Programa Nacional de Segurança Pública com Cidadania (Pronasci), lançado em agosto de 2007, e o papel cada vez mais relevante da Força Nacional de Segurança Pública. Todas essas ações na área de segurança são financiadas pela União, que se junta aos estados na tentativa de equacionar os complexos problemas da área.[26]

Quanto aos municípios, a maior participação desse ente federativo na área de segurança pública está relacionada com a criação das guardas municipais, legalmente destinadas à proteção de seus bens, serviços e instalações, e autorizadas pelo §8º do art. 144 da Constituição Federal de 1988. Os dados

---

[25] O pragmatismo revela-se inclusive pelo destaque da questão da segurança pública nas campanhas eleitorais para as prefeituras. Nas eleições municipais de 2004 e 2008, o problema da segurança pública foi tema recorrente em boa parte dos municípios brasileiros. Mesmo não caracterizando um tema essencialmente municipal, o debate sobre segurança pública esteve no centro das atenções do processo eleitoral, especialmente nas cidades maiores e mais violentas. Assim, de alguma forma, o tema entrou forçosamente na agenda das administrações municipais, requerendo, ainda que precariamente, uma resposta dos prefeitos em relação às demandas da sociedade.

[26] O Pronasci foi criado pela MP nº 384, de 20/8/2007, posteriormente convertida na Lei nº 11.530, de 24/10/2007, visando investir R$ 6,707 bilhões em segurança pública de 2007 a 2012. Entre as ações do programa destacam-se a formação de profissionais da segurança pública, a reestruturação do sistema penitenciário, o combate à corrupção policial e o envolvimento da sociedade na prevenção dos desvios éticos, que grassam nas instituições de combate à criminalidade.

Federalismo e administração pública no Brasil

mais recentes sobre a organização das guardas municipais são da pesquisa Munic do IBGE referente ao ano de 2009. Pelos dados levantados, em 2009 havia guardas municipais em 865 dos 5.565 municípios brasileiros, com um efetivo de 86.199 membros, assim distribuídos:

Tabela 4. Organização das guardas municipais

Classe de municípios	Nº de municípios	Municípios com guarda	Efetivo da guarda
Até 5.000 habitantes	1.257	25	213
De 5.001 a 10.000	1.294	81	1.208
De 10.001 a 20.000	1.370	183	4.078
De 20.001 a 50.000	1.055	268	12.396
De 50.001 a 100.000	316	122	9.544
De 100.001 a 500.000	233	151	25.375
Mais de 500.000	40	35	33.385
Total	**5.565**	**865**	**86.199**

Fonte: Pesquisa Munic 2009, do IBGE, disponível em: <www.ibge.gov.br>.

É importante ressaltar que, à medida que cresce o tamanho do município, o percentual dos que possuem guardas municipais aumenta consideravelmente. Dessa forma, sobretudo nos grandes municípios com mais de 100 mil habitantes as guardas municipais ocupam papel importante, assumindo, ainda que informalmente, algumas atribuições relativas à segurança pública. Dados da Secretaria Nacional de Segurança Pública (Senasp) do Ministério da Justiça sobre as guardas municipais, apesar de menos atuais e mais imprecisos, espelham a ordem de grandeza dos gastos municipais com esse novo item da despesa pública. No Relatório Descritivo da Pesquisa do Perfil das Guardas Municipais relativo a 2003, publicado em novembro de 2005, os gastos com as guardas municipais são assim distribuídos:

Tabela 5. Gastos com as guardas municipais (2003)

Região	Gasto (em R$)
Norte	16.490.328,21
Nordeste	34.209.946,35
Sudeste	1.148.074.232,05
Sul	40.696.578,96
Centro-Oeste	57.093.975,53
Total de gastos	1.296.565.061,10

Apesar da precariedade dos dados, pode-se afirmar que os gastos municipais na área de segurança pública apresentam uma trajetória crescente, implicando a assunção de encargos e atribuições de outros entes, notadamente dos estados federados. A Senasp, através do Fundo Nacional de Segurança Pública instituído em junho de 2000, contribui financeiramente para a manutenção e a criação das guardas municipais, mas ainda assim os novos encargos assumidos não deixam de onerar os já exauridos orçamentos municipais.

Até de maneira informal, apesar da existência de convênios entre o governo dos estados e o dos municípios, é muito comum que as prefeituras assumam gastos de manutenção e investimento das polícias militar e civil. Em Minas Gerais, os municípios arcam, na grande maioria dos casos, com as despesas de aluguel de imóveis, fornecimento de material administrativo, conserto de viaturas e combustível, pagamento de contas de telefone e luz, para que as polícias civil e militar possam funcionar com um mínimo de estrutura.

Os municípios brasileiros foram sobrecarregados pela distribuição de competências determinada na Constituição de 1988, problema agravado pelas responsabilidades informais e emergenciais que as prefeituras acabam assumindo, uma vez que estão mais próximas dos cidadãos e, de alguma forma, precisam responder às pressões articuladas pela sociedade civil organizada.

Já destaquei que existe uma assincronia perversa entre dois núcleos de artigos da Constituição de 1988: os que tratam da distribuição de competências e os relativos à distribuição da receita tributária entre os entes federativos. É pacífico na literatura que o Brasil tem uma carga tributária sufocante, situada entre as maiores do mundo, especialmente se comparada com o volume de tributos cobrados por países com o mesmo nível de desenvolvimento econômico ou com a mesma qualidade de serviços públicos ofertados pelo Estado.[27] Além de alta e regressiva, a carga tributária brasileira apresenta intensa desigualdade na divisão das receitas entre os entes federativos, assumindo feições perversas.[28] Nos últimos anos, a carga tributária

---

[27] Ver tabela comparativa sobre a carga tributária de vários países no capítulo 4.

[28] A carga tributária regressiva penaliza os setores menos favorecidos da sociedade. Ao contrário de impostos progressivos como o Imposto de Renda (IR), cujas alíquotas são diferenciadas por faixa de renda, os impostos sobre o consumo tendem a penalizar o contribuinte de baixa renda, que no momento da compra arca com o mesmo ônus dos consumidores mais ricos. Há exemplos contundentes dessa característica regressiva: em 2006, o IR representava 19% do total da carga tributária no Brasil, contra expressivos 35,7% para a média dos países da OCDE. Por outro lado, no mesmo ano, os impostos sobre bens e serviços representavam 48% da carga tributária total no Brasil, contra 31,5% para os países da OCDE. No Brasil, o imposto mais importante em termos de arrecadação é o imposto sobre circu-

Federalismo e administração pública no Brasil

brasileira cresceu continuamente desde 2000, como demonstra a tabela 6, independentemente do partido que encabece a coligação política vencedora no plano federal, PSDB ou PT:

Tabela 6. Carga tributária no Brasil

Ano	% do PIB
2000	30,13
2001	31,32
2002	32,06
2003	31,96
2004	32,80
2005	33,92
2006	34,58

Fonte: TCU, síntese do Relatório sobre as Contas do Governo da República do exercício de 2006.

O Instituto Brasileiro de Planejamento Tributário (IBPT) tem utilizado uma estratégia criativa para combater e divulgar o que considera a excessiva carga tributária que recai sobre os brasileiros: enfatiza que os contribuintes devem trabalhar aproximadamente até o dia 28 de maio de cada ano apenas para pagar impostos, taxas e contribuições de melhoria para os três entes federativos.[29]

Como já dito, a repartição da receita tributária entre os entes federativos é muito desigual no Brasil, sendo claramente desfavorável aos municípios. Indo direto ao ponto, segundo a Secretaria da Receita Federal (2006), com a implementação dos arts. 145 a 162 da Constituição de 1988, em 2005, a administração da carga tributária brasileira bruta estava assim distribuída: União (70,04%), estados (25,75%) e municípios (4,20%).

Pode-se constatar facilmente que a União é a grande responsável pela arrecadação no Brasil, responsabilizando-se sozinha por cerca de 70% dos tributos, restando aos municípios arrecadar apenas 4,20% da carga tributária brasileira. Mas existe uma diferença conceitual importante entre a administração

---

lação de mercadorias e prestação de serviços de transporte interestadual e intermunicipal e de comunicação (ICMS), de responsabilidade dos estados. Em 2008, foram arrecadados R$ 1.034.397,27 milhões em impostos nos três entes federativos (35,8% do PIB), assim distribuídos entre os seis mais importantes tributos: o ICMS arrecadou R$ 220.083,08 milhões (7,62%), o IR, R$ 194.865,46 milhões (6,74%), a Contribuição para a Previdência Social, R$ 163.355,27 milhões (5,65%), a Cofins, R$ 117.076,52 milhões (4,05%), a Contribuição para o FGTS, R$ 48.714,38 milhões (1,69%); a CSLL, R$ 42.072,63 milhões (1,46%). Dados extraídos de *Estudos Tributários*, n. 21, jun. 2009.

[29] *Veja*, n. 2.167, 2 jun. 2010.

da carga tributária e sua repartição líquida, uma vez que, por determinação constitucional, depois de arrecadados os tributos, há uma partilha entre os entes federativos. Assim, depois de realizadas as transferências constitucionais obrigatórias para os fundos de participação dos estados (FPE) e dos municípios (FPM), a receita líquida de cada ente federativo era a seguinte em 2005:

Tabela 7. Repartição da carga tributária entre os entes federativos brasileiros (em bilhões de R$)

Ano de 2005	União	Estados	Municípios
Arrecadação	507,17	186,49	30,44
FPE	(49,73)	49,73	49,74
FPM	(38,23)	(49,74)	38,23
Participação líquida	419,20 (57,89%)	186,48 (25,75%)	118,42 (16,35%)

Fonte: Secretaria da Receita Federal (2006).[30]

Em termos absolutos, a União arrecadou, no exercício de 2005, R$ 507,17 bilhões, repassando R$ 49,73 bilhões aos estados e R$ 38,23 bilhões aos municípios, através, respectivamente, de fundos constitucionais de participação de estados e municípios. Note-se que os recursos que cabem aos estados federados praticamente não se alteram, pois há equivalência entre os valores que recebem da União e os recursos que repassam para os municípios. Assim, há praticamente uma coincidência entre a carga tributária líquida e a administração da carga tributária no caso dos estados, que arrecadaram R$ 186,49 bilhões no exercício de 2005. Ressalte-se que a arrecadação própria dos municípios é muito pequena, de apenas R$ 30,44 bilhões, restando seus tributos principais, notadamente IPTU, ITBI (sobre transação de bens imóveis) e ISSQN (sobre serviços de qualquer natureza), com pouco alcance do ponto de vista da totalidade da carga tributária no Brasil.[31]

---

[30] Os *Estudos Tributários*, n. 21 (jun. 2009), da Receita Federal do Brasil, atualizam esses dados relativos à arrecadação de tributos pelos três entes federativos. Em 2008 foram arrecadados, em números arredondados, R$ 1,034 trilhão, assim divididos: R$ 720,13 bilhões pela União, R$ 266,73 bilhões pelos estados e R$ 47,53 bilhões pelos municípios. Repare que a distribuição da arrecadação tributária permanece praticamente a mesma de 2005, com a enorme participação da União (69,62%), restando aos estados 25,79% e aos municípios apenas 4,60% da carga tributária brasileira.

[31] Nas últimas décadas, um único movimento foi realizado no sentido de amenizar essa gritante e perversa distribuição das receitas tributárias no Brasil: a promulgação da Emenda Constitucional nº 55, de 20/9/2007, que elevou de 47% para 48% os repasses do IR e do IPI para o Fundo de Participação dos Municípios. Apesar de tímida e insuficiente, essa medida serve como referência para os avanços legais viáveis e possíveis no sentido de superar essa

Os dados são reveladores sobre a enorme concentração das receitas no âmbito da União, restando aos 5.564 municípios brasileiros apenas 16,35% da arrecadação tributária. Salta aos olhos que os municípios não têm condições orçamentária, financeira e fiscal para executar as importantes políticas sociais que lhes foram atribuídas pela Constituição de 1988. As políticas sociais nas áreas cruciais da saúde e da educação, ainda que parcialmente financiadas pela União, são crescentemente onerosas. Assim, a combinação entre prestação de serviços de qualidade com acesso universal torna-se um objetivo praticamente inatingível no contexto atual da administração pública municipal. Cabe ressaltar que tanto a saúde quanto a educação fundamental são direitos de todos e dever do Estado, conforme determinam os arts. 196 e 205 da Constituição de 1988.

A natureza predatória do federalismo brasileiro tem sido enfatizada por vários autores, sendo um clássico o trabalho de Abrucio (1998) sobre o tema. A literatura especializada destaca que existem inúmeras formas de manifestação desse caráter competitivo das relações entre os entes federativos brasileiros, em frontal contradição com a etimologia da palavra, originada do latim *fides*, que remete à ideia de fé, crença, pacto ou aliança. A competição entre os entes federativos pode ser classificada em duas grandes categorias: horizontal e vertical. Na primeira, dois entes do mesmo nível brigam entre si — estado contra estado, ou município contra município —, já na última categoria, a disputa envolve entes de estatura diferenciada — União contra estados e municípios, ou estados contra municípios (Viol, 1999).

Na história recente, vários processos demonstram claramente a natureza competitiva das relações federativas brasileiras, especialmente do ponto de vista fiscal e tributário. O exemplo mais característico de competição vertical é explicitado pelo sorrateiro acréscimo da carga tributária brasileira mediante o aumento das contribuições não compartilhadas entre União, estados e municípios. Assim, em vez de aumentar as alíquotas do IR ou do IPI (sobre produtos industrializados), compartilhados com estados e municípios através dos fundos constitucionais, a União, nos últimos anos, preferiu aumentar a carga tributária recorrendo a contribuições não compartilhadas com os entes federativos subnacionais. São exemplos dessa estratégia que diminui a capacidade orçamentária e fiscal de estados e municípios a criação da Contribuição Provisória sobre Movimentação Financeira (CPMF), o aumento das alíquotas da Cofins e da CSLL, do PIS-Pasep, e a criação da Cide dos combustíveis,

---

situação. Na prática, houve um aumento de 1% na participação dos municípios na repartição do IPI e do IR.

que só posteriormente passou a ser dividida com estados e municípios em função da edição da MP nº 161, de 21/1/2004.[32] Dessa forma, aumentou-se recentemente a carga tributária brasileira sem se alterar a distribuição entre os entes federativos, incentivando a concentração da arrecadação no âmbito da União.

Outro mecanismo que contribui para o estrangulamento da capacidade fiscal e orçamentária de estados e municípios é a Desvinculação das Receitas da União (DRU), instrumento legal e jurídico que permite à União gastar 20% de suas receitas livremente, observando as vinculações constitucionais apenas em 80% de sua receita tributária.[33] Ainda que o cálculo para a apuração dos 20% seja realizado depois dos repasses constitucionais para estados e municípios, pelo menos indiretamente o volume de recursos aplicados nos entes subnacionais diminui pela retração dos gastos obrigatórios em educação e saúde. Como a aplicação dos percentuais mínimos nessas áreas pela União quase necessariamente tem reflexos nos municípios, sua retração implica a diminuição dos gastos efetuados nos entes subnacionais. Em uma situação hipotética, se a União diminuir a aplicação de recursos na área da educação e os utilizar para o pagamento de juros ou para a elevação do superávit primário, por exemplo, lá na ponta do sistema educacional haverá um impacto indireto significativo.

Ainda no que diz respeito à disputa predatória entre os entes federativos, é forçoso ressaltar a feroz competição horizontal que se estabeleceu entre os municípios brasileiros. A criação desenfreada de municípios — que se intensificou depois da Constituição de 1988 — reproduz uma disputa similar à observável na conhecida guerra fiscal dos estados, na qual o ICMS tornou-se moeda de barganha para atrair investimentos privados. A grande diferença entre esses dois mecanismos de guerra fiscal é o caráter permanente e definitivo da instalação de novos municípios, cuja reversão é juridicamente possível, mas absolutamente inviável do ponto de vista político.

Pelo impacto perverso, intenso e definitivo, considero a multiplicação dos municípios brasileiros ao longo da década de 1990 um dos crimes mais dolorosos contra a administração pública brasileira. Ocorre que, por determinação constitucional, é automático e imediato o repasse do Fundo de Participação dos Municípios às novas prefeituras que se instalam. Desse modo, houve um forte incentivo à proliferação de novos municípios no Brasil, com destaque para alguns estados que mais fortemente entraram nessa farra, como Minas Gerais.

---

[32] Convertida na Lei nº 10.866, de 4/5/2004.

[33] Para mais detalhes sobre a implantação e a operação da DRU, consultar o capítulo 4.

Vale observar que a criação de novos municípios não pode ser atribuída apenas à competição horizontal tão característica do federalismo predatório brasileiro. Outro componente determinante é o esforço deliberado de criação de novos currais e bases eleitorais, imediatamente cooptados pelos políticos patrocinadores do desmembramento. Dados da Pesquisa de Informações Básicas Municipais — Gestão Pública de 2001, elaborada pelo IBGE, mostram com precisão a intensidade do processo:

Tabela 8. Instalação de municípios no Brasil e em Minas Gerais

	Até 1941	1941-63	1964-88	1989-92	1993-96	1997-2000	2001	Total
Brasil	1.438	2.178	584	303	472	532	53	5.560
MG	281	440	1	1	33	97	–	853

É cristalino que o processo de criação de municípios se intensificou depois da Constituição de 1988, em contraste com o período anterior. No regime militar foram criados apenas 584 municípios em um período de 24 anos (1964-88), enquanto num curto período de 14 anos (1988-2001) foram instalados 1.360 novos municípios.

A dificuldade de instalação de novos municípios antes da Carta de 1988 tem duas razões principais: a) o clima político do regime militar era bastante fechado e centralizador, não dando margem a discussões dessa natureza, que implicariam de certa forma o enfraquecimento da União, algo impensável naquele contexto histórico; e b) a legislação era bem mais rígida, dificultando a instalação de novos municípios, uma vez que a LC nº 1, de 9/11/1967, que disciplinava a matéria, exigia a existência de pelo menos 10 mil habitantes para a criação de uma nova municipalidade.

Já na Constituição de 5 de outubro de 1988, o art. 18, §4º, em sua redação original, contém uma exigência bem menos rigorosa, remetendo apenas à edição de uma lei complementar estadual e à consulta prévia às populações diretamente interessadas. Para se compreender bem essa questão, recorrerei a uma experiência concreta, analisando mais detalhadamente a criação de municípios no estado onde esta ocorreu de maneira mais intensa.

Em Minas Gerais, a legislação que regulamentou a instalação de novos municípios foi, primeiramente, a Lei Complementar estadual nº 19, de 17/7/1991, editada no governo Hélio Garcia,[34] e, posteriormente, no governo de Eduardo Azeredo (1/1/1995 a 31/12/1998), a Lei Complementar nº 37, de 18/1/1995. De início,

---

[34] Garcia governou o estado por duas vezes, de 14/8/1984 a 15/3/1987 e de 15/3/1991 a 31/12/1994.

é interessante observar que há uma espécie de ato falho na legislação mineira, que estabelece como um dos requisitos mínimos para a instalação de novos municípios a existência de 2 mil *eleitores* na nova cidade. Note-se que não há menção ao tamanho da população, apenas a exigência de haver determinado número de eleitores, o que demonstra cabalmente o oportunismo político de todo o processo. O contraste com a legislação federal anterior é gritante, uma vez que esta estabelecia a necessidade da existência de 10 mil habitantes para que se iniciasse o procedimento de instalação de novos municípios.

É interessante também destacar que a legislação mineira foi extremamente leniente com relação às facilidades garantidas para a instalação de novos municípios. Já no art. 3º da Lei Complementar nº 19, de 17/7/1991, visando a impedir que o município-sede dificultasse o processo de criação de novas cidades, o legislador mineiro usou de uma artimanha na definição do crucial conceito de "populações diretamente interessadas", como exige a Constituição Federal:

> Para a criação de município, na realização do plebiscito previsto no §2º do art. 1º consideram-se populações diretamente interessadas *as residentes na área territorial a ser emancipada* [grifo meu].

A natureza eleitoral e política do processo de criação desenfreada de municípios fica caracterizada, entre outras evidências, pela nomeação de intendentes, que assumem as prefeituras até a realização das primeiras eleições. Pela redação do art. 9º da Lei Complementar nº 19/91, é atribuição privativa do governador do estado a nomeação dos intendentes, o que naturalmente reforça a posição política dos mandatários estaduais, que se aproveitam da legislação para se fortalecer dos pontos de vista eleitoral e partidário. Assim, de acordo com o mandamento legal vigente, os parâmetros para a criação dos novos municípios são definidos em lei complementar, dependendo a instalação propriamente dita apenas da edição de uma lei ordinária.

Duas foram as leis ordinárias votadas na Assembleia Legislativa de Minas Gerais para a criação de novos municípios. A primeira, a Lei nº 10.704, de 28/4/1992, no governo Hélio Garcia, criou de uma só vez 33 novas cidades. A segunda, a Lei nº 12.030, de 21/12/1995, no final do primeiro ano do governo Eduardo Azeredo, resultou na instalação de nada menos que 97 novos municípios, número absolutamente perverso e criminoso.

Vários aspectos demonstram a insensatez e a perversidade desse processo desenfreado de criação de municípios mineiros, que visou fundamentalmente os interesses dos políticos mais poderosos em manter e criar novos currais eleitorais. Fraudes abundantes e comprovadas ocorreram em profusão, com os municípios forjando dados para se encaixar nos já frouxos critérios exigidos pela legislação. Outra característica do processo em Minas Gerais foi a famosa prática do *logrolling*, pela qual os deputados trocavam favores e votos, finalizando com a grande maioria dos parlamentares incluindo na lei a emancipação de alguns distritos de suas bases eleitorais. Naturalmente, um processo que se inicia e se desenvolve com essas características não tem como terminar de maneira satisfatória, restando como um mal definitivo para a administração pública e a população brasileira.

Infelizmente, a farra irresponsável de criação de novos municípios no Brasil só foi estancada com a promulgação da Emenda Constitucional nº 15, de 12/9/1996, que alterou o §4º do art. 18 da Constituição de 1988. Vejamos, literalmente, o teor da nova redação:

> A criação, a incorporação, a fusão e o desmembramento de Municípios far-se-ão por lei estadual, dentro do período determinado por lei complementar federal, e dependerão de consulta prévia, mediante plebiscito, às populações dos Municípios envolvidos, *após divulgação dos Estudos de Viabilidade Municipal*, apresentados e publicados na forma da lei [grifo meu].

Em relação à redação original da Constituição de 1988, há um claro esforço de restringir ou dificultar a instalação de novos municípios:

> A criação, a incorporação, a fusão e o desmembramento de municípios preservarão a continuidade e a unidade histórico-cultural do ambiente urbano, far-se-ão por lei estadual, obedecidos os requisitos previstos em lei complementar estadual, e dependerão de consulta prévia, mediante plebiscito, às populações diretamente interessadas.

Para garantir o prolongamento da irresponsabilidade, o Congresso Nacional votou ainda uma lei para criar uma espécie de desaceleração lenta desse processo, como se observa pela leitura do único artigo da Lei nº 10.521, de 18/7/2002:

> É assegurada a instalação dos Municípios cujo processo de criação teve início antes da promulgação da Emenda Constitucional nº 15, desde que o resultado do plebiscito tenha sido favorável e que as leis de criação tenham obedecido à legislação anterior.

Posteriormente, como o Congresso Nacional não editou a lei complementar exigida pela Emenda Constitucional nº 15, nova emenda foi necessária, já no final de 2008, para tirar do vácuo legal os 57 municípios criados nesse intervalo. Assim, foi promulgada a EC nº 57, de 18/12/2008, com seguinte e curto texto:

> Ficam convalidados os atos de criação, fusão, incorporação e desmembramento de Municípios, cuja lei tenha sido publicada até 31 de dezembro de 2006, atendidos os requisitos estabelecidos na legislação do respectivo Estado à época de sua criação.

Quando a Constituição Federal de 1988 exigiu a necessidade de realização de estudos de viabilidade municipal o processo foi estancado, acusando o IBGE a criação de apenas quatro novos municípios entre 2001 e 2006, totalizando hoje o Brasil precisamente 5.564 cidades. O processo foi interrompido drasticamente após a edição da EC nº 15, mas o dano para a administração pública e para a sociedade já havia ocorrido e é irreversível, tendo em vista a inviabilidade política de se fundir ou incorporar municípios recém-instalados.

Algumas considerações se fazem necessárias nesse contexto. Primeiro, cabe destacar que não existe regulamentação federal estipulando um prazo para a criação de municípios, como previsto na Constituição de 1988, o que libera até nossos dias a multiplicação de novas municipalidades. Por outro lado, a grande contribuição da EC nº 15 foi exigir a prévia realização de estudos de viabilidade municipal. Como a grande maioria dos novos municípios implantados depende quase que integralmente dos repasses dos fundos constitucionais de participação, com pouca ou nenhuma riqueza local para tributar, não há como constatar a viabilidade de criação dessas novas municipalidades.

Outro dificultador para o prosseguimento dos atuais processos de desmembramento de estados e municípios foi a recente decisão do Supremo Tribunal Federal em relação ao plebiscito ocorrido em 11 de dezembro de 2011 para o desmembramento do estado do Pará, para a criação dos novos estados de Tapajós e Carajás. O resultado do plebiscito impediu o desmembramento exatamente porque o STF entendeu que a população diretamente interessada seria toda a comunidade paraense, e não apenas os moradores das áreas que pleiteavam a separação.

Há várias maneiras de analisar o processo de criação de municípios, mas o foco deste livro recai nas questões fiscais e nas condições institucionais da burocracia pública municipal. Do ponto de vista da repartição tributária, é preciso reconhecer que a criação de novos municípios diminuiu automaticamente a quantia repassada através do fundo constitucional de participação dos municípios. Agora, novos 1.360 municípios entram na divisão dos recursos, que já eram parcos (apenas 16,35% da carga tributária líquida destinam-se aos municípios) e se tornaram ainda mais escassos.

Também aumentaram proporcionalmente os gastos de custeio para a manutenção dessas novas estruturas administrativas. Afinal, são mais 1.360 prefeitos e vice-prefeitos, cerca de 11 mil novos vereadores, milhares de secretários municipais e cargos de confiança no Executivo e no Legislativo das novas municipalidades. Naturalmente, o dinheiro gasto na manutenção dessas novas estruturas administrativas está fazendo falta nas verbas destinadas às políticas sociais incorporadoras nas áreas de saúde, educação e assistência social, entre outras. Em alguma medida, apesar da falta de dados confiáveis e precisos, a criação irresponsável de municípios agravou ainda mais a já perversa distribuição da carga tributária líquida no Brasil, comprometendo a combalida capacidade fiscal, orçamentária e financeira dos municípios. Nesse diapasão, também se observou o agravamento da assincronia que demonstrei entre responsabilidades constitucionais na área social e viabilidade orçamentária e financeira no nível municipal.

Diante da incapacidade orçamentária e fiscal dos municípios, que não conseguem cumprir sozinhos com suas atribuições constitucionais num ambiente de enormes responsabilidades e escassez de recursos, estão sendo empreendidas algumas adaptações. Um instrumento complementar aos repasses constitucionais são as transferências voluntárias, realizadas essencialmente através dos problemáticos convênios, que de alguma forma complementam e suprem as deficiências orçamentárias da administração municipal.

O grande problema é que essas transferências, principalmente as realizadas através de emendas parlamentares, passam ao largo das necessidades e da definição de prioridades da administração pública. Usualmente nenhum crivo técnico ou profissional é realizado previamente à liberação desses recursos, que obedecem exclusivamente aos critérios políticos patrimonialistas que caracterizam o relacionamento Executivo/Legislativo no Brasil. Em muitas situações, por força política ou relações pessoais ou partidárias, um município recebe em duplicidade, e sem necessidade, determinado equipamento de política pública, em detrimento de outra população, que fica completamente desprotegida em relação aos mesmos benefícios.

Assim, as transferências voluntárias acabam por intensificar e perpetuar desigualdades na implementação de políticas públicas, geralmente prejudicando os municípios menores, com poucos eleitores e pequena relevância política. Dessa forma, as prefeituras que não conseguem verbas complementares, geralmente com custos políticos e éticos enormes (literalmente os prefeitos vendem a alma para conseguir esses recursos), ficam praticamente impossibilitadas de cumprir com eficácia as atribuições determinadas pela Constituição de 1988.

Também do ponto de vista da capacidade gerencial e administrativa, os novos municípios demonstram não serem viáveis, tal como acontece em relação à capacidade de arrecadação e tributação, que, por ser quase inexistente, os força a depender integralmente dos repasses dos fundos constitucionais de participação. Como já demonstrado, a qualificação dos servidores municipais, medida pela escolaridade, é extremamente precária. Quando se segregam os menores municípios — exatamente os recém-criados depois de 1988 —, a qualificação da burocracia é ainda pior, revelando total e completa incapacidade gerencial e administrativa, o que condena a população mais carente a serviços públicos essenciais de baixa qualidade.

Outro conjunto de problemas está relacionado com a excessiva pulverização dos municípios pequenos, o que agrava os problemas de escala na provisão de serviços públicos, trazendo ineficiência e baixa produtividade. Os dados disponíveis informam que 71,33% dos municípios atendem apenas e tão somente a 19,78% da população, revelando o nível baixíssimo de produtividade das administrações públicas municipais. Por outro lado, existe uma concentração nas grandes metrópoles, onde 0,62% da administração pública municipal atende a 27,56% da população. As perdas não se resumem apenas à baixa produtividade, também são observadas dificuldades quanto à especialização e ao aprimoramento de procedimentos, naturalmente mais problemáticos quando se trata de estruturas administrativas muito pequenas, pulverizadas e pouco diferenciadas, o que compromete o desenvolvimento das habilidades profissionais desses servidores e tem reflexos diretos na prestação de serviços públicos.

Assim, em boa medida, a pulverização excessiva dos municípios e o baixo nível de formação e educação formal dos servidores explicam o decréscimo de produtividade da administração pública municipal da ordem 5,2% entre os anos de 1999 e 2007 (Ipea, 2009b). Em contraste, a mesma pesquisa do Ipea constatou um acréscimo de 24,3% na produtividade das administrações públicas estaduais e expressivos 30,2% de crescimento na administração pública federal no mesmo período.[35]

---

[35] Como média geral ponderada para os três entes, houve um acréscimo de 9,3% na produtividade da administração pública brasileira entre 1999 e 2007 (Ipea, 2009b).

Parece, pois, claro que a instalação desenfreada e irresponsável de novos municípios potencializou significativas dificuldades ou estrangulamentos inerentes ao processo brasileiro de descentralização. Os desafios impostos por um processo de descentralização administrativa que encontrou uma realidade institucional, social, orçamentária e cultural adversa tornaram-se extremamente onerosos para a administração pública brasileira, especialmente a municipal, devendo ensejar uma avaliação detalhada e cautelosa de todo o processo.

Pela análise empreendida, a experiência acumulada depois da Carta de 1988 deve merecer especial atenção por parte do analista preocupado em compreender o processo de descentralização, a fim de possibilitar correções de rumo e a busca de novas soluções para os graves problemas de desempenho do setor público brasileiro.

No entanto, apesar dos problemas levantados, seria equivocado entender essas ponderações como uma crítica ao processo de descentralização enquanto conceito ou plataforma de formatação de políticas públicas. Neste livro apenas pretendo levantar um conjunto de qualificações e ponderações que ponham em destaque o ambiente institucional, político e cultural adverso que tem interagido com essa complexa transformação da administração pública brasileira.

Descentralização e controle social

Ao longo da história ocidental, em lutas políticas e sociais que se arrastaram por séculos, a sociedade tem procurado criar parâmetros para estabelecer limites à intervenção indiscriminada do Estado na vida dos cidadãos. As revoluções burguesas cumpriram papel fundamental nesse processo, com destaque para as revoluções francesa (1789) e norte-americana (1776), que em suas Constituições demarcaram um conjunto de direitos de seus cidadãos. Ao longo dos séculos, pela implantação do sufrágio universal e pela consolidação do regime democrático, cresceu o papel da sociedade e do cidadão no controle e na fiscalização da atuação estatal. Claramente, o que se buscou, e se conseguiu, na maioria dos países democráticos foi delimitar uma linha de separação entre o Estado e a sociedade, divisão estabelecida sobre uma estrutura legal e contratual que deve ser rigorosamente observada pela administração pública.

A primeira noção moderna dos direitos do cidadão de controlar e fiscalizar a administração pública foi cravada na Declaração dos Direitos do

Homem e do Cidadão de 26 agosto de 1789, que diz em seu art. 15: "A sociedade tem o direito de pedir contas a todo agente público pela sua administração". Com o passar dos séculos e o consequente desenvolvimento das instituições democráticas, esse direito de pedir contas evoluiu para a moderna concepção do controle social, plenamente exercido pelo cidadão no sentido de melhor fiscalizar as ações estatais. Dessa forma, especialmente depois das reformas administrativas das décadas de 1970 e 80, o controle social transformou-se, em suas várias formas de manifestação, em um poderoso instrumento para que a sociedade cobre resultados e eficiência da administração pública, alastrando-se mundo afora, especialmente nos países de maior tradição democrática.

No Brasil, a Constituição de 1988 consagrou, entre outros, dois princípios correlatos na formatação e execução de políticas públicas: a descentralização e o controle social. Já tratei do processo de descentralização de políticas públicas para os municípios no começo do capítulo, ressaltando como foi intenso e profundo, transformando radicalmente a estrutura de atuação do Estado brasileiro. Quanto ao controle social, a Carta de 1988 também é categórica, sendo generalizadas ao longo do texto as referências às novas formas de controle da sociedade sobre a administração pública. Atualmente, é rara a formatação e a execução de políticas públicas sem a obrigatoriedade de implantação de conselhos de acompanhamento e fiscalização. Para cumprir essa determinação legal, usualmente são instalados conselhos nos níveis federal, estadual e municipal, como no caso da saúde.

Os mecanismos de atuação e articulação do controle social com o Estado são múltiplos e abrigam uma gama muito diversa de órgãos, instituições e atores sociais.[36] Apenas a título de ilustração farei uma pequena lista das principais formas de manifestação e institucionalização mais recente do controle social no Brasil: a) a proliferação dos conselhos de políticas públicas, que se consolidaram nos três níveis de governo; b) esforços para o fortalecimento dos instrumentos de democracia direta, como a iniciativa popular, o plebiscito e o referendo, todos previstos no art. 14 da Constituição de 1988; c) a difusão do orçamento participativo em um número cada vez maior de municípios brasileiros (nas 5.564 cidades brasileiras havia 4.010 experiências de gestão orçamentária participativa em 2005); d) a criação do Conselho Nacional de Justiça (CNJ) e do Conselho Nacional do Ministério Público (CNMP) pela EC nº 45, de 30/12/2004, tendo sido o CNJ instalado

---

[36] Esse assunto será retomado com mais detalhes no capítulo 6, que trata do controle da administração pública brasileira.

apenas em 14/6/2005; e) o fortalecimento institucional do Ministério Público a partir da Constituição de 1988; f) a institucionalização e multiplicação das ouvidorias, audiências e consultas públicas; g) a utilização da tecnologia da informação e da internet para dar transparência às ações da administração pública, entre outras importantes inovações institucionais.[37]

Mediante influências cruzadas que se retroalimentam, e paralelamente ao desenvolvimento de instituições e órgãos voltados para o aprimoramento do controle social sobre o Estado, a sociedade civil brasileira experimentou, a partir do retorno à democracia em 1985, um período de maior participação e mobilização popular, quebrando a apatia histórica, fruto da forte herança ibérica. A literatura sociológica é unânime em ressaltar esse traço cultural da colonização brasileira, que engendrou um Estado grande, forte, interventor e centralizador, em contraste com uma sociedade civil fraca, desorganizada, apática e sempre dependente de ações ou motivações por parte do Estado.

Essa tradição brasileira difere frontalmente do processo de colonização e povoamento que se deu nos Estados Unidos, uma vez que o Estado inglês sempre foi menos presente na formação da sociedade norte-americana.[38] Com esse distanciamento e indiferença do Estado inglês, as comunidades norte-americanas desenvolveram uma cultura cívica de participação e mobilização, uma vez que os cidadãos não dispunham de ninguém nem de nenhuma instituição que os ajudasse a organizar e administrar seus problemas naquelas terras distantes, pobres e inóspitas. Naturalmente, esse processo

---

[37] O Conselho Nacional de Justiça, instituído pelo art. 103-A e B à Constituição Federal de 1988, é neste livro entendido como um instrumento de controle social, haja vista sua competência de controlar a atuação administrativa e financeira do Poder Judiciário. Uma crítica que se pode fazer ao controle externo objetivado pela atuação do CNJ tem a ver com sua composição, uma vez que, dos 15 membros, apenas quatro não integram a estrutura da justiça brasileira (dois advogados indicados pelo Conselho Federal da Ordem dos Advogados do Brasil e mais dois cidadãos de notável saber jurídico e reputação ilibada, indicados pela Câmara e pelo Senado). Essa composição torna o CNJ corporativista quanto às questões salariais, como têm demonstrado suas recentes decisões, especialmente no que se refere ao estabelecimento de generosos subsídios máximos da administração pública e à possibilidade de acumulação de vencimentos pelos servidores das carreiras mais importantes do Judiciário. Para pinçar aleatoriamente apenas um exemplo, vale destacar a decisão de 17/8/2010, na qual o CNJ reconhece aos juízes federais o direito de vender 20 dos 60 dias de suas prolongadas férias. O ato contém uma contradição: ou os servidores do Judiciário realmente precisam de 60 dias de férias anuais em função de suas atividades ou simplesmente o benefício representa apenas e tão somente um privilégio inaceitável. Em linhas gerais, essas mesmas ponderações podem ser aplicadas ao CNMP, composto por 14 membros, sendo apenas dois não diretamente ligados à estrutura judiciária brasileira.

[38] Esse contraste é bem trabalhado em Ribeiro (2006).

histórico explica, pelo menos em parte, o associativismo, a mobilização e a participação popular da sociedade norte-americana nos negócios do Estado. Esse arranjo social impressionou profundamente Alexis de Tocqueville (1805-1859), levando-o a relatar suas boas impressões políticas sobre os Estados Unidos no clássico *A democracia na América*, publicado em 1835.

No Brasil, o próprio desenvolvimento do regime democrático teve altos e baixos, sendo marcado por processos tumultuados e tensos, em que se alternavam períodos de fechamento total do regime, como na era Vargas, entre 1930 e 1945, e posteriormente no regime militar, entre 1964 e 1985. Dessa forma, a construção da democracia foi bastante prejudicada no Brasil, engendrando uma sociedade civil apática, desinteressada, desmotivada e desmobilizada, e fortes impactos negativos sobre o controle do Estado. Ao contrário da tradição republicana, que sustenta que o bem comum é de toda a sociedade, no Brasil, a visão mais difundida é que o patrimônio público não pertence a ninguém, percepção que abre caminho para toda forma de patrimonialismo, corrupção, nepotismo etc., que tanto prejudicam a administração pública brasileira.[39]

Apesar de a herança patrimonialista da colonização portuguesa ainda estar bem presente, é necessário destacar que esta não pode ser entendida como algo genético ou imutável, que determinaria eternamente o processo de desenvolvimento histórico do Estado brasileiro. Assim, a melhor análise da administração pública deve considerar a importância dessa herança ibérica sem no entanto perder de vista os progressos observáveis na sociedade brasileira nestas últimas décadas. Nosso passado recente é marcado pela consolidação da democracia, pela promulgação de uma nova Constituição em 1988, pelo *impeachment* de um presidente da República em 1992 acusado de improbidade administrativa, entre outras transformações profundas em várias instituições e atores sociais.

Nesse contexto histórico ambíguo e complexo, o peso da herança patrimonial ibérica foi bem-dimensionado por Schwartzman (1988:14):

> Reconhecer isto não significa supor que o Brasil padece de um estigma autoritário congênito, para o qual não existe salvação. Mas significa, isto sim, que este passado e suas consequências presentes têm que ser vistos de frente, para que tenhamos realmente chance de um futuro mais promissor.

Paralelamente, entre outras influências também importantes, a ideia correlata ao conceito de descentralização é de que a maior proximidade

---

[39] Para uma melhor avaliação da herança portuguesa no Brasil, consultar Faoro (1984).

entre formulador/executor e público-alvo de políticas públicas levaria estes últimos a participar, criticar e interferir nas decisões dos primeiros, trazendo eficiência e efetividade ao gasto público. Assim, o desafio colocado pela Constituição Federal de 1988 é precisamente esse: como descentralizar políticas públicas e, ao mesmo tempo, incentivar institucionalmente o controle social em uma nação marcada pela desmobilização e pela fragilidade da sociedade civil. No Brasil, os 24 anos transcorridos desde a promulgação da Carta de 1988 foram marcados por avanços consideráveis e desafios hercúleos no que se refere à utilização e ao aprimoramento dos instrumentos de controle social disponibilizados pela legislação vigente.

Em linhas gerais, pode-se argumentar que houve avanços importantes do ponto de vista legal e institucional, mas que o potencial ainda não foi todo desenvolvido em função da pequena participação e mobilização efetiva da sociedade, apesar do aprendizado das últimas décadas. De qualquer modo, cabe destacar que o passado histórico patrimonialista, se não significa uma sentença de condenação eterna, tampouco deve ser desconsiderado nas análises, estudos e propostas de implementação e fomento do controle social no âmbito da administração pública brasileira.

Para além de nossa tradição patrimonialista, a literatura especializada tem apontado problemas inerentes à ação coletiva que impactam negativamente a capacidade de exercício pleno do controle social. Os atores sociais — sindicatos, partidos políticos, associações de moradores, consumidores etc. — enfrentam fortes problemas de coordenação e motivação para mobilizar e organizar grupos de interesses. Olson (1999) aponta alguns desses desafios: a) os atores sociais podem não identificar com clareza seus próprios interesses; b) o tamanho do grupo social impõe regras diferentes para o sucesso da ação coletiva — em um grupo pequeno, a ação individual é mais custosa e imprescindível, ao passo que a participação em um grupo muito grande pode gerar efeitos apenas marginais; c) os custos da ação coletiva usualmente são altos e imediatos, contra benefícios futuros e incertos; d) existe o problema do carona, uma vez que o custo da ação é individual e os benefícios são coletivos, entre outras dificuldades não menos importantes.[40]

Mas, além da tradição patrimonialista, outros desafios e dificuldades devem ser considerados quando se analisam a potencialidade e as possi-

---

[40] Segundo esse entendimento, que Olson comunga com uma ampla corrente de pensadores, a passagem de um grupo latente (pessoas que apenas compartilham algum interesse comum) para um grupo organizado, com capacidade de se fazer representar e realizar demandas políticas e sociais, é mais problemática do que supõe boa parte da teoria sociológica.

bilidades de sucesso do controle social sobre o Estado no Brasil. Entre os empecilhos mais importantes encontrados, a literatura especializada tem questionado especialmente a capacidade da sociedade civil de processar um volume quase infinito de informações de interesse coletivo diariamente disponibilizadas pela administração pública.

Dessa maneira, já de início surge um problema muito sério, relacionado com o volume de informações e com o modo desorganizado com que estas costumam ser acessadas. Como é sabido pelas equipes de auditores e analistas de contas, informação em excesso é contrainformação. Por essa lógica, cabe à sociedade muitas vezes a difícil tarefa de selecionar, filtrar e dar um formato gerencial às informações geradas pela administração pública, que apenas a partir desse momento podem ter alguma relevância, significado ou utilidade para a sociedade civil. Naturalmente, esse procedimento é trabalhoso e exige tempo e dedicação, raros atualmente, sobretudo considerando que o cidadão comum está sempre muito ocupado com as dificuldades do seu próprio dia a dia. Colocando a questão de forma enfática: a informação tem de ser gerencial, de fácil acesso, manuseio e entendimento, ou pouca serventia terá para a finalidade específica do controle social sobre o Estado.

Outro limite ou desafio a ser enfrentado no processo de difusão e institucionalização do controle social diz respeito à natureza excessivamente técnica das informações e dados disponibilizados pela administração pública. Especialmente a execução orçamentária e financeira, um dos mais valiosos instrumentos de acompanhamento da gestão pública, contempla uma infinidade complexa de rubricas, contas contábeis e planos internos característicos da contabilidade pública, praticamente impossíveis de ser apropriados pela sociedade. Dada a aridez das informações, somente os técnicos habilitados conseguem, com certa segurança, torná-las realmente úteis para o acompanhamento e o controle das ações governamentais. Esse paradoxo entre burocracia e democracia foi corretamente assim destacado por Bobbio (1979:41):

> Um terceiro paradoxo — o mais macroscópio — é o efeito de desenvolvimento técnico, característico das sociedades industriais, não importando se regidas por economia capitalista ou socialista, ou seja, o fato de que nestas sociedades são aumentados de maneira sempre mais acelerada os problemas que requerem soluções técnicas não confiáveis senão aos competentes, donde deriva a decorrente tentação de governar através dos puros técnicos ou tecnocracia.

Considerar essa característica essencialmente técnica de nossas modernas sociedades é crucial para entender a administração pública e o potencial do controle social, haja vista que existe um movimento em direções opostas: a democracia e o controle social chamam o cidadão comum a participar dos problemas coletivos, ao mesmo tempo em que, pela natureza essencialmente técnica e complexa dos problemas e das informações disponibilizadas, a burocracia exclui ou afasta a sociedade das decisões. Vejamos literalmente outra maneira de se colocar o mesmo desafio:

> A base científica e técnica da formulação de políticas reforça o poder e a autonomia administrativos e dificulta ainda mais o controle democrático em muitas áreas das políticas públicas. A expertise e o profissionalismo burocráticos isolam os órgãos do controle democrático efetivo, uma vez que os imperitos são incapazes de fornecer avaliações competentes, independentes das atividades e decisões administrativas [Bryner, 2010:328].

Assim, pelas dificuldades levantadas, cabe argumentar que a implantação do controle social no Brasil depois da Constituição de 1988 tem enfrentado desafios enormes, especialmente se considerarmos os casos escabrosos de corrupção que são amplamente noticiados pelos meios de comunicação.[41]

Para corroborar as ponderações acerca das dificuldades de se implantar o controle social em uma sociedade historicamente patrimonialista, não utilizarei neste livro os casos esporádicos de corrupção e desvio de recursos públicos. Optei por trazer um problema endêmico de corrupção que tem desafiado toda a capacidade de fiscalização sobre o Estado brasileiro, especialmente o modelo de controle social, aposta maior da Constituição de 1988. O exemplo que se segue é didático por duas características cruciais: a) pela condição en-

---

[41] Desde o 2º semestre de 2008, o Congresso Nacional tem sido alvo de inúmeras e inacreditáveis denúncias, sugerindo que ali se pretende fazer terra arrasada contra os princípios mais fundamentais da administração pública. São os conhecidos escândalos do auxílio-moradia, das passagens aéreas e das verbas indenizatórias. No Senado, nem mesmo o elementar princípio da publicidade tem sido observado, como demonstram os famosos 663 atos secretos emitidos entre 1995 e 2009. Por meio dessas ilegalidades foram feitas nomeações, exonerações e aumentos de salário que ultrapassam em muito o teto do funcionalismo público, tudo abençoado pelas várias presidências que passaram pela instituição, com louvor especial aos mandatos de José Sarney, que se empenha pessoalmente em preencher todos os requisitos essenciais ao patrimonialismo nacional. Até pequenos penduricalhos não escapam da voracidade de Sarney, que por vários anos recebeu ilegalmente o "auxílio-moradia" pago pelo Senado. A verba só pode ser paga a parlamentares que não ocupem imóvel funcional ou não possuam imóvel próprio em Brasília. As malfeitorias da família Sarney são relatadas em Dória (2009).

dêmica das práticas fraudulentas; e b) pelo fato de as respostas aos problemas apontarem, preferencialmente, na direção do incentivo do controle social, percebido como melhor encaminhamento para o problema da corrupção.

Segundo a literatura especializada, existem basicamente duas maneiras de se fazer transferências de recursos públicos entre os entes federativos: as transferências constitucionais obrigatórias, ou vinculadas, e as transferências voluntárias. As primeiras são majoritariamente representadas pelos fundos de participação de estados e municípios e gastos mínimos obrigatórios em áreas específicas como saúde e educação. Já as segundas, por não haver obrigatoriedade, caracterizam um ato discricionário do gestor público. Em uma situação ideal, essas transferências voluntárias ocorreriam em função das necessidades da população, dos programas de governo, de prioridades da administração, de carências dos municípios etc. Na prática, porém, essas transferências ocorrem sem qualquer critério técnico ou avaliação de prioridades por parte da administração, servindo muito mais como instrumento de barganha política entre Executivo e Legislativo.

No Brasil, o instrumento jurídico mais utilizado para realizar as transferências voluntárias são os convênios, sendo boa parte dos recursos repassada mediante emendas parlamentares, que não passam por qualquer tipo de crivo ou análise técnica, prevalecendo os interesses políticos de balcão no incestuoso relacionamento entre Executivo e Congresso Nacional. Nesse caso, a capacidade de fiscalização do gasto governamental, principalmente o controle social, encontra vários empecilhos. Uma avaliação das transferências realizadas via convênios evidencia de forma contundente as dificuldades da sociedade para atuar de maneira satisfatória quando o assunto é fiscalizar a administração pública.[42]

Com base em dados oficiais do Tribunal de Contas da União (TCU), na tabela 9 detalho as transferências voluntárias realizadas através de convênios.[43] Esses números serão utilizados para estruturar e fundamentar as argumentações que se seguem.

---

[42] O Decreto nº 6.170/07 (art. 1º, §1º, I) define convênio como "acordo, ajuste ou qualquer outro instrumento que discipline a transferência de recursos financeiros de dotações consignadas nos Orçamentos Fiscal e da Seguridade Social da União e tenha como partícipe, de um lado, órgão ou entidade da administração pública federal, direta ou indireta, e, de outro lado, órgão ou entidade da administração pública estadual, distrital ou municipal, direta ou indireta, ou ainda entidades privadas sem fins lucrativos, visando a execução de programa de governo, envolvendo a realização de projeto, atividade, serviço, aquisição de bens ou evento de interesse recíproco, em regime de mútua cooperação".

[43] Ainda em vigor, a Instrução Normativa STN nº 1, de 15/1/1997, da Secretaria do Tesouro Nacional, disciplina também o repasse de recursos via convênios.

Tabela 9. Transferências voluntárias

Taxa média de discricionariedade OGU*	10%
Valores totais para o exercício de 2006 (R$)	55 bilhões
Valores transferidos via convênios e congêneres em 2006 (32 mil/ano, em R$)	15,1 bilhões
Atraso médio na prestação de contas	3,9 anos
Idade média dos processos que aguardam análise	5,4 anos
Valores cuja aplicação o governo simplesmente desconhece (R$)	12,5 bilhões
Prestação de contas não analisadas até 1996	4.386
Prestação de contas não analisadas de 1997 a 2001	11.571
Prestação de contas não analisadas de 2002 a 2005	21.121

Fonte: TCU (2007).
* Orçamento-Geral da União.

De início, cabe destacar que o orçamento federal é muito vinculado, ou seja, as despesas já têm destino certo, sem haver necessidade ou possibilidade de intervenção do gestor. Pelos dados da tabela, constata-se que apenas cerca de 10% do Orçamento-Geral da União estão disponíveis para que os gestores públicos, através de atos discricionários, possam definir como realizarão o gasto. Assim, no ano de 2006, apenas R$ 55 bilhões não estavam vinculados às despesas obrigatórias, sendo essa exatamente a margem de manobra do Executivo federal. Mediante aproximadamente 32 mil convênios e congêneres, como termos de parceria e contratos de repasse, em 2006 foram realizadas transferências voluntárias no valor de R$ 15,1 bilhões.[44] Ainda segundo os dados oficiais do TCU, entre 1996 e 2005, um total de 37.078 convênios não passou por qualquer avaliação ou prestação de contas, o que significa que o governo simplesmente desconhece o destino de bilhões e bilhões de reais. A situação é tão caótica que até o cauteloso TCU propõe uma medida bastante radical para os parâmetros da administração pública brasileira:

> De modo geral, a permanecer o atual nível de descontrole dos recursos reservados às transferências voluntárias, torna-se impossível assegurar o alcance do interesse público. Assim, se não forem restabelecidos os mecanismos de acompanhamento do Estado sobre todo o ciclo das transferências voluntárias, *a medida mais sensata pode ser sua suspensão até que se recobre esse controle*.[45]

---

[44] De acordo com o decreto, fala-se de contrato de repasse quando a transferência dos recursos financeiros se processa por intermédio de instituição ou agente financeiro público federal, como a CEF, que atua como mandatário da União.

[45] Relatório do TCU de 2006, sem numeração de página (grifo meu).

Pela colocação enfática e contundente do TCU constata-se que boa parte dos recursos públicos transferidos via convênios não tem passado por qualquer tipo de controle interno ou externo. Naturalmente, na ausência ou falha dos mecanismos tradicionais de fiscalização (auditorias internas, cortes de contas etc.), fica a expectativa de que a administração pública seja acompanhada por instrumentos próprios do controle social, o que definitivamente, nesses casos específicos, não tem acontecido de forma apropriada. No limite, como falar de eficiência e controle, em quaisquer de suas variantes, em uma situação caótica como essa que o TCU apontou?

Cabe ressaltar que a legislação, na tentativa de fortalecer e incentivar o controle social, determina que todos os repasses via convênios sejam comunicados ao Legislativo. Reza o art. 116, §2º, da Lei nº 8.666/93: "Assinado o convênio, a entidade ou órgão repassador dará ciência do mesmo à Assembleia ou à Câmara Municipal respectiva".

Visando aprofundar ainda mais os mecanismos de controle social, o Congresso Nacional aprovou lei obrigando à ampla divulgação de toda e qualquer transferência voluntária para o Executivo municipal. É importante ressaltar que a prefeitura municipal que recebe verbas da União deve divulgar para toda a sociedade organizada o recebimento dos recursos para desempenhar as ações públicas determinadas pelo instrumento que possibilitou o repasse. É uma pena que esse importante mecanismo de controle social tenha sido pouco utilizado e divulgado pela sociedade civil brasileira. Vejamos textualmente o que preconiza a Lei nº 9.452, de 20/3/1997, art. 2º:

> A Prefeitura do Município beneficiário da liberação de recursos, de que trata o art. 1º desta lei, notificará os partidos políticos, os sindicatos de trabalhadores e as entidades empresariais, com sede no Município, da respectiva liberação, no prazo de dois dias úteis, contados da data de recebimento dos recursos.

Apesar das determinações legais e do amplo incentivo ao controle social, a situação dos convênios é tão aviltante que o Executivo, buscando equacionar alguns problemas mais emergenciais apontados pelo relatório do TCU, editou o Decreto nº 6.170, em 25/7/2007, que, com as modificações introduzidas pelo Decreto nº 6.428, de 14/4/2008, atualmente disciplina a matéria. Vale notar que uma das principais inovações introduzidas pela nova legislação está diretamente relacionada ao controle social, que seria percebido como mecanismo capaz de minimizar as falhas encontradas no funcionamento dos instrumentos tradicionais de controle. Vejamos a redação do art. 13 do referido decreto:

A celebração, a liberação de recursos, o acompanhamento da execução e a prestação de contas de convênios, contratos de repasse e termos de parceria serão registrados no SICONV, que será aberto ao público, via rede mundial de computadores — Internet, por meio de página específica denominada Portal dos Convênios (redação dada pelo Decreto no 6.619, de 2008).[46]

Como é facilmente percebível, a resposta institucional do Executivo para os problemas de acompanhamento e fiscalização levantados pelo TCU apontou, prioritariamente, na direção da intensificação do controle social, acreditando na transparência e na capacidade da sociedade de se envolver na solução dos problemas de interesse público.

Esse caso concreto dos convênios foi detalhadamente analisado para ressaltar a importância que o controle social vem assumindo no âmbito da administração pública, sendo percebido como solução suficiente para boa parte de nossos problemas de corrupção e ineficiência. É curioso destacar que o decreto em questão, entendido como resposta governamental aos graves problemas envolvidos nas transferências voluntárias, não diz uma palavra sobre o fortalecimento institucional dos órgãos de controle interno ou externo, acreditando firmemente nos instrumentos da transparência, da governança eletrônica e do controle social.

No que diz respeito a outra gama de questões, a análise criteriosa de dados relativos ao orçamento participativo, a reuniões dos conselhos de políticas públicas, a parcerias entre a sociedade e a administração pública municipal, levantados pelo IBGE, ilumina alguns problemas e desafios enfrentados pelo controle social no Brasil, podendo servir de referência para um balanço dessa rica e complexa experiência.

Dois fatores se sobressaem nesse cenário: a) a baixa mobilização da sociedade civil; e b) a falta de um sistema eficiente de *checks and balances* no nível municipal, plenamente dominado pelo Poder Executivo. Ressalte-se que esta última característica é potencializada pela ausência do Poder Judiciário no plano municipal e pela fraca presença de uma imprensa realmente livre e atuante nas principais cidades brasileiras, especialmente as mais pobres e distantes.

As tabelas a seguir revelam alguns dados preciosos para o entendimento de questões relativas ao controle social no Brasil. Na tabela 10, observa-se a existência de um grande número de consórcios públicos no nível municipal,

---

[46] O endereço eletrônico do portal dos convênios do governo federal é <www.convenios.gov.br>.

com destaque para a área da saúde, que desde a Constituição de 1988 sempre foi pioneira e referência no que diz respeito à criação de conselhos paritários e à integração entre os entes federativos na formulação e execução de políticas públicas.[47]

Tabela 10. Existência de consórcio público na administração municipal

Área de atuação	Intermunicipal	Com o estado	Com a União
Educação	248	1.116	767
Saúde	1.906	1.167	558
Assistência e desenvolvimento social	222	867	660
Direito da criança e do adolescente	149	513	321
Emprego e trabalho	114	358	164
Turismo	351	275	138
Cultura	161	385	206
Habitação	106	720	428
Meio ambiente	387	467	225
Transportes	295	428	207
Desenvolvimento urbano	255	420	247
Saneamento e/ou manejo de resíduos sólidos	343	387	231
Totais	**4.537**	**7.103**	**4.152**

Fonte: IBGE (2006).

---

[47] Os consórcios públicos são disciplinados pela Lei nº 11.107, de 6/4/2005, que regulamenta o art. 241 da Constituição Federal de 1988, com a redação dada pela EC nº 19, de 4/6/1998. Basicamente, o consórcio representa uma gestão associada na busca de interesses comuns, integrando, do ponto de vista legal, a administração indireta dos respectivos entes federativos. De acordo com Di Pietro (2005), alguns aspectos jurídicos caracterizam esses instrumentos: a) as transferências de recursos se concretizam através de "contratos de rateio", além dos tradicionais convênios; b) os consórcios públicos podem adquirir personalidade de direito público (nesses casos assumem a forma de associação pública) ou privado sem fins econômicos — quando públicos, podem promover desapropriações, instituir servidão e têm também prerrogativas da administração pública, como imunidade tributária, dupla jurisdição, impenhorabilidade dos bens, prazos dilatados nos processos etc.; c) dependem de autorização legislativa para sua constituição; e d) ao contrário dos convênios, os consórcios públicos adquirem nova personalidade jurídica. A antiga diferenciação jurídica consagrada na literatura entre os convênios e os consórcios administrativos informava que os primeiros se concretizariam entre entes federativos diversos e os últimos, entre entes equivalentes. Atualmente essa distinção caiu por terra, haja vista que os consórcios públicos podem aglomerar todos os entes federativos ao mesmo tempo. A característica dos consórcios públicos como esforço de coordenação e integração federativa, numa espécie de federalismo administrativo, é abordada em Cunha (2004).

Como se pode constatar, é elevado o número de consórcios públicos no Brasil, o que revela a busca por uma maior interação dos entes federativos na execução de políticas públicas, num claro esforço de construir uma espécie de federalismo administrativo. Foi intensa também, depois da Constituição de 1988, a criação de conselhos municipais de políticas públicas, que totalizavam 28.216 em 2001, nas mais variadas áreas, com destaque para educação (4.072), saúde (5.426), assistência social (5.178) e direitos da criança e do adolescente (4.306), de acordo com a Pesquisa de Informações Básicas Municipais do IBGE publicada em 2003.

No entanto, a expressividade desses números deve ser considerada com cautela, uma vez que não se tem uma análise qualitativa abrangente do funcionamento dessa enorme quantidade de conselhos e consórcios. Os dados são enfáticos em demonstrar os aspectos quantitativos, pouco revelando sobre a qualidade, a eficiência e a efetividade dessas instituições típicas do controle social.[48]

É interessante notar a queda brusca do número de parcerias quando transitamos da área intergovernamental para a iniciativa privada ou para a sociedade em geral. Como se pode constatar analisando os dados da tabela 11, a participação, a mobilização ou a contribuição da sociedade civil nos assuntos relativos à administração pública municipal é muito baixa, comprometendo efetivamente o potencial de sucesso e de eficiência do controle social.

Diante do potencial quase infinito de áreas e assuntos que envolvem a administração pública municipal e considerando também o número enorme de municípios no Brasil (5.564), a existência de apenas 2.098 parcerias de apoio do setor privado ou da comunidade às prefeituras é desoladora. Em contraste com o elevado número de consórcios e conselhos de políticas públicas, o pequeno número de parcerias com a comunidade expõe, pela baixa mobilização e participação da sociedade civil, os limites, fracassos e deficiências do controle social no Brasil.

---

[48] Uma análise qualitativa reveladora dos conselhos municipais de educação da região do Recife se encontra em Guimarães (2007).

Tabela 11. Existência de parceria com o setor privado ou com a comunidade na administração municipal

Área de atuação	Convênio com o setor privado	Apoio do setor privado ou da comunidade
Educação	571	274
Saúde	588	197
Assistência e desenvolvimento social	558	349
Direito da criança e do adolescente	287	269
Emprego e trabalho	216	136
Turismo	151	150
Cultura	213	240
Habitação	159	73
Meio ambiente	191	194
Transportes	129	49
Desenvolvimento urbano	105	78
Saneamento e/ou manejo de resíduos sólidos	144	89
Totais	**3.312**	**2.098**

Fonte: IBGE (2006).

Outro dado também disponibilizado pela mesma pesquisa do IBGE diz respeito à assiduidade das reuniões dos conselhos municipais de políticas públicas em três áreas específicas. Para um universo de 5.564 municípios, os dados relativos às três áreas analisadas são os seguintes:

Tabela 12. Assiduidade das reuniões dos conselhos de políticas públicas realizadas em 2005

Área do conselho	Quinzenal ou menor	Mensal	Bimestral ou trimestral	Semestral ou anual	Irregular	Não realizou	Total
Política urbana ou similar	43	261	125	68	158	76	731
Habitação	21	321	168	77	251	140	978
Cultura	37	450	327	71	182	102	1.169

Fonte: IBGE (2006).

Destaque-se que a pesquisa não alcançou a totalidade das áreas em que existem conselhos municipais, deixando de analisar (por não ser seu foco) conselhos mais antigos e tradicionais, como os das áreas de saúde e educação. Como já disse, uma análise preliminar permite sustentar que é bastante elevada a quantidade absoluta de conselhos municipais de políticas públicas no Brasil. Ainda do ponto de vista quantitativo, pode-se afirmar, de acordo com dados das duas pesquisas citadas do IBGE, que a tendência quanto ao número de conselhos municipais de políticas públicas no Brasil é de crescimento. Na área de política urbana, o número de conselhos subiu, entre 2001 e 2005, de 334 para 731; na área de habitação, o crescimento foi de 628 para 978, o mesmo ocorrendo na da cultura, que saltou de 734 conselhos em 2001 para 1.169 em 2005.[49]

A avaliação qualitativa dos dados disponíveis produz algumas informações reveladoras.[50] Não entrando no mérito da qualidade técnica das reuniões realizadas, é considerável o número de conselhos municipais que nem sequer realizaram uma única reunião durante o exercício de 2005 (76 dos 731 conselhos de políticas urbanas, 140 dos 978 conselhos de habitação e 102 dos 1.169 conselhos de cultura). A irregularidade das reuniões também preocupa muito, pois demonstra desmobilização e/ou desinteresse da população, sugerindo que a existência do conselho é apenas formal e burocrática, não tendo capacidade de impactar positivamente a administração pública municipal. Muitos programas governamentais condicionam o repasse de verbas à instalação e ao funcionamento dos conselhos, o que pode levar à sua criação apenas para cumprir uma exigência legal, não significando necessariamente que funcionem de maneira eficaz e eficiente.

O mesmo raciocínio desenvolvido para apontar problemas no funcionamento dos conselhos de políticas públicas se aplica à análise do orçamento participativo, outro importante e conhecido instrumento de controle social. As primeiras experiências de orçamento participativo tiveram início timidamente na década de 1970. Lentamente, uns poucos municípios, como Campinas (SP), Porto Alegre (RS) e Vila Velha (ES), entre outras experiências

---

[49] Geralmente, os conselhos de políticas públicas — municipais, estaduais ou federais — desempenham atribuições tradicionais na área normativa, consultiva e deliberativa. Para efeito deste trabalho, a preocupação maior recai sobre as funções de mobilização social, acompanhamento e fiscalização de políticas públicas.

[50] Para a totalidade dos conselhos municipais, nas mais diversas áreas de atuação pelo Brasil afora, ainda não existem trabalhos abrangentes com análises qualitativas profundas sobre seu funcionamento. De qualquer modo, estudos menos abrangentes e específicos apontam alguns problemas consideráveis, como: a) desmobilização dos grupos sociais interessados, que esvaziam as reuniões; b) baixa qualidade técnica das contribuições oriundas das entidades da sociedade civil; c) manipulação dos conselhos municipais pelo Executivo, que geralmente controla de perto as indicações de conselheiros (muitos são servidores municipais que trabalham em escolas, hospitais, secretarias etc. e emprestam apoio administrativo e financeiro aos conselhos); e d) processo de oligarquização, com a indicação dos conselheiros baseada essencialmente em critérios políticos ou partidários (não raro, os mesmos servidores municipais participam de vários conselhos), entre outros problemas.

pioneiras, começaram a introduzir a gestão orçamentária participativa, que se expandiu fortemente pelo Brasil nas décadas seguintes.

Ainda de acordo com a pesquisa realizada pelo IBGE, que traça um panorama da administração pública municipal no Brasil, em 4.010 dos 5.564 municípios brasileiros havia pelo menos uma experiência de gestão orçamentária participativa em 2005. Os números absolutos demonstram claramente um enorme avanço quantitativo do orçamento participativo nos municípios brasileiros, com destaque para a região Sul, onde 1.062 dos 1.188 municípios adotam essa forma de gestão participativa e democrática, ou seja, 89,39% das cidades.

Neste livro, apontarei alguns desafios e gargalos que precisam ser enfrentados para que essa experiência possa desenvolver todo o seu potencial. A ideia basilar da gestão orçamentária participativa fundamenta-se no entendimento correto de que a aproximação entre o público-alvo das ações estatais e os responsáveis pela execução de políticas públicas pode contribuir muito para o aperfeiçoamento do gasto, evitando fraudes e trazendo eficiência. Do ponto de vista teórico, o orçamento participativo também potencializa uma oportunidade de caráter pedagógico para a população, que, através desse exercício de cidadania, ajuda a desenvolver instituições complementares à democracia representativa.

Como consagrado na ciência política, o avanço das instituições democráticas passa pela busca de um ideal de sociedade que, apesar de não ser necessariamente algo passível de ser alcançado, jamais deve ser abandonado. Embora marginalizado por suas posições políticas consideradas de direita, não se enquadrando, pois, entre os pensadores da democracia liberal, Robert Michels (1876-1936) aponta essa busca sempre difícil e que parece ser inerente ao aperfeiçoamento do regime democrático:

> A democracia é, ela também, um tesouro que ninguém nunca poderá trazer à luz. Mas, continuando as investigações e pesquisando incessantemente para encontrar o desconhecido, não deixaremos de realizar um trabalho útil e fecundo pela democracia [Michels, 1982:241].

A clássica formulação de Weber, atualmente tão citada e defendida com entusiasmo, representa o mesmo entendimento da frase de seu aluno Michels. Ao final de uma palestra que entrou para a história, Weber (2003:109) assinalou que: "A experiência histórica confirma que o homem jamais atingiria o possível se não lutasse pelo impossível".

Assim, na impossibilidade prática de adoção radical da democracia direta tal como proposta por Rousseau, pelos anarquistas e também por parte da teoria marxista, resta a opção de entendê-la como algo a ser almejado. A democracia direta e seus vários mecanismos podem não representar algo viável como *alternativa* às instituições da democracia representativa, mas têm demonstrado possuir um potencial enorme enquanto instrumentos *complementares* de interlocução e mediação entre Estado e sociedade.

As experiências de gestão orçamentária participativa, apesar de importantes, mobilizadoras e pedagógicas, têm enfrentado problemas adicionais pela tradição histórica brasileira excessivamente patrimonialista, combinada a uma sociedade civil bastante apática.

Outro problema que precisa ser solucionado por constituir importante limitação às experiências de orçamento participativo é o fato de os orçamentos públicos no Brasil serem muito vinculados, deixando pouca margem de manobra para a distribuição dos recursos. Essa vinculação acontece nos três níveis de governo, mas é especialmente limitadora no caso dos municípios, que contam com orçamentos menores e enfrentam déficits fiscais consideráveis. De modo geral, a literatura especializada aponta que apenas 10% dos orçamentos públicos estão disponíveis para livre aplicação pelos gestores, estando os outros 90% comprometidos com as despesas mínimas obrigatórias nas áreas da saúde e da educação, pagamento de servidores públicos, financiamento do custeio da máquina, despesas previdenciárias, pagamento de dívidas etc.

Mesmo os 10% que teoricamente estariam livres para investimentos discricionários pelos Executivos municipais não são totalmente direcionados para as parcelas que irão compor a verba do orçamento participativo de cada prefeitura. Dessa forma, dado o pequeno volume de recursos direcionados para os orçamentos participativos, seria até imprópria a utilização desse conceito, que passa a sensação incorreta de que a população está realmente interferindo na distribuição de parte substancial dos recursos públicos municipais.

Outra característica marcante da administração pública em todos os três níveis e poderes que tem se tornado um desafio a ser equacionado pelas experiências de orçamento participativo são os famosos contingenciamentos. Em muitos casos, a população participa, se mobiliza e se reúne em praça pública para decidir as prioridades da sociedade para determinado orçamento anual. Num segundo momento, depois de escolhidas as obras e definidas as prioridades, a administração municipal, em função de problemas fiscais, suspende ou retarda demasiadamente a realização dos investimentos, causando enorme sensação de frustração nos atores sociais antes mobilizados.

Assim, para não desmoralizar um instrumento potencialmente transformador que possibilita um intenso aprendizado social e político, as obras definidas em praça pública pela população não deveriam sofrer com os usuais contingenciamentos da administração pública brasileira. Para tanto, uma regra bem simples deveria ser observada: não desperte ou mobilize a população para uma questão que a administração pública não pode ou não pretende resolver de maneira adequada. Ao adotar o orçamento participativo, o município deve cuidar para que as verbas para a realização das prioridades definidas pela população em praça pública estejam realmente garantidas e a salvo dos usuais contingenciamentos.

Um conflito possível nas experiências de orçamento participativo está diretamente relacionado à posição das câmaras de vereadores, que usualmente utilizam sua legitimidade e representatividade para atender diretamente às demandas de suas bases eleitorais. Como a proposta da gestão orçamentária participativa é fazer o mesmo trabalho, mas sem a interferência de intermediários ou representantes, existe um conflito potencial latente com a câmara de vereadores que precisa ser satisfatoriamente gerenciado.

Outros problemas inerentes ao processo democrático também devem ser cuidadosamente monitorados pelas experiências de orçamento participativo no Brasil: a) a oligarquização das lideranças ao longo dos processos de mobilização e votação; b) a partidarização das discussões com a introdução de um viés excessivamente ideológico nas reuniões; c) a apatia e a desmobilização da população diretamente envolvida, entre outros problemas comuns ao funcionamento do regime democrático e suas instituições.

Vale ressaltar ainda a vocação municipal do orçamento participativo, que dificilmente pode ser adotado ou estendido à União ou aos estados. Apesar das experiências de audiências públicas e escutas populares realizadas por alguns Legislativos estaduais, existem problemas operacionais e teóricos que inviabilizam a adoção da gestão orçamentária participativa em um nível que não o municipal.

Nesse contexto, o processo de descentralização de políticas públicas que se observa depois da CF/88 encontrou, nas administrações municipais, um arcabouço institucional muito adverso, marcado pela supremacia quase absoluta do Executivo, por carências gerenciais enormes, por uma população pouco mobilizada ou engajada nos assuntos de interesses coletivos etc. Naturalmente, esse cenário político desfavorável compromete a implantação e aprimoramento dos mecanismos típicos do controle social, trazendo ineficiência às políticas públicas localmente definidas.

Inventariando tudo o que foi dito sobre o controle social da administração pública, pode-se dizer que provavelmente os constituintes de 1988 superestimaram o grau de mobilização e participação da sociedade brasileira. Segundo um clássico conceito de Putnam, houve uma avaliação excessivamente positiva de nosso capital social.[51] De qualquer maneira, o controle social é uma alternativa potencialmente transformadora que deve ser explorada em todos os seus aspectos teóricos e operacionais. Apesar dos desafios e dificuldades observados na introdução e aperfeiçoamento do controle social no Brasil, muitos avanços já são perceptíveis e já foram definitivamente incorporados às melhores práticas de gestão governamental. Nesse cenário, a introdução do pregão eletrônico é um exemplo dos mais eficazes, propiciando transparência, aperfeiçoamento dos sistemas de controle e eficiência à administração pública.[52]

Finalizando, acredito ser oportuno destacar três aspectos específicos que devem ser alvos prioritários na tarefa de aperfeiçoar os instrumentos de controle social no Brasil, pois a sociedade paga um preço alto pelas falhas observadas no acompanhamento e na fiscalização da administração pública.

Primeiramente, é preciso deixar claro que o controle social não constitui uma alternativa aos controles interno e externo, este último realizado pelo Legislativo com a ajuda dos tribunais de contas. De alguma maneira, o controle social precisa se aproximar dos instrumentos tradicionais de acompanhamento da administração pública, aproveitando-se da expertise e da competência técnica acumulada por essas instituições. Atuando de forma complementar e integrada com os tribunais de contas, o controle social tem condições de desenvolver todo o seu potencial e contribuir para o aprimoramento do gasto público no Brasil. O controle social nunca foi considerado uma alternativa viável aos controles mais tradicionais e já institucionalizados, sendo apenas uma oportunidade real e importante de complementação de um trabalho mais abrangente e complexo de fiscalização do Estado.

A segunda sugestão para o aprimoramento do controle social no Brasil tem a ver com o aprofundamento das experiências que propiciem a mobilização e a participação política da sociedade civil. Nesse aspecto, apesar das dificuldades já apontadas, deve-se multiplicar e intensificar as experiências

---

[51] O trabalho de Putnam (2004) sobre cidadania e políticas públicas na Itália pode ser bem-representado pela seguinte colocação: "Quanto mais cívica a região, mais eficaz o seu governo". A noção cívica é diretamente proporcional ao número de associações, sindicatos, movimentos sociais e imprensa livre e engajada que participem de determinado arranjo social.
[52] O pregão eletrônico será discutido mais detalhadamente no capítulo 3, referente às compras governamentais.

de ouvidorias; audiências públicas; instrumentos constitucionais de democracia participativa, como iniciativa popular, referendo e plebiscito; gestão orçamentária participativa no nível municipal; aproximação com organizações do terceiro setor, Ministério Público, imprensa, associações de bairro, de consumidores, sindicatos etc. Deve-se fazer todo o possível para atenuar e mitigar, e até superar definitivamente, a perversa tradição patrimonialista herdada da colonização portuguesa.

Por fim, a maneira de disponibilizar informações de interesse coletivo precisa ser muito aprimorada no Brasil, uma vez que o entendimento e o processamento dessas informações essencialmente técnicas representam um dos grandes gargalos para o efetivo desenvolvimento do controle social no âmbito da administração pública. As informações são muitas, mas disponibilizadas de forma aleatória e não articulada. Os bancos de dados precisam ser gerenciados de modo que a informação seja trabalhada e divulgada de forma útil e proveitosa para a sociedade.

Se as informações de interesse coletivo forem mais claras, gerenciais e organizadas, se forem eliminados seus ranços e sua linguagem excessivamente técnica, a sociedade terá como intervir de maneira mais eficiente, transparente e democrática nos assuntos relativos à administração pública, e trazer sua valiosa contribuição para o aprimoramento do gasto governamental no Brasil.

2. A POLÍTICA DE RECURSOS HUMANOS NA ADMINISTRAÇÃO PÚBLICA FEDERAL

Neste capítulo discutirei as diferenças e particularidades que caracterizam a cultura organizacional e como são estruturados e gerenciados os recursos humanos no setor estatal. Nessa tarefa de dissecar as relações de trabalho no setor estatal brasileiro, teremos como referência, ou contraponto, as experiências mais consagradas no mundo corporativo e as especificidades das administrações públicas nos outros países desenvolvidos. Boa parte dessas especificidades tem origem nas bases distintas de legitimidade da burocracia governamental — universalismo, interesse público, *accountability*, padronização dos procedimentos —, em contraste com os imperativos do lucro, da autonomia, da eficiência, do interesse individual etc., típicos da iniciativa privada.

Uma das principais especificidades da administração pública em relação ao mundo corporativo fundamenta-se na maneira pela qual se organiza e estrutura a relação de trabalho entre o servidor e o Estado. No Brasil, como é sabido, as relações trabalhistas na iniciativa privada são regradas pela Consolidação das Leis do Trabalho (CLT), instituída pelo Decreto-lei nº 5.452, de 1/5/1943. Essa legislação, até mesmo em função das profundas transformações sofridas pela sociedade e pelo mercado de trabalho, vem passando por intensas modificações e atualizações nas últimas décadas.

No Brasil, até por nossa tradição ibérica e bacharelesca, temos uma vasta legislação trabalhista, e boa parte dos direitos dos trabalhadores está garantida pela própria Constituição Federal, especialmente no art. 7º, que reúne grande parte das conquistas dos trabalhadores na Assembleia Nacional Constituinte de 1986. A legislação trabalhista brasileira, que conta com justiça própria e especializada, tem sido amplamente criticada pelos especialistas, que a percebem como excessivamente burocrática, corporativista, rígida e inflexível, em contraste com um mercado de trabalho extremamente dinâmico, fruto das recentes e profundas transformações sociais e econômicas das últimas décadas. Como o foco deste livro é a administração pública brasileira, não entrarei no mérito do debate sobre a qualidade da legislação que regula as relações de trabalho no mundo corporativo.

Assim como o art. 7º regulamenta a relação de trabalho na iniciativa privada, boa parte dos princípios, direitos e deveres dos servidores públicos brasileiros está inserida nos arts. 37 a 41 da Carta de 1988, que tratam da administração pública e foram bastante modificados pela Emenda Constitucional nº 19, de 4/6/1998. Os servidores possuem estatutos próprios, que regem suas relações de trabalho com a administração pública e obedecem, naturalmente, os preceitos e princípios albergados pela Constituição Federal de 1988.

Tais estatutos, também conhecidos como regimes jurídicos únicos (RJUs) por suas particularidades, já foram alvo de profundas controvérsias teóricas e jurídicas. A princípio, a Constituição de 1988, no *caput* do art. 39, determinou a obrigatoriedade da instituição dos regimes jurídicos únicos no âmbito da União, dos estados e dos municípios. Depois, a Emenda Constitucional nº 19, de 4/6/1998, que trata da reforma da administração pública, retirou essa obrigatoriedade do texto constitucional. Na sequência, a oposição questionou essa supressão no Supremo Tribunal Federal.[53] Por fim, por decisão do STF, o texto constitucional voltou a ter a redação inicial, *in verbis*:

> Art. 39. A União, os Estados, o Distrito Federal e os Municípios instituirão, no âmbito de sua competência, regime jurídico único e planos de carreira para os servidores da administração pública direta, das autarquias e das fundações públicas.

Dessa forma, o regime de trabalho dos servidores é regulamentado por esses estatutos próprios, que regem as relações trabalhistas com a administração pública, sendo essa característica reconhecida pela literatura internacional como um dos grandes diferenciais em relação ao mundo corporativo. Assim, respeitadas as determinações constitucionais, cada ente federativo deve instituir seus próprios regimes jurídicos únicos. No âmbito da União, o estatuto do servidor foi instituído pela Lei nº 8.112, de 11/12/1990, amplamente modificada pela Lei nº 9.527, de 10/12/1997, que serve, em grande medida, de referência para os entes federativos subnacionais.

Antes de prosseguirmos, é importante ressaltar que nem todos os que trabalham na administração pública se encaixam em estatutos próprios, sendo vários os vínculos existentes, muitos deles regidos pela própria CLT. No contexto atual da administração pública brasileira é comum a prestação de serviços por funcionários terceirizados, pessoas contratadas mediante con-

---

[53] O PT, o PDT, o PCdoB e o PSB impetraram a Ação Direta de Inconstitucionalidade (Adin) nº 2.135-4, questionando a validade da norma. Em 2/8/2007, o STF concedeu liminar suspendendo a vigência do *caput* do art. 39, considerando que a votação ferira o regime bicameral, uma vez que o texto não fora aprovado pela maioria qualificada de três quintos, em dois turnos, pela Câmara dos Deputados. Assim, por um problema regimental, parte importante da reforma constitucional implementada pela EC nº 19 não foi efetivada.

vênios e contratos, estagiários,[54] consultorias especializadas etc., todos fora dos regimes jurídicos únicos, além dos contratados por tempo determinado para atender a necessidades temporárias de excepcional interesse público.[55]

Entre as várias especificidades da administração pública brasileira que a diferem radicalmente do mercado de trabalho da iniciativa privada, regido pela CLT, estão dois institutos: a estabilidade dos servidores e a obrigatoriedade de realização de concurso público para admissão. Fundamentalmente, esses dois princípios constitucionais correlatos despertam as maiores discussões teóricas acerca da produtividade dos servidores públicos, em comparação com os funcionários regidos pela CLT. Argumenta-se com frequência que esses institutos causariam fortes impactos negativos sobre a eficiência dos servidores públicos no Brasil.

No plano internacional, historicamente, os primeiros esforços no sentido de se profissionalizar a administração pública são fruto da Revolução Francesa de 1789. Outra importante contribuição foi dada pela Revolução Norte-americana de 1776, consagrada na Constituição de 17/9/1787, resultante da convenção constitucional da Filadélfia e a única até hoje promulgada pelos Estados Unidos. Nessa direção foram dados os primeiros passos para tornar universal o acesso de todos os cidadãos aos cargos públicos, respeitando-se apenas a capacidade profissional de cada indivíduo. O documento seminal nessa área é a própria Declaração dos Direitos do Homem e do Cidadão, publicada pela Assembleia Nacional na França em 26/8/1789. Diz literalmente seu art. 6º:

A lei é a expressão da vontade geral. Todos os cidadãos têm o direito de concorrer, pessoalmente ou através de mandatários, para a sua formação. Ela deve ser a mesma para todos, seja para proteger, seja para punir. *Todos os cidadãos são iguais a seus olhos e igualmente admissíveis a todas as dignidades, lugares e empregos públicos, segundo a sua capacidade e sem outra distinção que não seja a das suas virtudes e dos seus talentos* [grifo meu].

A partir desse momento foram contínuos e múltiplos os esforços para profissionalizar a atuação da administração pública em todo o mundo, destacando-se os clássicos trabalhos de Weber no princípio do século XX, que

---

[54] Em julho de 2010, havia 31.856 estagiários no Executivo federal, segundo o *Boletim Estatístico de Pessoal*, n. 172, de agosto de 2010, p. 103.

[55] A Lei nº 8.745, de 9/12/1993, especifica e detalha as atividades consideradas necessidades temporárias de excepcional interesse público. Em algumas situações, o concurso público é dispensável; mas nos casos de contratação para atender a necessidades decorrentes de calamidade pública, emergência ambiental e emergências em saúde pública nem mesmo o processo seletivo simplificado é obrigatório.

tratam do desenvolvimento do modelo burocrático, marcado pelos princípios de universalidade, mérito profissional, disciplina, hierarquia, entre outros, todos voltados para o aprimoramento da ação estatal.

A difusão dos valores republicanos, tão fundamentais na estruturação das modernas burocracias públicas, aconteceu de forma irregular pelo mundo ocidental. Em muitos países, especialmente na América Latina, a construção de uma máquina governamental republicana e transparente enfrentou desafios importantes, tendo esse processo se fortalecido apenas a partir do século XX. Naturalmente, a intensidade e profundidade das transformações variam em função de uma série de fatores, como a natureza do regime democrático representativo, a cultura cívica, o nível de mobilização e articulação da sociedade civil, entre outros. Vejamos com mais detalhes como esse processo se desenvolveu na sociedade brasileira, apresentando trajetória peculiar em relação aos países do mundo desenvolvido.

No Brasil, rompendo com séculos de administração patrimonialista, a Constituição Federal de 16/7/1934 é pioneira nesse assunto, quando trata da questão da acessibilidade aos cargos públicos e à estabilidade, *in verbis*:

> Art. 168 — Os cargos públicos são acessíveis a todos os brasileiros, sem distinção de sexo ou estado civil, observadas as condições que a lei estatuir.
>
> Art. 169 — Os funcionários públicos, depois de dois anos, quando nomeados em virtude de concurso de provas, e, em geral, depois de dez anos de efetivo exercício, só poderão ser destituídos em virtude de sentença judiciária ou mediante processo administrativo, regulado por lei, e no qual lhes será assegurada plena defesa.

Pouco adiante, ainda no contexto da modernização varguista do Estado, através do Departamento Administrativo do Serviço Público (Dasp), buscou-se introduzir o modelo burocrático weberiano no Brasil. A questão do concurso público ganhou *status* definitivo na Constituição de 10/11/1937, art. 156, letra b, que reza: "a primeira investidura nos cargos de carreira far-se-á mediante concurso de provas ou de títulos".

Assim, pelo menos desde a década de 1930, o Brasil vem lutando contra a nefasta herança colonial ibérica para profissionalizar a máquina pública e implantar o modelo burocrático weberiano. Como já vimos, uma cultura extremamente patrimonialista e personalista dificulta sobremaneira a introdução de modelos que busquem valorizar a impessoalidade, a universalidade das leis e a defesa contundente do mérito, da técnica e da especialização.

Ao longo de todas essas décadas o Estado brasileiro evoluiu de maneira lenta e extremamente disforme, especialmente se considerarmos as diferenças entre os três poderes e os três níveis de governo. De modo geral, até mesmo pela estrutura federativa brasileira, as inovações, reformas e aperfeiçoamentos da administração pública têm sido introduzidos e capitaneados pelo Executivo federal, importante protagonista nesse processo contínuo e inacabado.

Do ponto de vista legal, a Constituição de 1988 consagrou de maneira enfática os dois princípios basilares de que estamos tratando, reforçando a obrigatoriedade do concurso público (art. 37, inciso II) e garantindo a estabilidade após dois anos a contar da contratação, a título de estágio probatório (art. 41, *caput*). Depois, a Emenda Constitucional nº 19, de 4/6/1998, flexibilizou a estabilidade e aumentou o período de estágio probatório para três anos, na tentativa de introduzir técnicas percebidas como mais adequadas para o funcionamento eficiente da administração pública brasileira.[56]

Antes de discutirmos mais detalhadamente a política de recursos humanos na administração pública federal, faz-se necessária uma aproximação da realidade brasileira com outros importantes países, especialmente em relação ao concurso público e à estabilidade. Primeiramente, cabe fazer duas ressalvas importantes no que se refere ao instituto da estabilidade dos servidores públicos numa perspectiva internacional comparada. De modo geral, em todos os países, independentemente do nível de desenvolvimento, os servidores públicos gozam de mais estabilidade do que os trabalhadores da iniciativa privada. Nesse sentido, é correta a posição defendida por Longo (2001:28):

> En cualquier caso, toda la literatura especializada coincide en que la estabilidad del empleo público sigue siendo, en la gran mayoría de los países, muy superior a la del empleo privado. Dos órdenes de razones contribuyen a ello. Por una parte, factores de naturaleza cultural: las tradiciones del sector público siguen pesando considerablemente. Por otra, el peso, en muchos países, de los sindicatos, que há jugado um importante papel de freno al cuestionamiento real, en la práctica, de dichas tradiciones.

No mesmo diapasão, e atento ao fosso existente entre a previsão legal e realidade fática dos servidores públicos em comparação com o setor privado de vários países, argumenta Ziller (2010:281):

> Na prática, entretanto, quase todos os funcionários públicos tendem a gozar de nomeações vitalícias devido à combinação de dois fatores: as atividades do governo não estão ligadas ao desempenho de mercado e, desse modo, os empregos governamentais tendem a ser muito mais estáveis que os cargos no setor privado;

---

[56] Também o Decreto nº 6.944, de 21/8/2009, estabelece normas gerais para a realização de concursos públicos.

e, na maioria dos países, os sindicatos são bastante influentes no serviço público e adotam a defesa de cargos estáveis como uma das metas priorizadas.

Por esse raciocínio, no aspecto específico da garantia legal da estabilidade, o Brasil não se distingue do observado em muitos países. Outro aspecto importante a ser considerado é a grande distância existente entre dispor de leis que permitem a demissão e flexibilizam a estabilidade do servidor público e a efetiva utilização cotidiana dessa legislação. A experiência internacional demonstra, e a nacional corrobora, que mesmo havendo legislação que autorize a demissão, a estabilidade do servidor público é muito maior que a vigente no mundo corporativo. Não raro, a legislação que flexibiliza a estabilidade do servidor público costuma não ter resultado prático, haja vista as dificuldades políticas e gerenciais envolvidas nos processos de demissão e enxugamento das máquinas governamentais.[57]

Para efeito de comparação com a legislação, a cultura corporativa e as estruturas de funcionamento das burocracias governamentais de outros países, a tabela 13 relaciona as principais características da relação de trabalho entre servidor e administração pública em 11 países da OCDE:

Tabela 13. Principais características do serviço público em 11 países da OCDE

Países da OCDE	Nº de servidores efetivos	Estatuto próprio	Estabilidade	Ingresso por concurso
Alemanha	5.642.514 (1995)	Sim	Sim	Sim
Bélgica	866.434 (1998)	Sim	Não	Sim
Canadá	2.349.571 (1993)	Sim	Não	Não
Espanha	2.208.132 (2000)	Sim	Sim	Sim
Estados Unidos	18.745.000 (1992)	Sim	Não	Não
França	5.513.500 (1994)	Sim	Sim	Sim
Holanda	668.500 (1997)	Não	Não	Não
Itália	3.613.069 (1993)	Não	Não	Sim
Japão	4.418.234 (1993)	Sim	Sim	Sim
Reino Unido	4.362.000 (1995)	Sim	Não	Não
Suécia	1.372.060 (1993)	Não	Não	Não

Fonte: Dados de Longo (2001).
Obs.: As datas entre parênteses referem-se aos anos em que os dados foram coletados. no caso da maioria dos países, os números são relativos à década de 1990, mas como suas populações estão estabilizadas e não houve qualquer grande alteração em relação ao quantitativo de servidores públicos, os dados ainda continuam válidos

---

[57] Adiante discutirei mais detalhadamente a quebra da estabilidade do servidor público no Brasil, introduzida pela Emenda Constitucional nº 19, de 4/6/1998.

A tabela 13 é importante por desmitificar certas percepções de que a situação do servidor público brasileiro é atípica e atrasada em relação aos países desenvolvidos. Pelo que se pode constatar, o instituto da estabilidade para o servidor público, a obrigatoriedade de estatutos próprios e ingressos através de concursos vigoram em um número muito significativo de países. Como mostra a tabela, a situação jurídica dos servidores públicos de Alemanha, França, Japão e Espanha se aproxima muito da experiência brasileira. Já as experiências da Suécia e da Holanda são frontalmente diversas dos princípios da organização dos servidores públicos no Brasil pela ausência de regras próprias para o serviço público, pela não obrigatoriedade de concursos e pela falta de estabilidade. Ressalte-se que, na ausência dos concursos públicos obrigatórios, uma miríade de formas de contratação para o serviço público se apresenta, geralmente se aproximando dos métodos consagrados na iniciativa privada, compondo uma experiência bastante diversificada ao redor do mundo. Na Inglaterra, por exemplo, a seleção para os novos integrantes do *Civil Service* é bastante descentralizada e pulverizada entre os 19 ministérios e 65 agências executivas. Considerando que o governo central na Inglaterra emprega cerca de 471 mil servidores, os gestores e chefes de departamentos possuem bastante liberdade de contratação, e obedecem apenas aos quatro princípios fundamentais da administração pública inglesa (integridade, honestidade, objetividade e imparcialidade).

Para a situação específica do recrutamento de novos servidores, a administração pública inglesa deve, ainda, observar estritamente as determinações legais contidas na Seção 10 do "Constitutional Reform and Governance Act 2010", que preconiza a observância dos requisitos do mérito, do procedimento justo e da manutenção do caráter competitivo do processo de seleção, literalmente: "A person's selection must be on merit on the basis of fair and open competition".[58]

Destaque-se também que, no âmbito internacional, a discussão acerca da flexibilização da estabilidade do servidor público está inserida no contexto mais amplo das reformas administrativas que tornaram-se genericamente conhecidas por Nova Gestão Pública (NGP). Especificamente na área de recursos humanos, o receituário reformista abrange inúmeras prescrições: a) quebra da estabilidade do servidor; b) busca por maior autonomia dos gestores

---

[58] O mesmo mandamento legal determina a criação da Civil Service Commission, que fica encarregada de fiscalizar se os ministérios, departamentos e agências executivas estão observando esses princípios legais em seus procedimentos de recrutamento de novos servidores públicos.

na definição de formas mais flexíveis de contratação e remuneração; c) introdução de instrumentos de avaliação de desempenho individual do servidor; e d) incentivo à maior descentralização das políticas de recursos humanos.

Por outro lado, determinantes macroeconômicos comuns aos países desenvolvidos têm neutralizado ou dificultado a implantação de uma política de recursos humanos mais descentralizada e flexível na maioria das burocracias governamentais. A realidade tem demonstrado que a crise econômica que sistematicamente tem varrido boa parte dos países desenvolvidos, exigindo ajustes fiscais rigorosos que implicam maior necessidade de controle e fiscalização dos gastos com a folha de pagamento, tem inviabilizado a introdução mais intensa de práticas descentralizadas na área de recursos humanos. Naturalmente, quanto mais centralizada e padronizada for a política de recursos humanos de determinada burocracia governamental, mais fácil o gerenciamento e a gestão dos gastos com o propósito de atingir os objetivos de uma política fiscal austera.

Não se pode discutir os institutos da estabilidade do servidor e da obrigatoriedade de concursos públicos sem analisar devidamente um conjunto de questões que envolvem essa polêmica matéria. Portanto, não basta dizer que, na maioria dos países da OCDE (sete contra quatro), não existe o instituto da estabilidade, e que a possibilidade de demissão do servidor público seria um sinal de modernidade e eficiência nas relações governamentais de trabalho.

Para qualificar o debate, deve-se analisar inúmeras variáveis, como: a) o capital social de cada país, observando a capacidade de mobilização e participação da sociedade nos assuntos de interesse coletivo; b) o grau de institucionalização e profissionalização da burocracia pública; c) o poder político e a capacidade de mobilização dos servidores públicos; d) a estrutura de *checks and balances* entre os três poderes; e) a cultura corporativa da burocracia governamental; f) o funcionamento da imprensa e de outros mecanismos de controle social; g) a institucionalização e o amadurecimento das instituições democráticas etc.

Qualquer discussão sobre a quebra da estabilidade do servidor público que se afaste dessas macrorreferências institucionais e estruturais estão condenadas a ficar na periferia do tema, não conseguindo aprofundar o debate. No caso do Brasil, a defesa da estabilidade dos servidores prende-se historicamente, entre outras questões não menos relevantes, ao reconhecimento da resistência da cultura patrimonial e clientelista que tanto instrumentaliza a administração pública, sempre percebida como butim ou recompensa pela coalizão política que emerge vencedora do processo eleitoral.

Como já visto, na Constituição de 1988, a estabilidade do servidor público foi obtida e mantida pelo art. 41, *caput*, podendo haver exoneração apenas por sentença judicial transitada em julgado (inciso I) e mediante processo administrativo em que lhe seja assegurada ampla defesa (inciso II). De certa forma, o contexto político da época explica boa parte dos debates travados na Assembleia Nacional Constituinte, eleita em 15/11/1986 (48ª legislatura, 1987-91), sobre o tema da estabilidade do servidor. Como é sabido, o Brasil transitava lentamente para um regime democrático quando da convocação da Constituinte em 1986, a primeira grande oportunidade da sociedade brasileira de realmente redigir uma Constituição popular e democrática.

Durante a transição democrática, ocorreu a morte de Tancredo Neves (4/4/1910 a 21/4/1985), primeiro presidente civil eleito pelo Colégio Eleitoral depois do período autoritário.[59] O presidente eleito faleceu antes mesmo de tomar posse, assumindo então o vice-presidente José Sarney, representante ilustre das forças políticas que sempre apoiaram os militares no período da ditadura. Esse acontecimento histórico e inoportuno, de certa forma teve grande impacto sobre a estrutura e o funcionamento da administração pública brasileira. Acontece que a legitimidade de José Sarney era muito baixa, especialmente se comparada com a de Tancredo Neves, que, apesar de ter sido eleito por um colégio eleitoral de forma indireta, tinha uma penetração popular e partidária bastante significativa, sendo figura importante da memorável campanha pelas Diretas Já.

Assim, com a morte de Tancredo Neves em 21 de abril de 1985, data prevista para sua posse, José Sarney assumiu a presidência da República, deixando a sociedade com uma sensação muito grande de frustração. Para além dos vários problemas que surgiram em função desse acontecimento histórico inesperado, o importante para este livro é ressaltar que as condições de governabilidade de José Sarney não eram muito boas em função de sua pouca legitimidade. Corretamente, o vice de Tancredo Neves era percebido muito mais como homem comprometido com o regime autoritário do que com a transição democrática. Nesse contexto, para garantir a sustentabilidade e a viabilidade de seu governo, e na ausência de amplo apoio partidário ou popular, José Sarney lançou mão de um instrumento já pronto e disponível para assegurar a governabilidade: o loteamento de cargos na

---

[59] Tancredo Neves foi eleito pelo Colégio Eleitoral em 15 de janeiro de 1985, vencendo o candidato do regime militar, Paulo Maluf. De um total de 686 votos, Tancredo obteve 480 contra 180 de Maluf, com 17 abstenções e nove ausências, causadas, em sua maioria, pela recusa do PT em participar dessa eleição indireta.

administração pública federal. Ressalte-se que a família Sarney tem vasta competência nessa matéria, uma vez que há décadas faz do Maranhão um laboratório privilegiado de práticas nepotistas. Matias-Pereira (2009b:94-95) descreve esse processo:

> A transição democrática de 1985, por sua vez, representou um enorme retrocesso na modernização da Administração Pública, visto que os acordos políticos espúrios — resultantes de um novo populismo patrimonialista — propiciaram um rateio dos cargos públicos da administração indireta e dos órgãos dos ministérios nos Estados para os dirigentes políticos dos partidos vitoriosos.

Dessa forma, na ausência de condições institucionais e políticas adequadas para governar, o presidente José Sarney voltou-se, avidamente, para a administração pública. Esse movimento levou ao recrudescimento de práticas patrimonialistas e clientelistas, mediante o retalhamento da administração pública entre seus aliados, com a função específica de garantir apoio ao seu governo. Foi nesse contexto histórico que os servidores públicos se organizaram, mobilizaram e se articularam para defender sua estabilidade e suas garantias legais dos ataques mais predatórios à administração pública.[60]

Em alguma medida, a posição adotada pelos servidores ao longo da Constituinte foi uma reação no sentido de criar uma blindagem legal e institucional para os proteger, e à administração pública, da voracidade por cargos e orçamentos públicos. A combinação entre um passado patrimonialista, uma sociedade pouco organizada e mobilizada e políticos com pouca legitimidade e densidade partidária revelou-se perversa para a administração pública, levando ao recrudescimento do empreguismo e do clientelismo.

Muitos analistas consideram a Constituição de 1988 um engessamento legal que teria anulado algumas das autonomias e flexibilidades introduzidas pelo Decreto-lei nº 200/67, como emblematicamente se pode constatar pela leitura do Plano Diretor da Reforma do Aparelho de Estado (Pdrae), publicado em novembro de 1995:

> A conjunção desses dois fatores leva, na Constituição de 1988, a um retrocesso burocrático sem precedentes. Sem que houvesse maior debate público, o Con-

---

[60] Uma demonstração cabal da voracidade patrimonialista de José Sarney veio a público com os escândalos que explodiram anos mais tarde, em 2009, quando a prática de toda sorte de improbidades administrativas apareceu no Senado, que por duas vezes teve Sarney como presidente.

gresso Constituinte promoveu um surpreendente engessamento do aparelho estatal, ao estender para os serviços do Estado e para as próprias empresas estatais praticamente as mesmas regras burocráticas rígidas adotadas no núcleo estratégico do Estado. A nova Constituição determinou a perda da autonomia do Poder Executivo para tratar da estruturação dos órgãos públicos, instituiu a obrigatoriedade de regime jurídico único para os servidores civis da União, dos Estados-membros e dos Municípios, e retirou da administração indireta a sua flexibilidade operacional, ao atribuir às fundações e autarquias públicas normas de funcionamento idênticas às que regem a administração direta [Presidência da República, 1995:27].

Não entrando no mérito de questionar se existe foro mais apropriado e democrático de discussão política do que a reunião de uma assembleia nacional constituinte soberana e popular, como a que originou a Carta de 1988, o fato concreto é que, naquele contexto, a administração pública brasileira sofreu um ataque predatório sem precedentes. Naturalmente, além da defesa legítima de seus próprios interesses, na luta pela estabilidade e por um conjunto de regras bem-definidas que delimitassem a forma de funcionamento do Estado brasileiro, os servidores estavam defendendo e protegendo a administração contra os ataques predatórios que se avolumavam naquele momento histórico.

Nesse contexto é que foram redigidos os arts. 37 a 41 da Constituição de 1988, reafirmando a obrigatoriedade dos concursos públicos, consagrando o princípio da estabilidade do servidor, estabelecendo regras claras para os procedimentos de compras governamentais, entre outras questões não menos importantes. No ambiente político brasileiro, consagrado por um presidencialismo de coalizão marcado pela fragilidade dos partidos políticos, a blindagem legal da administração pública foi algo inevitável.[61] Como facilmente se pode observar, por todos os argumentos arrolados, discordo frontalmente da visão mais consagrada e difundida de que a Constituição de 1988 significaria apenas um retrocesso puro e simples para a administração pública brasileira.

Nessa linha de raciocínio, a combinação que resulta da engenharia institucional brasileira é muito adversa à administração pública, que, se não for blindada por um bom conjunto de leis e regramentos, fica refém das deficiências de funcionamento do regime democrático. Federalismo predatório,

---

[61] Para uma análise do funcionamento e das consequências do presidencialismo de coalizão, ver Abranches (1988).

partidos políticos com baixa coesão ideológica e indisciplinados, sociedade civil pouco organizada e mobilizada, políticos tributários de uma forte tradição clientelista, desequilíbrio acentuado na relação entre os três poderes, com nítida supremacia do Executivo, esses são alguns dos pilares estruturais que marcam o funcionamento do Estado no Brasil.

A combinação de todas essas características institucionais cria um caldo de cultura muito desfavorável ao florescimento e desenvolvimento das melhores práticas de gerenciamento e organização da administração pública. Assim, resta a proteção legal e constitucional como instrumento necessário, mas não suficiente, para dar um mínimo de impessoalidade, legalidade, publicidade, entre outros princípios fundamentais, ao cotidiano da administração pública brasileira.

Nesse contexto histórico, o governo Fernando Henrique Cardoso criou o Ministério da Administração e Reforma do Estado (Mare), nomeando o ministro Bresser-Pereira para capitanear esse processo de transformação da administração pública brasileira.[62] Em fins de novembro de 1995, o Mare publicou o documento seminal que representa o pensamento e a direção das mudanças propostas pelo governo do PSDB: o Plano Diretor da Reforma do Aparelho do Estado (Pdrae). Como era esperado, o Pdrae gerou muita discussão, polêmica e controvérsia, resultando, depois das alterações efetivadas pelo Congresso Nacional, na Emenda Constitucional nº 19, de 4/6/1998, que alterou profundamente os arts. 37 a 41, que tratam da administração pública brasileira.

Em grande medida, na área específica da gestão de recursos humanos, o Pdrae buscou introduzir na legislação brasileira algumas flexibilidades e métodos gerenciais típicos do mundo corporativo, em sintonia com os fundamentos disseminados pelo amplo movimento de reformas genericamente denominado Nova Gestão Pública, que varreu os países desenvolvidos a partir da década de 1980. De modo geral, apesar dos diferentes enfoques e intensidades, vários países adotaram os seguintes princípios norteadores na gestão dos recursos humanos do serviço público: flexibilização da estabilidade; introdução de mecanismos de avaliação de desempenho, com reflexos sobre a remuneração; descentralização das políticas de recrutamento e de reajuste de salários, visando dar mais autonomia aos órgãos públicos; mitigação da diferença entre os estatutos próprios dos servidores e do marco legal dos trabalhadores da iniciativa privada, entre outros aspectos importantes.[63]

---

[62] Fernando Henrique Cardoso foi presidente da República de 1/1/1995 a 31/12/2002.

[63] Quanto à adoção dos princípios da Nova Gestão Pública na área de recursos humanos, James Thompson (2010) classifica os países em três categorias: a) pioneiros, com amplas e

A EC nº 19 alterou boa parte da estrutura legal de funcionamento da administração pública, mas restringirei a discussão à questão da estabilidade, que interessa diretamente a este capítulo do livro. A quebra da estabilidade do servidor público centralizou os debates acerca da reforma administrativa, despertando o interesse da imprensa e da população, mobilizando servidores, associações e sindicatos, além de absorver as melhores energias dos grupos envolvidos no processo de reforma institucional proposto pelo Pdrae.

Pela Emenda Constitucional nº 19, a estabilidade do servidor público no Brasil foi quebrada de duas maneiras: a) em avaliações de desempenho, como previsto no art. 41, inciso II: "mediante procedimento de avaliação periódica de desempenho, na forma de lei complementar, assegurada ampla defesa"; e b) por excesso de despesas com pessoal, com limites diferentes estabelecidos para os três entes federados, nos termos do art. 169, §4º: "Se as medidas adotadas com base no parágrafo anterior não forem suficientes para assegurar o cumprimento da determinação da lei complementar referida neste artigo, o servidor estável poderá perder o cargo, desde que ato normativo motivado de cada um dos Poderes especifique a atividade funcional, o órgão ou unidade administrativa objeto da redução de pessoal".

Em cada uma das duas modalidades de quebra da estabilidade do servidor público, um conjunto enorme de problemas precisa ser enfrentado para que a norma constitucional tenha um mínimo de aplicabilidade e eficácia. Tratemos primeiro das questões relativas às avaliações de desempenho.

Cabe destacar que, no âmbito da União, a lei complementar exigida pela Carta de 1988 ainda não foi elaborada, tornando sem efeito prático a determinação legal até que o Congresso Nacional vote a matéria. Na ausência de uma norma geral disciplinadora, as avaliações de desempenho atualmente são realizadas conforme o previsto nos vários decretos, instruções normativas e portarias que regulamentam individualmente, ou em grupo, as várias carreiras estruturadas da esplanada dos ministérios.[64]

---

intensas alterações na gestão de recursos humanos (Reino Unido, Nova Zelândia e Suécia); b) intermediários, que introduziram novas legislações mas com resultados menos profundos (Austrália, Itália e Estados Unidos); e c) retardatários, que experimentaram transformações muito limitadas nas relações dos trabalhadores do serviço público (França, Alemanha e Espanha).

[64] O decreto atualmente em vigor para disciplinar as avaliações de desempenho no Executivo federal é o de nº 7.133, de 19/3/2010. A avaliação de desempenho foi estendida para a quase totalidade do Executivo federal por meio da Lei nº 11.784, de 22/9/2008, conforme redação do artigo: "Art. 7º-A. Fica instituída, a partir de 1º de janeiro de 2009, a Gratificação de Desempenho do Plano Geral de Cargos do Poder Executivo – GDPGPE –, devida aos titulares dos cargos de provimento efetivo de níveis superior, intermediário e auxiliar do Plano Geral

Outro ponto importante e crucial é a dificuldade enfrentada pela administração pública para estabelecer parâmetros e critérios objetivos de avaliação de desempenho. Na esmagadora maioria das carreiras, os critérios são subjetivos e não sustentariam juridicamente um procedimento de demissão. Apenas para citar um exemplo de como é desafiadora a tarefa de criar mecanismos objetivos de avaliação de desempenho, vejamos um dos seis itens de avaliação da carreira de especialista em políticas públicas e gestão governamental do Ministério do Planejamento, que, de acordo com a legislação, deve ser capaz de "encontrar alternativas ou novos paradigmas para resolver situações cuja solução excede os procedimentos de rotina, ou cooperar para [a] inovação demonstrando espírito crítico ou senso para a investigação e a pesquisa. Ainda, tomar decisões, apresentar propostas e assumir, de forma independente, desafios, responsabilidades e liderança de trabalhos".[65]

Ressalte-se que todos os outros cinco itens que compõem a avaliação de desempenho têm o mesmo grau de subjetividade, dificultando, quando não impossibilitando, a mensuração do desempenho como instrumento viável no processo de demissão de servidores públicos estáveis. Dessa forma, a União estendeu a quase todas as categorias de servidores públicos a avaliação de desempenho individual, que na prática tem caído na rotina burocrática de procedimentos, pouco ou nada interferindo no desempenho ou na eficiência da máquina governamental. Passados todos esses anos desde a promulgação da EC nº 19, não conheço relato na literatura especializada de servidor público que tenha sido demitido em função de insuficiência de

---

de Cargos do Poder Executivo, quando lotados e em exercício das atividades inerentes às atribuições do respectivo cargo nos órgãos ou entidades da administração pública federal ou nas situações referidas no § 9º do art. 7º desta Lei, em função do desempenho individual do servidor e do alcance de metas de desempenho institucional. § 1º A GDPGPE será paga observado o limite máximo de 100 (cem) pontos e o mínimo de 30 (trinta) pontos por servidor, correspondendo cada ponto, em seus respectivos níveis, classes e padrões, ao valor estabelecido no Anexo V-A desta Lei, produzindo efeitos financeiros a partir de 1º de janeiro de 2009. § 2º A pontuação referente à GDPGPE será assim distribuída:

I - até 20 (vinte) pontos serão atribuídos em função dos resultados obtidos na avaliação de desempenho individual; e

II - até 80 (oitenta) pontos serão atribuídos em função dos resultados obtidos na avaliação de desempenho institucional.

§ 3º Os valores a serem pagos a título de GDPGPE serão calculados multiplicando-se o somatório dos pontos auferidos nas avaliações de desempenho individual e institucional pelo valor do ponto constante do Anexo V-A desta Lei de acordo com o respectivo nível, classe e padrão".

[65] É o que consta em formulário de relatório de desempenho individual da carreira de especialista em políticas públicas e gestão governamental do Ministério do Planejamento, Orçamento e Gestão.

A política de recursos humanos na administração pública federal   99

desempenho nas avaliações semestrais ou anuais, vastamente implantadas para várias carreiras no Executivo federal. Na prática, as avaliações de desempenho têm servido apenas para efetivar a progressão dos servidores nas carreiras estruturadas em classes e padrões, pouco servindo efetivamente para mensurar seu desempenho e produtividade, e dificilmente implicando sua demissão.[66]

Os críticos do atual sistema de avaliação de desempenho utilizado para definir a remuneração dos servidores públicos federais consideram a prática de difícil implementação, apontando que tem sido utilizada basicamente para recompor os salários de determinadas carreiras já estruturadas. Em alguns aspectos importantes, a edição da Medida Provisória nº 440, de 29/8/2008, convertida na Lei nº 11.890, de 24/12/2008, significou um retrocesso nesse processo de implementação da avaliação de desempenho individual de servidores públicos federais. A lei reestruturou várias carreiras importantes da administração pública federal, como as do ciclo de gestão, do Banco Central do Brasil, de fiscalização e auditoria, diplomacia, área jurídica etc.

A principal inovação da lei foi a introdução do subsídio como forma única de remuneração dessas categorias, extinguindo todas as gratificações de desempenho, individuais ou institucionais. A partir da publicação da lei, as avaliações individuais apenas produzem efeito na progressão funcional dentro das carreiras, inclusive não sendo mais aplicadas aos servidores que ocupam os estágios finais de carreira.

Dessa forma, como a avaliação de desempenho individual não mais tem reflexo direto na remuneração do servidor, esse instrumento de gestão de recursos humanos, que já enfrentava enormes dificuldades para ser implementado de maneira efetiva, tornou-se ainda mais débil e frágil. Na realidade, a adoção do subsídio para as carreiras mais importantes do Executivo federal representou um enfraquecimento considerável dos instrumentos de avaliação de desempenho individual do servidor público federal.

A atual debilidade desse instrumento, que sucumbiu praticamente sem defesa, causa estranheza, especialmente quando se considera quão enfaticamente foi destacado como imprescindível pelos defensores da reforma administrativa iniciada com a publicação do plano diretor em novembro de 1995.[67]

---

[66] Classes são as divisões de uma carreira estruturada e padrões são subdivisões dentro das classes. Por exemplo, as carreiras do ciclo de gestão têm quatro classes (A, B, C e especial). As classes A, B e C têm três padrões cada e a classe especial, a mais elevada da carreira, quatro padrões, totalizando 13 níveis de remuneração.

[67] Contrariando todo o discurso adotado em seus dois mandatos, o governador de Minas Gerais, Aécio Neves (PSDB-MG), concedeu aumento linear de 10% a 121 carreiras do Exe-

Vale dizer que, quando se fala de modernização administrativa e gestão de recursos humanos, a avaliação de desempenho individual sempre aparece como instrumento crucial e imprescindível. O enfraquecimento desse mecanismo de avaliação de desempenho mostra com clareza os limites e desafios a serem enfrentados pelas reformas administrativas, especialmente na área de recursos humanos. Esses processos em geral enfrentam problemas conhecidos: descontinuidades, ausência de real vontade política de implantá-los, resistência dos servidores, dificuldades técnicas e legais, entre outros.

A quebra da estabilidade do servidor por excesso de despesas, prevista no art. 169, §4º, da Constituição de 1988, foi regulamentada pela Lei Complementar nº 101, de 4/5/2000, também conhecida como Lei de Responsabilidade Fiscal.[68] Ressalte-se que a discussão acerca da estabilidade do servidor público tem sido também balizada pelas sérias crises fiscais que abalam os Estados contemporâneos, incluindo indistintamente os países pobres, em desenvolvimento, e até mesmo as nações mais ricas. O fato é que o gasto com pessoal sempre foi um dos mais importantes itens da despesa dos governos, comprometendo boa parte dos orçamentos públicos. Dessa forma, além de considerável, a despesa com pessoal caracteriza-se pela baixa capacidade de intervenção e gerenciamento por parte dos gestores governamentais. Na gestão desse item específico do orçamento público, são complicadores importantes a longevidade do vínculo trabalhista do servidor,

---

cutivo estadual no último dia de seu mandato, pela Lei nº 18.802, de 31/3/2010. Em grande medida, a concessão de reajuste linear a todos os servidores vai de encontro às modernas técnicas de gestão de pessoal aguerridamente defendidas pelo famoso "choque de gestão", uma vez que o desempenho do servidor não se reflete diretamente em sua remuneração. A realidade é que, tanto no nível federal quanto no estadual, a avaliação de desempenho individual de servidor mostrou-se um instrumento de gestão de recursos humanos conceitualmente incensado, mas de difícil aplicabilidade prática, enfrentando importantes desafios nas áreas legal, técnica e política.

[68] Os arts. 19 e 20 da LC nº 101/00 fixam os limites de gasto com pessoal de cada poder e nível federativo da seguinte maneira: a União pode gastar até 50%, e os estados e municípios até 60% de sua receita corrente líquida. Os limites da União são assim desagregados: 2,5% para o Legislativo, 6% para o Judiciário, 0,6% para o Ministério Público da União e 40,9% para o Executivo. Nos estados, os limites são: 3% para o Legislativo, 6% para o Judiciário, 2% para o Ministério Público e 49% para o Executivo. No município, temos os seguintes limites: 6% para as câmaras e 54% para o Executivo. A definição precisa e técnica de receita corrente líquida e despesas de pessoal é estabelecida em outros artigos da própria LC nº 101/00. Ressalte-se que a situação da União em relação aos limites estabelecidos pela Lei de Responsabilidade Fiscal é muito confortável, haja vista que o percentual de gastos com pessoal atingiu, no exercício de 2007, apenas 30,1% da receita corrente líquida, que totalizou aproximadamente R$ 411 bilhões. No mesmo ano, a despesa com pessoal da União atingiu cerca de R$ 123,5 bilhões.

que geralmente se prolonga por décadas, o crescimento vegetativo da folha de pagamentos, e, finalmente, a vasta legislação que gera direitos adquiridos, isonomias e decisões judiciais que escapam ao controle dos gestores públicos. Mas a demissão de servidor estável por excesso de despesas deve cumprir uma série de procedimentos, que também a tornam praticamente inaplicável. O próprio legislador colocou dois grandes dificultadores na Constituição de 1988, art. 169, §3º:

> Para cumprimento dos limites estabelecidos com base neste artigo, durante o prazo fixado na lei complementar referida no *caput*, a União, os Estados, o Distrito Federal e os Municípios adotarão as seguintes providências: I — redução em pelo menos 20% (vinte por cento) das despesas com cargos em comissão e funções de confiança; II — exoneração dos servidores não estáveis.[69]

A Constituição (art. 169, §6º) ainda prevê que os cargos objeto de reduções serão considerados extintos e não poderão ser recriados pelo prazo de quatro anos. No âmbito federal, a Lei nº 9.801, de 14/6/1999, estabelece critérios prioritariamente ordenados para a demissão de servidores públicos estáveis.

Como é fácil perceber, o próprio legislador que instituiu a quebra da estabilidade de servidor estabeleceu critérios que dificultam sua aplicação prática no cotidiano da administração pública. Ressalte-se que o custo político de demitir servidores públicos estáveis é altíssimo, especialmente depois da aprovação da Emenda Constitucional nº 16, de 4/7/1997, que possibilita a reeleição de prefeitos, governadores e presidente da República. Em épocas eleitorais e visando os próximos mandatos, nenhum político ou partido quer assumir o ônus de contrariar os interesses de um grupo relativamente organizado da sociedade brasileira.

Há dificuldades técnicas e jurídicas que a quebra da estabilidade de servidores públicos estáveis deve enfrentar e superar até produzir algum resultado prático palpável. Como sugerido, para além dos desafios gerenciais e jurídicos, a demissão de servidores estáveis nunca foi utilizada em qualquer dos três entes federativos ou poderes da República por pura falta de viabilidade política.

Assim, percebe-se que a quebra da estabilidade do servidor público no Brasil, apesar de atualmente consagrada na legislação, não tem qualquer aplicabilidade, sendo algo que envolveu enormes esforços institucionais,

---

[69] Por não estáveis entendam-se servidores que estejam cumprindo o estágio probatório de três anos.

jurídicos, pessoais e políticos para produzir efeitos praticamente nulos.[70] A legislação ainda não foi utilizada e creio que dificilmente será posta em prática, por sua inviabilidade política. De qualquer maneira, nos moldes mais rígidos e tradicionais do instituto da estabilidade, restou apenas o previsto no art. 247 da Constituição de 1988, também introduzido pela EC nº 19, que estabelece procedimentos especiais para a perda de cargo do servidor público estável que desempenhe atividades exclusivas de Estado.

É certo que a estabilidade do servidor público restringe o campo de ação do gestor de recursos humanos, retirando-lhe uma das mais poderosas armas para obter dedicação e empenho. Na iniciativa privada, a possibilidade de demissão traz produtividade e eficiência, sendo importante instrumento gerencial. A grande dúvida nesse debate é saber exatamente se, no âmbito da administração pública, esse instrumento teria a mesma eficácia, dadas as peculiaridades inerentes à área governamental. Como a alta direção das instituições governamentais é escolhida através do sufrágio universal, seguidas de indicações políticas para os cargos mais estratégicos, não existe correlação entre acesso a cargos de direção e competência técnica e gerencial. Assim, a análise de como se dá atualmente o preenchimento dos cargos de confiança, de livre nomeação e exoneração, pode ser uma boa amostra do que seria a administração pública brasileira na ausência do instituto da estabilidade.

Independentemente de posição ideológica ou corporativa, é claramente observável que políticos e partidos se utilizam fartamente dos cargos públicos para, na melhor das hipóteses, conseguir estruturar as coalizões políticas que os sustentam. Nas experiências mais canhestras, a utilização dos cargos de confiança da administração pública brasileira serve mesmo, apenas e tão somente, à apropriação privada de riqueza pública. Nesse contexto culturalmente adverso, é provável que a quebra da estabilidade do servidor público traga antes amadorismo, descontinuidade, clientelismo e nepotismo do que eficiência e ganhos de produtividade.

Em países institucionalmente maduros e tributários de uma cultura política de cunho mais republicano como a Suécia, a quebra da estabilidade do servidor realmente trouxe mais eficiência que nepotismo, não repre-

---

[70] Na falta de critérios objetivos para se medir o desempenho do servidor, qualquer demissão calcada nesses parâmetros será inevitavelmente frágil do ponto de vista jurídico, ensejando questionamentos na justiça que poderão inviabilizar ou reformar as decisões tomadas no âmbito administrativo. Naturalmente, a fragilidade dos critérios objetivos para a medição do desempenho traz insegurança para os servidores e gestores, levando a administração pública a não utilizá-los para efeito de demissão de servidores estáveis.

sentando risco para a administração pública ou para a sociedade. Nesse cenário, para uma situação específica como a brasileira, existe sem dúvida um *trade-off* entre eficiência e métodos patrimonialistas. A questão fundamental seria a seguinte: o possível aumento de eficiência proporcionado pela quebra da estabilidade do servidor cobriria os custos e riscos de uma intensificação vertiginosa das práticas clientelistas e patrimoniais na administração pública brasileira?

Na ausência de controles sociais efetivos, cultura republicana consolidada, corpo burocrático tecnicamente preparado e autônomo, instrumentos de acompanhamento e fiscalização apropriados, instituições políticas amadurecidas e funcionais, pacto federativo equilibrado e relacionamento harmônico e autônomo entre os poderes, entre outras condições necessárias, quais seriam realmente os ganhos proporcionados pela quebra da estabilidade dos servidores públicos? Essas questões devem ser enfrentadas com racionalidade e objetividade, longe das polêmicas apaixonadas, corporativas e ideológicas que esse assunto desperta. Somente adotando uma postura equilibrada seria possível e viável avaliar como ficaria a equação de ganhos e perdas resultante da quebra da estabilidade do servidor público no Brasil.

Outro princípio constitucional correlato que difere a administração pública do mundo corporativo é a obrigatoriedade de realização de concursos públicos no momento da admissão. Como visto, a obrigatoriedade do concurso é matéria constitucional desde 1937, lutando o Brasil há décadas para torná-lo plenamente aplicável na realidade da administração pública.

Apesar dos esforços, ainda existem atalhos que restringem ou tentam contornar a determinação constitucional: a) a enorme quantidade de cargos de confiança na administração pública, de livre nomeação e exoneração; b) o processo de terceirização, sobremaneira intensificado no governo Fernando Henrique Cardoso; c) os convênios e ajustes de colaboração técnica, especialmente com organismos internacionais como o Pnud; d) os contratos de consultoria; e) a admissão para a elaboração de projetos específicos; f) a contratação de estagiários; g) o estabelecimento de parcerias, a exemplo do que acontece com as Oscips; h) os contratos temporários nos termos da Lei nº 8.745, de 9/12/1993 etc.

Em uma sociedade marcada pelo patrimonialismo e pelo predomínio das relações pessoais, identifico na impessoalidade e na universalidade dos concursos públicos uma oportunidade especialíssima de se profissionalizar a administração pública. Especialmente nesses períodos de empregos escassos e altamente voláteis, a administração pública, através dos concursos, tem conseguido atrair profissionais bem-formados para seus quadros, com potencial para melhorar significativamente a qualidade de seu corpo burocrático.

Nesse aspecto específico, a administração pública brasileira encontra-se muito adiante da iniciativa privada, sobretudo se considerarmos que a esmagadora maioria das empresas ainda seleciona e contrata seus funcionários de forma amadora e personalista. No Brasil, pouquíssimas empresas — em geral multinacionais ou as inequivocamente grandes — dispõem de procedimentos de contratação de mão de obra definidos em bases impessoais, técnicas e profissionais. Na grande maioria das contratações, prevalecem as indicações personalistas e amadoras, que passam ao largo de qualquer viés voltado para a qualidade e a capacidade técnica dos futuros funcionários.[71]

Nesse contexto, para ser sincero, nem mesmo consigo compreender os argumentos que acusam o concurso de engessar a administração pública por ser muito moroso e burocrático. Questões de morosidade e excesso de burocracia são enfrentadas e resolvidas com planejamento estratégico e determinação gerencial, não havendo racionalidade em condenar o instituto por falhas que lhe são alheias ou simplesmente periféricas. Em áreas importantes da administração pública já está bem enraizada a tradição dos concursos, que se mostram competitivos, igualitários e isentos, representando um importante instrumento de profissionalização do serviço público, além de contribuírem para a consolidação de uma estrutura burocrática autônoma capaz de fazer frente às investidas nefastas de instituições políticas e partidárias.[72]

---

[71] A superioridade do concurso público ainda pode ser ressaltada quando comparada com os critérios supostamente científicos de seleção de pessoal adotados por várias empresas. São entrevistas, dinâmicas de grupo, imersões, jogos, análise de mapas astrais etc., variando de acordo com certos modismos da época, e sem nenhuma coerência, profissionalismo ou racionalidade.

[72] Em função de uma série de questões, como estabilidade, mercado de empregos competitivo e com poucas oportunidades, boa remuneração, entre outras, a administração pública, especialmente a federal, tem representado uma opção cada vez mais atrativa para os profissionais. Resta uma questão: será que realmente existe uma motivação intrínseca ao serviço público, ou seja, os profissionais buscariam na administração pública algo mais que apenas uma boa remuneração? Apesar do aspecto subjetivo desse problema, pode-se dizer que a vida profissional exercida no serviço público abrange questões que não se prendem estritamente ao fator remuneração, como no mundo corporativo. Por esse ângulo, é preocupante a situação de servidores que buscam a administração pública sem ter qualquer "vocação" especial para trabalhar na área, respondendo apenas aos incentivos de estabilidade e boa remuneração. Na ausência de mecanismos mais dinâmicos e efetivos de cobrança e busca por resultados, como a demissão, ter vocação para servir à população pode representar um contraponto no sentido de propiciar comprometimento e dedicação. De modo geral, esse contexto favorece o desenvolvimento de servidores apáticos e desmotivados, com baixa produtividade e prestação de serviços ruins para a população.

De modo geral, como vimos, a grande diferença entre os regimes ditos estatutários e celetistas concentra-se em torno dos princípios da estabilidade e do concurso público, sendo tudo o mais consequência de um ou de outro, ou de ambos. Corretamente, a literatura especializada tem criticado muito o regime jurídico único da União por congregar um conjunto grande de direitos e uma pequena lista de deveres. Nesse aspecto, a Carta de 1988 foi generosa demais com os servidores públicos, inclusive permitindo injustiças inaceitáveis, como o direito à aposentadoria integral para milhares de servidores não concursados e que nunca contribuíram para o sistema previdenciário. Essa situação persistiu até a promulgação da Lei nº 12.618, de 30/4/2012.

Provavelmente, o ponto mais sensível para a população no que diz respeito aos servidores públicos seja atualmente as inúmeras e intermináveis greves. Nesse caso específico, a Carta de 1988 mais atrapalhou do que ajudou, contribuindo para se instalar uma injustiça contra a população, sobretudo a mais carente, totalmente dependente dos serviços públicos prestados gratuitamente. A redação inicial do inciso VII do art. 37 da Constituição de 1988 dizia textualmente: "o direito de greve será exercido nos termos e nos limites definidos em lei complementar". Mais adiante, modificado pela EC nº 19, o artigo passou a rezar o seguinte: "o direito de greve será exercido nos termos e nos limites definidos em lei específica".

Como se vê, o art. 37, inciso VII, não tem aplicabilidade plena, sendo uma norma de eficácia limitada que ainda carece de regulamentação infraconstitucional para ser posta em prática. Ocorre que o artigo nunca foi regulamentado, nem mesmo após a EC nº 19/98 retirar a obrigatoriedade de lei complementar a fim de facilitar sua aprovação no Congresso Nacional por exigir um quórum menos qualificado. Como a relação entre Executivo e Legislativo no Brasil é muito desequilibrada, sendo o Executivo o principal legislador de fato e de direito, com ampla utilização de medidas provisórias, pode-se tranquilamente afirmar que nunca houve no Brasil a vontade de se regulamentar o direito de greve dos servidores públicos, não importando a coloração ideológica da coalizão política no poder. Por tratar-se de um grupo social numeroso e relativamente bem-organizado e mobilizado, especialmente considerando-se a apatia da sociedade brasileira, governantes e partidos não se arriscam a pagar o custo político envolvido no disciplinamento das greves no serviço público.

Para suprir essa lacuna legal, no âmbito federal foi editado o Decreto nº 1.480, de 3/5/1995, que procurou regulamentar o direito de greve, mas cuja aplicabilidade tem enfrentado limitações, uma vez que a matéria exige regulamentação por lei, o que não cabe a um simples decreto do presidente da República.

Aproveitando esse vácuo legal, os servidores públicos têm abusado do direito de fazer greves, dada a inexistência de custo político ou material em fazê-las em profusão. Pelo histórico recente não tem havido punições, corte de dias parados, reposição de horas não trabalhadas ou qualquer coisa desse tipo, o que favorece um ambiente grevista que tanto prejudica a população, refém de paralisações constantes e prolongadas. A não regulamentação do direito de greve deixa os servidores públicos numa situação muito cômoda, penalizando apenas a população. E como era de se esperar, as associações e sindicatos de servidores não tentam resolver o problema, pois se beneficiam com a situação.

Utilizando a lógica da greve válida para o setor privado, que traz pesados prejuízos ao empresariado, o servidor público não percebe (ou não se sensibiliza) a situação do cidadão, único prejudicado pelas longas paralisações nas instituições governamentais. A única atitude séria no sentido de mitigar o problema foi tomada pelo Supremo Tribunal Federal, que, em decisão de 25/10/2007, determinou que, na ausência de uma lei de greve específica para o servidor público, fosse utilizada, por correlação, a Lei nº 7.783, de 28/6/1989, que regulamenta o direito de greve na iniciativa privada. A esperança é que a nova situação force o debate e a votação da lei que regulamenta o direito de greve dos servidores públicos, corrigindo uma injustiça gravíssima contra a população brasileira, já tão penalizada por altos tributos e serviços públicos de baixa qualidade.[73]

Finalmente, ainda discutindo os institutos que caracterizam os regimes jurídicos únicos dos servidores públicos seria possível, mas não aconselhável, fazer uma argumentação filosófica sobre as relações de trabalho na iniciativa privada. São fartamente conhecidos certos direitos consagrados na administração pública, que não raro se transformam em pequenas benesses, em comparação com a iniciativa privada. O que está em questão nesse contexto é determinar até que ponto seria defensável uma política de recursos humanos rígida, desprovida de considerações morais que suguem até a última gota da energia dos funcionários, como se vê amiúde no mundo corporativo.

Quem sabe também não existe rigor e exploração em demasia na iniciativa privada, em comparação com a gama de direitos característicos

---

[73] Os abusos são tão comuns e contumazes que muitas vezes nem os percentuais mínimos de funcionamento dos serviços públicos (geralmente 30%) estipulados pela legislação são observados.

da administração pública? De que ponto de vista seria defensável o regime de 44 horas semanais previstos na CLT? Seria este mais apropriado do que as 40 horas típicas dos regimes jurídicos únicos? Em que medida ganhar metade do sábado para ficar em casa com a família ou jogar futebol seria considerado mordomia ou apenas uma melhor qualidade de vida e relações de trabalho menos estressantes e mais humanizadas? Naturalmente, a introdução desses aspectos polêmicos não pretende equacionar o problema, apenas introduzir novos elementos na discussão sobre as diferenças nas relações de trabalho da administração pública e do mundo corporativo.

Realizadas tais considerações acerca de determinadas especificidades do regime de trabalho dos servidores públicos no Brasil, passemos agora a uma análise mais detalhada da mão de obra que compõe a burocracia governamental, destacando algumas políticas de recursos humanos implantadas no passado recente da administração pública.

De acordo com a Relação Anual de Informações Sociais (Rais), elaborada e atualizada mensalmente pelo Ministério do Trabalho e Emprego, o estoque de empregos formais no Brasil em 31 de dezembro de 2007 totalizava 37.607.430 trabalhadores com carteira assinada, assim distribuídos:

Tabela 14. Empregos formais no Brasil em 31/12/2007

Atividade econômica	Nº de trabalhadores
Extrativa mineral	185.444
Indústria de transformação	7.082.167
Serv. ind. de utilidade pública	364.667
Construção civil	1.617.989
Comércio	6.840.915
Serviços	11.935.782
Administração pública	8.198.396
Agropecuária	1.382.070
Total	**37.607.430**

Fonte: Dados do Programa de Disseminação de Estatísticas do Trabalho (PDET), disponíveis em: <www.mte.gov.br>.

Na administração pública estavam empregados exatos 8.198.396 servidores, ou seja, 21,79% dos trabalhadores brasileiros exercem suas atividades na área governamental.[74] Vejamos os percentuais de países da OCDE:

---

[74] Os dados da Rais divergem ligeiramente da totalização que faço mais adiante em função de diferentes fontes e períodos de coleta de dados.

Tabela 15. Percentual de servidores públicos em países da OCDE

Países	Percentual da mão de obra no setor público
Alemanha	15,3
Bélgica	18,7
Canadá	18,9
Espanha	15,3
Estados Unidos	13,2
França	25,1
Holanda	13,5
Itália	15,8
Japão	5,9
Reino Unido	14,1
Suécia	30,7
Brasil	21,79

Fonte: Para os países da OCDE, Longo (2001).
Obs.: os percentuais da OCDE são relativos ao ano de 1997.

Os dados da tabela 15 demonstram que o Brasil ocupa posição intermediária no que se refere ao quantitativo de servidores públicos em relação ao número total de trabalhadores empregados com vínculo formal nos 11 países analisados. Em termos percentuais, o Brasil perde para França (25,1%) e Suécia (30,7%), países em que, por tradição, o Estado é muito presente, de forte inspiração social-democrata, distribuindo riquezas através de programas de incorporação social. Em perspectiva comparada, o Brasil se equipara à Bélgica (18,7%) e ao Canadá (18,9%), por ter assumido um conjunto muito grande de atribuições e responsabilidades sociais depois da Constituição Federal de 1988, especialmente na área da seguridade social, que agrega saúde pública, previdência e assistência social.

A tabela 16 desagrega o número de servidores ativos na administração pública brasileira por níveis de governo. Cruzando-se os vários dados disponíveis de forma não sistematizada (nem sempre compatíveis em termos de períodos e acuidade), a distribuição dos servidores públicos no Brasil é a seguinte:

A política de recursos humanos na administração pública federal 109

Tabela 16. Servidores públicos ativos no Brasil: quantitativo, distribuição entre os níveis de governo e entes federados, relação população/servidores públicos

Estado	Municipais Direta	Indireta	Estaduais Direta	Federais (civis) Direta/ aut./fun.	Total de servidores	População	Habitantes por servidor
AC	15.148	586	32.660	2.728	51.122	686.652	13,43
AL	90.464	2.389	43.120	7.159	143.132	3.050.652	21,31
AP	13.825	413	16.960	9.485	40.683	615.715	15,13
AM	84.349	1.838	71.157	9.364	166.708	3.311.026	19,86
BA	381.301	7.774	140.891	23.415	553.381	13.950.146	25,20
CE	218.763	7.168	68.108	16.980	311.019	8.217.085	26,41
DF	167.278	13.403	100.000	57.722	338.403	2.383.784	7,04
ES	93.452	2.734	36.819	9.146	142.151	3.464.285	24,37
GO	153.916	10.084	84.512	11.572	260.084	5.730.753	22,03
MA	167.278	3.772	59.941	10.932	241.923	6.184.538	25,56
MT	75.858	2.291	52.409	7.748	138.306	2.856.999	20,65
MS	56.640	2.306	55.000	7.722	121.668	2.297.981	18,88
MG	495.658	31.780	449.916	44.444	1.021.798	19.479.356	19,06
PA	167.050	3.867	85.489	17.544	273.950	7.110.465	25,95
PB	123.761	2.868	96.000	14.791	237.420	3.623.215	15,26
PE	217.099	7.488	82.096	21.192	327.875	8.502.603	25,93
PI	78.094	5.673	65.254	7.028	156.049	3.036.290	19,45
PR	244.755	11.778	146.300	16.653	419.486	10.387.378	24,76
RJ	319.122	56.825	235.255	111.481	722.683	15.561.720	21,53
RN	96.981	2.637	64.335	11.203	175.156	3.043.760	17,37
RS	224.395	15.672	139.650	27.308	407.025	10.963.219	26,93
RO	39.163	396	43.210	11.125	93.894	1.562.417	16,64
RR	6.292	286	5.679	9.172	21.429	403.344	18,82
SC	126.189	9.990	68.363	13.184	217.726	5.958.266	27,36
SP	730.349	65.910	552.948	40.195	1.389.402	41.055.734	29,54
SE	59.941	2.119	36.373	5.425	103.858	2.000.738	19,26
TO	47.033	1.401	45.129	3.406	96.969	1.332.441	13,74
Brasil	**4.494.154**	**273.448**	**2.877.574**	**528.124**	**8.173.300**	**186.770.562**	**22,85**

Fontes: Para os dados sobre servidores estaduais e a população de cada estado, *O Estado de S. Paulo* (9 jul. 2007); para a administração pública municipal, *Pesquisa de Informações Básicas Municipais* — 2005, do IBGE; para os servidores públicos federais, *Boletim Estatístico de Pessoal*, n. 129, jan. 2007, da Secretaria de Recursos Humanos/MP; para os estados do Acre e Roraima, dados do Pnage relativos a 2003.

Pela importância e especificidade das forças policiais nas administrações estaduais, realizei uma desagregação no intuito de mostrar a participação do efetivo policial no total dos servidores ativos estaduais, que são exatos 2.877.574. Tendo em vista o agravamento dos problemas de segurança pública, que cresceram exponencialmente em função do aumento da criminalidade e da violência no Brasil nas últimas décadas, o efetivo de policiais em relação ao número total de servidores públicos cresceu bastante. Juntamente com as áreas da saúde e da educação, grande parte do contingente de servidores públicos estaduais está concentrada na área da segurança pública, mais precisamente 20,17% (580.690) do total da força de trabalho das administrações estaduais.

Tabela 17. Efetivo das forças de segurança pública no Brasil em 2003

Estado	Civil	Militar	Técnica	Bombeiros	Total
AC	900	2.718	117	303	4.038
AL	2.247	8.047	125	0	10.419
AP	1.198	2.618	204	488	4.508
AM	2.071	6.806	211	374	9.462
BA	5.783	27.614	565	2.872	36.834
CE	1.971	12.636	245	1.455	16.307
DF	5.032	16.006	647	6.600	28.285
ES	3.324	7.257	266	615	11.462
GO	3.477	13.139	316	1.697	18.629
MA	1.487	7.148	123	957	9.715
MT	2.210	6.698	620	767	10.295
MS	1.560	4.324	00	1.011	6.895
MG	9.934	37.403	00	4.202	51.539
PA	2.542	11.705	224	1.990	16.461
PB	1.191	8.253	180	713	10.337
PE	4.418	18.927	971	1.966	26.282
PI	1.198	5.768	43	267	7.276
PR	6.704	13.750	219	2.864	23.537
RJ	11.230	43.774	1.160	16.513	72.677
RN	2.424	10.000	373	925	13.722
RS	5.210	20.670	912	2.780	29.572
RO	1.262	4.108	292	00	5.662
RR	1.284	1.490	179	159	3.112
SC	2.581	11.545	349	2.011	16.486
SP	32.623	79.812	3.877	9.470	125.782
SE	1.274	5.067	27	606	6.974
TO	825	3.168	299	130	4.422
Totais	**115.960**	**390.451**	**12.544**	**61.735**	**580.690**

Fonte: Dados da Secretaria Nacional de Segurança Pública (Senasp), do Ministério da Justiça.

Inicialmente, cabe uma ressalva quanto aos dados da tabela 16, que apresentam dificuldades importantes para o seu adequado entendimento e processamento. Primeiro, os dados foram coletados em anos diferentes, o que ocasiona deformações consideráveis. A pesquisa sobre os municípios é de 2005, enquanto os dados para os servidores públicos federais são de dezembro de 2006. Já os dados sobre a administração estadual e a população residente, mais atuais, referem-se ao ano de 2007. De qualquer maneira, apesar da ausência de dados melhores, mais gerenciais e seguros, especialmente no que se refere às administrações estaduais, o analista que se debruça sobre essa área de conhecimento dispõe de muitas informações importantes. Alguns dados adicionais e complementares merecem também uma explicação.

No caso dos servidores públicos da União, não foram contabilizadas algumas categorias, como Banco Central do Brasil (5.092), Ministério Público da União (8.384), empresas públicas (19.243), sociedades de economia mista (12.498), militares (424.398), Legislativo (27.238), Judiciário (91.025), totalizando 587.878 servidores.[75]

Assim, incluindo-se essas categorias inicialmente não contabilizadas, a proporção de habitantes por servidor público diminui de 22,85 para 21,3 na média nacional, uma vez que o total de servidores públicos atinge a significativa marca de 8.761.178 ativos, entre civis e militares nos três poderes dos três entes da Federação. Cabem ainda algumas considerações sobre os dois extremos observáveis na tabela 16, que totaliza o número de servidores públicos no Brasil. O Distrito Federal apresenta a maior proporção de servidores públicos por habitante, ou seja, um servidor atende apenas a 7,04 cidadãos. Naturalmente, a explicação está na quantidade de servidores públicos federais que se concentram em Brasília, capital administrativa do país, distorcendo de maneira intensa a média nacional. No outro extremo se encontra São Paulo, o estado mais populoso e rico do país, onde um servidor público presta serviços para um grupo de 29,54 cidadãos. Uma explicação provável são os ganhos de produtividade acarretados pela grande concentração populacional em um espaço geográfico relativamente pequeno, especialmente se tomarmos como padrão a baixa densidade demográfica brasileira.

Os servidores públicos municipais da administração direta podem ser desagregados pela natureza do vínculo empregatício como se segue:

Tabela 18. Servidores públicos municipais, administração direta

Estatutários	2.876.485
Celetistas	513.722
Somente comissionados	380.629
Sem vínculo permanente	723.318
Total	**4.494.154**

Fonte: Pesquisa de Informações Básicas Municipais — 2005,do IBGE.

Na administração indireta, presente em 1.053 dos 5.564 municípios brasileiros, a distribuição por vínculo empregatício relativa ao ano de 2005 é a seguinte:

---

[75] No caso das empresas públicas e das sociedades de economia mista, os números correspondem apenas às categorias que receberam recursos do Tesouro, excetuando-se CEF, BB, Petrobras, por exemplo, contabilizadas na totalização da administração indireta.

Tabela 19. Servidores públicos municipais, administração indireta

Estatutários	93.199
Celetistas	128.809
Somente comissionados	18.374
Sem vínculo permanente	33.066
Total	**273.448**

Fonte: Pesquisa de Informações Básicas Municipais — 2005, do IBGE.

Ressalte-se que, em função do profundo processo de descentralização de políticas públicas determinado pela Carta de 1988, aumentou consideravelmente o número de servidores da administração municipal, que agrega a grande maioria desse enorme contingente, totalizando 58,33% (4.767.602) dos servidores públicos brasileiros, contra 35,20% (2.877.574) nos estados e apenas 6,46% (528.124) servidores civis da União.[76] Mais adiante tentarei quantificar o crescimento da administração pública municipal do Brasil, em função da descentralização implantada pela Constituição de 1988.[77] Sem dúvida, o que podemos chamar de municipalização da administração pública brasileira deve ser considerada uma das maiores e mais intensas transformações do Estado brasileiro, colocando importantes e novos desafios.

Os números citados são importantes e contundentes no sentido de demonstrar que toda e qualquer intervenção legal ou gerencial na área de recursos humanos na administração pública brasileira deve considerar, prioritariamente, a situação dos servidores municipais. Além de representarem a grande maioria dos servidores, estão também muito mais diretamente ligados à população, especialmente à mais carente e dependente das políticas sociais do Estado.

Qualquer debate sobre estabilidade, regime jurídico único, direitos e deveres dos servidores, políticas de formação e aperfeiçoamento, realização de concursos públicos, entre outros aspectos relevantes, deve focalizar a situação municipal, inexplicavelmente quase desconsiderada quando se discutem esses

---

[76] As dimensões das burocracias públicas se alteraram muito em função das diretrizes da Constituição de 1988. Segundo Graef (2010:57): "A esse respeito pode-se citar, como um dos efeitos da descentralização, a importante reversão no tamanho dos quadros de servidores dos governos federais, estaduais e municipais, ao longo dos últimos 20 anos. Segundo dados apresentados pelo Instituto de Pesquisa Econômica Aplicada (Ipea), em 1987, do total de servidores públicos civis no Brasil, 25% eram federais, 50% eram estaduais e 25% eram municipais".

[77] A pesquisa Munic do IBGE relativa ao ano de 2009 que utilizo adiante atualiza esses números, mas o quantitativo de servidores municipais tem como referência nesse momento o ano de 2005, para melhor compará-lo, em termos quantitativos, com o número de servidores públicos federais no mesmo período.

problemas no Brasil. Como se sabe, o Brasil é um país federativo, fortemente marcado pela centralidade da União. Historicamente, o Executivo federal tem coordenado os esforços de modernização da administração, ocupando lugar de destaque nesse contexto, mas, involuntariamente, ofuscando a relevância dos problemas mais diretamente relacionados com o nível municipal.

Apesar dos números disponíveis, não cairei na tentação de analisar a relação entre população e número de servidores públicos no Brasil, comparativamente com os países desenvolvidos da OCDE. As diferenças entre os países são intensas o suficiente para tornar temeroso qualquer esforço nesse sentido. As atribuições e responsabilidades distributivas e regulatórias de cada Estado diferem radicalmente, variando em função de um amplo pacto social estabelecido em cartas magnas e em legislação infraconstitucional, ou seja, a estrutura da burocracia pública depende das condições gerais de organização de todo o tecido social de determinada nação.

Por outro lado, a estrutura política do Estado nacional também faz a maior diferença, especialmente quando comparamos países que se organizam na forma federalista ou na unitária, o que resulta em maneiras variadas de estruturar a administração pública. Também dificulta a comparação a própria heterogeneidade do setor público brasileiro, que apresenta disparidades enormes quanto a eficiência, profissionalismo, formação de servidores, remuneração de pessoal etc.

Dois outros fatores dificultam extremamente o exercício de se comparar a eficiência e a efetividade de duas burocracias públicas localizadas em países distintos: a densidade demográfica e a distribuição espacial da população pelo território nacional. Como já visto, os ganhos de escala proporcionados por uma população geograficamente concentrada são enormes. Por outro lado, atender a uma população amplamente dispersa por regiões continentais e pouco habitadas como o norte do Brasil, por exemplo, exige grande esforço logístico e gerencial. Desse modo, desconhecer essas especificidades e sair comparando burocracias públicas nacionais de países tão díspares podem induzir o analista a erros grosseiros no esforço de avaliar os níveis de eficiência e efetividade do setor estatal.

Pelos aspectos destacados, seria impróprio dizer se temos servidores públicos de mais ou de menos em relação aos países da OCDE, uma vez que variam bastante as tarefas a serem desempenhadas pelos Estados nacionais. Qualquer tentativa de se estabelecer comparações confiáveis acerca da eficácia, da eficiência e da efetividade entre as burocracias públicas de diferentes países torna-se algo perigoso e temerário, pois se estará comparando máquinas governamentais com atribuições sociais e econômicas radicalmente diversas.

Para complicar ainda mais o cenário, praticamente inviabilizando uma comparação útil entre burocracias públicas tão díspares, outras duas variáveis correlatas devem ser consideradas: a carga tributária e a qualidade dos serviços ofertados. O volume de recursos que o Estado arrecada da sociedade em cada país deve ser cuidadosamente avaliado quando se pretende medir o desempenho da burocracia pública, considerando-se que, pelo menos em princípio, deveria haver uma correlação entre o volume de recursos arrecadados e a quantidade e qualidade dos serviços públicos ofertados. De modo geral, a comparação entre a eficiência das burocracias públicas deve apenas considerar países com níveis de tributação equivalentes. Por esse raciocínio, como o Brasil tributa cerca de 35% do produto interno bruto (PIB), não seria aconselhável compará-lo com países que tributam 20% ou 50% do PIB, por exemplo.

A qualidade dos serviços públicos torna a comparação entre as burocracias públicas dos diversos países ainda mais complexa e temerária. Os problemas se agravam especialmente quando se considera que não existem indicadores objetivos e aceitos universalmente para determinar a qualidade das políticas públicas. Nesse esforço, corre-se o risco de estabelecer correlações entre variáveis tecnicamente não harmonizadas ou equalizadas, induzindo o pesquisador a erros e distorções. Como usualmente se busca fazer uso político, partidário ou ideológico desse tipo de informação, os cuidados do analista devem ser redobrados. Nesse contexto, cabe apenas ressaltar que, no Brasil, a tributação é muito alta, as atribuições constitucionais do Estado na área social são intensas e a administração pública é extremamente heterogênea.

Os esforços de introdução de técnicas burocráticas eficientes na administração pública ocorreram com intensidades diferentes ao redor do mundo. Alguns países, como Estados Unidos, Inglaterra, França e Alemanha, se anteciparam e tiveram mais sucesso em profissionalizar o Estado. Por uma série de razões culturais, institucionais e estruturais, a América Latina sempre encontrou maiores dificuldades para publicizar e tornar mais eficiente a burocracia governamental. Mesmo no cenário latino-americano, a trajetória econômica, social e burocrática brasileira se diferencia bastante.

Historicamente, a administração pública brasileira tem lutado contra a forte tradição ibérica patrimonial de utilizar o Estado em proveito de uma minoria politicamente mais organizada e mais bem-inserida na máquina governamental. Autores consagrados como Faoro (1984) e Schwartzman (1988) destacam a existência de uma elite predatória que, há séculos, se apodera do Estado em benefício próprio. Os analistas mais pessimistas ressaltam que essa percepção patrimonial da administração pública teve início ainda por ocasião do descobrimento do Brasil por Pedro Álvares Cabral em 22 de abril de 1500.

É conhecida a passagem em que Pero Vaz de Caminha comunica a dom Manuel, rei de Portugal, o descobrimento do Brasil. Na correspondência (considerada a certidão de nascimento da sociedade brasileira), demonstrando habilidade política e senso de oportunidade pela realização do grande feito, Caminha aproveita para solicitar uma sinecura para um aparentado na estrutura do Estado português. No final da carta datada de 1º de maio de 1500, assim escreve:

> E pois que, Senhor, é certo que tanto neste cargo que levo como em outra qualquer coisa que de Vosso serviço for, Vossa Alteza há de ser de mim muito bem servida, a Ela peço que, por me fazer singular mercê, mande vir da ilha de São Tomé a Jorge de Osório, meu genro — o que d'Ela receberei em muita mercê.

Como se pode observar, é forte a herança patrimonial que nos legou Portugal quanto à exploração do Estado por uma minoria de governantes. Como elemento complicador, ao contrário de Inglaterra, Estados Unidos e França, que passaram por profundas revoluções burguesas em 1688, 1776 e 1789, respectivamente, as quais implicaram a contenção do Estado e a construção de uma arena mais republicana, Portugal jamais se defrontou com processo semelhante, mantendo suas estruturas políticas praticamente intactas por séculos.

Como destacam alguns autores, com a chegada da corte portuguesa ao Rio de Janeiro em 7/3/1808, fugindo das tropas de Napoleão, houve, de certa forma, uma completa transposição para o Brasil da estrutura administrativa do Estado português. Assim Faoro (1984:733) descreve esse processo:

> De D. João I a Getúlio Vargas, numa viagem de seis séculos, uma estrutura político-social resistiu a todas as transformações fundamentais, aos desafios mais profundos, à travessia do oceano largo. O capitalismo politicamente orientado — o capitalismo político, ou pré-capitalismo —, centro da aventura, da conquista e da colonização, moldou a realidade estatal, sobrevivendo, e incorporando na sobrevivência, o capitalismo moderno, de índole industrial, racional na técnica e fundado na liberdade do indivíduo — liberdade de negociar, de contratar, de gerir a propriedade sob a garantia das instituições.

Especificamente do ponto de vista da administração pública, a vinda da coroa para o Brasil em 1808, evitando o confronto com o general francês

Jean-Andoche Junot,[78] que invadiu a península Ibérica, fechou um ciclo assim descrito por Costa (2008:5, grifo meu):

> As condições da chegada também são indicativas da possibilidade de constituição do aparato administrativo, militar, protocolar e simbólico de uma corte europeia. O primeiro problema era de edificações para acolher as residências da nobreza exilada e as novas repartições do reino. Isso se fez desalojando os prepostos da Coroa, os poucos fidalgos e os ricos comerciantes que cederam suas casas e palacetes. *Por outro lado, acentuou-se a tendência patrimonialista de reunir no mesmo edifício o domicílio e o local de trabalho.*

Naturalmente, a herança patrimonial ibérica não deve ser entendida como algo genético, imutável ou mesmo como uma dificuldade intransponível que para sempre marcaria e predestinaria o futuro do Estado brasileiro. Especialmente depois da Constituição de 1988, vários processos apontam no sentido de um aperfeiçoamento dos mecanismos de fiscalização, organização, mobilização e cobrança da sociedade ao Estado. Dessa forma, o controle social sobre o grupo que Faoro denominou "estamento burocrático" em seu livro clássico vem evoluindo lentamente sob o regime democrático brasileiro.

Nesse contexto de histórica exploração do Estado por grupos mais organizados e politicamente mais fortes, o aparelhamento da máquina pública assume papel importante, revelando-se um instrumento poderoso para a obtenção e manutenção de privilégios sociais. Por isso, o entendimento das características históricas do Estado brasileiro torna-se fundamental para o conhecimento da burocracia pública, sobretudo quando se pretende discutir e analisar políticas de recursos humanos.

Como já vimos, do ponto de vista legal, a obrigatoriedade de concurso para ingresso na administração pública está prevista no ordenamento jurídico brasileiro pelo menos desde a Constituição Federal de 1937, art. 156, letra b. De maneira consistente, sua aplicação foi estendida e aprofundada pela Carta de 1988, restringindo-se a possibilidade de entrada na máquina governamental sem seleção prévia apenas aos cargos de confiança, de livre nomeação e exoneração.

No âmbito do presidencialismo de coalizão da democracia brasileira, a distribuição de cargos na administração pública tem cumprido, historica-

---

[78] Laurentino Gomes tem um livro detalhado e profundo sobre a vinda da coroa portuguesa para o Brasil, inclusive revendo a imagem política de dom João VI, até então considerado medroso, glutão e até caricato para boa parte da historiografia.

mente, um papel importante no sentido de agregar partidos políticos heterogêneos, amorfos e frouxos do ponto de vista ideológico. Assim, na ausência de uma legislação partidária e eleitoral rigorosa e ideologicamente estruturada, a sustentação das coalizões políticas vencedoras apoia-se cada vez mais na partilha da máquina pública e na execução do orçamento federal (Torres, 2004).

Os malefícios dessa prática, que demonstra uma politização excessiva da administração pública brasileira, são enormes, sob todos os aspectos. Repare-se que, em relação aos demais países de tradição democrática mais arraigada, a diferença é de apenas grau e intensidade, uma vez que se observam indicações políticas para cargos importantes na montagem de governos em todos os países democráticos do mundo, tanto presidencialistas quanto parlamentaristas. Uma mudança de governo nos Estados Unidos, na Inglaterra ou na França envolve um número muito restrito de nomeações, especialmente se comparada com as transições brasileiras, em que se observa praticamente uma política de terra arrasada nos milhares de altos cargos de confiança da estrutura administrativa.

É cristalino que, do ponto de vista gerencial e administrativo, existe uma perda enorme para a burocracia estatal quando se escolhem dirigentes para os cargos mais estratégicos sem a observância mínima de critérios técnicos e meritocráticos. Nesse caso, até pela rápida passagem dessas pessoas pela estrutura governamental, implicando um compromisso quase nulo com a *Res Publica*, as práticas da corrupção e do clientelismo são potencializadas.

De qualquer maneira, para aprimorar a atuação do Estado brasileiro, especialmente na área de recursos humanos, a administração pública deve enfrentar e vencer os desafios atualmente criados por sua excessiva politização e histórico caráter patrimonialista. A sociedade brasileira precisa fortalecer a burocracia pública em relação às instituições da democracia representativa, buscando preservar o Estado das práticas mais predatórias que emanam do mundo político brasileiro. Creio que essa profissionalização e busca por maior autonomia da burocracia estatal implicaria ganhos enormes de eficiência e desempenho para a administração pública brasileira, sendo importante sobretudo para as classes mais carentes, que dependem de serviços públicos gratuitos e universalmente distribuídos.

Como a obrigatoriedade do concurso público, em alguma medida, tem restringido o escopo de personalismo e clientelismo na administração pública brasileira, trazendo profissionalismo e eficiência, resta um problema grave, ainda não combatido ou solucionado: a intensa utilização de cargos comissionados e funções de confiança, de livre nomeação e exoneração.

Nesse aspecto, são perceptíveis pequenos avanços legais no plano federal, mas os estados e municípios carecem de iniciativas mais agressivas visando ao aperfeiçoamento e à profissionalização do preenchimento desse tipo de cargo.[79] A situação é preocupante exatamente porque estados e municípios, juntos, representam aproximadamente 93,53% do funcionalismo público brasileiro, e ainda não aplicam qualquer critério técnico mais rigoroso no preenchimento de cargos em comissão.

A fim de disciplinar o preenchimento dos cargos públicos mais estratégicos e preservar a administração de ataques patrimonialistas, procurou-se, pela Emenda Constitucional nº 19/98, que trata da reforma administrativa, estabelecer algumas regras para a ocupação dos cargos de confiança. Comparando-se a redação original da Constituição de 1988 com o texto hoje vigente, percebe-se um avanço significativo. O texto inicial do art. 37, inciso V, da Carta de 1988 tinha a seguinte redação:

> os cargos em comissão e as funções de confiança serão exercidos, preferencialmente, por servidores ocupantes de cargo de carreira técnica ou profissional, nos casos e condições previstos em lei [...]

A Emenda Constitucional nº 19, de 4/6/1998, modificou-a significativamente. Com a alteração legal, a Constituição de 1988 restringiu aos servidores públicos efetivos o exercício das funções de confiança, usualmente chamadas na administração pública federal de funções gratificadas, ou simplesmente FGs. Em seguida, determinou a Constituição que os cargos em comissão fossem preenchidos por servidores efetivos nos percentuais estabelecidos na lei:

> as funções de confiança, exercidas exclusivamente por servidores ocupantes de cargo efetivo, e os cargos em comissão, a serem preenchidos por servidores de carreira nos casos, condições e percentuais mínimos previstos em lei, destinam-se apenas às atribuições de direção, chefia e assessoramento [...].

Até o momento, o Congresso Nacional não disciplinou em lei as regras gerais para o preenchimento dos cargos de confiança, deixando os governantes livres para nomear e exonerar os ocupantes dos cargos em comissão.

---

[79] Em Minas Gerais, o governo do estado estabeleceu a necessidade de uma certificação para preencher os cargos de confiança, procurando garantir uma qualificação mínima para as nomeações. Esse procedimento já era previsto no art. 122, § 1º do Decreto-lei nº 200/67.

Em função dessa lacuna jurídica, estados e municípios têm total liberdade para preencher esses cargos em comissão, sem qualquer restrição legal ou técnica. Também os poderes Legislativo e Judiciário não encontram na legislação diretrizes para o preenchimento mais racional e meritocrático dos cargos em comissão, potencializando o nepotismo e o patrimonialismo na administração pública brasileira.

Especificamente no âmbito do Executivo federal, foi regulamentado o preenchimento dos cargos de direção e assessoramento superior (DAS) — os mais importantes cargos de confiança do ponto de vista quantitativo na esplanada dos ministérios —, mediante o Decreto nº 5.497, de 21/7/2005.[80] O decreto determina que, no mínimo, 75% dos cargos de nível DAS 1, DAS 2 e DAS 3 devem ser preenchidos por servidores efetivos. No nível DAS 4, a determinação é menor, sendo reservados apenas 50% dos cargos para os servidores efetivos. Vale notar que, no caso dos DAS mais importantes e estratégicos, os DAS 5 e 6, nada impede o preenchimento do cargo por pessoas não pertencentes aos quadros da administração pública federal.[81]

A nova regulamentação configura alguma inovação e representa um avanço, ainda que lento, para os parâmetros da administração pública brasileira. Apesar de inovador, considero que o decreto é tímido em três aspectos fundamentais: a) deixou sem qualquer regulamentação os cargos mais estratégicos da administração pública federal, como os DAS 5, DAS 6 e CNEs; b) os percentuais estipulados ficaram muito próximos do padrão existente quando de sua publicação (havia a expectativa de que o decreto seria mais ousado); e c) em julho de 2010, o decreto ainda não era observado pelo Ministério do Planejamento, Orçamento e Gestão, uma vez que não havia atingido os percentuais estipulados pela legislação. A tabela 20 mostra a distribuição dos DAS em função do vínculo do servidor:

---

[80] Historicamente, o preenchimento desses cargos já foi regulamentado de maneira bem rígida, como mostram o art. 10 do Decreto-lei nº 1.660, de 24/1/1979, e o parágrafo único do art. 6º da Lei nº 8.911, de 11/7/1994. No governo FHC, a Lei nº 9.624, de 2/4/1998, art. 22, revogou essas legislações restritivas, liberando o preenchimento desses cargos. Por motivos que não serão discutidos aqui, o Pdrae considerava a flexibilidade na nomeação dos cargos de confiança um requisito essencial para a implantação da Nova Gestão Pública no Brasil.

[81] D'Araujo (2009) disseca a composição, a forma de preenchimento e a qualificação dos ocupantes dos cargos de confiança no governo Lula, especialmente os DAS 4 e 5 e os cargos de natureza especial (CNEs), que totalizavam 82 em 2009.

Tabela 20. Distribuição dos DAS em função do vínculo do servidor

Nível do DAS	% ocupado por servidor efetivo em jul. 2005	% ocupado por servidor efetivo em fev. 2007*	% ocupado por servidor efetivo em jul. 2010**	% previsto no Decreto n° 5.497/05
1	66,7	69,9	69,6	75,0
2	67,8	70,4	69,8	75,0
3	66,1	70,0	63,7	75,0
4	44,8	50,2	52,4	50,0
5	36,9	41,4	47,3	–
6	29,9	31,4	38,0	–

Fonte: Secretaria de Recursos Humanos/MP. *Boletim Estatístico de Pessoal*, n. 111, jul. 2005.
* Boletim n. 130, fev 2007; ** Boletim n. 172, ago. 2010.

Apesar de tímido, é forçoso reconhecer que nem mesmo os percentuais determinados pelo decreto foram observados pelo Ministério do Planejamento depois de cinco anos de sua regulamentação. Nos níveis 1, 2 e 3 houve um pequeno aumento de nomeações de servidores com vínculo permanente com a administração pública federal, aproximando, na média, 70% de servidores efetivos. Apenas no nível DAS 4 o percentual estipulado foi alcançado, ou seja, pouco mais de 50% das nomeações recaíram sobre servidores efetivos, que geralmente apresentam maior qualificação e têm um compromisso mais consistente com as instituições governamentais.[82]

Nesse aspecto específico, não basta simplesmente reservar os cargos de confiança para os servidores públicos de carreira, é preciso ir além e estabelecer critérios técnicos e meritocráticos para a seleção dos melhores quadros. Na ausência desses parâmetros, a administração pública fica refém de nomeações pautadas apenas e tão somente pelo alinhamento político dos servidores. Como é fácil constatar, as escolhas ideológicas, partidárias e sindicais se reproduzem na administração pública, que desenvolve grupos e facções que disputam espaços na burocracia estatal.[83] Dessa forma, além de reservar os cargos de confiança para os servidores de carreira, temos que avançar

---

[82] Mediante regulamentos internos específicos, ou mesmo por tradição corporativa, alguns órgãos públicos já restringem a ocupação de cargos de confiança a servidores de carreira com boa formação técnica, como já disseminado na Receita Federal do Brasil, por exemplo. No entanto, em áreas menos nobres e profissionais da burocracia do Executivo federal, as indicações para cargos de confiança obedecem tão somente a critérios políticos, personalistas e patrimoniais.

[83] Além das posições ideológicas e partidárias, existe também a formação de pequenos grupos (as "panelinhas") nos altos escalões do serviço público, nos quais as relações pessoais têm precedência sobre critérios técnicos e profissionais. Por ser menos visível para a sociedade, esse tipo de problema não é tão destacado, mas produz muita ineficiência na administração pública brasileira. Analisando a elite burocrática brasileira, D'Araujo (2009:12) concluiu: "Trata-se, em suma, de uma burocracia politizada e socialmente engajada". Naturalmente, esses alinhamentos sociais, políticos e ideológicos se refletem na formação das equipes de trabalho na alta administração pública federal.

A política de recursos humanos na administração pública federal 121

para realmente estabelecer critérios meritocráticos na seleção dos quadros que irão ocupar os cargos mais importantes da administração pública.

A observância da regulamentação é importante, tendo em vista a grande quantidade de cargos de confiança, de livre nomeação e exoneração, da administração pública brasileira, em flagrante contradição com as burocracias mais profissionalizadas e autônomas dos países desenvolvidos. Não tenho dúvida de que a contenção dessa politização excessiva da administração pública traria enormes ganhos de produtividade e eficiência ao Estado brasileiro, em todos os três níveis e poderes. A grande utilização dos cargos de confiança como moeda de troca útil na formação da coalizão política vencedora no âmbito do presidencialismo de coalizão tem feito a politização excessiva causar enormes prejuízos à administração pública.

Apenas uma das modalidades de cargos de confiança no Executivo federal, os famosos cargos de direção e assessoramento superior (DAS), totaliza cerca de 22 mil nomeações.[84] A elite do Executivo federal, como secretários executivos e diretores do Banco Central, é composta pelos cargos de natureza especial (NES), que em dezembro de 2010 totalizavam 82. Existem também outras inúmeras modalidades de cargos de livre nomeação e exoneração, além das funções gratificadas (FGs), estas últimas privativas de servidores de carreira. A tabela 21 mostra a quantidade de cargos de confiança:

Tabela 21. Cargos de confiança

Ano	Nº de DAS
1997	17.607
1998	17.183
1999	16.306
2000	17.389
2001	17.995
2002*	18.374
2003	17.559
2004	19.083
2005	19.925
2006	19.797
2007	20.187
2008	20.597
2009	21.217
2010	21.870

Fonte: *Boletim Estatístico de Pessoal*, n. 177, jan. 2011.
Obs.: Dados relativos a dezembro de cada ano.
* Último ano do governo FHC.

---

[84] Somando-se as funções de confiança e gratificações do Executivo federal, chega-se ao impressionante número de 84.174 gratificações, com destaque para os DAS da administração direta (21.623) e as FGs das universidades federais, que sozinhas possuem 23.508 funções gratificadas (*Boletim Estatístico de Pessoal*, n. 172, ago. 2010).

Em termos absolutos, esses números já são altíssimos, especialmente porque são apenas uma das modalidades de cargos de confiança do Poder Executivo, desconsiderando toda a estrutura do Legislativo e do Judiciário. Nos seis anos finais do governo Fernando Henrique Cardoso, houve um acréscimo de 767 cargos de confiança. Já nos oito anos do governo Luiz Inácio Lula da Silva, o crescimento foi expressivo — 3.496 cargos —, apesar de uma pequena redução, por decreto, no primeiro ano de mandato.[85]

A elite da administração pública federal, no âmbito do Poder Executivo, é composta por cerca de 1.336 altos dirigentes, assim distribuídos: 209 DAS 6, 1.045 DAS 5 e 82 NES. De modo geral, os argumentos que fundamentam a criação de cargos de confiança, em qualquer governo ou situação concreta, sustentam que o Estado tem assumido novas atribuições, que exigem estruturas administrativas compatíveis e requerem a contratação de novos servidores e a criação de cargos de confiança. Os cargos de confiança representariam para a administração pública a possibilidade de flexibilizar as regras rígidas dos concursos públicos, cumprindo três objetivos distintos e complementares: a) recrutar especialistas e profissionais competentes que atuam no setor privado; b) abrigar os cargos políticos que dariam direção ideológica à condução do Estado; e c) criar mecanismos para premiar e motivar os servidores mais dedicados e comprometidos.

De qualquer forma, a tentação de criar esses novos postos na esplanada dos ministérios é enorme, especialmente se considerarmos as facilidades proporcionadas pelo instrumento jurídico das medidas provisórias. A continuada pressão pela expansão dos cargos de confiança na máquina pública brasileira demonstra, de maneira categórica, que a tão decantada tradição patrimonial ibérica está ainda presente e é intensa, não consistindo em mera retórica acadêmica.

Além do elevado número de cargos de confiança, existe a utilização intensiva de nomeações para cobrir certas deficiências de algumas das principais instituições democráticas brasileiras. Assim, na ausência de uma legislação partidária e eleitoral que imponha disciplina e coesão ideológica, fundamentais na sustentação das coalizões políticas, no Brasil o retalhamento da administração pública tem assumido papel relevante na estruturação dos governos, de direita ou de esquerda, não importando a coloração ideológica dos vencedores.

---

[85] Decreto nº 4.567, de 1/1/2003, art. 6º, §1º: "Na revisão das estruturas, os Ministérios deverão reduzir em pelo menos dez por cento a despesa com a remuneração dos cargos em comissão e funções de confiança, mediante ajuste nos seus respectivos quantitativos e níveis".

A política de recursos humanos na administração pública federal

Os prejuízos institucionais ao funcionamento profissional e técnico da administração pública brasileira são enormes e evidentes, dificultando uma atuação eficiente e efetiva. O contraste com as burocracias públicas mais institucionalizadas é grande, como mostra Mettenheim (2002:140):

Na década de 1960, Arnold (1986) concluiu que uma mudança de administração envolvia aproximadamente 150 nomeações na Grã-Bretanha, contra cerca de 10.000 distribuídas pelos presidentes dos Estados Unidos. Após uma série de três reformas realizadas após os estudos de Arnold, pesquisas recentes sugerem que os presidentes dos EUA nomeiem aproximadamente 3 mil pessoas para cargos executivos.

Por força da crescente e excessiva politização e da ausência de critérios técnicos ou meritocráticos no preenchimento dos cargos de confiança, constata-se um profundo distanciamento em relação aos desideratos do Decreto-lei nº 200/67, que institucionalizou, no âmbito da reforma administrativa, os cargos de assessoramento superior da administração civil, em seu art. 122, §1º:

As funções a que se refere este artigo, caracterizadas pelo alto nível de especificidade, complexidade e responsabilidade, serão objeto de rigorosa individualização e a designação para o seu exercício somente poderá recair em pessoas de comprovada idoneidade, cujas qualificações, capacidade e experiência específicas sejam examinadas, aferidas e certificadas por órgão próprio, na forma definida em regulamento (incluído pelo Decreto-lei nº 900, de 1969).

Ao mesmo tempo em que se observa o crescimento do número absoluto de cargos de confiança no Executivo federal, também se constata uma preocupação constante em aumentar o valor dos salários desses cargos, tornando-os mais atrativos. A remuneração atual desses cargos consta da tabela 22:

Tabela 22. Remuneração dos cargos de confiança

Nível do DAS	Nº de DAS	Remuneração*
1	7.007	2.115,72
2	6.037	2.694,71
3	4.214	4.042,06
4	3.358	6.843,76
5	1.045	8.988,00
6	209	11.179,36
Total (dez. 2010)	**21.870**	–

* Valores estipulados pela MP nº 375, de 19/6/2007, convertida na Lei nº 11.531, de 4/10/2007, posteriormente atualizada pela Lei nº 11.907, de 3/2/2009.

Nos níveis mais altos (DAS 4 a 6), os padrões de remuneração tornaram-se bastante atrativos nos últimos anos, equiparando e em muitas situações até superando os valores praticados pela iniciativa privada nos níveis gerenciais equivalentes.[86]

Na mesma direção moralizadora do Decreto nº 5.497/05 caminhou o Conselho Nacional de Justiça (CNJ), criado por ocasião da reforma do Judiciário pela Emenda Constitucional nº 45, de 8/12/2004. Reconhecendo a penetração de práticas nepotistas nas várias instâncias do Poder Judiciário brasileiro, o CNJ baixou a Resolução nº 7, de 18/7/2007, que inibe e condena as práticas nepotistas no âmbito daquele poder, procurando inclusive restringir o famoso nepotismo cruzado.[87] Apesar da resistência de inúmeros órgãos do Judiciário, especialmente das cortes superiores, que ingressaram maciçamente com ações na justiça para manter seus apaniguados no leito confortável do Estado, houve um significativo avanço no sentido de inibir práticas nefastas contra a administração pública brasileira. A legislação representa um progresso, uma vez que busca a estrita observância dos princípios da impessoalidade e da moralidade, entre outros não menos importantes para o administrador público.

Para combater o nepotismo, o Executivo federal baixou o Decreto nº 6.906, de 21/7/2009, que obriga os servidores que ocupam cargos de confiança a declarar a existência de algum grau de parentesco com seus subordinados. Ressalte-se que o decreto, atento aos desvios existentes nos contratos administrativos, é bem abrangente, incluindo estagiários e terceirizados.[88]

Assim, apesar das dificuldades institucionais e culturais, os recentes esforços de publicização e profissionalização da administração pública, objeto das recentes modificações legais destacadas, vão ganhando espaço e restringindo, embora lentamente, os nichos ainda abertos a práticas personalistas e clientelistas. O rompimento com uma herança cultural tão forte é natural-

---

[86] De acordo com o art. 2º, inciso III, da Lei nº 11.526, de 4/10/2007, com a redação dada pela Lei nº 12.094, de 19/11/2009, o servidor com vínculo permanente com a administração pública federal pode perceber 60% dos vencimentos dos DAS, independentemente do nível destes.

[87] A Resolução nº 7, art. 2º, inciso II assim define nepotismo cruzado: o exercício, em tribunais ou juízos diversos, de cargos de provimento em comissão, ou de funções gratificadas, por cônjuges, companheiros ou parentes em linha reta, colateral ou por afinidade, até o terceiro grau, inclusive, de dois ou mais magistrados, *ou de servidores investidos em cargos de direção ou de assessoramento, em circunstâncias que caracterizem ajuste para burlar a regra do inciso anterior mediante reciprocidade nas nomeações ou designações* (grifo meu).

[88] O Decreto nº 7.203, de 4/6/2010 tornou as regras contra o nepotismo ainda mais severas e estritas no âmbito do Executivo federal.

mente moroso, repleto de turbulências e resistências por parte dos grupos que sempre se abrigaram na sombra frondosa do Estado.

Do ponto de vista da política de recursos humanos do governo federal, os dois mandatos do presidente Fernando Henrique Cardoso introduziram um conjunto muito grande de transformações. Antes de 1995, o tratamento institucional dos servidores públicos federais era bastante isonômico e generalista. Os aumentos salariais lineares, em que todos os servidores públicos recebiam os mesmos percentuais de reajuste nas mesmas datas, representam emblematicamente essa política de recursos humanos.

Outras características também integram a política de recursos humanos que se consolidou com a Carta de 1988: a) utilização restrita de concursos públicos para contratação de novos servidores, ficando a administração pública direta sem oxigenação ou renovação de quadros; b) carência de um quadro de servidores qualificados no nível gerencial e estratégico, sendo boa parte do alto escalão preenchida através de uma ponte com a administração indireta, que, por pagar melhores salários, contratava os dirigentes e os cedia para a administração direta; e c) ausência de qualquer mecanismo de avaliação de desempenho dos servidores públicos.

Entre outros estudos, o Pdrae, plano diretor que delineou a política de recursos humanos do governo Fernando Henrique Cardoso, avaliou o quadro de servidores da administração pública federal, apontando suas principais características e deficiências. Na sequência, o estudo apresentou as intervenções legais e institucionais que poderiam criar condições para a superação dos problemas identificados. Em boa medida, a política de recursos humanos do governo FHC buscou tornar aplicável, depois de realizadas as intervenções legais necessárias, os preceitos anteriormente colocados no plano diretor. Em linhas gerais, a política de recursos humanos implantada pelo governo do PSDB era composta das seguintes medidas:

- flexibilização da estabilidade do servidor público;
- os reajustes salariais deixaram de ser lineares, sendo a política de recursos humanos focada na reestruturação de carreiras que exerciam atividades exclusivas de Estado;
- mediante o congelamento da remuneração dos servidores de nível intermediário, cuja média salarial era mais alta do que os valores praticados pela iniciativa privada, buscou-se um nivelamento com a remuneração praticada no mercado de trabalho brasileiro. Esse nivelamento implicou segurar a remuneração dos servidores de nível intermediário e aumentar os salários dos servidores de nível gerencial e estratégico;

126 Fundamentos de administração pública brasileira

- forte processo de terceirização, que, apesar de já preconizado pelo Decreto-lei nº 200/67, ainda não havia atingido tal proporção na administração pública brasileira.[89] A Lei nº 9.632, de 7/5/1998, que converteu a MP nº 1.602-20/98, extinguiu 72.930 cargos na administração pública federal; o Decreto nº 4.547, de 27/12/2002, extinguiu mais 28.451 cargos; e o Decreto nº 2.271, de 7/7/1997, regulamentou o processo de terceirização na administração pública federal;
- fortalecimento da Escola Nacional de Administração Pública (Enap), visando melhor formação e aperfeiçoamento dos servidores públicos. Desde sua criação em 1980 até 1994, a escola havia capacitado cerca de 42 mil servidores. Já entre 1995 e 2002, foram capacitados 132 mil servidores, uma média de 16.500 servidores por ano durante esse período;
- abertura de concursos públicos regulares e previamente estabelecidos para o ingresso constante de servidores, proporcionando renovação da força de trabalho, especialmente nas carreiras típicas de Estado;
- introdução de mecanismos de avaliação de desempenho institucional e individual de servidores, percebidos como ferramenta crucial para viabilizar punições para os servidores relapsos e premiar os mais comprometidos;
- aumento da amplitude das carreiras, visando criar um programa de incentivo para a progressão do servidor na administração pública;[90]
- criação da Comissão de Ética Pública, por decreto de 26/5/1999, e do Código de Conduta da Alta Administração Pública Federal, pelo Decreto nº 4.081, de 11/1/2002.
- criação dos programas de demissão voluntária (PDVs), inclusive para efeito de licenças temporárias incentivadas. Destaque-se que esses programas encontraram pouca adesão por parte dos servidores públicos.

Dessa forma, as vantagens do modelo weberiano no tocante à gestão de recursos humanos — notadamente a previsibilidade, a universalidade e a padronização de procedimentos —, fundamentais para a democratização e a profissionalização do serviço público, passaram a ser insuficientes. No novo cenário, típico do receituário da Nova Gestão Pública, tornaram-se re-

---

[89] Vejamos a redação do art. 10, §7º, do Decreto-lei nº 200/67: "Para melhor desincumbir-se das tarefas de planejamento, coordenação, supervisão e controle e com o objetivo de impedir o crescimento desmesurado da máquina administrativa, a Administração procurará desobrigar-se da realização material de tarefas executivas, recorrendo, sempre que possível, à execução indireta, mediante contrato, desde que exista, na área, iniciativa privada suficientemente desenvolvida e capacitada a desempenhar os encargos de execução".
[90] Por amplitude entende-se a diferença entre o valor de remuneração dos níveis inicial e final de cada carreira.

lativamente mais importantes a autonomia, a descentralização e a flexibilidade no gerenciamento dos recursos humanos no serviço público.

Não pretendo aqui fazer uma avaliação detalhada do resultado de cada medida adotada pela política de pessoal do governo FHC. Porém, aproveitando o tempo de maturação dessas medidas, algumas qualificações e avaliações podem contribuir para um melhor entendimento desse tema complexo e controverso. Do ponto de vista do quantitativo de servidores públicos ativos civis na administração direta, incluindo fundações e autarquias, houve um considerável enxugamento da administração pública federal nos oito anos do governo FHC, como se constata pela tabela 28.

Segundo dados do *Boletim Estatístico de Pessoal* (n. 131, mar. 2007), nos oito anos do governo FHC, o número de servidores estatutários admitidos por concurso público foi o seguinte:

Tabela 23. Admissões por concurso no governo FHC

Ano	Nº de servidores admitidos
1995	19.675
1996	9.927
1997	9.055
1998	7.815
1999	2.927
2000	1.524
2001	660
2002	30
Total	**51.613**

Apesar das novas contratações, houve uma diminuição considerável no número de servidores civis ativos do Executivo federal nos oito anos do governo FHC. Alguns fatores explicam esse enxugamento intenso da máquina pública do Executivo da União, que alcançou a significativa marca de 97.279 servidores. Cabe, primeiramente, um destaque: a grande diminuição se deu na administração indireta.

A grande redução do número de servidores no nível do Executivo da União pode ser explicada por um conjunto de fatores interligados entre si. A introdução e o desenvolvimento da governança eletrônica e dos grandes sistemas informatizados no governo federal (Serpro, Siape, Siafi, Siasg, Comprasnet etc.) proporcionaram um ganho de produtividade aos servidores públicos federais, que passaram a contar com procedimentos burocráticos mais inteligentes, ágeis e transparentes, que possibilitaram a realização de uma quantidade maior de tarefas por grupo menor de servidores. É válido argumentar que o ganho de produtividade do servidor público federal simplesmente se deu pela introdução adequada de ferramentas da tecnologia da informação (TI).

Da mesma maneira que se observam enormes ganhos de produtividade no setor financeiro e automobilístico no Brasil, também a administração pública se modernizou muito nos últimos anos. Utilizando intensamente a tecnologia da informação, o sistema bancário e automobilístico reduziram bastante a quantidade de funcionários empregados nesses setores, com o consequente aumento da produtividade. Na administração pública, os melhores exemplos de uso intenso da tecnologia da informação são a Receita Federal (o imposto de renda é o programa mais visível, mas não o único desenvolvido recentemente), o sistema de eleições eletrônicas da Justiça Eleitoral e o Comprasnet, que analisarei em detalhes mais adiante. Os ganhos de produtividade obtidos pela introdução de ferramentas e programas de TI respondem, pelo menos em parte, pela redução do número de servidores do Executivo federal.

O enxugamento dos servidores também pode ser explicado pelo processo de descentralização de políticas públicas ocorrido em função da Carta de 1988. Como se viu detalhadamente no capítulo 1, estados e municípios assumiram um leque enorme de responsabilidades e atribuições constitucionais, restando à União apenas as atribuições de legislar, planejar, financiar e controlar as políticas públicas, raramente atuando como executora direta.

Esse novo arranjo legal e institucional possibilitou à União reduzir seu número de servidores, tendo em vista que suas atribuições diretas diminuíram consideravelmente, especialmente se tomarmos como referência o grande conjunto de políticas públicas executadas em todos os três níveis federativos. Com essa redução de atribuições, o enxugamento dos quadros da administração pública não comprometeu as responsabilidades constitucionais do Executivo federal.

O contraste com o crescimento intenso e continuado do número de servidores públicos municipais é evidente, dada a necessidade de implantar as políticas públicas descentralizadas preconizadas pela Constituição de 1988. A realidade mostra que esses dois processos são complementares: a descentralização promovida pela Carta de 1988 e o crescimento da burocracia pública municipal desenham uma nova configuração na execução das políticas públicas no Brasil. Vejamos os números da tabela 24:

A política de recursos humanos na administração pública federal 129

Tabela 24. Servidores públicos municipais

Servidores	1999	2001	2005	2009
Estatutários	2.082.299	2.355.200	2.876.485	3.355.848
CLT	556.334	544.542	513.722	570.070
Outros	436.024	721.991	0	0
Somente comissionados	0	0	380.629	446.541
Sem vínculo permanente	0	0	723.318	909.199
Estagiários	0	0	0	114.975
Total	**3.074.657**	**3.621.733**	**4.494.154**	**5.396.633**

Fonte: Dados do IBGE, pesquisas Munic, 2001, 2005 e 2009.
Obs.: Servidores ativos da administração direta; a partir de 2005, o IBGE dividiu a categoria "Outros" das pesquisas anteriores.

O aumento do número de servidores públicos municipais em um curto período de tempo de apenas 11 anos foi intenso, totalizando 2.321.976 novos cargos. Em termos percentuais e absolutos, o crescimento em relação ao ano de 1999 é muito expressivo. Pelos dados atuais também é possível sustentar que a tendência de aumento dos servidores municipais deve permanecer por mais alguns anos até que se chegue a um equilíbrio entre a demanda de serviços públicos e o adequado dimensionamento da burocracia pública municipal.

Ainda procurando entender o enxugamento dos quadros no Executivo federal, um dos motivos mais óbvios é a morte e a aposentadoria de servidores públicos. Se não há reposição, naturalmente o número de servidores tende a diminuir. As aposentadorias precoces de professores das universidades federais e colégios técnicos também contribuíram para a rápida redução do número de servidores ativos, uma vez que esses profissionais se aposentavam com cinco anos a menos de atividade do que os demais brasileiros, situação alterada pela nova redação do art. 40, §5º, dada pela Emenda Constitucional nº 20, de 15/12/1998. Também contribuíram muito para acelerar as aposentadorias, as discussões sobre a reforma da previdência travadas naquele momento. Por temerem que a nova legislação lhes impusesse a perda de direitos adquiridos, muitos servidores que já podiam se aposentar mas ainda pretendiam continuar trabalhando optaram pela segurança de se retirar de vez. Durante os dois mandatos do presidente Fernando Henrique, aposentaram-se 134.634 servidores, com concentração nos primeiros quatro anos.[91]

---

[91] As 134.634 aposentadorias se distribuem da seguinte forma: 1995 – 34.253; 1996 – 27.546; 1997 – 24.659; 1998 – 19.755; 1999 – 8.783; 2000 – 5.951; 2001 – 6.222; e 2002 – 7.465 aposentadorias (Ipea, 2011).

O intenso processo de terceirização também explica a redução do número de servidores públicos federais no Executivo da União. Como mostrado, foram extintos milhares de cargos, e serviços como limpeza, copeiragem, segurança, motoristas profissionais etc. passaram a ser realizados por empresas especializadas, remuneradas mediante contrato.

Em princípio, não é possível dizer se houve economia de recursos para a administração pública ou apenas uma mudança na rubrica de pagamento, que deixou de ser despesa de pessoal estatutário para integrar as despesas amparadas por contratos de prestação de serviços. De qualquer forma, a ampla utilização de contratos de terceirização desafogou a folha de pagamento da administração pública e permitiu a redução do número de servidores, contribuindo também para o enxugamento dos quadros do Executivo federal nos oito anos do governo FHC.

Como já dito, apesar da redução do número total de servidores públicos, houve um aumento do quantitativo lotado na administração direta. Esse aumento foi sustentado pela retomada dos concursos públicos de maneira mais intensa e regular, outra importante medida da política de recursos humanos implantada entre 1995 e 2002. No período em questão, foram contratados 51.613 novos servidores, com alta concentração nos quatro anos do primeiro mandato. Se as contratações do primeiro mandato totalizaram 46.472 (90,03%), as do segundo não chegaram a 10% do total, ou seja, ínfimos 5.141 servidores, o que indica certo arrefecimento do conjunto de políticas de reforma administrativa propostas pelo Pdrae.

Pela intensidade do processo e pelos problemas judiciais que desencadeou, a terceirização merece uma análise mais pormenorizada. Como boa parte das propostas de reforma administrativa preconizadas pelo Pdrae, a terceirização consistiu em introduzir na administração pública práticas amplamente utilizadas na iniciativa privada. A partir da década de 1970, o mundo corporativo brasileiro passou por um profundo processo de terceirização de mão de obra, processo este que ganhou força no setor público apenas no governo FHC, apesar da previsão legislativa inicial já constar do Decreto-lei nº 200/67. Por meio de leis e decretos, foram extintos 101.381 cargos na administração pública federal no âmbito do Poder Executivo durante os oito anos do governo FHC.

A terceirização enfrentou problemas legais, institucionais e culturais desde que ganhou relevância e intensidade na administração pública brasileira a partir da década de 1990. O primeiro grande problema, básico e que já depõe muito contra o processo, foi seu crescimento desordenado, implicando falta de dados confiáveis e gerenciais sobre os gastos contratuais e o número de pessoas terceirizadas na administração pública brasileira.

A política de recursos humanos na administração pública federal 131

Como mostram várias auditorias do Tribunal de Contas da União e decisões do Ministério Público do Trabalho, a terceirização de mão de obra foi estendida indiscriminadamente a todas as áreas da administração pública, inclusive a atividades finalísticas, não se restringindo às áreas de suporte e apoio administrativo.[92] Naturalmente, esse crescimento desordenado na direção de atividades cruciais para o Estado compromete o desempenho da administração pública, uma vez que funcionários menos qualificados e menos comprometidos passam a se encarregar de políticas públicas vitais para a sociedade.

A perda de eficiência que o processo de terceirização de mão de obra pode acarretar para a administração pública é fruto de características conhecidas e esperadas. A alta rotatividade de funcionários em setores vitais para a administração acarreta a perda do conhecimento tácito dos órgãos, comprometendo a memória cultural e administrativa das instituições. Para a administração pública, que tem na continuidade da prestação dos serviços um de seus princípios mais basilares, essa perda de memória compromete em muito o desempenho institucional. Apenas para focalizar um problema mais elementar, todo o processo de qualificação e aperfeiçoamento de servidores, tão fundamental para a melhoria da prestação dos serviços públicos, torna-se inviável, uma vez que não faz sentido investir em um funcionário que não tem compromisso mais sério e duradouro com a administração pública. Investir no servidor terceirizado pode se tornar contraproducente, especialmente se considerarmos que, na primeira chance de melhora funcional, ele deixará de exercer suas funções, abandonando a administração pública.

Como já apontado, a falta de dados confiáveis e gerenciais sobre a terceirização também é grave, comprometendo a capacidade de gestão do processo. Desconheço um trabalho ou informação de qualidade que avalie o processo de terceirização na administração pública, em qualquer de seus três poderes ou níveis. Nem mesmo no Executivo federal existem dados confiáveis sobre quantos funcionários terceirizados existem e qual o real gasto com os milhares de contratos de terceirização.

Em função dessas deficiências gerenciais e carência de dados, não há como realizar estudos mais elaborados que examinem a relação custo/bene-

---

[92] Em novembro de 2007 foi assinado um termo de conciliação judicial entre a União e o Ministério Público do Trabalho no sentido de se estancar a terceirização irregular. Também o Tribunal de Contas da União tem baixado reiteradas determinações aos vários órgãos que integram o governo federal a fim de coibir a terceirização desenfreada. No governo Lula, entre 2004 e 2009, foram autorizadas 20.651 contratações de servidores através de concursos públicos apenas para substituir terceirizados em situação irregular (MP/Seges, ago. 2009).

fício desse processo, o que deixa a administração pública sem um referencial comparativo apropriado para avaliar a terceirização. Definitivamente, com os dados de que dispomos, e não entrando na questão do mérito e da qualidade dos serviços prestados, é impossível dizer se um motorista ou faxineiro terceirizado fica mais barato ou não para a administração pública. Se tal avaliação é problemática para as áreas de suporte administrativo, imagine-se as dificuldades quando se trata de avaliar os resultados da terceirização para as atividades finalísticas, indevidamente envolvidas no processo. Nesse contexto específico, todos os problemas vinculados à terceirização que a administração pública tem enfrentado são potencializados, uma vez que as atividades finalísticas impactam fortemente a vida do cidadão.

Por outro lado, a prática tem demonstrado que os contratos de terceirização são muito mal-administrados pelos gestores governamentais, o que compromete o potencial de resultados pretendidos pela administração pública. Nas áreas de limpeza e vigilância, o mercado é dominado por empresas de péssima qualidade, que, contando com a fragilidade da administração, fraudam os contratos de maneira acintosa. Essas empresas terceirizadas muitas vezes não recolhem os tributos devidos e abrem falência, trazendo enormes prejuízos para a administração pública. O valor correspondente ao INSS devido já é descontado no momento do pagamento da fatura, mas verbas como o depósito do Fundo de Garantia do Tempo de Serviço (FGTS), previsão para férias e 13º salário etc. acabam respingando na administração pública nos casos de não observância por parte das empresas contratadas. Esses contratos terceirizados chegam em grande volume à Justiça do Trabalho, respondendo subsidiariamente a administração pública, que tem arcado com enormes prejuízos por contratar empresas inidôneas.[93]

Vejamos alguns problemas comuns aos gestores de contratos administrativos: a) as licitações de serviços são um pouco mais complexas, e as empresas estão mais preparadas que os servidores das comissões de licitações e pregoeiros, aproveitando-se dessa vantagem comparativa; b) inacreditavel-

---

[93] Disciplina a responsabilidade subsidiária da administração pública em contratos terceirizados a Súmula nº 331, de 21/11/2003, do Tribunal Superior do Trabalho. Em 25/5/2011, o TST modificou o item IV e acrescentou o item V à referida súmula, cobrando uma posição firme da administração em relação à fiscalização dos contratos, *in verbis*: "Os entes integrantes da administração pública direta e indireta respondem subsidiariamente, nas mesmas condições do item IV, caso evidenciada a sua conduta culposa no cumprimento das obrigações da Lei nº 8.888/93, *especialmente na fiscalização do cumprimento das obrigações contratuais e legais da prestadora de serviço como empregadora*. A aludida responsabilidade não decorre de mero inadimplemento das obrigações trabalhistas assumidas pela empresa regularmente contratada" [grifo nosso].

mente, apesar do crescimento vertiginoso dos contratos administrativos em decorrência da terceirização, a administração pública não se preparou para melhor fiscalizá-los e gerenciá-los, sendo poucos os órgãos que têm setores encarregados do controle dos contratos administrativos e que contam com servidores capacitados para desenvolver essas tarefas; c) as empresas prometem materiais e peças de primeira qualidade e sempre tentam entregar produtos de qualidade inferior, comprometendo a relação custo/benefício dos contratos; d) existe muita fraude e sonegação fiscal nas empresas que atuam no segmento das terceirizações, muitas vezes deixando passivos trabalhistas e tributários enormes para a administração pública, que responde subsidiariamente por essas responsabilidades; e) a prática do nepotismo é comum nos contratos administrativos, uma vez que os dirigentes se aproveitam do ensejo para empregar parentes e demais apaniguados, indicando para as empresas terceirizadas as pessoas que desejam ver empregadas, e encontrando na terceirização um atalho fácil para quebrar o princípio constitucional dos concursos públicos; f) a formação de cartéis entre os fornecedores resulta em aumento de preços para o setor público, entre outros problemas.[94]

Corroborando esse entendimento, o Tribunal de Contas da União e o Ministério Público do Trabalho, no âmbito da administração pública federal, vêm estancando o processo de terceirização. São múltiplas e constantes as decisões que visam a pôr um fim no processo de terceirização, obrigando a administração pública a substituir funcionários terceirizados por servidores públicos concursados. Especialmente depois das reformas constitucionais — EC nº 19, de 4/6/1998, que flexibiliza a estabilidade, e EC nº 41, de 19/12/2003, que reforma a previdência —, os argumentos que justificariam a terceirização perderam força e sustentação, obrigando a administração pública a reavaliar, ou mesmo rever, todo o processo. Pelas reformas da Constituição de 1988, a estabilidade e a aposentadoria integral foram flexibilizadas, retirando boa parte dos argumentos em favor das terceirizações.

Apesar da falta de dados confiáveis e de estudos mais aprofundados, pode-se dizer que a terceirização representa uma ideia com grande capacidade

---

[94] Dados levantados por Rogério Santana, secretário de Logística e Tecnologia da Informação (SLTI/MP), revelam que o mercado de limpeza, conservação e vigilância é bastante cartelizado, com apenas 16% dos fornecedores abarcando 85% das despesas com vigilância no âmbito da União. No exercício de 2007, a União gastou R$ 1,45 bilhão com contratos de limpeza, conservação e vigilância, o que corresponde a 5,7% das compras e contratações da União. Ainda de acordo com o secretário, a administração pública representa 38;3% das vendas desses setores, na seguinte proporção: União — 14,8%, estados — 13,5% e municípios — 4,5%. Para mais detalhes, consulte: <www. planejamento.gov.br>.

de transformação gerencial que acabou esbarrando em uma prática patrimonialista muito arraigada no Brasil. Dessa maneira, os ganhos esperados com a melhor focalização no negócio principal por parte da instituição pública ou empresa não foram satisfatoriamente atingidos no setor estatal.[95]

A associação entre terceirização e queda dos serviços prestados, ineficiência potencializada pela alta rotatividade e por funcionários mal treinados que não conhecem "o negócio das empresas" para as quais trabalham podem muito bem ser exemplificadas pelos *call centers*, tão em moda nas últimas décadas. Os serviços prestados são de péssima qualidade e deixam os usuários sem alternativa para resolver seus problemas. Acontece que é muito fácil terceirizar e prestar péssimos serviços em setores oligopolizados e/ou mal fiscalizados e regulados, como ocorre hoje no Brasil, especialmente nas áreas de telefonia, cartões de crédito, concessionárias de serviços públicos etc.

Traçando um paralelo com os criticados *call centers*, para o cidadão comum que é usuário de serviços públicos gratuitos, prestados por funcionários terceirizados, também não existe alternativa. O atendimento é mais precário, principalmente pela alta rotatividade e pela falta de preparo e treinamento dos funcionários. Atualmente, analisando a legislação em vigor, não há mecanismos institucionais viáveis que assegurem a melhoria da ação estatal, o que condena o usuário de serviços públicos ao mau atendimento.

Dessa forma, é possível constatar que um processo de terceirização desordenado tem potencializado as dificuldades institucionais da administração pública brasileira em prestar serviços ao cidadão de forma eficiente e efetiva. De duas maneiras essas deformações se manifestam de modo mais intenso: a) extensão indevida do processo de terceirização para as áreas finalísticas da administração pública; e b) utilização da terceirização como artifício para contornar as restrições dos ministérios da Fazenda e do Planejamento para autorizar novos concursos de servidores. Por restrições fiscais, existe um controle rígido para a permissão de novos concursos, representando a terceirização, em muitos casos, um atalho a essas limitações.

Provavelmente, o processo de terceirização constitui a maior diferença ideológica e pragmática na política de recursos humanos entre os governos encabeçados pelo PSDB e pelo PT. Mas as semelhanças que aproximam os dois governos nesse aspecto da gestão da força de trabalho governamental são bem maiores do que se supõe ou publicamente se admite.

---

[95] Atualmente, a terceirização no Executivo federal é regrada pelo Decreto nº 2.271, de 7/7/1997. Para detalhar ainda mais a matéria, o Ministério do Planejamento editou a Instrução Normativa nº 2, de 30/4/2008.

A política de recursos humanos na administração pública federal 135

Em grande medida, constata-se que a política de recursos humanos implantada ao longo do governo Luiz Inácio Lula da Silva manteve as principais diretrizes deixadas por seu antecessor, com algumas alterações significativas. Vejamos mais importantes medidas nessa área: a) foram mantidas ou estendidas à grande maioria dos servidores as gratificações por desempenho individual e institucional; b) houve a reestruturação e a recomposição salarial de algumas carreiras, terminando-se de vez com os aumentos lineares e únicos no âmbito do Executivo federal; c) o processo de terceirização foi estancado, iniciando-se inclusive sua reversão; d) os concursos públicos foram mantidos e mesmo intensificados, sendo estendidos a áreas-meio da administração pública; e) foi realizada a fundamental tarefa de compor os quadros das agências reguladoras, o que implicou recomposição de carreiras e contratação de milhares de servidores.

Por quatro mandatos consecutivos (dois de Lula e dois de FHC), os salários dos servidores públicos federais receberam aumentos bem acima da inflação. Isso implicou o crescimento acentuado desse item específico de despesa no orçamento federal, como mostra a tabela 25:

Tabela 25. Despesa com salários no orçamento federal

Ano	Despesa com pessoal	Receita corrente líquida	% da despesa/ receita líquida	Receita corrente da União	% da despesa/ receita corrente
1995	37.825,5	67.298,1	56,2	127.093,6	29,8
2002	64.415,9	200.697,8	32,1	343.075,0	18,8
2008	130.636,9	428.563,3	30,5	754.735,5	17,3

Fonte: Dados do *Boletim Estatístico de Pessoal*, n. 165, jan. 2010.
Obs.: Em R$ milhões correntes; inclui civis ativos e inativos da administração direta e indireta do Executivo, do Legislativo e do Judiciário, e também os militares.

A queda proporcional da despesa com pessoal em relação à receita corrente líquida da União durante a gestão FHC foi brutal, principalmente em função da sensível redução do número de servidores ativos no Executivo. Houve também um forte incremento nas receitas correntes da União como reflexo direto do acentuado crescimento da carga tributária brasileira das últimas décadas, que suportou a recomposição salarial dos servidores federais. Em grandes números, vejamos como se distribuiu a folha de pagamento dos três poderes da União no exercício de 2009, um importante item da despesa no orçamento federal. A tabela 26 mostra a expedição de incríveis 2.017.771 contracheques, ao custo total de R$ 162,65 bilhões.

Tabela 26. Folha de pagamento dos três poderes da União em 2009

Servidores	Executivo		MPU		Legislativo		Judiciário	
	N° de servidores	Folha (R$)	N° de servidores	Folha (R$)	N° de servidores	Folha (R$)	N° de servidores	Folha (R$)
Civis								
Ativos	601.117	54,70	8.384	2,22	26.724	4,04	114.337	22,21
Aposentados	374.488	24,84	1.481	0,32	6.655	1,46	19.578	3,34
Pensionistas	247.833	13,97	622	0,10	3.072	0,44	5.907	0,90
Total	1.223.438	93,51						
Militares								
Ativos	325.683	13,26						
Aposentados	136.415	11,80						
Pensionistas	145.475	9,05						
Total	607.573	34,11						
Total geral	**1.831.011**		**10.487**	**2,64**	**36.451**	**5,94**	**139.822**	**26,45**

Fonte: Dados do *Boletim Estatístico de Pessoal*, n. 172, ago. 2010.
Obs.: Valor da folha em bilhões de reais; os números incluem civis ativos e inativos da administração direita indireta do Executivo.

Por um conjunto muito peculiar de características, o administrador público deve ter atenção redobrada com os gastos relacionados com a folha de pessoal. A própria Lei de Responsabilidade Fiscal (Lei Complementar nº 101/00), reconhecendo a importância dos gastos com pessoal no contexto dos orçamentos públicos, dedica capítulos cruciais às despesas dessa natureza. Especialmente nestes tempos, em que crises fiscais cada vez mais intensas desestabilizam os países mais desenvolvidos e populosos, exigindo um controle de gastos públicos cada vez mais agressivo, as despesas com servidores públicos ocupam papel relevante. Em função desse protagonismo, faremos algumas considerações mais detalhadas sobre essas questões.

Analisando algumas especificidades do orçamento público, cabe destacar que as despesas com pessoal caracterizam-se pelo caráter permanente e pela longevidade, prolongando-se por décadas. Dessa forma, um prefeito que realiza uma contratação no exercício de 2011 pode estar gerando uma despesa que se arrastará quase até o final do século XXI, dependendo de como se dará o processo de aposentadoria e instituição da pensão desse hipotético servidor.

De modo geral, as despesas com pessoal são pouco administráveis, limitando o campo de ação dos gestores públicos. A folha de pagamentos dos servidores, por um conjunto de determinações legais como planos de cargos e carreiras, cresce de maneira independente e autônoma. Os especialistas sempre chamam a atenção para esse crescimento vegetativo das folhas de pagamentos das burocracias públicas, que não são passíveis de cortes ou contingenciamentos nos momentos de crises e recessões na economia.

No Brasil e no mundo, a despesa de pessoal geralmente consome boa parte dos orçamentos, e representa, muitas vezes, a maior rubrica de gastos das burocracias públicas. Dessa maneira, o controle desse item orçamentário torna-se fundamental, especialmente quando se trata de conter gastos públicos e realizar ajustes fiscais em função de conjunturas econômicas adversas. No Brasil, o gasto com pessoal é bastante desigual conforme o ente federativo que analisamos, sendo mais confortável a situação orçamentária da União em relação aos entes subnacionais. De acordo com dados do Ipea, o percentual de gasto com pessoal em relação às receitas foi de 24,9% para a União; 50,9% para a média dos estados, e 44,7% para os municípios, considerando o exercício financeiro de 2009.[96]

Do ponto de vista político e legal, também existem vários fatores que tornam as despesas com pessoal uma área sensível dos orçamentos públicos. Ancorados por sindicatos relativamente fortes e organizados, os servidores públicos possuem boas condições institucionais para pressionar por melhores condições de remuneração, obtendo acordos trabalhistas proporcionalmente vantajosos em relação aos observados na iniciativa privada. A Carta de 1988 também garante a irredutibilidade dos salários (art. 7º, inciso VI, válido não apenas para os servidores públicos) e a revisão geral anual da remuneração dos servidores públicos (art. 37, inciso X), tornando a despesa com pessoal inevitavelmente crescente ao longo dos exercícios financeiros.

Por fim, cabe destacar uma última característica das despesas com pessoal que impacta fortemente os orçamentos públicos no Brasil. Apesar da separação entre os três Poderes e a autonomia dos entes federativos, os gastos com pessoal, na prática, são muito vinculados no Brasil. Dessa forma, por meio de instrumentos legais que garantem a isonomia, e até mesmo de certos alinhamentos informais e psicológicos, quando se reajusta uma categoria de servidores de determinado Poder, existem reflexos que se espalham, causando um efeito cascata que também tem reflexos em grande parte da administração pública brasileira. Desse modo, um aumento salarial do subsídio dos membros do STF repercute no Congresso Nacional, que, por sua vez, impacta as assembleias legislativas e câmaras de vereadores; num segundo momento e de forma indireta, também atinge os membros do Executivo federal, e assim vai lentamente envolvendo praticamente todos os poderes e entes da federação.

Assim, por tudo o que foi argumentado anteriormente, a despesa com pessoal deve ser tratada com muita responsabilidade por administradores

---

[96] Em grandes números, os gastos se distribuem do seguinte modo: no exercício de 2009, a União arrecadou R$ 737 bilhões e gastou R$ 151 bilhões com pessoal; os estados arrecadaram R$ 424 bilhões, e gastaram com pessoal R$ 207 bilhões; os municípios tiveram receitas da ordem de R$ 256 bilhões, e gastaram R$ 122 bilhões no pagamento de suas burocracias (Ipea, 2011).

públicos e legisladores. Dessa forma, a natureza longeva, o crescimento vegetativo, as vinculações legais e informais, as dificuldades de gestão e interferência nas folhas de pagamentos dos servidores colocam o financiamento das burocracias públicas como área sensível dos orçamentos governamentais.

Corroborando esses números absolutos sobre o gasto com mão de obra do setor público brasileiro, o Ipea (2009c) publicou um estudo demonstrando que os salários pagos na área governamental no Brasil são bem superiores aos pagos pelo mundo corporativo. Os dados indicam ainda que essa diferença salarial tem aumentado nos últimos anos. Em 2008, os salários dos servidores públicos estatutários federais eram, em média, 101,3% (a diferença era de 78,9% em 2002) superiores aos pagos pela iniciativa privada. Quando se tomam as três esferas de governo e não apenas os servidores federais, a diferença em favor do setor público ainda é significativa, sendo da ordem de 56% (33% em 1998).[97]

Especialmente no caso das carreiras mais bem-remuneradas da administração federal, o elevado nível salarial em relação à iniciativa privada tem suscitado discussões sobre a amplitude e a remuneração inicial desses servidores públicos. Mediante negociações vantajosas, algumas categorias empurram para o alto os salários iniciais das carreiras, aumentando enormemente o fosso entre o setor público e os trabalhadores do mundo corporativo. Uma consequência direta do aumento do salário inicial seria a diminuição da amplitude das carreiras, o que praticamente elimina mecanismos mais gerenciais de promoção, progressão e distribuição de incentivos aos servidores, instrumentos que poderiam trazer mais meritocracia e eficiência para a administração pública.

Por paradoxal que seja, uma medida que pretendia moralizar a administração pública também contribuiu na última década para aumentar o fosso entre a remuneração do setor público e da iniciativa privada no Brasil.

---

[97] Em 2008, a renda média dos salários na iniciativa privada era de R$ 1.144,00 mensais. Para o serviço público em geral, a média era de R$ 1.788,00, e para os servidores federais, de R$ 3.545,00. O estudo ainda atribui parte dessa diferença ao maior grau de instrução observado no setor público em comparação com a iniciativa privada no Brasil. Apesar de o estudo do Ipea (2009c) não trabalhar com essa variável, espera-se que o instituto da estabilidade e o maior grau de mobilização dos servidores do setor público expliquem parcialmente essa diferença salarial. Outra variável a ser destacada nesse contexto é a falta de regulamentação do art. 37, inciso VII, da Constituição de 1988, que trata do direito de greve dos servidores públicos. Como a situação atual é muito confortável e leniente com os estatutários, a utilização desenfreada e irresponsável de greves acaba se refletindo também na melhor remuneração dos servidores públicos em relação aos celetistas, para os quais os custos envolvidos na realização de uma greve são exponencialmente mais altos.

A preocupação com os supersalários dos servidores públicos remonta pelo menos à Constituição de 1988. Os contracheques são aumentados através de acumulações indevidas, penduricalhos diversos, legislações lenientes, decisões judiciais corporativas, além de fraudes. A EC nº 19, de 4/6/1998, modificada pela EC nº 41, de 19/12/2003, através do inciso XI do art. 37, estabeleceu um conjunto de regras que limitam o salário dos servidores públicos dos três níveis federativos e poderes ao subsídio dos ministros do Supremo Tribunal Federal. A ideia bem intencionada seria estabelecer um teto máximo e tornar inconstitucional todos os demais excessos. Ocorre que a prerrogativa de estabelecer o subsídio dos ministros do STF é competência do Congresso Nacional, conforme o art. 48, inciso XV, da Carta de 1988. Apesar de não existir vinculação formal ou legal entre o salário dos parlamentares e dos ministros do STF, na prática as remunerações do Legislativo e do Judiciário tendem a caminhar juntas. Dessa maneira, ao concederem aumentos reais e significativos aos membros do Judiciário, os parlamentares também acabam se beneficiando em um segundo momento. Nesse cenário, sempre que o Congresso Nacional vota o aumento do subsídio dos ministros do STF, toda a administração pública brasileira é impactada. A alteração da remuneração gera o que os especialistas denominam efeito cascata, que repercute aumentando os salários de todos os servidores públicos, apesar da autonomia institucional dos poderes e níveis federativos.

Outro efeito perverso da medida moralizadora que buscou conter os abusos salariais na administração pública foi a transformação do teto em piso salarial. O melhor exemplo dessa situação aconteceu no Poder Judiciário estadual, que tinha diferentes níveis de remuneração pelo Brasil afora. Depois do estabelecimento do teto, com o passar do tempo, os juízes estaduais da grande maioria dos estados passaram a ganhar exatamente o percentual permitido em lei em relação ao salário dos ministros do STF. Dessa forma, através do nivelamento pelo alto, o gasto dos estados com a folha de pagamentos do Judiciário elevou-se sobremaneira, acarretando mais despesas do que economia para os cofres públicos.

Uma discussão inerente ao processo de recomposição salarial dos servidores públicos federais tem a ver com o aumento da produtividade e da eficiência da burocracia governamental. Um estudo do Ipea (2009b) aponta um crescimento de 30,2% na produtividade da administração pública federal entre 1999 e 2007, com média de crescimento para todas as esferas de governo da ordem de 9,3%. A produtividade da administração pública estadual cresceu 24,3% no mesmo período, enquanto se observou um decréscimo de 5,2% na das administrações municipais.

É importante destacar que, apesar da coincidência entre aumento real de salário dos servidores públicos federais e incremento dos níveis de produtividade no âmbito da União, não é possível estabelecer uma relação direta entre esses dois fenômenos. A realidade é que a ciência da administração ainda não possui referência teórica, estudos de casos ou instrumentos objetivos de análise para estabelecer relações diretas entre melhoria salarial e ganhos de eficiência, tanto na área governamental quanto na iniciativa privada.

Os aumentos salariais não repercutem automaticamente na motivação dos servidores, com reflexos na produtividade e na eficiência. Uma série enorme de outros fatores influencia os níveis de produtividade de determinado grupo de trabalhadores: o ambiente organizacional, a postura dos dirigentes, o relacionamento com as chefias, a natureza do mercado em que a empresa atua, os valores sociais e ambientais que a instituição incorpora, o grau de autonomia e criatividade dos funcionários, entre outros aspectos.

Estabelecer uma causalidade direta entre aumento salarial e melhoria nos níveis de satisfação profissional, eficiência e produtividade é problemático até mesmo por questões pouco lembradas, como descreve Robbins (1999:99):

> Pelo menos 30% da satisfação de um indivíduo podem ser explicados por hereditariedade. A análise de dados de satisfação de uma amostra selecionada de indivíduos por um período de 50 anos descobriu que resultados individuais foram coerentemente estáveis através do tempo, mesmo quando essas pessoas mudavam de empregador e de ocupação. Esta e outras pesquisas sugerem que uma porção significativa da satisfação de algumas pessoas é determinada geneticamente. Isto é, a disposição de um indivíduo para com a vida — positiva ou negativa — é estabelecida por sua constituição genética, mantém-se através do tempo e leva à sua disposição em relação ao trabalho.

Dando prosseguimento à discussão sobre as principais medidas do governo Lula na área de recursos humanos, detalharei um pouco mais o processo de estruturação das agências reguladoras da administração federal. Vejamos o que mostra a tabela 27 sobre a distribuição das contratações:

A política de recursos humanos na administração pública federal 141

Tabela 27. Estruturação das agências reguladoras da administração federal

Cargos preenchidos	2005	2006	2007	2008	2009	2010	Total
Especialista em regulação	552	299	753	450	97	286	**2.437**
Analista administrativo	142	133	296	118	139	55	**883**
Técnico em regulação	106	146	251	77	334	155	**1.069**
Técnico administrativo	282	311	210	96	96	176	**1.171**
Totais anuais	1.082	**889**	**1.510**	**741**	**666**	**672**	**5.560**

Fonte: Dados do *Boletim Estatístico de Pessoal*, n. 179, mar. 2011.

Respaldado por consistentes taxas de crescimento econômico, com o consequente aumento da arrecadação federal, a adoção do conjunto de medidas que indiquei implicou o aumento significativo do número de servidores públicos federais ao longo do governo Lula, como se vê na tabela 28:

Tabela 28. Servidores públicos federais

Servidores ativos estatutários	1994	2002	2010
Administração direta	181.494	200.191	248.185
Fundações	122.143	93.408	91.807
Autarquias	279.383	192.142	237.223
Total	**583.020**	**485.741**	**577.215**

Fonte: Dados do *Boletim Estatístico de Pessoal*, n. 177, jan. 2011.

Note-se que houve uma redução de 97.279 servidores na gestão de FHC, contra um acréscimo de 91.474 nos oito anos do governo Lula. Naturalmente, o crescimento econômico experimentado pelo Brasil entre 2003 e 2011 implicou grande expansão dos empregos formais, tanto na iniciativa privada quanto na administração pública, abrindo espaço para o retorno dos concursos públicos no Executivo federal. As admissões por concurso público também aumentaram, superando em muito as 51.613 novas contratações dos oito anos do governo FHC. No governo Lula foram priorizadas várias áreas e instituições, que concentraram a maioria das contratações: composição do quadro de servidores das agências reguladoras, contratação de docentes e técnicos administrativos para as universidades federais (com a criação de várias novas universidades e centros tecnológicos, além de significativo aumento no número de vagas nas universidades públicas), concursos para admissão de servidores que compõem o Plano Geral de Cargos do Executivo, reforço das carreiras do seguro social e da Polícia Federal, substituição de terceirizados, entre outros. A tabela 29 traz os números:

Tabela 29. Admissões por concurso

Ano	Nº de servidores admitidos por concurso
2003	7.220
2004	16.121
2005	12.453
2006	22.112
2007	11.939
2008	19.360
2009	29.728
2010	36.600
Total	**155.533**

Fonte: Dados do *Boletim Estatístico de Pessoal*, n. 177, jan. 2011.

Apesar da contratação de 155.533 servidores ao longo do governo Lula,[98] a força de trabalho cresceu em escala menor, havendo um aumento de 91.474 servidores. Esses dados indicam que as aposentarias na administração pública federal continuaram intensas nesse período, com expressivos 64.059 servidores passando à inatividade.[99] Se, além dos servidores civis, incluirmos também os militares, constata-se um total de 79.302 aposentadorias durante os oito anos do governo do presidente Lula.[100]

Ressalte-se que muitos servidores que já completaram o tempo de contribuição para efeito de aposentadoria preferem permanecer trabalhando para evitar perdas salariais como a suspensão do recebimento das gratificações por desempenho, por exemplo. Também para incentivar a permanência dos servidores que já poderiam se aposentar foi instituído, de acordo com a redação do §19, art. 40 da CF/88, o abono de permanência, que consiste em pagar ao servidor um bônus de 11% dos vencimentos, equivalente ao percentual recolhido à previdência social. Fazendo um balanço da política de recursos humanos do governo federal desde a Constituição de 1988, constatam-se avanços significativos, que contribuíram para o aumento

---

[98] A contratação maciça de servidores parece ter atingido certo limite ao final do governo Lula. Para tomar ciência das condições de funcionamento da administração pública federal, inclusive por temer um possível descontrole fiscal e inflacionário, a presidente Dilma Roussef, pela Portaria nº 39 do MP, de 28/3/2011, suspendeu por tempo indeterminado todas as contratações de novos servidores para o Executivo federal.

[99] Os abandonos por morte ou invalidez são relativamente pequenos em comparação com o número de servidores aposentados.

[100] As 79.302 aposentadorias se distribuem anualmente da seguinte maneira: 2003 — 17.453; 2004 — 6.486; 2005 — 5.789; 2006 — 6.658; 2007 — 8.156; 2008 —10.654; 2009 — 10.384 e 2010 — 13.722 (Ipea, 2011). Repare que houve uma corrida às aposentadorias no ano de 2003 em função do medo dos servidores públicos em relação às alterações e restrições impostas às aposentadorias precoces pela Emenda Constitucional nº 41, de 19/12/2003.

do profissionalismo da administração pública brasileira, servindo inclusive como parâmetro e referência para os entes subnacionais. Nesse contexto, vêm ocorrendo concursos públicos regulares, transparentes e competitivos, que renovam e oxigenam a administração pública brasileira.

Como demonstrado, os salários praticados no âmbito da administração pública federal, tanto no nível intermediário quanto no gerencial e estratégico, através de seguidas recomposições, tornaram-se bastante convidativos em relação à iniciativa privada no decorrer dos últimos anos, atraindo pessoal qualificado e muito bem-preparado, e potencialmente contribuindo para o aumento da eficiência nas atribuições de formulação e implementação de políticas públicas.

A fórmula que combina concursos públicos regulares, recomposição salarial e investimento em formação e treinamento vem sendo adotada desde o princípio da década de 1990 no Executivo federal com relativo sucesso, fazendo com que o Estado recuperasse sua capacidade de formular, implementar e fiscalizar políticas públicas. Em comparação com as décadas de 1970 e 80, em que houve um contínuo sucateamento da administração direta, especialmente no nível gerencial e estratégico, constatam-se a oxigenação e a profissionalização da burocracia pública, com potencial para se traduzir em prestação de serviços de melhor qualidade para a sociedade. Nesse período, investiu-se maciçamente nas áreas de gestão, auditoria e fiscalização, Polícia Federal, instituições federais de ensino e agências reguladoras, entre outras, recuperando parcialmente o Estado sua capacidade de intervenção, fiscalização e regulação de políticas públicas.

No contexto federativo brasileiro, a experiência do Executivo federal aqui detalhada deve servir de parâmetro para as administrações públicas estaduais e municipais, que necessitam urgentemente se qualificar para enfrentar os enormes desafios impostos pela Constituição de 1988. Sabe-se que a situação fiscal de estados e municípios é um limitador para a adoção de políticas mais vigorosas de reestruturação de carreiras e profissionalização da administração pública nos moldes do que ocorre no plano federal. Já a situação da União em relação aos limites estabelecidos pela Lei de Responsabilidade Fiscal é muito confortável, uma vez que o percentual de gastos com pessoal atingiu, no exercício de 2007, apenas 30,1% da receita corrente líquida, que totalizou aproximadamente R$ 411 bilhões. Por outro lado, quase todos os estados já esbarraram ou estão muito próximos dos limites estabelecidos pela referida lei para gastos com pessoal. Todavia, respeitadas as restrições orçamentárias, muito pode ser feito adaptando-se e reproduzindo a experiência federal por todo o Brasil.

Outras questões relacionadas à política de recursos humanos também deveriam ser repensadas a fim de melhorar o desempenho da burocracia pública federal. Uma delas é a redistribuição de servidores, que tem sido ignorada pelos governos, apesar de seu enorme potencial para atender às demandas da sociedade por serviços públicos de qualidade. A pressão da sociedade por boa prestação de serviços atinge vários órgãos e instituições. Uma política equilibrada, eficiente e cuidadosa de redistribuição de servidores pelos 238 órgãos cuja folha de pagamento é gerenciada pelo Siape aumentaria consideravelmente a capacidade de resposta da administração pública.[101] Basicamente, existem dois grandes desequilíbrios na distribuição de servidores públicos no Executivo federal: a) o espacial e geográfico entre os vários estados da Federação;[102] e b) a tradicional e ineficiente distribuição de servidores pelos órgãos, ministérios e instituições da administração direta.

Nas últimas décadas, a administração pública federal transformou-se intensamente, assumindo novas responsabilidades sociais e constitucionais e abandonando outras, que perderam relevância, deixaram de existir ou simplesmente foram transferidas para os entes federativos subnacionais. Nessa transformação, vários órgãos perderam o foco, mas continuaram com uma grande quantidade de servidores, que estão subaproveitados em função da diminuição das atribuições das instituições a que estão vinculados. Por outro lado, inúmeras repartições públicas foram criadas ou transformadas, assumindo importantes atribuições legais, especialmente na área social, e necessitam de pessoal qualificado para desempenhar essas novas atribuições. Apesar desse desajuste ou assincronia no quadro de pessoal e do acúmulo de atribuições legais no conjunto dos órgãos públicos federais, nenhuma iniciativa mais contundente foi tomada para corrigir essas distorções, o que causa um impacto negativo e perverso sobre a administração pública.

Naturalmente, por se tratar de uma força de trabalho gigantesca, inserir o servidor correto, maximizando sua formação e habilidades, na repartição mais apropriada e no momento mais oportuno não é tarefa fácil. Esse desafio também deve ser enfrentado quando da realização dos concursos públicos. O ingresso inicial do servidor é de fundamental importância para combinar, com eficiência, sua aptidão, seu potencial e sua formação com as demandas dos vá-

---

[101] Vejamos a definição contida na Lei nº 8.112/90, art. 37: "Redistribuição é o deslocamento de cargo de provimento efetivo, ocupado ou vago, no âmbito do quadro geral de pessoal, para outro órgão ou entidade do mesmo Poder, com prévia apreciação do órgão central do SIPEC".
[102] Esse desequilíbrio pode também ser combatido com uma política mais ousada de remoção de servidores, assim definida pela Lei nº 8.112/90, art. 36: "Remoção é o deslocamento do servidor, a pedido ou de ofício, no âmbito do mesmo quadro, com ou sem mudança de sede".

A política de recursos humanos na administração pública federal

rios órgãos e instituições, devendo-se procurar evitar frustrações, apatia ou subaproveitamento, que inevitavelmente redundam em baixa produtividade.

Do ponto de vista geográfico também se observam alguns desajustes, especialmente em relação ao estado do Rio de Janeiro, cuja população de 15.561.720 cidadãos é servida por 111.481 funcionários públicos federais (ver tabela 16). Já o estado mais populoso do Brasil, São Paulo, com 41.055.734 cidadãos, possui apenas 40.195 servidores públicos federais. O fato de o Rio de Janeiro ter abrigado a capital do Brasil até o início da década de 1960 ainda repercute nessa distribuição, mas é evidente que já transcorreu um período razoável de tempo para que houvesse uma redistribuição mais equilibrada dos servidores públicos federais entre os estados.

É curioso observar que o Rio de Janeiro, por abrigar a sede de vários órgãos federais, possui quase o dobro de servidores públicos lotados no Distrito Federal, que contava com exatos 57.722 servidores em janeiro de 2007. Obviamente, a solução ideal para o problema jamais seria concentrar toda a administração pública federal no Distrito Federal. Mas é forçoso ajustar a relação entre a população dos estados e os serviços públicos prestados exclusivamente pelo Executivo federal, como no caso da previdência social e da receita federal, por exemplo.

Finalizando, pode-se dizer que uma política de recursos humanos bem-sucedida no âmbito da administração pública brasileira deveria também focalizar a questão da redistribuição e da remoção de servidores, que tem enorme potencial para incrementar o desempenho do setor governamental, ajustando demanda e oferta de políticas públicas na esfera federal. A grande vantagem de tal política é o fato de requerer baixo investimento, não implicando aportes continuados por parte da administração pública.[103]

O aprofundamento das medidas consideradas corretas neste capítulo também deve continuar, como a aposta radical no concurso e na formação e aperfeiçoamento das burocracias públicas. Como se viu, os entes subnacionais não precisam começar do zero, pois já dispõem da grande experiência do âmbito federal, que pode apontar sucessos e evidenciar os equívocos a serem evitados.

Finalmente, vale dizer mais uma vez que a preocupação maior dos gestores governamentais, na questão específica do funcionalismo, deve se voltar para o nível municipal, ao qual cabem as atribuições constitucionais mais relevantes, e que apresenta também a burocracia pública mais numerosa e malpreparada, especialmente em comparação com os níveis estadual e federal.

---

[103] No caso da remoção *ex officio*, o servidor deve ser indenizado, recebendo uma ajuda de custo que varia em função do número de dependentes.

3. COMPRAS GOVERNAMENTAIS: MARCO LEGAL E OPERACIONALIZAÇÃO

Poucas características distinguem de maneira tão enfática a administração pública quanto os procedimentos de compras governamentais. Em relação ao mundo corporativo, as diferenças são enormes, haja vista a total liberdade que as empresas têm para escolher seus fornecedores. Já no âmbito da administração pública, todo o procedimento de compras governamentais é detalhadamente previsto na legislação, deixando pouquíssima margem para atos administrativos discricionários. É exatamente essa legislação detalhada, rígida e pormenorizada que tem despertado tanta polêmica jurídica e conceitual, além de problemas de natureza prática relativos aos métodos operacionais da administração pública brasileira.

Paralelamente à questão das compras, o regime de execução de contratos administrativos também é singular e diferenciado em relação aos contratos juridicamente estabelecidos entre particulares. Em geral, os contratos administrativos são regidos pelo direito público, que derroga e exorbita o direito comum, enquanto os contratos de direito privado são regidos pelo Código Civil, com igualdade entre as partes.[104]

A Lei nº 8.666/93, arts. 54 a 80, de 21/6/1993, dedica o capítulo III especialmente aos contratos administrativos. Do conjunto enorme de características que diferenciam os contratos administrativos, a literatura especializada destaca as famosas cláusulas exorbitantes, que colocam a administração pública em situação de supremacia em relação aos particulares.[105] As compras governamentais e os contratos administrativos são, portanto, regidos por leis e procedimentos bastante distintos da prática comum do mundo corporativo.

---

[104] Este capítulo, que trata das diferenças entre os contratos administrativos e os contratos regidos pelo direito privado, baseia-se integralmente em Di Pietro (2005).

[105] Di Pietro aponta as seguintes cláusulas exorbitantes que sempre devem constar, até mesmo de maneira implícita, nos contratos administrativos: exigência de garantia, alteração unilateral, rescisão unilateral, direito de fiscalização, aplicação de penalidades, anulação dos contratos nas situações de ilegalidade, retomada do objeto e restrições ao uso da *exceptio non adimpleti contractus* (o particular não pode simplesmente rescindir o contrato pelo não pagamento por parte da administração, por exemplo).

Basicamente, a legislação que trata das compras governamentais persegue dois objetivos fundamentais, entre outros correlatos: a) proporcionar as melhores contratações, preservando a administração de ataques predatórios de fornecedores inescrupulosos que só produzem fraude e corrupção; e b) garantir que todos os fornecedores possam contratar com a administração pública, propiciando transparência, isonomia, equidade e preços mais competitivos. Em princípio, todos os teóricos concordam que esses objetivos devem ser buscados, divergindo naturalmente quanto aos mecanismos que garantiriam um procedimento ao mesmo tempo vantajoso para a administração pública e equitativo para a sociedade como um todo, e para os fornecedores de modo peculiar.

A legislação de compras no Brasil é muito criticada pela maioria dos analistas, fornecedores e operadores das áreas envolvidas com as compras governamentais.[106] Fugindo da interpretação tradicional e consagrada, neste livro farei uma leitura isenta, pragmática e, em muitas situações, positiva e favorável do processo licitatório previsto na vasta legislação brasileira.

A título de introdução, cabe ainda destacar que o livro focalizará dois aspectos fundamentais: a) o advento do pregão, em 2000, uma nova e revolucionária modalidade de licitação, que cresceu vertiginosamente em detrimento das demais; e b) os pontos mais práticos e operacionais envolvidos no amplo e complexo processo de compras governamentais. Naturalmente, abordarei as questões legais, mas estas não representam o foco principal do trabalho, porque, a meu ver, as questões jurídicas contam já com uma profícua e qualificada literatura, além de ampla jurisdição produzida por tribunais de contas, órgãos de controle e pelas instâncias superiores do Judiciário.[107]

---

[106] Engana-se quem pensa que apenas as comissões de licitações estão envolvidas nas aquisições governamentais, que geralmente se iniciam em alguma área técnica dos órgãos, que demandam a aquisição dos mais variados itens. Quando se trata de produtos muito específicos e de maior complexidade, a especificação deve chegar à comissão de licitação absolutamente detalhada e pronta. Após a elaboração do edital, há a necessidade de um parecer jurídico (art. 38, parágrafo único, da Lei nº 8.666/93, e art. 30, inciso IX, do Decreto nº 5.450/05) para o prosseguimento do processo. Depois de realizado o procedimento licitatório propriamente dito, inicia-se uma fase extremamente importante: a entrega do material, de responsabilidade do almoxarifado. Por fim, a licitação termina no setor financeiro, que fará o pagamento, última fase da despesa pública. Em geral, o setor financeiro realiza o empenho e o pagamento, enquanto o almoxarifado faz a liquidação (conferência da obrigação de pagar em função da entrega de material ou prestação de serviços). No caso dos serviços amparados por contrato, geralmente é seu gestor que faz a liquidação, uma vez que o art. 67 da Lei nº 8.666/93 exige que todo contrato deva ser fiscalizado e acompanhado por um representante da administração.

[107] Para uma abordagem elaborada e abrangente desse tema, ver Justen Filho (2010).

Nessa introdução é preciso também qualificar uma questão que, por ser extremamente mal-colocada, tem ajudado a criar e difundir um consenso negativo em relação às compras governamentais no Brasil. A grande maioria de analistas e operadores considera a Lei nº 8.666, de 21/6/1993, muito detalhista, burocrática e rígida, que só traz morosidade, corrupção e ineficiência na operação e funcionamento da administração pública brasileira. É interessante notar que, nesse contexto, nada se diz sobre as condições institucionais que caracterizam o funcionamento da máquina pública brasileira. Sobretudo nessa questão, a qualidade da burocracia pública jamais deve ser relegada a um plano inferior da análise. Seria um erro crasso tratar o marco legal das compras governamentais separadamente das questões relacionadas à qualificação dos servidores públicos que operam essa mesma legislação.

Como disse no primeiro capítulo, os municípios sofrem com uma burocracia pública pouco profissional, ainda que os problemas que enfrenta não lhe sejam exclusivos. Nesse cenário, servidores públicos são aleatoriamente designados para compor as comissões de licitações de seus respectivos órgãos sem qualquer preparo ou conhecimento da legislação. Os servidores são simplesmente "jogados" nesses setores, apesar de não disporem das qualificações mínimas necessárias. É espantoso reconhecer que, nessa situação caótica, a culpada é sempre a legislação que trata das compras governamentais, jamais as condições institucionais da administração pública ou a precária formação profissional dos servidores. Esse descompasso entre a legislação de compras e o quadro de pessoal da administração pública brasileira já foi apontado antes:

> O resultado não pode ser mais desastroso, acarretando desperdício e ineficiência, não necessariamente pela legislação, mas pela pouca capacidade burocrática dos usuários da lei brasileira de compras governamentais. Acredito que esse mesmo raciocínio que aplicamos à lei de aquisições pode ser estendido para toda a vasta legislação que estabelece a organização e o funcionamento do setor público brasileiro. *Em princípio, a legislação não me parece necessariamente precária ou burocrática, mas tem encontrado operadores suficientemente despreparados para torná-la complexa e ineficiente.* Nesse caso, é erro primário entender o despreparo das comissões de licitação como se fosse problema inerente da própria legislação de aquisições governamentais [Torres, 2007:29].

Também fazendo uma leitura mais ampla do contexto geral que envolve todo o procedimento de compras governamentais no Brasil, Motta (2002:12) indica os problemas estruturais que prejudicam a eficiente operacionalização da legislação:

O que chamamos de gerenciamento ineficaz — patologia frequente nas organizações públicas brasileiras — é a simples inépcia na compreensão da lei em sua operacionalização. Pode haver deficiências técnicas e instrumentais, pessoal inadequado, inexperiência, estruturas organizacionais pesadas e limitativas, estrutura de autoridade definida mal, atribuições e tarefas mal delineadas — enfim, uma série de causas organizacionais que envolvem a *má leitura* administrativa da lei.

Nesse cenário, algumas proposições simples e óbvias podem contribuir em muito para a melhoria do processo de compras governamentais no Brasil. As alternativas ou propostas aqui elencadas seriam mais facilmente implementadas pela União, por suas melhores condições burocráticas, gerenciais e fiscais. No entanto, dentro de algumas limitações e com as adequações necessárias, uma eventual experiência bem-sucedida na União pode ser apropriada por estados e municípios.

Primeiramente, parece-me urgente e inadiável a criação de uma carreira de compras governamentais, com a exigência de formação acadêmica na área do direito. É inadmissível que valores tão altos sejam executados no cotidiano das repartições públicas brasileiras por servidores tão pouco qualificados. Note-se que aquisição inadequada não é apenas aquela em que preços maiores ou superfaturados são pagos pelos produtos ou serviços prestados à administração pública. No caso específico das compras governamentais mal- realizadas, os maiores prejuízos estão relacionados com uma ampla gama de situações: a) aquisição de produtos de péssima qualidade; b) entrega de bens com prazos de validade vencidos ou perto da data de vencimento; c) produtos fora da especificação do edital; d) serviços prestados em desacordo com o contratado, entre uma série de outras irregularidades, falhas ou equívocos muito comuns no cotidiano da administração pública.

Desconsiderando as dispensas e inexigibilidades (também modalidades de licitação), somente no exercício de 2007 o Executivo federal realizou 48.202 processos licitatórios no valor total de R$ 23,7 bilhões. Do ponto de vista do princípio constitucional da eficiência, uma equipe de servidores bem-preparados e qualificados traria ganhos imensos para a administração pública, solucionando boa parte dos problemas atualmente encontrados no processo de compras governamentais. Independentemente do aspecto que se analise, é inadmissível que uma área sensível e que realize despesas tão elevadas como o processo de compras governamentais esteja sob a responsabilidade de servidores sem qualificação para trabalhar de maneira eficiente com a legislação.

A criação de uma carreira de compras representaria um ganho de qualidade sem precedentes para a administração pública federal, especialmente considerando a elevada qualificação e a alta competitividade que têm caracterizado os recentes concursos públicos, com potencial para atrair pessoas altamente qualificadas para a área governamental.

Outra medida, ambiciosa, seria a unificação do processo de compras em algumas áreas bem específicas da administração pública. Nesse caso, deveria ser criado algo como centrais de compras governamentais, que processariam as licitações para vários órgãos ao mesmo tempo, aproveitando-se de um intenso processo de especialização, além dos ganhos de escala. Num modelo ideal e grandioso, a integração em uma central de compras não significaria apenas adquirir grandes volumes para vários órgãos e entidades ao mesmo tempo, seria necessária também a integração com a assessoria jurídica e com os órgãos de controle interno. No caso específico do Executivo federal, creio que a central de compras deveria contar com pareceristas da Advocacia-Geral da União (AGU) e com auditores da Controladoria-Geral da União (CGU), a fim de propiciar maior agilidade, especialização e integração no processo de compras governamentais.[108]

Os ganhos proporcionados pela especialização e profissionalização dos setores de compras governamentais seriam importantes e preciosos em todas as situações possíveis e imagináveis, sobretudo nas licitações mais complexas e vultosas, como as que envolvem obras de engenharia, coleta de lixo nas grandes cidades etc. Nessas situações, em que muitas empresas competem ferozmente no mercado (para não dizer predatoriamente), os problemas causados por procedimentos mal-elaborados e processados são enormes. Basta lembrar um exemplo para demonstrar como a sociedade é penalizada pela ineficiência da administração pública em realizar licitações de maneira eficiente e profissional. Em Belo Horizonte e em boa parte das estradas federais que cortam o estado de Minas Gerais, a prefeitura e o Departamento Nacional de Infraestrutura de Transporte (Dnit, órgão do governo federal, ligado ao Ministério dos Transportes, responsável pela manutenção das rodovias), respectivamente, não conseguiram realizar licitações para instalar

---

[108] A Lei nº 8.666/93, art. 38, parágrafo único, determina que as minutas de editais de licitação, bem como as dos contratos, acordos, convênios ou ajustes, devem ser previamente examinadas e aprovadas por assessoria jurídica da administração. No pregão, a exigência do parecer está prevista no art. 30, IX, do Decreto nº 5.450/05. No caso dos órgãos do Executivo federal, a assessoria jurídica é prestada pela AGU, que, por força da Lei Complementar nº 73/1993, art. 11, VI, letra b, deve dar parecer conclusivo em todos os processos de licitação dos órgãos da administração direta.

radares nas vias públicas, nos pontos mais perigosos e com maior incidência de desastres fatais. Tais licitações se arrastam a muito tempo, porque as empresas interpõem inúmeros recursos administrativos e judiciais, trazendo morosidade e prejuízos financeiros à administração pública.

Para além dos danos materiais, imagine-se a quantidade de pessoas que já morreram nos pontos críticos das estradas e nas ruas de Belo Horizonte simplesmente porque a administração pública não consegue realizar uma licitação com agilidade e eficiência? Exemplos aleatórios como este naturalmente se repetem em todos os níveis da administração pública brasileira. Assim, especialmente nos casos de objetos um pouco mais complexos, os prejuízos materiais e morais causados pela má formação e qualificação dos compradores governamentais são enormes, impondo um ônus pesado à sociedade. Para a administração pública, investir nessa área crítica das compras governamentais seria altamente compensador, e não apenas do ponto de vista econômico e financeiro.

Nos estados existem vários órgãos desconcentrados e entidades descentralizadas do governo federal que poderiam agrupar suas compras em uma única instância altamente especializada e infinitamente mais qualificada, ágil e eficiente, em vez de pequenas unidades que licitam individualmente e de maneira amadora. A integração de alguns órgãos no processo de compras governamentais, além de maior especialização e agilidade, também traria benefícios enormes do ponto de vista do combate à corrupção. Estreitando-se o relacionamento com a CGU, o controle do processo de compras deixaria de ser feito *a posteriori*, quando a despesa já foi realizada e as fraudes já foram cometidas, restando poucas alternativas ou medidas de correção a serem empreendidas. A instalação da central de compras governamentais teria também o grande mérito de possibilitar que a CGU realizasse o controle de forma tempestiva e concomitante ao desenvolvimento do processo de licitação, inibindo erros e fraudes antes mesmo que se concretizassem. Além dos benefícios já apontados, estritamente do ponto de vista do princípio da economicidade, a atuação tempestiva do controle interno (que deixaria de ocorrer apenas ao final de cada exercício financeiro, quando da realização da auditoria de gestão) potencializaria ganhos intensos no âmbito da administração pública brasileira.

Paralelamente a tais iniciativas, um trabalho árduo e diuturno de aperfeiçoamento da legislação seria bem-vindo, a fim de complementar os esforços para reformular, modernizar e profissionalizar o processo de compras governamentais no Brasil. Nessa seara específica, o caminho a ser trilhado já foi exemplarmente delineado pela experiência de implantação do pregão, que produziu uma revolução no processo de compras no âmbito da administração pública brasileira. Nesse contexto, a posição mais realista e pragmática seria lutar para melhorar e aperfeiçoar a legislação existente, em vez de combatê-la de maneira enfática, como tem sido usual entre os analistas, gestores públicos e servidores que atuam na área.

Nesse esforço de aperfeiçoamento, outra prática a evitar seria a busca de atalhos e contornos legais que possibilitem que determinados formatos jurídicos estejam desobrigados de observar a legislação de compras governamentais. Sempre que se discute a criação de novas alternativas jurídicas e gerenciais para se organizar a administração pública brasileira, a primeira vítima é sempre a legislação de compras. Foi assim com o modelo das organizações sociais, agências executivas e organizações da sociedade civil de interesse público (Oscips), todos novos formatos de gestão buscando alternativas ou atalhos à fiel e integral observância da Lei nº 8.666/93. É curioso notar que, em todo projeto de modernização ou reforma administrativa, o mote é sempre flexibilizar e criar alternativas, não raro de legalidade duvidosa, para a legislação de compras governamentais.

Um exemplo contundente dessa postura foi a aprovação do Regime Diferenciado de Contratações Públicas (RDC), que altera, flexibiliza ou simplesmente extingue importantes artigos da Lei nº 8.666/93 para facilitar a construção das grandes obras para a Copa do Mundo de Futebol, que o Brasil sediará em 2014, e para as Olimpíadas de 2016 na cidade do Rio de Janeiro.[109] No Brasil, o RDC foi instituído pela Lei nº 12.462, de 5/8/2011, que converteu a Medida Provisória nº 527/11. Por sua importância e grande abrangência, farei alguns comentários mais detalhados sobre a nova legislação.

Primeiramente, cabe apontar alguns avanços proporcionados pela legislação que instituiu o regime diferenciado de contratações públicas, todos aproveitados da legislação que introduziu o pregão na administração pública no Brasil. Os avanços em relação à Lei nº 8.666/93 são os seguintes: a) inversão das fases do processo licitatório, procedendo-se à habilitação apenas depois de apurada a proposta mais vantajosa (art. 12); b) introdução da possibilidade de se criar uma fase de lances, conforme a redação do art. 16 e seguintes; e c) restrição das inúmeras possibilidades de embargo pela introdução da fase recursal única, de acordo com a redação do art. 27.

---

[109] Para utilizar o RDC, essas obras deverão constar da Carteira de Projetos Olímpicos e da Matriz de Responsabilidade da Copa. Ressalte-se que a adoção do RDC não é obrigatória, cabendo aos órgãos responsáveis pela licitação optar pela nova legislação ou pela Lei nº 8.666/93.

Mas, juntamente com as boas técnicas introduzidas, o RDC, ao se afastar do previsto na Lei nº 8.666/93, criou atalhos ou flexibilidades de duvidosa legalidade e difícil operacionalização. Entre as alterações mais complexas e polêmicas, destacam-se: a) o orçamento da licitação elaborado pela administração pública passou a ser sigiloso durante todo o processo, conforme redação do art. 6º, não excluída a possibilidade de acesso dos órgãos de controle; b) introdução da possibilidade de estabelecer remuneração variável vinculada ao desempenho do contratado, como prevê o art. 10 da Lei nº 12.462; e c) no regime de "contratação integrada", a empresa contratada fica responsável pela elaboração dos projetos básico e executivo, como previsto no art. 9º, cabendo à administração pública apenas fornecer um anteprojeto de engenharia (por esse método, a contratada tem a liberdade de buscar as melhores soluções técnicas e econômicas para a obra).

Apesar de nenhum processo real ter ainda se utilizado do RDC, a expectativa é que a operacionalização dessas inovações seja complexa e polêmica, uma vez que estabelece uma informação excessivamente preciosa no processo licitatório, cria artifícios nem sempre objetivos para aferir desempenho e aumentar a remuneração do contratado e, por último, une duas atividades (desenvolver os projetos básico e executivo) que podem se voltar negativamente contra a administração pública, que fica integralmente nas mãos de um único fornecedor.

Todas essas ressalvas são especialmente importantes tendo em vista que os órgãos da administração pública direta e indireta mais envolvidos com os preparativos para a Copa do Mundo são tradicionalmente templos consagrados da corrupção no Brasil, como o Ministério dos Transportes (Dnit, principalmente), Ministério das Cidades, Infraero e Ministério do Turismo.[110]

A recomendação é simples e cristalina: é hora de parar de brigar com a legislação de compras governamentais no Brasil, buscando atalhos, excepcionalidades, novos formatos jurídicos e artifícios legais para não aplicá-la. O ideal seria o permanente aperfeiçoamento da legislação e dos servidores que com ela trabalham. Dessa maneira, os operadores poderiam manipulá-la com destreza, profissionalismo e eficiência, o que traria enormes ganhos para a administração pública brasileira.

---

[110] Especialmente no que diz respeito às grandes obras para a Copa do Mundo de Futebol, em 2014, preocupa o cronograma de execução dos trabalhos, que implica majoração substancial dos orçamentos se os prazos não forem cumpridos, como aliás já está acontecendo. Destaque-se que um dos principais objetivos da Lei nº 12.462/11 é exatamente agilizar o processo licitatório.

Compras governamentais 155

Historicamente, a normatização do processo de compras no Brasil é bastante antiga, e as principais normas legais datam da década de 1920, quando da aprovação da Lei nº 4.536, de 28/1/1922, que cria o Código de Contabilidade Pública, regulamentado pelo Decreto nº 15.783, de 8/12/1922. Nos arts.244 a 246 do decreto em questão, há uma regulamentação do processo de compras governamentais, inclusive com cláusulas de dispensa e do que hoje entendemos por inexigibilidade de licitação. Vejamos:

> Art. 244. Ao empenho de despesa, para aquisição de material ou execução de serviços, deverá preceder contrato, mediante concorrência pública feita na conformidade do disposto no capítulo I do título VII deste regulamento; a) para fornecimentos, embora parcelados, custeados por créditos superiores a 5:000$000; b) para execução de quaisquer obras públicas de valor superior a 10:000$000.

A regulamentação do processo de compras segue com o art. 245, que trata dos contratos continuados; e com o art. 246, que estabelece as modalidades do que hoje entendemos como dispensa e inexigibilidade de licitação.

Na década seguinte, Getúlio Vargas intensifica a implantação do modelo burocrático weberiano no Brasil. A Comissão Permanente de Padronização, instituída em 1931, tinha a seu cargo normatizar várias matérias, como administração de pessoal (1936), execução financeira (legislação de 1940) e compras governamentais (1931).

Mas foi apenas com a edição do Decreto-lei nº 200, de 25/2/1967, que a legislação de compras governamentais foi agrupada em uma única norma legal mais abrangente, algo como uma lei geral da administração pública brasileira. A matéria foi tratada nos arts. 125 a 144 do decreto-lei, com características que merecem algumas considerações.

O art. 125 do mandamento legal em tela determina que apenas a administração direta e as autarquias devem obedecer ao regramento legal para a realização de suas compras, deixando deliberadamente de fora a obrigatoriedade das empresas públicas, sociedades de economia mista e fundações. Como se vê, o escopo de aplicação do decreto-lei é bem menor do que o previsto atualmente pela Constituição de 1988, art. 37, inciso XXI, que determina que a Lei de Licitações seja observada por toda a administração pública. A Lei nº 8.666/93, art. 1º, parágrafo único, é taxativa em determinar que a Lei de Licitações se aplica também, além da administração direta da União, estados, DF e municípios, aos fundos especiais, autarquias e fundações públicas, às empresas públicas, sociedades de economia mista e demais entidades controladas direta ou indiretamente pelos três níveis federativos.

Em contraste com os atuais 31 incisos do art. 24 da Lei nº 8.666/93, que regram as dispensas de licitação, no Decreto-lei nº 200/67 existem apenas nove exceções à regra geral que obriga à observância do procedimento licitatório. Vale destacar que o decreto não distingue entre dispensa e inexigibilidade de licitação, não diferenciando as situações em que a licitação é inviável ou não aplicável daquelas em que esta simplesmente não precisa ser realizada. Assim, pelo art. 126, letra d, do Decreto-lei nº 200, os casos de notória especialização e fornecedores exclusivos são tratados como situações de dispensa de licitação. No Decreto-lei nº 200, art. 127, são mencionadas apenas três modalidades de licitação, posteriormente incorporadas ao Decreto-lei nº 2.300/86 e à Lei nº 8.666/93: a concorrência, a tomada de preços e o convite.

Ressalte-se que, na legislação antiga, as dispensas de licitação em função de valores pequenos (Decreto-lei nº 200/67, art. 126, letra i) eram estabelecidas em razão de valores atrelados ao salário mínimo mensal, o que viabilizava a atualização dos valores a serem observados no enquadramento das modalidades de licitação.[111] Mas a característica que mais chama a atenção está relacionada aos critérios de julgamento, que priorizavam outros aspectos que não apenas os preços dos produtos ou serviços, como equivocadamente se entende e difunde sobre o processo licitatório no Brasil. Vejamos a redação do art. 133 do Decreto-lei nº 200/67:

> Na fixação de critérios para julgamento das licitações levar-se-ão em conta, no interesse do serviço público, *as condições de qualidade, rendimento*, preços, condições de pagamento, prazos e outras pertinentes estabelecidas no edital. Parágrafo único. Será obrigatória a justificação escrita da autoridade competente, sempre que não for escolhida a proposta de menor preço (grifo meu).

Parece-me que a definição dos critérios de julgamento previstos no decreto é mais objetiva, adequada e eficiente, especialmente se comparada ao conceito mais vago de "selecionar a proposta mais vantajosa para a administração pública" atualmente em vigor (Lei nº 8.666/93, art. 3º, *caput*). Na lei atual, a seção IV, que trata do procedimento e do julgamento do processo

---

[111] Atualmente a última fixação de preços para a definição da escolha das modalidades foi estipulada pela Lei nº 9.648/98, desde então os valores estipulados não foram reajustados. Esses valores constam na Lei nº 8.666/93, art. 23, incisos I e II. Hoje, a CF/88 proíbe qualquer vinculação com o salário-mínimo, de acordo com a redação do art. 7º, inciso IV.

licitatório, nada diz sobre a questão da qualidade dos produtos. Em função desses equívocos, difundiu-se erroneamente, inclusive entre os operadores, que a lei atual de compras impõe, necessariamente, a aquisição dos produtos ou serviços de menor preço, prática que tem causado enormes prejuízos para a administração pública brasileira, implicando a aquisição de produtos e serviços de péssima qualidade.

Na análise histórica sequencial da legislação de compras governamentais no Brasil, o Decreto-lei nº 2.300, de 21/11/1986, revogou as normas gerais constantes no Decreto-lei nº 200/67, com algumas características que devem ser ressaltadas. Em relação à legislação anterior, o Decreto-lei nº 2.300/86 já é bem mais extenso, totalizando 90 artigos, com vários parágrafos e incisos, resultando em uma norma geral mais detalhista e pormenorizada.

As cinco modalidades de licitação da legislação atual — concorrência, tomada de preços, convite, concurso e leilão — foram introduzidas no Brasil por esse decreto. O art. 22, que trata das dispensas, tem 13 incisos, estabelecendo pela primeira vez diferenciação entre dispensas e inexigibilidades, que são tratadas no art. 23. A contratação em função de notória especialização (inciso VIII) e a de artistas consagrados pela crítica (inciso IX) ainda eram consideradas situações de dispensa e não de inexigibilidade de licitação, como essas são atualmente enquadradas.

Outra situação de enquadramento de dispensa de licitação que era demasiadamente aberta e leniente estava prevista no art. 22, inciso V, que tornava dispensável a licitação quando fosse de comprovada conveniência administrativa a contratação direta para complementação de obra, serviço ou fornecimento anterior. Como facilmente se constata, a redação do inciso dá margem a uma interpretação muito ampla, que podia implicar contratos de fornecimento excessivamente longos. O mesmo se dava na redação do art. 47, na parte que tratava dos contratos administrativos:

> A duração dos contratos regidos por este decreto-lei ficará adstrita à vigência dos respectivos créditos, exceto quanto aos relativos a projetos ou investimentos incluídos em orçamento plurianual, observado o limite de cinco anos, podendo ser prorrogado se houver interesse da Administração.

As auditorias realizadas pelos órgãos de controle revelam que muitos prejuízos foram causados à administração pública por essa brecha legal que permitia o prolongamento indefinido dos contratos administrativos, favorecendo servidores e fornecedores inescrupulosos. Mas o ponto que pretendo destacar relaciona-se com os critérios de escolha da empresa vencedora.

Já no art. 3º do decreto define-se que a licitação destina-se a selecionar a proposta mais vantajosa para a administração, redação e entendimento que foram adotados integralmente pela Lei nº 8.666/93. Ocorre que a redação do art. 36 do Decreto-lei nº 2.300/86 estabelecia critérios importantes para auxiliar a comissão de licitação na escolha da proposta mais vantajosa:

> no julgamento das propostas, a comissão levará em consideração os seguintes fatores: I — qualidade; II — rendimento; III — preço; IV — prazo; V — outros previstos no Edital ou no Convite. §1º Será obrigatória a justificação escrita da Comissão Julgadora ou do responsável pelo Convite, quando não for escolhida a proposta de menor preço.

A questão do preço, não por acaso, figurava como terceiro critério a ser observado, o que evidencia a importância dos aspectos cruciais da qualidade e do rendimento dos produtos e serviços prestados. Era com base nesses critérios que a comissão de licitação escolhia a proposta mais vantajosa para a administração. A Lei nº 8.666/93 deveria também ter preservado essa redação e esse entendimento, evitando a interpretação nefasta da legislação atual, que induz à confusão entre a proposta mais vantajosa e a proposta de menor preço. Para os atuais operadores da Lei de Compras, inseguros e pouco qualificados, a supressão dos dispositivos relacionados com a qualidade e o rendimento tem causado danos imensos, favorecendo, por uma leitura apressada e equivocada da legislação, a aquisição de produtos e serviços baratos, mas de péssima qualidade.

Uma vez feito este breve histórico da legislação anterior que tratava das compras governamentais, faz-se necessário analisar mais detalhadamente a vasta legislação atual. De início, cabe destacar que farei uma leitura da legislação focada nas modalidades e situações concretas mais comumente enfrentadas pelos operadores — comissões de licitações, pregoeiros, setor de gestão de contrato, almoxarifado, setor financeiro, assessorias jurídicas, órgãos de controle etc. — no dia a dia das repartições públicas. Em função dessas características, não abordarei as modalidades concurso e leilão, utilizadas em situações bem específicas e em menor escala pela grande maioria dos órgãos públicos. Mesmo as modalidades concorrência e tomada de preços são atualmente pouco utilizadas tendo em vista os valores das licitações. Como a utilização da modalidade pregão é vedada a obras de engenharia (Decreto nº 5.450/05, art. 6º),[112] hoje, as modalidades tomada de preços (1.494 processos em 2007) e concorrência (556 processos em 2007) restrin-

---

[112] O pregão não pode ser utilizado ainda no caso de obras de engenharia, mas pode perfeitamente ser aplicado em reforma, pintura e manutenção de edificações públicas.

gem-se quase exclusivamente ao âmbito do Executivo federal, para objetos dessa natureza. Darei ênfase especial à modalidade pregão, não só por esta ter apresentado enorme crescimento nos últimos anos e ainda ter potencial para crescer muito mais (em 2002 foram realizados 420 pregões eletrônicos, ao passo que em 2007 o Executivo federal realizou 35.676 processos de compras por essa modalidade), mas também pelo volume de recursos executados dessa maneira.

Inicialmente, cabe evitar um erro muito comum entre os pregoeiros e comissões de licitações, que confundem equivocadamente a proposta mais vantajosa para a administração (de acordo com a redação do art. 3º da Lei nº 8.666/93) com a proposta de menor preço. Isso, como vimos, em grande medida pela ausência de referências enfáticas aos critérios de qualidade e rendimento, que receberam destaques nos decretos nº 200/67 e nº 2.300/86.

Creio que uma pequena alteração na Lei Geral de Compras Governamentais, introduzindo com mais ênfase esses critérios, poderia contribuir para que a administração pública adquirisse produtos e serviços de melhor qualidade. Ainda que não se altere a legislação, as escolas de governo, os órgãos de controle interno e externo e todas as instituições e atores envolvidos no processo de compras deveriam fazer uma verdadeira cruzada para desfazer de vez a conhecida e maléfica confusão entre a proposta mais vantajosa e a de menor preço. O necessário esclarecimento sobre esse aspecto poderia mitigar a insegurança e o temor das comissões de licitação em desclassificar as propostas que não se enquadram nos critérios de qualidade e rendimento desejados pela administração pública.

No desenrolar do processo licitatório, alguns princípios fundamentais devem nortear o entendimento e as decisões dos atores envolvidos. Certos princípios mais gerais estão claramente estabelecidos na Constituição Federal de 1988 e devem ser observados pela administração pública e por todos os aplicadores, julgadores e intérpretes da vasta legislação brasileira. Os autores não são unânimes em reconhecer que princípios devem ser observados especificamente no processo licitatório, indefinição que se reflete na própria legislação, haja vista que a Lei nº 8.666/93, os decretos nº 3.555/00 e nº 5.450/05 apontam princípios diferentes (mas que se complementam), que devem instruir o comportamento dos atores e instituições envolvidos no processo de compras governamentais.

De qualquer maneira, apesar de entendimentos diferenciados, farei uma listagem das características mais marcantes dos princípios fundamentais que regem o processo licitatório. Chamo a atenção para os princípios do julgamento objetivo e da vinculação ao instrumento convocatório (edital), que são bem específicos e absolutamente importantes nas licitações:

160 — Fundamentos de administração pública brasileira

Princípios das licitações	Descrição sucinta
Legalidade	Princípio constitucional geral da administração pública brasileira, art. 37, *caput*. "Segundo o princípio da legalidade, a administração pública só pode fazer o que a lei permite. No âmbito das relações entre particulares, o princípio aplicável é o da *autonomia da vontade*, que lhes permite fazer tudo o que a lei não proíbe (Di Pietro, 2005:68)." A Lei nº 8.666/93 é especialmente detalhista ao determinar de maneira pormenorizada como o servidor deve se comportar durante todas as fases da licitação. Assim, o trabalho do servidor encarregado da licitação é inteiramente definido em lei, quase não restando margem para atos discricionários, situação em que o servidor tem a autonomia de avaliar a oportunidade e a conveniência para realizar determinado ato administrativo.
Impessoalidade	Princípio constitucional geral da administração pública brasileira, art. 37, *caput*. As regras e leis são universalmente válidas para todos os cidadãos, não se aceitando que a administração pública dê tratamento diferenciado a pessoas ou instituições que se encontrem na mesma situação. Na licitação, nenhuma regalia ou punição aos licitantes pode se pautar pelas preferências pessoais do agente público. Princípio especialmente importante no Brasil, dada a tradição ibérica que tanto incentiva e difunde o jeitinho brasileiro, essencialmente baseado em relações personalistas.
Moralidade	Princípio constitucional geral da administração pública brasileira, art. 37, *caput*. Ao contrário do princípio da legalidade, que enseja claramente um processo administrativo e punição nos casos de não observância, o princípio da moralidade representa algo mais subjetivo e difícil de ser definido ou tipificado. Aqui, mais do que nunca, vale a diferenciação entre licitude e moralidade, uma vez que nem tudo que é legal é moral. "Em resumo, sempre que em matéria administrativa se verificar que o comportamento da administração ou do administrado que com ela se relaciona juridicamente, embora em consonância com a lei, ofende a moral, os bons costumes, as regras de boa administração, os princípios de justiça e de equidade, a ideia comum de honestidade, estará havendo ofensa ao princípio da moralidade administrativa (Di Pietro, 2005:79)."
Igualdade	As regras e leis que estruturam a administração pública são impessoais, gerais e universalistas, implicando tratamento igualitário a todos os cidadãos. No caso específico da licitação, o princípio exige que todos os que dela participem tenham o mesmo tratamento jurídico. Os males que o princípio pretende combater seriam basicamente o favorecimento pessoal e o direcionamento do certame, que quebram frontalmente o tratamento igualitário a ser dispensado a todos os licitantes.
Publicidade	Princípio constitucional geral da administração pública brasileira, art. 37, *caput*. Os atos da administração pública são, em princípio, acessíveis e controláveis por toda a sociedade. No caso específico das compras governamentais, existe a preocupação de dar a mais ampla divulgação para os atos relacionados ao certame. Em função do valor, existe a obrigatoriedade de publicação em diários oficiais e jornais de grande circulação (art. 21). O mesmo reza a redação do art. 3º, §3º: "A licitação não será sigilosa, sendo públicos e acessíveis ao público os atos de seu procedimento, salvo quanto ao conteúdo das propostas, até a respectiva abertura". Os princípios da publicidade e do controle social também se manifestam pelo recorrente chamamento para que o cidadão fiscalize o processo licitatório. Precisamente, na Lei nº 8.666/93, existem seis convocações diretas ao cidadão para que exerça o controle social sobre o procedimento: art. 4º, *caput*; art. 7º, §8º; art. 15, §6º; art. 41, §1º; art. 63; art. 101, *caput*.

Compras governamentais   161

Princípios das licitações	Descrição sucinta
Probidade administrativa	Princípio correlato ao da moralidade, mas com contornos mais definidos e objetivos na legislação brasileira. Os atos administrativos lesivos ao patrimônio público podem ser objetivamente apreciados pelo Judiciário, conforme prevê a Lei nº 8.429, de 2/6/1992, que define claramente os atos de improbidade administrativa. Especificamente no caso da Lei de Licitações, existe uma seção dedicada aos atos lesivos ao interesse público (seção III, Dos crimes e das penas, arts. 89 a 99).
Vinculação ao instrumento convocatório	Regra de ouro do processo licitatório, deve ser observada pelo agente público e pelos licitantes. Conceito consagrado no Judiciário: o edital faz lei entre as partes. Na Lei nº 8.666/93, aparece de maneira enfática, no art. 41: "A Administração não pode descumprir as normas e condições do edital, ao qual se acha estritamente vinculada." Exatamente por isso, o operador do certame (comissão de licitação ou pregoeiros) precisa conhecer e dominar o edital, que deve ser preciso, enxuto, objetivo e sem rebuscamentos, a fim de evitar problemas com os licitantes que podem potencializar recursos administrativos e judiciais.
Julgamento objetivo	A definição do objeto da licitação deve ser a mais clara, precisa e objetiva possível. Essa definição propicia ao agente público responsável pelo certame estabelecer critérios precisos no julgamento das propostas. Naturalmente, as comissões de licitação e os pregoeiros devem ficar mais atentos quando se trata de licitação do tipo melhor técnica ou técnica e preço, que exigem esforços maiores para não deixar dúvidas quanto aos critérios objetivos de julgamento. Na legislação, o princípio aparece em várias passagens, como no art. 40, VII, que determina que o edital deve conter "critério para julgamento, com disposições claras e parâmetros objetivos".
Razoabilidade*	Princípio que busca balizar os atos discricionários da administração pública. De difícil caracterização, por se tratar de um aspecto bastante subjetivo, requer o bom-senso do administrador público, que deve agir com prudência e sensatez. Nos casos concretos, permite uma avaliação pautada pelo bom-senso por parte do Judiciário em relação aos atos realizados pelo agente público.
Competitividade*	Princípio típico e bem específico das aquisições governamentais. O caráter competitivo da licitação é questão sagrada para o operador da legislação. Tanto a Lei nº 8.666/93 quanto todas as outras leis e decretos que tratam das compras governamentais no Brasil são prolixas em ressaltar que o certame deve ser o mais disputado possível. Vejamos alguns exemplos pinçados na legislação: Lei nº 8.666/93, art. 3º, §1º, I: "É vedado aos agentes públicos: admitir, prever, incluir ou tolerar, nos atos de convocação, cláusulas ou condições que comprometam, restrinjam ou frustrem o seu caráter competitivo [...]"; Lei nº 10.520/02, art. 3º, II: "a definição do objeto deverá ser precisa, suficiente e clara, vedadas especificações que, por excessivas, irrelevantes ou desnecessárias, limitem a competição".

Princípios das licitações	Descrição sucinta
Proporcionalidade*	Também um princípio relacionado ao bom-senso e à sensatez. O agente público deve dosar suas atitudes entre as finalidades objetivadas pela administração e os meios a serem empregados para o atingimento dos objetivos. Os princípios da administração pública devem ser integrados em uma atitude ao mesmo tempo equilibrada e proporcional aos problemas, situações fáticas e atitudes que o agente público deve resolver ou enfrentar no seu cotidiano.
Eficiência	Princípio constitucional geral da administração pública brasileira, art. 37, *caput*. Princípio tardiamente incorporado à Carta de 1988 pela EC nº 19, de 4/6/1998. Eficiência é um conceito econômico que articula meios e resultados, destaca a relação custo/benefício de determinada política pública ou ato administrativo, e mais popularmente pode ser traduzida pelo chavão de se fazer mais com menos. Por sua busca incessante por menos burocracia e mais agilidade no processo de compras, mais do que nunca o pregão procura realizar as compras governamentais de maneira rápida e ao menor custo/benefício.

* Princípios acrescentados pelo art. 5º do Decreto nº 5.450, de 31/5/2005. Os demais princípios são comuns aos previstos no art. 3º da Lei nº 8.666, de 21/6/1993.
Obs.: O Decreto nº 3.555, de 8/8/2000, art. 4º, elenca também os princípios correlatos da celeridade, finalidade, justo preço, seletividade e comparação objetiva das propostas.

Esses princípios todos devem balizar a atuação dos operadores dos processos de compras governamentais de maneira integrada e equilibrada, exigindo bom-senso, formação técnica adequada e constante aperfeiçoamento profissional. É exatamente em função dessas exigências cotidianas que seria bem-vinda a criação de uma carreira de compras governamentais, com profissionais de boa formação, para fazer frente aos desafios que os gestores encontram na aplicação rotineira da legislação de compras.

De modo geral, as empresas licitantes contam com pessoal especializado, que domina a legislação de compras. Por sua vez, os órgãos de assessoria jurídica, os tribunais de contas e o Judiciário também dispõem de bons e bem-remunerados profissionais para garantir uma atuação criteriosa e eficiente. Nesse cenário, não deixa de ser esdrúxula a situação em que apenas os próprios executores diretos do orçamento público não contam com estruturas adequadas (leia-se basicamente pessoal qualificado, bem-remunerado e preparado) para processar as compras governamentais.

A Lei de Licitações contempla um conjunto de situações que se caracterizam como grandes exceções e desobrigam o gestor público de realizar o processo licitatório. As dispensas e as inexigibilidades representam duas possibilidades de realização de compras governamentais sem os procedimentos rigorosos estabelecidos pela legislação. Naturalmente, não se deve

Compras governamentais

confundir a simplicidade dos procedimentos típicos das dispensas com a não observância dos princípios que devem pautar todas as compras realizadas pela administração pública.

Como é natural, os dados e a maneira de trabalhar variam muito de órgão para órgão, mas, na média geral, de acordo com as informações disponibilizadas pelo Siafi e pelas instituições de controle, cerca de 50% dos gastos de uma instituição padrão da administração pública federal são executados através de dispensas ou inexigibilidades.

Dessa forma, mesmo em processos mais ágeis e menos burocráticos, a administração deve sempre observar os princípios fundamentais da eficiência, igualdade, definição precisa do objeto, legalidade etc., o que também se aplica ao caso de dispensas e inexigibilidades de licitação. As situações de dispensas de licitação são claramente definidas na legislação:

Art. 24 — Cláusulas de dispensa (31 situações)

Incisos	Situações específicas
I	Para obras e serviços de engenharia até o limite de *R$ 15.000,00*.
II	Para todos os outros serviços e compras que não obras e serviços de engenharia até o limite de *R$ 8.000,00*.
III	*Em caso de guerra ou grave perturbação da ordem.*
IV	*Emergência ou calamidade pública*, nas condições que o texto da lei especifica.
V	Quando a licitação anterior tiver sido *deserta* e esta, justificadamente, não puder ser repetida sem prejuízo para a administração.
VI	Quando a União tiver de *intervir no domínio econômico* para regular preços ou normalizar o abastecimento.
VII	Quando as propostas apresentadas consignarem *preços manifestamente superiores* aos praticados no mercado nacional, ou forem incompatíveis com os fixados pelos órgãos oficiais competentes.
VIII	Para aquisição, por pessoa jurídica de direito público interno, de bens produzidos ou *serviços prestados por órgão ou entidade que integre a Administração Pública* e que tenha sido criado para esse fim específico em data anterior à vigência desta lei.
IX	Quando houver possibilidade de *comprometimento da segurança nacional*.
X	*Para compra ou locação de imóvel destinado ao atendimento das finalidades precípuas da administração*, cujas necessidades de instalação e localização condicionem a sua escolha.
XI	*Na contratação de remanescente de obra, serviço ou fornecimento, em consequência de rescisão contratual*, desde que atendida a ordem de classificação da licitação anterior e aceitas as mesmas condições oferecidas pelo licitante vencedor, inclusive quanto ao preço, devidamente corrigido.
XII	*Nas compras de hortifrutigranjeiros, pão e outros gêneros perecíveis*, no tempo necessário para a realização dos processos licitatórios correspondentes, realizadas diretamente com base no preço do dia.

Art. 24 — Cláusulas de dispensa (31 situações)

Incisos	Situações específicas
XIII	Na contratação de instituição brasileira incumbida regimental ou estatutariamente da pesquisa, do ensino ou do desenvolvimento institucional, ou de instituição dedicada à *recuperação social do preso*.
XIV	Para a aquisição de bens ou serviços nos termos de *acordo internacional específico* aprovado pelo Congresso Nacional, quando as condições ofertadas forem manifestamente vantajosas para o Poder Público.
XV	Para a *aquisição ou restauração de obras de arte e objetos históricos*, de autenticidade certificada, desde que compatíveis ou inerentes às finalidades do órgão ou entidade.
XVI	Para a *impressão dos diários oficiais*, de formulários padronizados de uso da administração, e de edições técnicas oficiais, bem como para prestação de serviços de informática a pessoa jurídica de direito público interno, por órgãos ou entidades que integrem a Administração Pública, criados para esse fim específico.
XVII	Para a aquisição de componentes ou peças de origem nacional ou estrangeira, necessários à manutenção de equipamentos *durante o período de garantia técnica*, junto ao fornecedor original desses equipamentos, quando tal condição de exclusividade for indispensável para a vigência da garantia.
XVIII	*Nas compras ou contratações de serviços para o abastecimento de navios, embarcações, unidades aéreas ou tropas* e seus meios de deslocamento quando em estada eventual de curta duração em portos, aeroportos ou localidades diferentes de suas sedes, por motivo de movimentação operacional ou de adestramento, quando a exiguidade dos prazos legais puder comprometer a normalidade e os propósitos das operações e desde que seu valor não exceda ao limite previsto na alínea "a" do inciso II do art. 23 desta Lei.
XIX	Para as compras de *material de uso pelas Forças Armadas*, com exceção de materiais de uso pessoal e administrativo, quando houver necessidade de manter a *padronização* requerida pela estrutura de apoio logístico dos meios navais, aéreos e terrestres, mediante parecer de comissão instituída por decreto.
XX	*Na contratação de associação de portadores de deficiência física*, sem fins lucrativos e de comprovada idoneidade, por órgãos ou entidades da Administração Pública, para a prestação de serviços ou fornecimento de mão de obra, desde que o preço contratado seja compatível com o praticado no mercado.
XXI	Para a aquisição de bens destinados exclusivamente a pesquisa científica e tecnológica com *recursos concedidos pela Capes, Finep, CNPq* ou outras instituições de fomento à pesquisa credenciadas pelo CNPq para esse fim específico.
XXII	Na contratação de fornecimento ou suprimento de *energia elétrica e gás natural* com concessionário, permissionário ou autorizado, segundo as normas da legislação específica.
XXIII	Na contratação realizada por *empresa pública ou sociedade de economia mista com suas subsidiárias e controladas*, para a aquisição ou alienação de bens, prestação ou obtenção de serviços, desde que o preço contratado seja compatível com o praticado no mercado.
XXIV	Para a celebração de contratos de prestação de serviços com as *organizações sociais*, qualificadas no âmbito das respectivas esferas de governo, para atividades contempladas no contrato de gestão.
XXV	Na contratação realizada por Instituição Científica e Tecnológica (ICT) ou por agência de fomento para a *transferência de tecnologia e para o licenciamento de direito de uso ou de exploração de criação protegida*.

Compras governamentais 165

Art. 24 — Cláusulas de dispensa (31 situações)

Incisos	Situações específicas
XXVI	Na celebração de contrato de programa com ente da Federação ou com entidade de sua administração indireta, para a prestação de serviços públicos de forma associada nos termos do autorizado em contrato de *consórcio público ou em convênio de cooperação*.
XXVII	*Na contratação da coleta, processamento e comercialização de resíduos sólidos urbanos recicláveis ou reutilizáveis*, em áreas com sistema de coleta seletiva de lixo, efetuados por associações ou cooperativas formadas exclusivamente por pessoas físicas de baixa renda reconhecidas pelo poder público como catadores de materiais recicláveis, com o uso de equipamentos compatíveis com as normas técnicas, ambientais e de saúde pública.
XXVIII	Para o fornecimento de bens e serviços, produzidos ou prestados no País, que envolvam, cumulativamente, *alta complexidade tecnológica e defesa nacional*, mediante parecer de comissão especialmente designada pela autoridade máxima do órgão.
XXIX	Na aquisição de bens e contratação de serviços para atender aos contingentes militares das Forças Singulares brasileiras empregadas em *operações de paz no exterior*, necessariamente justificadas quanto ao preço e à escolha do fornecedor ou executante e ratificadas pelo Comandante da Força.
XXX	Na contratação de instituição ou organização, pública ou privada, com ou sem fins lucrativos, para a prestação de serviços de assistência técnica e extensão rural no âmbito do Programa Nacional de Assistência Técnica e Extensão Rural na Agricultura Familiar e na Reforma Agrária, instituído por lei federal [incluído pela Lei nº 12.188, de 2010].
XXXI	Nas contratações visando ao cumprimento do disposto nos arts. 3º, 4º, 5º e 20 da Lei nº 10.973, de 2 de dezembro de 2004, observados os princípios gerais de contratação dela constantes [incluído pela Lei nº 12.349, de 2010]. A Lei nº 10.973/2004 dispõe sobre incentivos à inovação e à pesquisa científica e tecnológica no ambiente produtivo.

Obs.: Ao contrário das inexigibilidades, nas dispensas existe a possibilidade de competição em algumas situações; segundo Di Pietro (2005), as dispensas podem ser divididas em quatro categorias: em função do valor, de situações excepcionais, em razão do objeto e da pessoa jurídica.

Quanto às dispensas previstas na Lei nº 8.666/93, é preciso tecer algumas considerações. Em primeiro lugar, os incisos acima não representam, em alguns casos, o texto exato da legislação, uma vez que se buscou dar uma visão geral da Lei nº 8.666/93, que deve ser consultada para a precisa compreensão das situações previstas nos incisos. Ressalte-se também que novas situações de dispensas têm sido acrescentadas à legislação ao longo dos anos, chegando atualmente aos 31 incisos existentes, o que indica que várias excepcionalidades foram legalmente criadas, como as contratações com organizações sociais e o aumento dos limites de dispensa das agências executivas e consórcios públicos (art. 24, parágrafo único). Assim, as comissões de licitação devem sempre consultar esses novos incisos de dispensa, que constantemente são estabelecidos por leis específicas. Ao gestor público que está executando o orçamento cabe a interpretação literal dos incisos acima, uma vez que somente por via legal é possível acrescentar novas situações de dispensa de licitação.

O inciso XXII merece destaque, uma vez que seria mais lógica a inclusão do fornecimento de energia elétrica na categoria das inexigibilidades, pois em geral só existe um fornecedor em cada município. Dessa maneira, os setores de compras devem tratar o fornecimento de energia elétrica na categoria das dispensas de licitação, evitando uma confusão muito comum nos departamentos de compras.

Abordando outro conjunto de excepcionalidades, cabe ressaltar que na Lei nº 8.666/93 existem três incisos que descrevem situações específicas de inexigibilidade:

Art. 25 — Cláusulas de inexigibilidade (competição inviável)	
Inciso	Situações específicas
I	Para aquisição de materiais, equipamentos, ou gêneros que só possam ser fornecidos por *produtor, empresa ou representante comercial exclusivo*, vedada a preferência de marca, devendo a comprovação de exclusividade ser feita através de atestado fornecido pelo órgão de registro do comércio do local em que se realizaria a licitação ou a obra ou o serviço, pelo Sindicato, Federação ou Confederação Patronal, ou ainda pelas entidades equivalentes.
II	Para a contratação de serviços técnicos enumerados no art. 13 desta Lei, de natureza singular, com *profissionais ou empresas de notória especialização*, vedada a inexigibilidade para serviços de publicidade e divulgação.
III	Para a contratação de profissional de qualquer setor artístico, diretamente ou através de empresário exclusivo, desde que *consagrado pela crítica especializada ou pela opinião pública*.

Como descrito, as situações de inexigibilidade basicamente se resumem a três, cabendo ao gestor a tarefa de fazer o enquadramento correto de cada possibilidade. Como os conceitos de notória especialização e artista consagrado pela crítica ou opinião pública ensejam alguma subjetividade, as comissões de licitação e pregoeiros devem ser bastante parcimoniosos e criteriosos na avaliação dessas possibilidades, evitando problemas futuros com os órgãos de controle interno e externo, além da esfera judicial. Ao contrário das dispensas, em que a realização da licitação é possível e viável, nas inexigibilidades o processo é descartado em função da inviabilidade de competição.

Uma vez tratadas as situações de dispensas e inexigibilidades, farei agora um breve inventário das três modalidades de licitação mais utilizadas pela administração pública, ressaltando que o enquadramento em cada uma delas obedece, prioritariamente, aos valores envolvidos nas compras governamentais.

Compras governamentais

Concorrência	
Publicidade*	45 dias quando for regime de empreitada integral[113] ou do tipo "melhor técnica" ou "técnica e preço", e 30 dias quando for do tipo "menor preço".[114] Publicação obrigatória, pelo menos uma vez, no DOU e jornal diário de grande circulação no estado e também, se houver, em jornal de grande circulação no município ou na região onde será realizada a obra ou prestação de serviço.
Valores	Acima de R$ 650.000,00. Para obras de engenharia, acima de R$ 1.500.000,00
No processos em 2007	556
Volume de gastos em 2007	R$ 3.991.932.604,22
Valor médio de cada processo	R$ 7.179.734,89
Aptos a participar	Quaisquer interessados
Obs.:	Modalidade obrigatória na compra ou alienação de imóveis; concessão de direito real de uso e licitações internacionais (art. 23, §3º)

* Prazo estipulado entre a publicação do edital e a abertura das propostas em sessão pública.

Tomada de preços	
Publicidade	30 dias quando for do tipo "melhor técnica" ou "técnica e preço"; e 15 dias quando for do tipo "menor preço". Publicação obrigatória, pelo menos uma vez, no DOU e jornal diário de grande circulação no estado e também, se houver, em jornal de grande circulação no município ou na região onde será realizada a obra ou prestação de serviço.
Valores	Até R$ 650.00,00. Para obras e serviços de engenharia, até R$ 1.500.000,00
No processos em 2007	1.494
Volume de gastos em 2007	R$ 455.469.005,93
Valor médio de cada processo	R$ 304.865,46
Aptos a participar	Interessados devidamente cadastrados, ou que atenderem a todas as condições exigidas para cadastramento até o terceiro dia anterior à data do recebimento das propostas.
Obs.:	Apesar de o prazo de publicação ser maior do que na modalidade convite, a tomada de preços tem uma importante vantagem: a comissão de licitação pode adjudicar o objeto mesmo que apenas uma proposta seja válida.

---

[113] Como determina o art. 10, incisos I e II, as obras e serviços podem ser exxecutados de duas maneiras: direta ou indireta. A última pode ser realizada através dos seguintes *regimes*: empreitada por preço unitário, tarefa e empreitada integral.

[114] De acordo com o art. 45, §10, existem quatro *tipos* de licitação: menor preço, melhor técnica, técnica e preço e, finalmente, maior lance ou oferta, para casos de alienação de bens ou concessão de direito real de uso.

Convite	
Publicidade	Cinco dias *úteis*, com afixação do edital em local apropriado.[115]
Valores	Até R$ 80.000,00. Para obras e serviços de engenharia, até R$ 150.000,00
Nº processos em 2007	8.177
Volume de gastos em 2007	R$ 232.850.024,31
Valor médio de cada processo	R$ 28.476,21
Aptos a participar	Todos os interessados do ramo pertinente ao seu objeto, cadastrados ou não, escolhidos e convidados em número mínimo de três. Podem também participar os licitantes que manifestem seu interesse com antecedência de até 24 horas da apresentação das propostas.[116]
Obs.:	No caso das tomadas de preços, e especialmente na modalidade convite, o gestor deve ficar atento à muito visada questão do fracionamento das despesas, proibida pelo art. 23, §5º: é vedada a utilização da modalidade "convite" ou "tomada de preços", conforme o caso, para parcelas de uma mesma obra ou serviço, ou ainda para obras e serviços da mesma natureza e no mesmo local que possam ser realizadas conjunta e concomitantemente, sempre que o somatório de seus valores caracterizar o caso de "tomada de preços" ou "concorrência", respectivamente, nos termos deste artigo, exceto para as parcelas de natureza específica que possam ser executadas por pessoas ou empresas de especialidade diversa daquela do executor da obra ou serviço.

Antes de analisar mais detalhadamente as inovações introduzidas pela nova modalidade de licitação denominada pregão, farei algumas considerações práticas úteis aos operadores da Lei de Compras Governamentais no Brasil. Primeiro, o procedimento de compra, por envolver um grande número de atores, deve ser planejado com muita minúcia. Todos que trabalham na administração pública brasileira, em seus vários níveis e poderes, sabem das deficiências observáveis no planejamento governamental. No capítulo 4, veremos que o processo de compras é intensamente prejudicado pelas deficiências e dificuldades encontradas na execução orçamentária ao longo do exercício fiscal. Destacam-se especialmente os problemas advindos da concentração das compras governamentais apenas nos últimos meses do ano, que em muito prejudicam a administração pública.

---

[115] Na prática os editais são fixados nas entradas ou halls dos orgãos que realizam os convites. No caso da União o próprio sistema de publicação (módulo Sidec do Siasg) obriga também a publicação do convite no *Diário Oficial da União* (*DOU*). Atualmente, no Executivo federal, nenhuma modalidade de licitação é aberta sem publicação no *DOU* e no Comprasnet.

[116] É entendimento pácifico dos tribunais de contas que, para ser válido, o convite tem de contar pelo menos três propostas válidas, salvo quando houver limitação do mercado ou manifesto desinteresse dos convidados, tudo devidamente comprovado e justificado dentro do processo (art. 22, §7º).

Compras governamentais 169

De qualquer maneira, as comissões de licitações e pregoeiros devem procurar minimizar os efeitos dessa sazonalidade. Na medida do possível, os trabalhos devem ser iniciados mesmo antes da liberação orçamentária, em especial a definição precisa do objeto (art. 7º, I, e art. 40, I) e o orçamento detalhado (art. 40, §2º, II), que podem ser agilizados apenas com a expectativa de que o processo será realizado.

No cotidiano da administração pública brasileira, pelo menos três grandes problemas são enfrentados pelas comissões de licitações e pregoeiros na elaboração dos processos de compras: a) a justificativa das aquisições; b) a definição precisa, clara e objetiva do produto ou serviço que a administração pretende comprar e, por fim; c) o levantamento de preços.

A justificativa é realizada pelo setor que demanda os produtos ou serviços, devendo ser clara, precisa e convincente, pois a administração não deve adquirir de maneira aleatória ou sem critérios razoáveis no que respeita à quantificação do objeto da licitação. Como os recursos são, por definição, escassos e pertencem a toda a coletividade, a administração pública não deve adquirir produtos ou serviços desnecessários. Entre outros princípios não menos importantes nessa situação específica, o administrador precisa observar muito bem o princípio da eficiência, evitando o desperdício e gastos desnecessários. Desse modo, a justificativa deve estar em perfeita sintonia com a necessidade da instituição e objetivamente amparada na quantificação precisa do objeto da licitação.

Nessa fase inicial do processo, o gestor deve ser cauteloso e preciso, e recorrer aos instrumentos tradicionais para quantificar o objeto da licitação: verificar a real demanda pelo produto ou serviço, considerando novas situações, como a contratação ou a redução do quadro de servidores ou das atividades da instituição; estudar o consumo anterior dos produtos para um período de tempo definido; pedir projeções de consumo ao almoxarifado, entre outros procedimentos complementares.

Quando o planejamento da compra é bem-executado, são evitados alguns problemas: a) se a demanda for subdimensionada, corre-se o risco de precisar realizar nova licitação em curto espaço de tempo, o que implica novos custos e dispêndio de mão de obra; b) determinados produtos tornam-se rapidamente obsoletos, como computadores, exigindo um planejamento adequado para evitar compras ineficientes; c) como atualmente as empresas buscam trabalhar mantendo os menores estoques possíveis, também a administração pública deve perseguir esse objetivo, dando atenção especial aos prazos de validade dos produtos, que variam bastante.

Por falhas nessa fase, é comum observarmos, por exemplo, remédios e vacinas desperdiçados por não utilização nos prazos previstos, o que causa enormes prejuízos à administração e à sociedade. Como já disse, o processo de compras é muito interligado internamente (envolve vários setores dentro das instituições) e externamente (é enorme o número de fornecedores do setor estatal), abrangendo atores distintos e exigindo um planejamento cauteloso e eficiente por parte da administração pública.

Provavelmente, o elemento crucial para o sucesso de um processo licitatório está diretamente relacionado com a clara e precisa definição do objeto. Essa questão pode ser assim colocada: a administração deve adquirir os produtos e serviços de que precisa e não os que os licitantes querem fornecer. Por mais incrível que pareça, não raro nos deparamos com situações em que a administração se vê obrigada, naturalmente por falhas no procedimento licitatório, a comprar produtos que não atendem às suas necessidades de maneira eficiente. Apenas a definição precisa do objeto pode evitar problemas dessa natureza.

Na crucial tarefa de especificar detalhadamente produtos e serviços de maneira objetiva, as comissões de licitações devem consultar manuais de fabricantes, páginas institucionais de órgãos especializados como o Inmetro, empresas do ramo etc. Especialmente quando o objeto é muito técnico e específico, os departamentos e especialistas devem detalhar com exatidão o que precisa ser comprado, para evitar problemas ao longo do processo licitatório. Em alguns sites de compras governamentais especializados, como o próprio Comprasnet, existe um esforço de especificação dos produtos mais adquiridos, como veículos, material de informática, medicamentos etc. Esse esforço de especificação dos produtos mais adquiridos pode facilitar sobremaneira o trabalho dos compradores governamentais, que muitas vezes encontram dificuldades enormes para especificar objetos mais complexos, causando prejuízos para a administração pública.

Como já disse, a proposta mais vantajosa para a administração nem sempre é a de menor preço, e apenas uma boa especificação do objeto é capaz de garantir a exclusão de produtos ou serviços que não atendam às necessidades dos órgãos. Inequivocamente, o melhor filtro ou blindagem para se evitar que a administração pública adquira produtos ou serviços de péssima qualidade é a adequada e precisa especificação do objeto. Esse aspecto deve ser trabalhado e discutido à exaustão com os servidores encarregados dos setores de compras, a fim de romper de vez com a cultura da compra pelos menores preços. A questão da qualidade, do rendimento e das garantias dos produtos e serviços deve ser sempre destacada nesse contexto, para que os compradores governamentais tenham a segurança de estar realizando efetivamente o melhor negócio para a administração pública.

A especificação clara e precisa do objeto da licitação deve ser combinada à elaboração de um edital enxuto, internamente integrado e bem-articulado.

Deve-se, portanto, evitar aqueles editais prolixos, repletos de repetições infindáveis da legislação e excessivamente burocráticos. Especialmente quando se tratar de objetos menos complexos e valores menores, a convocação dos licitantes deve caracterizar-se pela clareza e concisão, até mesmo para evitar situações antagônicas e dúbias, que dificultam o trabalho das comissões de licitação e facilitam os questionamentos de má-fé dos licitantes. Nesse aspecto, é importante ressaltar que a consulta aos editais de outros órgãos é útil e pedagógica, mas o comprador oficial deve trabalhar com um edital que ele pensou e elaborou. Essa atitude traz segurança ao pregoeiro, que irá operar com um instrumento convocatório que domina com competência.

Outro trabalho também muito importante e que deve ser criteriosamente realizado pelas comissões ou pregoeiros é o levantamento de preços. As dificuldades surgem logo de início, uma vez que os fornecedores sabem que a administração vai licitar determinado objeto e está solicitando um orçamento apenas para fazer o levantamento de preços que deve integrar e instruir o processo de compras. Sabendo que se trata apenas de uma cotação, as empresas geralmente se negam a perder tempo elaborando planilhas de orçamento para a administração pública, tão fundamentais para a boa instrução do processo licitatório.

Como os parâmetros de preços atualmente disponíveis no Comprasnet não são confiáveis e adequados, necessitando ainda de muito aprimoramento, os compradores governamentais devem consultar sites especializados em comércio digital, jornais, revistas, publicações técnicas etc. O estabelecimento de um preço de referência confiável e bem-elaborado dá aos compradores oficiais segurança no momento de negociar com os fornecedores e adjudicar o objeto da licitação. Na ausência de um detalhamento orçamentário confiável, os compradores oficiais ficam sem referências exatas para julgar as propostas com segurança. Como na grande maioria das vezes o preço de referência coincide com o valor máximo que a administração pretende pagar por determinado produto ou serviço, seu cálculo deve ser o mais preciso possível.[117] Os valores dos gastos e contratos em execução pelos órgãos que estão realizando as licitações naturalmente constituem também uma boa referência no momento de fazer o levantamento dos preços.

Do ponto de vista legal e prático, outro procedimento bastante útil para os compradores governamentais seria consultar editais elaborados por outros órgãos, sobretudo instituições mais profissionais e eficientes da adminis-

---

[117] O art. 40, inciso X, da Lei nº 8.666/93 permite à administração a fixação de preços máximos e veda a fixação de preços mínimos. Já o art. 46, §1º, torna a fixação de preços obrigatória quando se tratar de licitação do tipo melhor técnica.

tração pública, como Ministério da Fazenda, Banco Central do Brasil, Ministério do Planejamento, Ministério das Relações Exteriores etc. Especialmente útil nesse aspecto seria a consulta dos editais de órgãos de controle, como a Controladoria-Geral da União (controle interno do Executivo federal) e o Tribunal de Contas da União (controle externo), que podem dar uma boa ideia de como elaborar editais e contratos. Nada garante que os editais desses órgãos não apresentem incorreções ou ilegalidades (essa atitude também não ilide a responsabilidade dos membros das comissões de licitação), mas sem dúvida representam um bom referencial para as demais instituições.

Outra etapa também importante do processo de compras governamentais é o recebimento dos produtos ou serviços prestados à administração pública. Ainda que essa fase não esteja diretamente relacionada com as atribuições das comissões de licitação, é crucial para o desfecho bem-sucedido de todo o processo. Quando se tratar de produtos, o almoxarifado deve conferir criteriosamente os empenhos, as notas fiscais, os prazos de validade e as especificações dos bens entregues. Não raro, muitos licitantes ganham os certames e posteriormente pretendem entregar produtos similares sob o argumento de que têm as mesmas qualidades, rendimentos etc., tentando ludibriar a administração pública. Deve-se dar atenção redobrada à questão da validade dos produtos, especialmente os que se deterioram mais rapidamente. Estes são detalhes pequenos, mas que devem ser observados criteriosamente para não anular todo um trabalho que foi bem-realizado nas fases anteriores e para proteger a administração pública dos maus fornecedores. Assim, ao final do procedimento de compras, um almoxarife relapso pode anular o trabalho benfeito dos diversos servidores e órgãos pelos quais passou o processo.

Na situação específica dos contratos, a legislação determina que deve ser nomeado um fiscal ou gestor para acompanhá-los (art. 67 da Lei nº 8.666/93). Com o intenso processo de terceirização que a administração pública brasileira enfrentou nas últimas décadas, aumentou exponencialmente o volume de contratos a serem gerenciados e fiscalizados. Ocorre que o aumento do número de contratos não foi acompanhado pelo aparelhamento das estruturas administrativas, pela qualificação e capacitação de servidores e pelo desenvolvimento da expertise necessária para gerenciá-los. Essa assincronia tem causado enormes danos à administração pública, que não se preparou adequadamente para cobrar e fiscalizar os serviços contratados mediante procedimentos licitatórios.

Atualmente pouquíssimos órgãos dispõem de uma estrutura administrativa minimamente organizada e qualificada para gerenciar contratos. Sabedores dessa deficiência da administração pública, licitantes inescrupulosos ganham os certames prometendo determinado nível de qualidade e eficiência e depois prestam serviços precários e de maneira fraudulenta. No momento da disputa por lances, o licitante dá um preço muito baixo para inviabilizar a proposta dos demais concorrentes. Num segundo momento, apostando na incapacidade de fiscalização da administração pública, o licitante vencedor tenta executar o contrato fornecendo produtos inferiores (basta observar a baixa qualidade dos produtos de limpeza e higiene utilizados pelas empresas terceirizadas de conservação, por exemplo) ou deixando de prestar o serviço tal como programado (o edital prevê, por exemplo, a compactação de uma rodovia com 20 passagens de um rolo compressor e o licitante faz apenas 15).

Como o processo de compras governamentais é algo que vai muito além da homologação do certame pela autoridade competente, um esforço urgente se faz necessário para desenvolver no âmbito da administração pública a expertise necessária ao acompanhamento e à fiscalização dos contratos administrativos, atualmente um grande foco de fraudes e corrupção de gestores e licitantes inescrupulosos.[118]

Dessa maneira, pelas falhas encontradas no momento da fiscalização e pelo próprio aperfeiçoamento da legislação de compras, como no caso emblemático do pregão eletrônico, percebe-se que as tentativas de fraude contra a administração pública deslocaram-se do momento do certame propriamente dito para uma etapa posterior: a da entrega dos produtos ou da execução dos contratos administrativos.

Uma vez constatadas essas deficiências, seria desejável que a criação de uma carreira de compras governamentais contemplasse pelo menos duas grandes áreas de interesse e qualificação: as compras propriamente ditas e a fiscalização dos contratos administrativos, área muito visada por fornecedores inescrupulosos. Assim, é crucial que a administração pública brasileira fique atenta e se instrumentalize para enfrentar esse novo desafio, potencializado pelo próprio sucesso do pregão. Como a nova modalidade de licitação dificultou sobremaneira a possibilidade de fraudes no momento da licitação, a ação fraudulenta de licitantes desonestos e servidores corruptos deslocou-se para a etapa da execução dos contratos administrativos. Em função dessa nova realidade, a administração pública deve redobrar a atenção e aparelhar-se melhor para acompanhar e fiscalizar os contratos administrativos, multiplicados pelo processo de terceirização.

Cabe ressaltar que recentemente a legislação brasileira sobre compras governamentais sofreu modificações importantes em função da edição da

---

[118] Não por acaso os escândalos conhecidos como mensalões do PT, PSDB e DEM têm em comum o fato de envolverem empresas prestadoras de serviços para a administração pública.

Lei Complementar nº 123, de 14/12/2006, que instituiu o Estatuto Nacional da Microempresa e da Empresa de Pequeno Porte.[119] Os arts. 42 a 49, que disciplinam o relacionamento das micro e pequenas empresas no mercado das aquisições governamentais, dedicam a elas um tratamento diferenciado e simplificado. No âmbito federal, o Decreto nº 6.204, de 5/9/2007, regulamentou a matéria, tornando operacional a aplicação da legislação. O tratamento diferenciado para as micro e pequenas empresas apresenta basicamente duas modalidades de incentivos: a) a simplificação da comprovação da documentação relativa à habilitação; e b) a criação de um critério peculiar de desempate entre os licitantes, dando preferência de contratação às micro e pequenas empresas.

A primeira grande alteração referente à habilitação é inovadora, de acordo com a redação do art. 4º:

> A comprovação de regularidade fiscal das microempresas e empresas de pequeno porte somente será exigida para efeito de contratação, e não como condição para participação na licitação.

No caso específico do pregão, a alteração não muda muita coisa no momento da sessão pública, pois nessa modalidade só se exige a habilitação do licitante vencedor. Mas, nas demais modalidades, a mudança é muito grande, considerando-se que a verificação da documentação é um dos primeiros atos administrativos da fase pública da licitação. Dessa forma, quando o licitante micro ou pequeno empresário for declarado vencedor do certame, caso sua documentação esteja vencida, ele terá até dois dias úteis, prorrogáveis, para regularizar toda a documentação relativa a sua habilitação (art. 4º, §1º).

Além das facilidades quanto à habilitação, outro incentivo ainda mais poderoso é a figura inovadora do empate, criada pelo art. 5º do Decreto nº 6.204/07:

> Nas licitações do tipo menor preço, será assegurada, como critério de desempate, preferência de contratação para as microempresas e empresas de pequeno porte. §1º Entende-se por empate aquelas situações em que as ofertas apresentadas pelas microempresas e empresas de pequeno porte sejam iguais ou até dez por cento superiores ao menor preço. §2º Na modalidade de Pregão, o intervalo

---

[119] Na definição de seu art. 3º, considera-se microempresa a que obteve em um ano-calendário receita bruta de até R$ 240 mil. No caso das empresas de pequeno porte, a receita bruta deve variar entre R$ 240 mil e R$ 2,4 milhões no ano-calendário.

percentual estabelecido no §1º será de *até cinco por cento superior ao menor preço* [grifo meu].

Dessa forma, as empresas beneficiadas pela legislação ainda têm uma última oportunidade para contratar com a administração pública. Como o pregão é sempre uma licitação do tipo menor preço, esse instrumento se aplica integralmente à grande maioria das licitações do Executivo federal, como veremos adiante. O site de compras governamentais do Executivo federal já está totalmente adaptado eletronicamente para aplicar os benefícios da legislação. Assim, para atender ao disposto no art. 5º, §6º do decreto, o sistema convoca automaticamente as empresas beneficiadas para que, dentro do prazo de cinco minutos, apresentem novos lances inferiores aos apresentados por empresas que não sejam micro ou pequenas.

O Decreto nº 6.204/07 ainda prevê outros incentivos, como a realização de licitações destinadas exclusivamente às micro e pequenas empresas até o valor de R$ 80 mil (art. 6º) e a possibilidade de estabelecimento, nos instrumentos convocatórios, da exigência de subcontratação de micro e pequenas empresas, de acordo com os percentuais estabelecidos no art. 7º.

Pelos instrumentos descritos, constata-se que a concessão de vários tipos de benefícios às micro e pequenas empresas causou forte impacto na legislação relativa a compras governamentais. Em alguma medida, o legislador entendeu que os princípios da igualdade e da isonomia no tratamento dos licitantes deveria ser relativizado para beneficiar os micro e pequenos empresários, reforçando a ideia de que a leitura e o entendimento da legislação não devem ser rígidos e inflexíveis.

Finalmente, antes de passarmos à modalidade pregão, vejamos o Sistema de Registro de Preços (SRP), introduzido no Executivo federal pelo Decreto nº 2.743, de 21/8/1998, e posteriormente revogado pelo Decreto nº 3.931, de 19/9/2001. Ao contrário do que se costuma pensar, é uma antiga preocupação da legislação de compras governamentais utilizar o SRP, introduzido pela primeira vez na legislação brasileira pelo Decreto nº 2.300, de 21/11/1986, art. 14, inciso II, que estabelecia que as compras governamentais, sempre que possível e conveniente, seriam processadas através desse sistema. Redação de igual teor foi transportada para a atual Lei Geral de Compras Governamentais, em seu art. 15, inciso II. No entanto, apenas em 1998 o sistema de registro de preços foi regulamentado no âmbito do Executivo federal.

Os objetivos almejados pelo SRP são vários: a) formar um banco de dados e preços para a administração pública, a fim de viabilizar a realização de compras futuras; b) ganhar em economia de escala, uma vez que vários órgãos podem aderir ao mesmo processo de compras; c) amenizar os efeitos da sazonalidade da execução do orçamento sobre os processos de compras governamentais, especialmente considerando a possibilidade de se iniciar o processo sem dotação orçamentária garantida (quando os recursos forem liberados ao final do exercício todo o procedimento já estará concluído); d) maximizar a estrutura administrativa, pois, se os processos não tiverem de ser realizados repetidamente, isso implicará economia de recursos humanos, despesas de publicação etc.; e e) reduzir os estoques e os recursos financeiros imobilizados, buscando sintonia com práticas consagradas na iniciativa privada.

Apesar das vantagens evidentes, o sistema de registro de preços tem enfrentado dificuldades culturais e operacionais para ser adotado em larga escala pela administração pública brasileira. Mesmo diante da realidade da burocracia pública brasileira, a legislação não tornou o SRP obrigatório para as compras do Executivo federal. Pela legislação atual, sua utilização é apenas preferencial, conforme reza o art. 2º do decreto.[120] Assim, a adoção ou não do sistema de registro de preços é ato discricionário da autoridade competente, que agirá fundamentalmente em função de sua estrutura administrativa e dos objetivos institucionais do órgão que gerencia.

A administração pública brasileira é culturalmente muito segmentada e compartimentada, com as instituições trabalhando de maneira independente e autônoma. Por outro lado, para ser bem-sucedido, o SRP precisa de uma maior integração e interligação entre as instituições. Como esperado, pela excessiva fragmentação e compartimentação, o ambiente cultural predominante nos órgãos governamentais tem dificultado uma maior difusão e utilização do SRP. Pela legislação vigente, o órgão gerenciador, que realiza o procedimento licitatório, assume praticamente todas as responsabilidades jurídicas inerentes ao processo, ficando também responsável pelo trabalho operacional de realizar licitações para outros órgãos. Como existe uma ca-

---

[120] A licitação por sistema de registro de preços deve sempre ser realizada nas modalidades de concorrência ou pregão, obedecendo as indicações da legislação. Decreto nº 3.931/01, art. 2º: "Será adotado, preferencialmente, o SRP nas seguintes hipóteses: I — quando, pelas características do bem ou serviço, houver necessidade de contratações frequentes; II — quando for mais conveniente a aquisição de bens com previsão de entregas parceladas ou contratação de serviços necessários à Administração para o desempenho de suas atribuições; III — quando for conveniente a aquisição de bens ou a contratação de serviços para atendimento de mais de um órgão ou entidade, ou de programas de governo; e IV — quando, pela natureza do objeto, não for possível definir previamente o quantitativo a ser demandado pela Administração. Parágrafo único. Poderá ser realizado registro de preços para contratação de bens e serviços de informática, obedecida a legislação vigente, desde que devidamente justificada e caracterizada a vantagem econômica".

rência muito evidente de pessoal nas instituições públicas, nenhum órgão quer assumir "desnecessariamente" um conjunto de atividades inerentes ao procedimento licitatório, limitação que tem dificultado a implantação mais sistemática do SRP.[121]

Depois de analisadas algumas das questões mais importantes relacionadas à legislação de compras governamentais em seus aspectos teóricos e práticos, passemos às inovações introduzidas pelo pregão eletrônico, modalidade que revolucionou as compras governamentais no Brasil.

Pregão eletrônico

A atual legislação de compras governamentais, que vem recentemente passando por intenso processo de modernização, tem-se aperfeiçoado satisfatoriamente, sendo injustamente responsabilizada pelos fracassos e desencontros da administração pública brasileira. Tal aperfeiçoamento é observável na utilização de uma nova modalidade de licitação: o pregão eletrônico, instituído pela Lei nº 10.520, de 17/7/2002, e tornado obrigatório nas compras do governo federal pelo Decreto nº 5.450, de 31/5/2005.

A modalidade pregão foi prevista pela primeira vez na administração pública brasileira nos arts. 54 a 58 da Lei nº 9.472, de 16/7/1997, que criou

---

[121] De acordo com art. 3º, §2º: "Caberá ao órgão gerenciador a prática de todos os atos de controle e administração do SRP, e ainda o seguinte: I — convidar, mediante correspondência eletrônica ou outro meio eficaz, os órgãos e entidades para participarem do registro de preços; II — consolidar todas as informações relativas à estimativa individual e total de consumo, promovendo a adequação dos respectivos projetos básicos encaminhados para atender aos requisitos de padronização e racionalização; III — promover todos os atos necessários à instrução processual para a realização do procedimento licitatório pertinente, inclusive a documentação das justificativas nos casos em que a restrição à competição for admissível pela lei; IV — realizar a necessária pesquisa de mercado com vistas à identificação dos valores a serem licitados; V — confirmar junto aos órgãos participantes a sua concordância com o objeto a ser licitado, inclusive quanto aos quantitativos e projeto básico; VI — realizar todo o procedimento licitatório, bem como os atos dele decorrentes, tais como a assinatura da Ata e o encaminhamento de sua cópia aos demais órgãos participantes; VII — gerenciar a Ata de Registro de Preços, providenciando a indicação, sempre que solicitado, dos fornecedores, para atendimento às necessidades da Administração, obedecendo à ordem de classificação e aos quantitativos de contratação definidos pelos participantes da Ata; VIII — conduzir os procedimentos relativos a eventuais renegociações dos preços registrados e a aplicação de penalidades por descumprimento do pactuado na Ata de Registro de Preços; e IX — realizar, quando necessário, prévia reunião com licitantes, visando informá-los das peculiaridades do SRP e coordenar, com os órgãos participantes, a qualificação mínima dos respectivos gestores indicados".

a Agência Nacional de Telecomunicações (Anatel). Na legislação federal, o pregão foi instituído preliminarmente pela Medida Provisória nº 2.026, de 4/5/2000, sendo posteriormente regulamentado pelo Decreto nº 3.555, de 8/8/2000, até ser definitivamente convertido na citada Lei nº 10.520.

Desde a introdução dessa inovadora legislação no marco legal brasileiro, observou-se o crescimento vertiginoso de sua utilização, em detrimento das modalidades mais tradicionais. Atualmente, o pregão ocupa, no Executivo federal, lugar de destaque entre as modalidades mais utilizadas, sendo responsável por 78,62% (pregões eletrônico e presencial) das licitações realizadas. O crescimento vertiginoso do pregão eletrônico, tanto em valores licitados quanto em número de licitações realizadas, é evidenciado pelos dados da tabela 30:

Tabela 30. Compras governamentais, 2002 e 2007

Modalidade de compra	Processos 2002	Volume de gastos 2002 (R$)	Processos 2007	Volume de gastos 2007 (R$)
Concorrência	1.015	3.613.707.611,74	556	3.991.932.604,22
Concorrência internacional	83	795.362.256.02	70	244.610.544,55
Convite	13.744	402.521.799,10	8.177	232.850.024,31
Tomada de preços	3.135	578.552.737,37	1.494	455.469.005,93
Concurso	3	107.500,00	6	1.353.999,99
Pregão eletrônico	420	61.914.372,76	35.676	16.501.774.594,22
Pregão presencial	4.290	2.050.851.919,12	2.223	2.345.170.858,11
Totais	**22.690**	**7.503.018.198,09**	**48.202**	**23.773.161.631,33**

Fonte: Secretaria de Logística e Tecnologia da Informação (2007).
Obs.: Excluídas as dispensas, inexigibilidades, tomadas de preços e concorrências por técnica e preço.

Como se pode ver facilmente, a modalidade pregão é atualmente a mais utilizada no âmbito da administração pública federal, tendo potencial para crescer ainda mais nos próximos exercícios financeiros. A expectativa é de que as outras modalidades sejam utilizadas apenas em situações em que o pregão não se aplique, como nas obras de engenharia.[122] Somente um conjunto muito grande de vantagens e inovações eficientes explica o crescimento tão rápido dessa nova modalidade de licitação, especialmente considerando-se a cultura imobilista da administração pública brasileira e a inércia natural potencializada pelo próprio gigantismo das organizações estatais.[123]

---

[122] Já existe inclusive um projeto de lei no Congresso Nacional estendendo a modalidade pregão também a obras e serviços de engenharia.
[123] Alguns números relativos ao Siasg são contundentes: em abril de 2009, havia 316.761 fornecedores cadastrados (58.483 pessoas físicas, 99.460 microempresas, 71.888 pequenas em-

Compras governamentais 179

Entre as principais inovações da modalidade pregão, algumas necessitam de melhor qualificação: a) inversão das fases de habilitação e propostas; b) possibilidade de apresentar novos lances durante o certame; c) maior dificuldade para que o licitante apresente recursos administrativos a fim de procrastinar desnecessariamente o processo; d) aumento considerável da transparência, pelo intenso uso da tecnologia da informação; e e) celeridade do procedimento.

Rapidamente, passemos a essas inovações. A primeira fase da sessão pública das outras modalidades é exatamente a verificação da habilitação dos licitantes (Lei nº 8.666/93, art. 43, I). Já no pregão, o procedimento muda radicalmente, conforme determina o art. 25 do Decreto nº 5.450/05:

> Encerrada a etapa de lances, o pregoeiro examinará a proposta classificada em primeiro lugar quanto à compatibilidade do preço em relação ao estimado para contratação e verificará a habilitação do licitante conforme disposições do edital.

É incrível como essa simples alteração da ordem dos procedimentos trouxe impactos tão positivos para a administração pública. A inversão das fases é importante porque inibe a enorme batalha que existia entre os licitantes para impedir a participação dos demais concorrentes.[124] De modo geral, os licitantes ficavam procurando pequenas e insignificantes falhas formais ou problemas na habilitação dos concorrentes, o que resultava em atrasos e postergações enormes, tumultuando o certame. Agora, como só se verifica a documentação do licitante vencedor, inúmeros recursos administrativos são coibidos, desburocratizando e trazendo agilidade ao processo de compras governamentais.

Como já visto, a introdução da Lei Complementar nº 123, de 14/12/2006, que versa sobre o tratamento favorecido às micro e pequenas empresas, simplificou ainda mais a etapa de habilitação dos fornecedores, agilizando uma fase excessivamente burocrática do processo de compras governamentais. Também a fase de habilitação está hoje totalmente contida no Comprasnet,

---

presas e 86.930 médias e grandes empresas). No exercício de 2008, foram publicados 63.299 processos licitatórios no Comprasnet, que chega a realizar, nos períodos de pico, mais de 2,2 milhões de transações por dia.

[124] Além dos benefícios jurídicos, a introdução do pregão produziu uma melhora enorme do ponto de vista dos procedimentos burocráticos, uma vez que a volumosa documentação de habilitação de todos os licitantes não mais precisa ser analisada, rubricada e anexada aos processos.

podendo ser operacionalizada através do sistema. Assim, toda a documentação relativa a habilitação jurídica, qualificação econômica e financeira, regularidade fiscal e outras declarações exigidas pela legislação estão disponíveis online no sistema de gerenciamento. Atualmente, de toda a documentação exigida pelo art. 27 da Lei nº 8.666/93, apenas a qualificação técnica não está eletronicamente inserida no sistema, devendo ter o tratamento diferenciado previsto no instrumento convocatório.

A possibilidade de apresentar novos lances quando da sessão pública permitiu uma significativa redução nos preços praticados no mercado da administração pública, uma vez que a fase competitiva é algo inteiramente novo no processo licitatório brasileiro. A fase de negociação, em que os licitantes competem entre si através de lances menores e sucessivos, aproximou radicalmente os processos de compras governamentais daqueles da iniciativa privada. O contraste com as demais modalidades é visível, já que, nessas, os licitantes apenas apresentam de início as propostas e não têm outra oportunidade de competir e reduzir seus preços no transcorrer do certame.

Ainda segundo o relatório da Secretaria de Logística e Tecnologia da Informação, do Ministério do Planejamento, utilizado na confecção da tabela 30, a provável economia obtida com a utilização da modalidade pregão em 2007 seria da ordem de R$ 3.214.296.783,79, apurados pela diferença entre o valor de referência constante nos processos (R$ 19.716.071.378,00) e o valor homologado ao final dos certames (R$ 16.501.774.594,22). Por esse raciocínio, desde a sua introdução, em 2000, a modalidade pregão teria propiciado mais de R$ 7 bilhões de economia para o Executivo federal até o exercício financeiro de 2007, o que dá a dimensão do potencial de transformação dessa nova modalidade de licitação.[125]

Apesar de ser necessária certa cautela no que diz respeito aos dados oficiais apresentados, que podem conter imprecisões, é inequívoco que a introdução de uma fase de lances nas licitações tem possibilitado uma significativa economia para os cofres públicos. Antes, a administração apenas escolhia entre os menores preços apresentados, que não sofriam reduções durante o processo de licitação. Já com a possibilidade de lances durante o certame, os preços tendem a cair, aumentando a eficiência do gasto público.

---

[125] A quebra das barreiras geográficas introduzida pelo pregão aumenta de maneira exponencial a competitividade dos certames e baixa os custos de participação nos pregões a quase zero, uma vez que não é preciso fazer deslocamentos para participar de qualquer licitação em território brasileiro. Por outro lado, os pregoeiros devem ficar atentos à questão da distância dos fornecedores, que onera os custos de administração dos contratos e pode também dificultar sua fiscalização.

Um detalhe me parece importante nesse contexto: a possibilidade de os dados geralmente utilizados para demonstrar a economia de recursos públicos obtida pela utilização da modalidade pregão não serem precisos. Em geral, chega-se ao valor supostamente economizado calculando a diferença entre o preço estimado pelos departamentos de compras e o preço efetivamente pago pela administração. Ocorre que existe um problema grave nessa contabilidade, uma vez que os preços de referência não costumam ser apurados com muita técnica e acuidade pela administração pública, gerando distorções que não devem ser desconsideradas.

Por outro lado, como jamais se deve deixar de considerar a qualidade dos produtos adquiridos, torna-se perigoso e impreciso apurar a economia sem levar em conta efetivamente que produtos estão sendo comprados pela administração pública. Uma vez que apurar a proposta mais vantajosa para a administração pública é sempre mais complexo do que escolher entre os menores preços, fica aqui uma ressalva para se qualificar melhor os dados referentes à economia gerada pela utilização da modalidade pregão.

Os prazos recursais da modalidade pregão são menores e os recursos não são obrigatoriamente aceitos (a critério do pregoeiro), o que elimina drasticamente a litigância de má-fé e os recursos apenas protelatórios por parte dos fornecedores. Nas modalidades tradicionais, o poder de embargo dos licitantes é enorme, não restando às comissões de licitação outra alternativa se não aceitar os infindáveis recursos interpostos pelos fornecedores, que procrastinam excessivamente o certame, onerando o processo de compras. Como vimos, a inversão das fases já elimina uma boa quantidade de possibilidades de embargos e recursos administrativos relacionados com a fase de habilitação. Além disso, duas outras importantes inovações relacionadas com as hipóteses albergadas pela legislação sobre os recursos administrativos no procedimento do pregão merecem destaque. Primeiro, no pregão há apenas uma oportunidade para interpor recursos administrativos. Os recursos só podem ser apresentados no exato momento em que é apurada a melhor proposta e declarado o vencedor do certame, em contraste com as demais modalidades, em que esses momentos são muito mais numerosos, especialmente na fase de habilitação. Vejamos a redação do art. 26, *caput*:

> Declarado o vencedor, qualquer licitante poderá, durante a sessão pública, de forma imediata *e motivada*, em campo próprio do sistema, manifestar sua intenção de recorrer, quando lhe será concedido o prazo de três dias para apresentar as razões do recurso, ficando os demais licitantes, desde logo, intimados

para, querendo, apresentarem contrarrazões em igual prazo, que começará a contar do término do prazo do recorrente, sendo-lhes assegurada vista imediata dos elementos indispensáveis à defesa dos seus interesses [grifo meu].

Segundo, é necessário motivar de forma consistente a intenção de interpor recursos, uma vez que manifestações meramente protelatórias e infundadas, cujo objetivo é atrasar o procedimento de compras, podem ser imediatamente descartadas pelos pregoeiros, liberando o curso normal da licitação e sua finalização. Depois de superada essa fase, apenas no Judiciário o pregão pode ser questionado. É evidente que toda essa inovação legal tem como consequência natural a agilização do processo de compras governamentais, trazendo eficiência ao gasto público no Brasil.

Por outro lado, paralelamente às inovações procedimentais, a intensa utilização da tecnologia da informação tem proporcionado ganhos enormes de transparência nas compras governamentais. Tradicionalmente, o processo de compras é muito visado no Brasil por gestores inescrupulosos, que se aproveitam das brechas legais para praticar a corrupção. Não querendo parecer ingênuo a ponto de supor que o pregão vá acabar com a corrupção no Brasil, é preciso reconhecer que esse procedimento trouxe mais transparência e agilidade às compras governamentais, criando novos e significativos obstáculos aos gestores corruptos, uma vez que o processo licitatório tornou-se muito mais visível para a sociedade, viabilizando o controle social.

No caso específico do Executivo federal, todo o procedimento do pregão eletrônico está formatado no site <www.comprasnet.gov.br>, podendo ser operacionalizado de forma simples, ágil e transparente. A habilitação e várias declarações (que o licitante concorda com as condições da licitação, que se enquadra como micro ou pequena empresa, que a empresa não emprega menores, que cumpre os requisitos de habilitação, que a proposta está de acordo com as exigências do edital) podem ser impressas eletronicamente no sistema, desburocratizando o procedimento. Houve também a implantação de um período de iminência, em que o pregoeiro define um tempo entre zero e 60 minutos a partir do qual será iniciada a fase seguinte, denominada "encerramento aleatório", na qual, num intervalo de zero a 30 minutos, a fase de lances é encerrada automaticamente e sem aviso prévio, independentemente de qualquer ato do pregoeiro, e apontada a melhor proposta, sem que o pregoeiro possa identificar o licitante. Esses novos aperfeiçoamentos também representam grandes avanços no que se refere à capacidade de evitar conluios entre os licitantes e pregoeiros desonestos.

O Comprasnet também disponibiliza uma rede eficiente de comunicação entre os licitantes e a administração pública, via um *chat* operado conjuntamente pelo pregoeiro e pelo próprio sistema. O Comprasnet faz ainda automaticamente todas as comunicações importantes durante a sessão pública, como o início do período de iminência, o encerramento aleatório, a convocação para que as micro e pequenas empresas exerçam os benefícios proporcionados pela Lei Complementar nº 123/06, entre outras importantes comunicações inerentes e essenciais ao procedimento licitatório.[126]

Todo o procedimento do pregão foi implantado e operacionalizado por meio eletrônico e virtual de maneira fácil e simples através do Comprasnet, obedecendo aos rituais e prazos estipulados pela legislação vigente e abrangendo também as fases de aceitação, adjudicação, homologação e publicação do resultado dos certames. Nos últimos anos, a Secretaria de Logística e Tecnologia da Informação do Ministério do Planejamento formatou o Comprasnet e sistematizou o pregão eletrônico para que operasse de forma simples, ágil e transparente, proporcionando um dos mais contundentes e produtivos usos da tecnologia da informação no âmbito da administração pública brasileira.

Especialmente do ponto de vista da celeridade, o pregão tem sido muito bem-sucedido, pois toda inovação legal e a intensa utilização da tecnologia da informação têm convergido para a aceleração na tramitação dos processos licitatórios. Um estudo do Banco Mundial (Bird) encontrado na página <www.comprasnet.gov.br>, compara o prazo médio (entre a publicação do edital e a abertura das propostas) de aquisição das várias modalidades de licitação válidas para compras do governo federal: pregão (17 dias), convite (20 dias), tomada de preços (90 dias) e concorrência (120 dias). Em perspectiva comparada com outros países, estudos do Bird apontam que 21 dias seria um prazo razoável para o processamento das aquisições governamentais. No mesmo trabalho, os números indicam que apenas 0,89% das compras eletrônicas são anuladas, em contraste com o percentual de 5% de anulações das modalidades tradicionais.

O pregão eletrônico também revolucionou a Lei Geral de Compras Governamentais no Brasil de várias outras maneiras. Nessa modalidade, ao contrário do que ocorre nos convites, tomadas de preços e concorrências,

---

[126] O sistema comunica automaticamente as suspensões e a reabertura dos pregões. De acordo com o pacote de serviços que o fornecedor adquire, o Comprasnet disponibiliza, em tempo real, todas as informações necessárias para que o licitante participe e tome conhecimento de todos os certames em sua linha de fornecimento.

não existem limitações ou enquadramentos relacionados com os valores a serem licitados. Desse modo, pode-se realizar um pregão de R$ 5 mil ou de R$ 5 milhões obedecendo ao mesmo procedimento burocrático.[127] Em função disso, não é mais possível falar de fracionamento de despesa na utilização do pregão, podendo um determinado objeto ser licitado seguidamente no mesmo exercício financeiro. Assim, pode-se adquirir um automóvel em janeiro, outro no mês de maio e, finalmente, um último em novembro sem qualquer problema. Naturalmente, a administração deve planejar e realizar as compras de maneira racional e eficiente, evitando repetições desnecessárias, mas, estritamente do ponto de vista jurídico, na modalidade pregão não há impedimento para a repetição de vários certames com o mesmo objeto.

Outra inovação também importante introduzida pelo pregão é a possibilidade de se adjudicar o objeto da licitação mesmo que exista apenas uma proposta válida, ao contrário do convite, que exige a existência de pelo menos três propostas válidas. Isso ocorre porque, em função da ampla transparência, competitividade e publicidade do pregão eletrônico, a possibilidade de conluio entre os fornecedores é menor.

Em princípio, fornecedores de todo o Brasil podem participar de um pregão eletrônico realizado por uma instituição pública em determinada cidade, democratizando e intensificando a possibilidade de disputa entre os licitantes. A possibilidade de adjudicar o objeto mesmo na existência de apenas uma proposta válida é especialmente importante para órgãos que licitam em mercados pequenos e pouco competitivos ou que buscam objetos muito específicos e difíceis de encontrar. Assim, a legislação do pregão tem evitado um problema muito comum na modalidade convite: a repetição de licitações por falta de três propostas válidas.

No que se refere à seleção da proposta mais vantajosa, nas situações específicas em que o licitante mais bem-colocado não assume o contrato, a legislação do pregão também implementou uma inovação com impacto muito positivo para a administração pública. Vejamos a redação da Lei nº 8.666/93, art. 64, §2º:

---

[127] Na realidade, os valores no pregão eletrônico não são relevantes para a definição da modalidade, sendo importantes apenas para efeito da publicidade do certame. O art. 17 do Decreto nº 5.450/05 estabelece os seguintes valores para efeito de publicidade do pregão: até R$ 650 mil, publicação no *DOU* e em meio eletrônico; entre R$ 650 mil e R$ 1,3 milhão, publicação no *DOU*, em meio eletrônico e em jornal de grande circulação *local*; e, finalmente, acima de R$ 1,3 milhão, publicação no *DOU*, em meio eletrônico e em jornal de grande circulação *regional ou nacional*.

Compras governamentais

É facultado à Administração, quando o convocado não assinar o termo de contrato ou não aceitar ou retirar o instrumento equivalente no prazo e condições estabelecidos, convocar os licitantes remanescentes, na ordem de classificação, para fazê-lo em igual prazo e *nas mesmas condições propostas pelo primeiro classificado*, inclusive quanto aos preços atualizados de conformidade com o ato convocatório, ou revogar a licitação independentemente da cominação prevista no art. 81 desta Lei [grifo meu].

Já no decreto que regulamenta o pregão eletrônico, a redação é bem diferente, como se vê no art. 27, §3º:

O vencedor da licitação que não fizer a comprovação referida no §2º ou quando, injustificadamente, recusar-se a assinar o contrato ou a ata de registro de preços, poderá ser convocado outro licitante, *desde que respeitada a ordem de classificação*, para, após comprovados os requisitos habilitatórios e feita a negociação, assinar o contrato ou a ata de registro de preços, sem prejuízo das multas previstas em edital e no contrato e das demais cominações legais [grifo meu].

No cotidiano da administração essa alteração é muito importante, sobretudo quando os preços contidos na proposta de menor valor ficam muito abaixo do estimado no preço de referência. É usual nas licitações que empresas joguem o preço para baixo durante a sessão pública e depois não assumam o compromisso com a administração pública. O pregão veio corrigir essa deformação, possibilitando a convocação dos licitantes remanescentes, *mas sem obrigá-los a aceitar as condições do primeiro colocado*. Nesse caso, o licitante está apenas obrigado a observar os valores e condições contidos em sua própria proposta. Essa alteração foi importante também para melhorar a qualidade dos produtos e serviços adquiridos pela administração pública, uma vez que possibilita ao pregoeiro adjudicar o objeto nas condições propostas por cada licitante, não sendo necessário nivelar as propostas pelo valor mais baixo apresentado na fase de lances.

Estritamente do ponto de vista da qualificação dos servidores para operar a nova modalidade, a legislação, que já nasceu tímida, recuou sensivelmente em um aspecto importante. Inicialmente, o Decreto nº 3.555/00, no parágrafo único do art. 7º, determinava que somente poderia atuar como pregoeiro o servidor que tivesse realizado capacitação específica para exercer a atribuição. Já o decreto que regulamenta o pregão eletrônico recuou, ao dispensar a qualificação antes exigida. Vejamos a redação do art. 10, §4º do Decreto nº 5.450/05: "somente poderá exercer a função de pregoeiro o servidor ou o militar que reúna a qualificação profissional e perfil adequados, aferidos pela autoridade competente". Naturalmente, a redação é muito subjetiva, implicando a prática que nenhuma formação ou qualificação é exigida para o exercício das atribuições de pregoeiro. Assim, a legislação, inovadora em inúmeros aspectos, incorre em equívoco histórico da administração pública brasileira de delegar atribuições e responsabilidades a servidores que não apresentam a expertise necessária para desenvolver seu trabalho de maneira profissional e eficiente.

Por tudo o que foi dito, inequivocamente, o pregão representa uma importante inovação na administração pública brasileira, significando um grande avanço em relação às antigas leis de compras governamentais (Decreto-lei nº 200, de 25/2/1967; Decreto nº 2.300, de 21/11/1986; e finalmente a Lei nº 8.666, de 21/6/1993). De certa forma, em vários aspectos importantes, o pregão revolucionou a legislação brasileira de compras, especialmente nas áreas de manutenção de estoques, publicidade, prazos, valores, entre outras.

Pela agilidade, transparência e confiabilidade, a realização de um pregão eletrônico é relativamente barata e rápida, dispensando a administração de manter um grande volume de recursos em estoque, possibilitando compras mais adequadas ao consumo e necessidades dos órgãos. Como não existem faixas de valores a serem observadas na escolha da modalidade, o problema antigo do fracionamento da despesa, tão combatido pelos órgãos de controle, desapareceu, potencializando aquisições mais ajustadas às demandas da administração pública.

Também do ponto de vista da publicidade e da transparência os avanços são enormes, especialmente se consideradas as inovações introduzidas na elaboração e no desenvolvimento do site de compras do governo federal, o Comprasnet. O próprio sistema confecciona as atas dos pregões e as disponibiliza a toda a sociedade, potencializando o controle social a ser exercido pelos cidadãos mobilizados e organizados. O sistema é absolutamente transparente e dá ampla publicidade aos atos administrativos relacionados ao procedimento de compras governamentais, transformando as publicações no *Diário Oficial da União* uma mera formalidade a ser observada pelos gestores públicos.

Finalmente, cabe ressaltar que a lei federal que instituiu o pregão tem inspirado várias legislações estaduais e municipais de compras governamentais, introduzindo uma nova mentalidade nos setores responsáveis por compras na administração pública brasileira. Em Minas Gerais, por exemplo, o pregão eletrônico foi implantado em 10 de janeiro de 2002, pela Lei Estadual nº 14.167. O site de compras governamentais do Executivo federal também está aberto para, mediante convênios de adesão, processar as licitações de estados e municípios que queiram integrar seu sistema, disponibilizando gratuitamente uma ferramenta útil, ágil e moderna aos entes federativos menos equipados do ponto de vista burocrático. Assim, por adesão ou reprodução de um programa operacional já desenvolvido pela União, o pregão eletrônico se difunde e espalha para as burocracias públicas subnacionais.

Nesse mesmo diapasão, foi editado o Decreto nº 5.504, de 5/8/2005, que torna obrigatória a utilização do pregão, preferencialmente eletrônico, para entes públicos (estados e municípios) e privados nas contratações de bens e serviços realizadas em decorrência de transferências voluntárias de recursos públicos da União. O decreto é importante porque evita atalhos à atual Lei de Licitações por parte de organizações sociais e Oscips, que tinham regulamentos próprios para licitar. Em geral, tais regulamentos são frouxos e albergam várias brechas para que gestores mal-intencionados burlem o processo licitatório, em flagrante prejuízo para os cofres públicos. Com a publicação do decreto, todos os recursos repassados pela União a essas entidades devem ser licitados através de pregões. O argumento é simples: como o pregão é ágil e transparente, não mais se justifica deixar de observar uma legislação ao mesmo tempo moderna e eficiente. Depois de implantado o pregão, não há por que deixar de licitar sob o argumento de que a legislação de compras governamentais no Brasil é rígida, morosa e burocrática. Atualmente, qualquer manifestação nesse sentido caracteriza apenas desinformação ou, o que pode ser pior, má-fé contra a administração pública brasileira.

Para finalizar, cabe destacar outra questão ligada ao processo de compras governamentais que está diretamente relacionada à interpretação da legislação. Inicialmente, a Lei nº 8.666/93 foi entendida por fornecedores, servidores públicos e pelo próprio Judiciário como uma lei absolutamente rígida e processualística, cuja interpretação literal prejudicaria e engessaria o processo de compras governamentais. Transcorridos 19 anos de aplicação e vasta utilização da lei, um grande aprendizado já se consolidou, possibilitando uma aplicação mais eficiente e flexível da legislação, que lentamente deixa de ser um entrave para tornar-se uma aliada do gestor público bem-intencionado. De modo geral, a consolidação e a acomodação da Lei de Compras são também fatores importantes para propiciar qualidade, flexibilidade, eficiência e tempestividade ao gasto público. Decisões judiciais, acórdãos dos órgãos de controle e pareceres das assessorias jurídicas já apontam para um entendimento menos rígido e formal da legislação, viabilizando um procedimento de compras mais racional e eficiente, ainda que dentro do mesmo marco legal existente. Nas palavras de um grande especialista na matéria:

Não é possível ignorar a tendência de superação dos princípios rigorosamente formalistas que, aparentemente, haviam sido consagrados pelo legislador. Desde a vigência da Lei nº 8.666, comprovou-se a inadequação de uma disciplina que privilegiasse em termos absolutos a forma sobre o conteúdo. O processo de aplicação concreta da Lei foi produzindo uma espécie de depuração legislativa, tal como sempre ocorre. Logo, a interpretação da Lei nº 8.666 vem produzindo uma espécie de superação da tradição formalista classicamente relacionada à disciplina da licitação [Justen Filho, 2010:13].

Assim, pelo aprendizado dos últimos anos e pelas inovações induzidas pela modernização da legislação, pode-se vislumbrar um futuro mais promissor e eficiente para as compras governamentais, projetando um horizonte favorável ao conjunto da administração pública brasileira.

4. EXECUÇÃO ORÇAMENTÁRIA E FINANCEIRA: DESAFIOS, ESPECIFICIDADES E ALOCAÇÃO DE RECURSOS

É pacífico na literatura especializada que a análise da peça orçamentária é crucial para a compreensão do funcionamento da administração pública. De certa forma, como demonstra a sociologia política, toda estruturação da sociedade e dos arranjos institucionais da democracia representativa reflete-se na elaboração e execução orçamentária. O orçamento público brasileiro apresenta várias características bem peculiares, comuns a estados, municípios e União. Assim, analisando mais detalhadamente o orçamento da União, pode-se entender e apreender boa parte da dinâmica que se processa nos níveis subnacionais.

Pela legislação compartilhada, ditada pela Constituição Federal de 1988, e por paralelismo, pode-se argumentar que algumas características, desafios e lacunas encontrados no processo orçamentário da União também se reproduzem no âmbito de estados e municípios, com alguns agravantes em determinados aspectos.

Como veremos adiante, primeiro, cabe ressaltar a dificuldade burocrática dos entes subnacionais, especialmente os municípios, que raramente dispõem de um corpo qualificado de servidores públicos e de boa estrutura administrativa para elaborar, monitorar e revisar as peças orçamentárias. Por outro lado, a situação fiscal de estados e municípios, especialmente os mais pobres, pequenos e distantes, é muito séria, potencializando alguns problemas identificáveis no âmbito da União. Como a grande maioria dos municípios e mesmo alguns estados dependem quase que integralmente dos fundos repassados pela União, a crise fiscal dos entes subnacionais aprofunda inúmeros problemas encontráveis na execução orçamentária do Executivo federal. Na maioria dos casos, a base tributária é pequena e pobre, as despesas administrativas são grandes e a demanda por serviços públicos é crescente (o que agrava as finanças públicas), dificuldades que têm reflexos diretos na execução orçamentária.

Certamente, no âmbito da administração pública brasileira, nenhum outro instrumento é tão útil para o entendimento da divisão política do poder entre grupos e atores sociais quanto o orçamento federal. Nele são espelhadas com clareza todas as desigualdades regionais, econômicas e sociais que caracterizam a sociedade brasileira. Por tudo isso é apropriado dizer que o orçamento federal é um processo em que pelo menos uma característica é marcante: sua natureza técnica intrínseca se combina a elementos essencialmente políticos, que refletem a distribuição de poder entre entes federativos, regiões geográficas e atores sociais.

A divisão de poder político pela sociedade reflete-se quase fielmente na elaboração e execução do orçamento federal, com o atendimento mais imediato e efetivo dos interesses dos grupos sociais mais participativos, organizados e estrategicamente bem-posicionados no aparelho estatal. Como é natural em um regime democrático, determinados grupos e atores sociais são mais efetivos e estão mais mobilizados e organizados, tendo capacidade e habilidade para direcionar o orçamento público para atender prioritariamente às suas reivindicações e interesses coletivos.

Já frisei que o orçamento público é uma peça de natureza ao mesmo tempo técnica e política. Mas a divisão política de poder observada na sociedade não é facilmente compreendida pela análise superficial da peça orçamentária, uma vez que sua natureza complexa e técnica dificulta seu entendimento por parte de atores sociais e analistas não especializados. Dessa forma, o raciocínio desenvolvido no primeiro capítulo de que a natureza essencialmente técnica das informações disponibilizadas pela administração pública dificulta o entendimento dos não iniciados é válido, mais do que em qualquer outra situação, para a peça orçamentária.

Assim, o orçamento federal é uma peça complexa, com características essencialmente técnicas que dificultam seu entendimento por parte da sociedade, que idealmente deveria utilizá-lo como mecanismo de controle do funcionamento e do modo de operar do Estado. Rezende e Cunha (2002:12) tratam desse problema:

> A insuficiente atenção que a sociedade brasileira dedica ao orçamento pode ser atribuída a várias causas, entre elas a dificuldade de compreensão da linguagem orçamentária por não iniciados no assunto, a profusão de números e códigos que requerem interpretação e a própria natureza do processo orçamentário, que oferece pouco espaço à participação de segmentos menos organizados da sociedade nas decisões sobre o destino dos recursos públicos.

Dessa maneira, por vários motivos, é importante conhecer, analisar e divulgar as peças orçamentárias. Primeiramente, faz-se necessário analisar as finanças públicas pelo volume de recursos que os orçamentos envolvem. No caso brasileiro, além de valores absolutos gigantescos, convivemos também com uma alta carga tributária em relação ao PIB, como mostra a tabela 31:

Tabela 31. Carga tributária em 2003 (% do PIB)

País	%	País	%	País	%
Austrália	31,6	México	19,0	EUA	25,6
Bélgica	43,1	Países Baixos	38,8	Brasil	34,9
Canadá	33,8	Nova Zelândia	34,9	Argentina	21,1
Dinamarca	48,3	Noruega	43,3	Chile	19,0
Finlândia	44,8	Polônia	34,2	China	17,4
França	43,4	Portugal	37,1	Índia	15,0
Alemanha	35,5	Espanha	34,9	Rússia	34,0
Irlanda	29,7	Suécia	50,6	Cingapura	14,3
Itália	43,1	Suíça	29,5	África do Sul	23,6
Japão	25,3	Turquia	32,8		
Coreia	25,3	Reino Unido	35,6		

Fonte: Giacomoni (2009:20).

Note-se que a carga tributária total do Brasil (incluindo União, estados e municípios) se aproxima bastante da média observada nos países da OCDE, que apresentam diferentes níveis de desenvolvimento econômico, intervenção estatal, políticas de bem-estar social etc. Por outro lado, em comparação com países latino-americanos ou com países com o mesmo nível de desenvolvimento econômico, como Argentina, Chile, México, China ou Índia, a carga tributária brasileira é realmente alta, exigindo da sociedade uma postura mais cidadã para cobrar qualidade, eficiência e efetividade nos gastos públicos. Como visto no capítulo 1, além de a carga tributária brasileira ser muito alta e regressiva, apresenta outra característica bem específica: é extremamente mal dividida entre os entes federativos, com ampla prevalência da União.

Como veremos adiante, o gasto social alocado nas peças orçamentárias no Brasil, em números tanto absolutos quanto relativos, é muito elevado. Com a questão da quantidade do gasto social no Brasil razoavelmente encaminhada, resta a necessidade urgente e inadiável de se discutir sua qualidade e eficiência. No entanto, para melhorar a qualidade do gasto é imprescindível conhecer e estudar as peças orçamentárias, que mostrarão como está sendo realizado o gasto público no Brasil.

No que diz respeito ao acompanhamento e ao entendimento do processo orçamentário, muitos avanços foram feitos nos últimos anos, amenizando as dificuldades usualmente encontradas pela sociedade para fiscalizar e controlar a execução orçamentária.[128] Com a introdução do Plano Real, em 1º de julho de 1994, e o consequente controle das altas taxas de inflação, houve ganhos enormes em todo o processo orçamentário. Primeiramente, cabe destacar que a elaboração, a execução e o acompanhamento do processo orçamentário num ambiente altamente inflacionário são tarefas problemáticas, dadas as dificuldades naturais de se manipular números elevadíssimos em um ambiente macroeconômico essencialmente instável. Por si só o intenso e descontrolado processo inflacionário acarreta transtornos adicionais à já complexa e complicada tarefa de elaborar e compreender a dinâmica orçamentária. Com o fim da inflação desordenada, a peça orçamentária deixou de ser uma ficção e tornou-se algo mais concreto, realista e plausível, proporcionando enormes ganhos quanto à transparência e ao controle por parte da sociedade.

Outro elemento que tem contribuído muito para facilitar a elaboração, a execução e o acompanhamento do processo orçamentário tem sido a vasta utilização da tecnologia da informação. O aprimoramento e desenvolvimento do Sistema Integrado de Administração Financeira (Siafi) do governo federal, que abarca toda a execução orçamentária e financeira do Executivo, vem contribuindo sobremaneira para facilitar o acompanhamento dos gastos do Estado brasileiro. Disponibilizando informações de interesse coletivo de maneira acurada, gerencial, online e tempestiva, o Siafi abre um enorme conjunto de possibilidades para o acompanhamento da execução orçamentária. De certa forma, pode-se afirmar que, com o aprimoramento do Siafi, o problema da disponibilização da informação orçamentária está resolvido, restando apenas enfrentar o enorme desafio de tornar essas informações mais compreensíveis e gerenciais para a sociedade, constituída essencialmente de não especialistas.[129]

---

[128] Para ser mais preciso do ponto de vista conceitual, é necessário distinguir entre processo e sistema orçamentário. Segundo Matias-Pereira (2009a:xxvi): "O processo orçamentário refere-se aos papéis e funções do orçamento. Por sua vez, o sistema orçamentário diz respeito a estruturas, instrumentos, procedimentos e classificações necessárias ao cumprimento dessas funções".

[129] O Siafi foi desenvolvido em um momento de profunda reestruturação e aprimoramento do sistema de controle interno do Executivo federal. A poderosa Secretaria do Tesouro Nacional (STN) foi criada e fortalecida pelo Decreto nº 92.452, de 10/3/1986. O Siafi foi criado logo em seguida, por meio da Instrução Normativa STN nº 22, de 23/12/1986, para entrar em uso de maneira gradual a partir de janeiro de 1987. Já no ano seguinte, em 1988, foi implantada a conta única do Tesouro Nacional.

Cabe ressaltar também a importância de outros grandes sistemas gerenciais que interagem com o Siafi e o complementam. No âmbito do Executivo federal, pode-se citar o Sistema Integrado de Administração de Pessoal (Siape), o Sistema Integrado de Administração de Serviços Gerais (Siasg), o Sisconv (controle dos convênios), o Sistema de Informações Gerenciais de Planejamento (Sigplan), o Sistema Integrado de Dados Orçamentários (Sidor) e o Comprasnet, que gerencia o sistema de compras governamentais, especialmente o pregão eletrônico, entre outros. A integração e o desenvolvimento desses grandes sistemas utilizados pelo Executivo federal proporcionam mais racionalidade, informações gerenciais e transparência, instrumentos de fundamental importância para o acompanhamento da execução orçamentária e financeira.

Quanto ao crucial aspecto da transparência, que viabiliza e potencializa os mecanismos de controle, especialmente o social, também se observam muitos progressos nas últimas décadas. De modo geral, as questões relacionadas à execução orçamentária têm despertado mais interesse na população, ganhando espaço nos meios de comunicação e instituições da sociedade civil. Em linhas gerais, identifico vários esforços no sentido de se transformar a execução orçamentária e financeira em um conjunto de informações gerenciais, inteligíveis e úteis para que a sociedade possa fiscalizar e controlar a administração pública. Nessa direção, o papel da imprensa é muito importante, pois divulga e analisa aspectos relevantes relacionados ao orçamento público, esclarecendo a população quanto às nuances envolvidas nesse processo. Recentemente, várias instituições da sociedade civil passaram a estudar, consolidar e dar transparência ao orçamento público, criando textos, análises e sites especializados na importante tarefa de transformar a execução orçamentária em ferramenta útil ao controle social.

A legislação também evoluiu muito em relação à transparência das informações referentes ao orçamento público. As determinações da Lei de Responsabilidade Fiscal — Lei nº 101, de 4/5/2000 — representam um marco importante, como revela a leitura do art. 48:

São instrumentos de transparência da gestão fiscal, aos quais será dada ampla divulgação, inclusive em meios eletrônicos de acesso público: os planos, orçamentos e leis de diretrizes orçamentárias; as prestações de contas e o respectivo parecer prévio; o Relatório Resumido da Execução Orçamentária e o Relatório de Gestão Fiscal; e as versões simplificadas desses documentos. Parágrafo único. A transferência será assegurada também mediante incentivo à participação popular e realização de audiências públicas, durante os processos de elaboração e de discussão dos planos, lei de diretrizes orçamentárias e orçamentos.[130]

Nessa mesma direção foi editado o Decreto nº 5.482, de 30/6/2005, que dispõe sobre a divulgação de dados e informações pelos órgãos e entidades da administração pública federal através da internet. O mandamento legal determina que sejam publicados no site eletrônico os dados e informações pormenorizados sobre a execução orçamentária e financeira dos órgãos e entidades da União, inclusive detalhando os repasses de recursos federais para estados, municípios, pessoas naturais e organizações não governamentais. A Controladoria-Geral da União (CGU), como órgão central do Siste-

---

[130] Posteriormente, pela Lei Complementar nº 131, de 27/5/2009, que altera artigos da LC nº 101, a busca por controle social e obrigatoriedade de publicação de informações relativas à execução orçamentária e financeira se intensificou, inclusive fixando prazos rígidos de adaptação para os entes federados. Diz o art. 1º: "O art. 48 da Lei Complementar nº 101, de 4 de maio de 2000, passa a vigorar com a seguinte redação: Parágrafo único. A transparência será assegurada também mediante: I — incentivo à participação popular e realização de audiências públicas durante os processos de elaboração e discussão dos planos, lei de diretrizes orçamentárias e orçamentos; II — liberação ao pleno conhecimento e acompanhamento da sociedade, em tempo real, de informações pormenorizadas sobre a execução orçamentária e financeira, em meios eletrônicos de acesso público; III — adoção de sistema integrado de administração financeira e controle, que atenda a padrão mínimo de qualidade estabelecido pelo Poder Executivo da União e ao disposto no art. 48-A. Art. 2º A Lei Complementar nº 101, de 4 de maio de 2000, passa a vigorar acrescida dos arts. 48-A, 73-A, 73-B e 73-C: Art. 48-A. Para os fins a que se refere o inciso II do parágrafo único do art. 48, os entes da Federação disponibilizarão a qualquer pessoa física ou jurídica o acesso a informações referentes a: I — quanto à despesa: todos os atos praticados pelas unidades gestoras no decorrer da execução da despesa, no momento de sua realização, com a disponibilização mínima dos dados referentes ao número do correspondente processo, ao bem fornecido ou ao serviço prestado, à pessoa física ou jurídica beneficiada do pagamento e, quando for o caso, ao procedimento licitatório realizado; II — quanto à receita: o lançamento e o recebimento de toda a receita das unidades gestoras, inclusive referentes a recursos extraordinários. Art. 73-A. Qualquer cidadão, partido político, associação ou sindicato é parte legítima para denunciar ao respectivo Tribunal de Contas e ao órgão competente do Ministério Público o descumprimento das prescrições estabelecidas nesta Lei Complementar. Art. 73-B. Ficam estabelecidos os seguintes prazos para o cumprimento das determinações dispostas nos incisos II e III do parágrafo único do art. 48 e do art. 48-A: I — 1 (um) ano para a União, os Estados o Distrito Federal e os Municípios com mais de 100.000 (cem mil) habitantes; II — 2 (dois) anos para os Municípios que tenham entre 50.000 (cinquenta mil) e 100.000 (cem mjl) habitantes; III — 4 (quatro) anos para os Municípios que tenham até 50.000 (cinquenta mil) habitantes. Parágrafo único. Os prazos estabelecidos neste artigo serão contados a partir da data de publicação da lei complementar que introduziu os dispositivos referidos no *caput* deste artigo. Art 73-C. O não atendimento, até o encerramento dos prazos previstos no art. 73-B, das determinações contidas nos incisos II e III do parágrafo único do art. 48 e no art. 48-A sujeita o ente à sanção prevista no inciso I do §3º do art. 23. Art. 3º Esta Lei Complementar entra em vigor na data de sua publicação".

ma de Controle Interno do Poder Executivo Federal, fica incumbida da gestão do Portal da Transparência. Dessa forma, o decreto determina que toda a administração pública federal publique em página eletrônica institucional os resultados de sua execução orçamentária e financeira. A CGU e o Ministério do Planejamento são responsáveis pela alimentação e atualização dos dados orçamentários na página eletrônica especialmente criada para atender à nova legislação: <www.portaltransparencia.gov.br>. Apesar das dificuldades de detalhamento, atualização e fornecimento de dados gerenciais relativos à execução orçamentária ainda perceptíveis no portal do governo federal, os avanços são muitos e louváveis, especialmente em relação ao passado recente, em que o orçamento da União era corretamente considerado uma caixa-preta inviolável.

O estudo do orçamento público brasileiro enseja a discussão de uma quantidade enorme de conceitos, situações concretas e questões teóricas. Para efeito de um trabalho introdutório, discutirei alguns aspectos que me parecem os mais relevantes, como vinculação de receitas primárias, incrementalismo, decretos de contingenciamentos, princípios orçamentários, transparência e controle social, natureza autorizativa, distribuição de riquezas, gasto social do Estado, relação Executivo/Legislativo, entre outros.[131]

Do ponto de vista legal, os critérios para elaboração, estruturação, prazos e tramitação das peças orçamentárias estão previstos nos arts. 165 a 169 da Constituição Federal de 1988. Três importantes instrumentos legais integram o processo orçamentário no Brasil: o Plano Plurianual (PPA), a Lei de Diretrizes Orçamentárias (LDO) e a Lei do Orçamento Anual (LOA), cada qual com características próprias.[132] Uma das grandes inovações introdu-

---

[131] Por se tratar de questões essencialmente técnicas, as classificações de receitas e despesas e outros instrumentos utilizados na elaboração dos orçamentos não serão objeto de análise neste livro, cujo objetivo é proporcionar uma visão mais geral, ampla e analítica do processo orçamentário.

[132] De acordo com a Constituição de 1988, art. 165, §1º: "A lei que instituir o plano plurianual estabelecerá, de forma regionalizada, as diretrizes, objetivos e metas da administração pública federal para as despesas de capital e outras delas decorrentes e para as relativas aos programas de duração continuada. §2º A lei de diretrizes orçamentárias compreenderá as metas e prioridades da administração pública federal, incluindo as despesas de capital para o exercício financeiro subsequente, orientará a elaboração da lei orçamentária anual, disporá sobre as alterações na legislação tributária e estabelecerá a política de aplicação das agências financeiras oficiais de fomento. §3º O Poder Executivo publicará, até trinta dias após o encerramento de cada bimestre, relatório resumido da execução orçamentária. §4º Os planos e programas nacionais, regionais e setoriais previstos nesta Constituição serão elaborados em consonância com o plano plurianual e apreciados pelo Congresso Nacional. §5º A lei orçamentária anual compreenderá: I — o orçamento fiscal referente aos Poderes da União,

zidas pela Constituição tem a ver com o planejamento, que voltou a ocupar papel de destaque no processo orçamentário, em função da obrigatoriedade de elaboração do PPA e da LDO.

O planejamento no âmbito da administração pública brasileira não representa inteiramente uma novidade, haja vista algumas importantes experiências anteriores: a) Plano Salte (1950-54), com programas específicos para saúde, alimentação, transporte e energia; b) Plano de Metas de JK (1956-60), que estabeleceu 31 metas específicas para as áreas de energia, transporte, indústria de base, alimentação e educação, com destaque para as três primeiras;[133] c) Plano Nacional de Desenvolvimento Econômico e Social (PND), com três versões durante o regime militar: PND I (1972-74); PND II (1975-79) e PND III (1980-85), este último já na fase final do período autoritário.

Por outro lado, apesar dos esforços, durante a década de 1980 a ideia de planejamento, especialmente na área pública, ficou comprometida pela instabilidade econômica e pelas altas taxas de inflação, que inviabilizavam qualquer tentativa mais séria nesse sentido. Não por acaso a credibilidade dos instrumentos de planejamento ficou abalada, popularizando e difundindo a ideia de que o orçamento público não passava de uma peça de ficção.

---

seus fundos, órgãos e entidades da administração direta e indireta, inclusive fundações instituídas e mantidas pelo Poder Público; II — o orçamento de investimento das empresas em que a União, direta ou indiretamente, detenha a maioria do capital social com direito a voto; III — o orçamento da seguridade social, abrangendo todas as entidades e órgãos a ela vinculados, da administração direta ou indireta, bem como os fundos e fundações instituídos e mantidos pelo Poder Público. §6º O projeto de lei orçamentária será acompanhado de demonstrativo regionalizado do efeito, sobre as receitas e despesas, decorrente de isenções, anistias, remissões, subsídios e benefícios de natureza financeira, tributária e creditícia. §7º Os orçamentos previstos no §5º, I e II, deste artigo, compatibilizados com o plano plurianual, terão entre suas funções a de reduzir desigualdades inter-regionais, segundo critério populacional. §8º A lei orçamentária anual não conterá dispositivo estranho à previsão da receita e à fixação da despesa, não se incluindo na proibição a autorização para abertura de créditos suplementares e contratação de operações de crédito, ainda que por antecipação de receita, nos termos da lei.

[133] O sucesso do Plano de Metas pode ser medido pelos seguintes números: "Os resultados do plano ultrapassaram as previsões. O PIB cresceu, no período 1956-1960, à taxa média anual de 8,1%. A construção de rodovias superou a meta em 15% (14.970 km) e a pavimentação em 7% (6.202 km). A capacidade instalada na produção de energia elétrica aumentou em 4,8 milhões de kW (95,4% da meta). A produção de veículos automotores atingiu 321,2 mil unidades (92,3%). Foi, também, elevada a expansão da produção de cimento (87,3% da meta), aço (99% da meta) e petróleo (75,5%). Poucos foram os resultados que ficaram bem abaixo da meta estabelecida, como foi o caso do trigo e da construção de ferrovias (55,1%). À luz dos dados, Lafer (1970) conclui que o Plano de Metas foi um caso bastante bem-sucedido na formulação e implementação de planejamento" (Giacomoni e Pagnussat, 2006:31).

Com os avanços legais introduzidos pela Constituição de 1988 e a reversão do processo inflacionário na década de 1990, o planejamento voltou a ocupar um papel importante na administração pública brasileira, especialmente no âmbito da União. Posteriormente, com a edição da Lei de Responsabilidade Fiscal, em maio de 2000, um novo ingrediente foi agregado ao planejamento público brasileiro: a disciplina fiscal.

Assim, a transparência, o equilíbrio fiscal e a busca por eficiência são os desafios encontrados pelas instituições que cuidam do planejamento no âmbito do Executivo federal, notadamente a Secretaria do Orçamento Federal (SOF/MP), a Secretaria de Planejamento e Investimentos Estratégicos (SPI/MP) e a Secretaria do Tesouro, do Ministério da Fazenda. Através da integração plano-orçamento, a SOF tem procurado aprimorar as ferramentas de elaboração de planos governamentais voltados para a gestão por resultados, introduzindo novos e complexos mecanismos para avaliar a gestão pública através do contínuo monitoramento, controle e revisão do PPA.[134]

Apesar dos avanços legais introduzidos na área orçamentária pela Constituição de 1988, a realidade da administração pública brasileira ainda revela várias falhas e desafios que precisam ser enfrentados para que o planejamento possa efetivamente ser incorporado ao dia a dia das repartições e transformar o desempenho do Estado. Exemplos de gargalos a serem superados na área específica do planejamento governamental são os contingenciamentos, a fragilidade institucional do Legislativo e os estrangulamentos fiscais. Nesse cenário desfavorável, é usual haver um descompasso entre os instrumentos de planejamento, nitidamente o PPA e a LDO, por um lado, e a LOA, por outro. Em relatório de 2007, assim o TCU coloca o dedo na ferida:

> Em consequência, cerca de 30% das ações definidas na LDO como prioritárias não foram sequer acolhidas pela LOA. Outras, ainda que incluídas na lei orçamentária, não foram executadas no orçamento de 2006.

Todo o processo orçamentário deve ser aprovado mediante projetos de lei encaminhados pelo Executivo e apreciados pelas duas casas do Congresso Nacional, na forma do regimento comum, como prevê o art. 166, *caput*, da Constituição de 1988. Assim, o PPA, a LDO, a LOA e os créditos adicio-

---

[134] Essas colocações se baseiam no trabalho de Pares e Valle (2006), dirigentes públicos federais que trabalham diretamente na elaboração e acompanhamento das peças orçamentárias.

nais devem ser obrigatoriamente aprovados pelo Legislativo, que desempenha importante papel no processo orçamentário.[135]

A ampla capacidade de interferência do Legislativo ao longo de boa parte do processo orçamentário está intimamente relacionada com o passado histórico do regime democrático. O acompanhamento do orçamento público e o controle do direito de tributar constituem dois pilares do desenvolvimento do Estado de direito. É fato histórico que o cerceamento e a contenção do livre-arbítrio do governante nessas duas matérias específicas coincidem com o fortalecimento institucional dos parlamentos na fase final dos regimes absolutistas. Dessa forma, o esforço de se contrapor à autoridade indiscriminada dos governantes para tributar e gastar os recursos públicos arrecadados marca profundamente o fortalecimento institucional do Legislativo. A partir desse momento, para a quase totalidade dos países democráticos, especialmente na Europa ocidental, o Legislativo passou a ter papel crucial nas áreas orçamentária e de tributação.

A primeira Constituição moderna surgiu na Inglaterra ainda em 1215, a conhecida Carta Magna outorgada pelo rei João Sem Terra, exatamente com a preocupação básica de limitar o poder indiscriminado da coroa para criar novos tributos. Historicamente, é cristalino que o desenvolvimento do parlamento se confunde com a trajetória de ampla interferência nos assuntos relacionados com a execução orçamentária e o direito de estabelecer tributos, como exemplarmente demonstra a história da Inglaterra.

No Brasil, como não poderia ser diferente, as constituições democráticas sempre reservaram ao Legislativo um papel especial e relevante na elaboração e execução do orçamento, especialmente considerando que cabe ao parlamento a tarefa de fiscalizar o Poder Executivo. Situação bem diferente se constata nos períodos de ditadura, caracterizados pela quase anulação do papel do Legislativo no processo orçamentário, reduzindo-o à simples

---

[135] Pela exata definição do art. 40 da Lei nº 4.320, de 17/3/1964, são créditos adicionais as autorizações de despesas não computadas ou insuficientemente dotadas na Lei Orçamentária Anual. Os créditos adicionais dividem-se em três modalidades: a) créditos suplementares, quando se pretende apenas reforçar uma dotação já existente; b) créditos especiais, para as situações em que não há dotação orçamentária específica; e c) créditos extraordinários, previstos na Constituição, art. 167, §3º, para atender a despesas imprevisíveis e urgentes, como as decorrentes de guerra, comoção interna ou calamidade pública. De acordo com o art. 44 da Lei nº 4.320/64, os créditos extraordinários não precisam de autorização legislativa e são abertos através de decreto do presidente da República, que deve comunicá-los imediatamente ao Legislativo. Os créditos suplementares e especiais precisam de autorização legislativa e são abertos por decreto do presidente da República, estando também condicionados à existência de recursos orçamentários disponíveis.

condição de referendar as determinações emanadas do Executivo. A Constituição federal de 24/1/1967 representa, com precisão, o ápice de anulação do Legislativo em matéria orçamentária. A redação do art. 67, §1º, não deixa margem a interpretações quando determina que:

> Não serão objeto de deliberação emendas de que decorra aumento da despesa global ou de cada órgão, projeto ou programa, ou as que visem a modificar o seu montante, natureza e objetivo.

A Constituição de 18/9/1946, arts. 73 a 77, estabelecia um papel relevante para o Legislativo, especialmente no que se refere à fiscalização da execução orçamentária, fortalecendo institucionalmente as atribuições do Tribunal de Contas da União. Em linhas gerais, caracterizando um movimento pendular que acompanha os ciclos ditadura/democracia, a Constituição Federal de 1988 corroborou e reforçou o papel do Legislativo e, especialmente, da sociedade nas matérias relativas ao orçamento público.

Essa atuação primordial, independente e autônoma do parlamento no contexto das instituições democráticas brasileiras fica apenas comprometida pelo intenso desequilíbrio observado nas relações entre Executivo e Legislativo no Brasil. A literatura especializada (Figueiredo e Limongi, 2000) destaca que a forte concentração de poder no Executivo tem restringido ou anulado a atuação do parlamento brasileiro, que tem exercido suas atividades precípuas de criar leis e fiscalizar as contas da Presidência da República de maneira insatisfatória e precária. Adiante, retomarei esse ponto mais pormenorizadamente.

As leis que compõem o processo orçamentário obedecem a rituais específicos distribuídos por várias legislações, todas balizadas pela própria Constituição Federal de 1988, que nos arts. 165 a 169 determina as normas gerais para a matéria. Nas questões orçamentárias, além da própria Constituição de 1988, cabe ressaltar: a Lei Complementar nº 101, de 4/5/2000, conhecida como Lei de Responsabilidade Fiscal; a Lei nº 4.320, de 17/3/1964, atual lei brasileira de orçamento e finanças públicas, apesar das revogações posteriores; o Plano Plurianual (PPA); a Lei de Diretrizes Orçamentárias (LDO); Lei Orçamentária Anual (LOA); a Lei nº 10.028, de 19/10/2000, que altera o Código Penal para atualizar os crimes contra as finanças públicas; e finalmente a Resolução do Congresso nº 1, de 22/12/2006, que integra o Regimento Interno do Congresso Nacional e dispõe sobre a tramitação das matérias orçamentárias e do funcionamento da Comissão Mista de Planos, Orçamentos Públicos e Fiscalização (CMO).[136]

Além dos trâmites burocráticos bem-definidos, a elaboração das peças orçamentárias também deve observar certos princípios legais amplamente conhecidos pela literatura especializada. De maneira sucinta, a título de informação, listarei esses princípios. Ressalte-se que estes foram desenvolvidos essencialmente para facilitar e incentivar o controle e a fiscalização do orçamento pelo Legislativo, pelos atores sociais organizados e por toda a sociedade.

Princípios orçamentários	Descrição sucinta
Unidade	Visando à fiscalização mais efetiva pelo parlamento, todo o orçamento público deve ser agrupado em uma única lei, a ser submetida ao Congresso Nacional. Como o orçamento público é muito complexo e elevado, agrupando enorme quantidade de órgãos, houve uma evolução do conceito de unicidade, que rapidamente se aproximou do princípio da totalidade, mais condizente com nossa realidade. Esse princípio sustenta que, no caso de haver mais de uma peça, como no Brasil, com os três orçamentos (fiscal, de investimento das empresas estatais e da seguridade social), este deve ser integrado, totalizado e consolidado antes de ser submetido ao parlamento.
Discriminação	Duas finalidades são perseguidas por esse princípio: a) do ponto de vista técnico, o orçamento deve obedecer aos ditames contábeis, que exigem precisão na classificação das receitas e despesas; e b) para melhor acompanhamento do parlamento e da sociedade, o orçamento deve ser bem detalhado, possibilitando o fácil entendimento da execução orçamentária. A Lei nº 4.320/64, art. 5º, determina que o orçamento não consignará dotações globais, uma vez que estas dificultam o acompanhamento da execução orçamentária. Por esse raciocínio, receitas e despesas devem ser bem especificadas no orçamento.
Universalidade	Princípio previsto na Lei nº 4.320/64, art. 2º. O orçamento deve abrigar todos os tipos de despesas e receitas, abrangendo todos os órgãos e instituições do Estado. Ao incluir integralmente no orçamento as receitas e despesas de todos os poderes, órgãos e fundos, evita-se que o Executivo arrecade ou gaste recursos públicos sem prévia anuência do Legislativo.

---

[136] A poderosa Comissão Mista de Planos, Orçamentos Públicos e Fiscalização é composta por 40 membros titulares, sendo 30 deputados federais e 10 senadores da República. A extensa resolução do Congresso Nacional que disciplina seu funcionamento detalha de maneira pormenorizada todos os procedimentos, competências e trâmites que devem ser obedecidos pelas leis orçamentárias no Legislativo, indicando inclusive como as comissões temáticas devem conduzir seus trabalhos.

Execução orçamentária e financeira

Princípios orçamentários	Descrição sucinta
Anualidade	O orçamento é válido por um tempo determinado. No caso brasileiro, o período é de um ano, que coincide com o ano civil, começando em 1º de janeiro e terminando em 31 de dezembro. Em outros países, como Estados Unidos, Inglaterra e Alemanha, o ano civil não coincide necessariamente com o período do orçamento.
Exclusividade	A Lei Orçamentária deve tratar apenas de questões orçamentárias e financeiras, não se imiscuindo em outros assuntos legais, por mais importantes que sejam. Como a Lei Orçamentária tem trâmites próprios e prazos mais céleres, o princípio evita que outras matérias sejam indevidamente agrupadas ("peguem carona") nas leis que tratam do orçamento.
Não vinculação das receitas	Apesar da vedação do art. 167, inciso IV da Constituição de 1988, que proíbe a vinculação de receita de impostos a órgão, fundo ou despesa, esse princípio apresenta várias exceções em nosso arcabouço legal. Note-se que as vedações se restringem aos impostos, não se aplicando às taxas e contribuições de melhoria, que são tributos geralmente vinculados. No entanto, na Constituição de 1988, muitas vinculações contrariam o dispositivo legal, como veremos adiante.
Orçamento bruto	Previsto na Lei nº 4.320/64, art. 6º. Todas as receitas e despesas devem ser contabilizadas por seus valores totais, proibidas quaisquer deduções. Assim, a transferência constitucional a estados e municípios deve ser contabilizada como receita e despesa da União, sendo o repasse contabilizado apenas como receita dos entes recebedores dos recursos. Ao evitar deduções, espera-se tornar o orçamento mais claro e transparente, fugindo de atalhos que podem confundir os não iniciados em matéria orçamentária.
Equilíbrio	A administração pública deve executar apenas os recursos de que dispõe, devendo evitar despesas que provoquem desequilíbrio fiscal. Uma receita liberal clássica que não tem sido devidamente observada. Pela teoria keynesiana, já discutida no capítulo 1, o Estado deve investir quando a economia entra em crise, rompendo com o princípio do equilíbrio. Atualmente, discute-se muito a qualidade e a finalidade do endividamento, reconhecendo certa propriedade quando se trata de investimentos estratégicos e condenando-se a prática quando o desequilíbrio fiscal é utilizado para cobrir despesas ordinárias de custeio da administração pública. Depois da Lei Complementar nº 101, de 4/5/2000, a Lei de Responsabilidade Fiscal, a questão do equilíbrio fiscal dos orçamentos públicos (a legislação obriga União, estados e municípios) tornou-se crucial no Brasil, representando praticamente uma conquista da sociedade, que pagou altíssimo preço, através da espiral inflacionária, pelo descontrole das contas governamentais em passado recente.
Clareza	O orçamento deve utilizar linguagem clara e simples, facilitando a tarefa de fiscalização e acompanhamento por parte do parlamento e da sociedade. No entanto, esse princípio encontra dificuldades naturais para ser cumprido, tendo em vista a natureza técnica e contabilmente complexa das peças orçamentárias.

Princípios orçamentários	Descrição sucinta
Publicidade	Princípio geral de administração pública. Atualmente, várias instituições, a imprensa e o próprio Legislativo têm despendido esforços para tornar o orçamento mais transparente e conhecido, levando o princípio da publicidade para além da simples obrigatoriedade de publicação nos diários oficiais. Sites como <www.contasabertas.uol.com.br> e <www.congressoemfoco.com.br> se especializaram em acompanhar a execução orçamentária, "traduzindo" para a sociedade as informações técnicas disponibilizadas. A LRF, art. 48, é taxativa quanto à necessidade de se dar a maior publicidade possível às leis orçamentárias e aos resultados da execução orçamentária.
Exatidão	Os dados e previsões que integram o orçamento devem ser os mais precisos e exatos possíveis, propiciando credibilidade e transparência. Vários mecanismos contrariam esse princípio. Segundo Giacomoni (2009:83): "a difundida prática de superdimensionamento da solicitação de recursos baseada na inevitabilidade dos cortes configura clara violência ao princípio da exatidão, artificializando a elaboração do orçamento". Também a conhecida esperteza do Congresso Nacional de revisar as previsões macroeconômicas do projeto de lei da LOA, inflando as receitas, é um artifício que possibilita a inclusão de novas emendas e despreza o princípio da exatidão, tornando menos confiável as peças orçamentárias.
Programação	O orçamento público, usualmente identificado como mecanismo de autorização e controle parlamentar, evoluiu para se tornar importante como instrumento para melhor planejar e gerenciar os gastos no âmbito da administração pública. Na Constituição de 1988, o planejamento e a programação receberam destaques inéditos, instrumentalizando a administração pública para que viabilizasse a elaboração de projetos de desenvolvimento de médio prazo. Segundo Pares e Valle (2006:231): "O PPA foi concebido para ser o elemento central do novo sistema de planejamento, orientando os orçamentos anuais, por meio da LDO. A tríade PPA/LDO/LOA forma a base de um sistema integrado de planejamento e orçamento".

Obs.: Na literatura especializada existem pequenas variações conceituais em relação a certos princípios orçamentários. Neste livro adotei como referência básica a exposição de Giacomoni (2009). Na prática, em situações específicas, esses princípios não têm caráter absoluto, sendo muitas vezes desrespeitados pela legislação e até mesmo pela Constituição de 1988.

Além dos princípios fundamentais descritos, toda a legislação orçamentária deve observar um ritual de tramitação bem específico, cujos prazos são rigorosamente estabelecidos pela Carta de 1988. Os prazos atualmente são fixados em função do calendário da sessão legislativa, que, de acordo com o art. 57, modificado pela EC nº 50, de 14/2/2006, se estende de 2 de fevereiro a 17 de julho e de 1º de agosto a 22 de dezembro. Apenas a título de ilustração, esbocei no quadro a seguir um fluxo sucinto do trâmite das leis orçamentárias. Também coloquei no início de cada coluna, apenas a título de exemplo, as leis que estabeleceram a LDO e a LOA para o exercício financeiro de 2009:

Execução orçamentária e financeira

Plano Plurianual (PPA)	Lei de Diretrizes Orçamentárias (LDO)	Lei Orçamentária Anual (LOA)
↓	↓	↓
Lei nº 11.653, de 7/4/2008. Plano Flurianual de 2008-11.	Lei nº 11.768, de 14/8/2008. Estabelece a LDO 2009.	Lei nº 11.897, de 30/12/2008. Estabelece a LOA 2009.
↓	↓	↓
O plano plurianual estabelece, de forma regionalizada, as diretrizes, objetivos e metas da administração pública federal para as despesas de capital, e outras delas decorrentes, e para as relativas aos programas de duração continuada.	A LDO compreende as metas e prioridades da administração pública federal, incluindo as despesas de capital para o exercício financeiro subsequente; orienta a elaboração da Lei Orçamentária Anual; dispõe sobre as alterações na legislação tributária e estabelece a política de aplicação das agências financeiras oficiais de fomento.	A Lei Orçamentária Anual compreende: I – o orçamento fiscal referente aos poderes da União, seus fundos, órgãos e entidades da administração direta e indireta, inclusive fundações instituídas e mantidas pelo poder público; II – o orçamento de investimento das empresas em que a União, direta ou indiretamente, detenha a maioria do capital social com direito a voto; III – o orçamento da seguridade social, abrangendo todas as entidades e órgãos a ela vinculados, da administração direta ou indireta, bem como os fundos e fundações instituídos e mantidos pelo poder público.
↓	↓	↓
Consolidado pela Secretaria de Planejamento Estratégico do Ministério do Planejamento.	Unidades setoriais dos ministérios e equivalentes do Legislativo e do Judiciário encaminham as previsões para a SOF/MP, que consolida os dados.	Após a LDO ser aprovada pelo Legislativo, com as previsões dos ministérios e unidades orçamentárias do Legislativo e Judiciário, a SOF/MP elabora a LOA.
↓	↓	↓
Duração de quatro anos, com vigência até o final do primeiro exercício financeiro do mandato presidencial subsequente. Período pensado para garantir a continuidade administrativa. Constituição de 1988, ADCT: art. 35, §2º, I.	O Executivo encaminha a LDO para apreciação do Congresso Nacional até 15 de abril. Constituição de 1988, ADCT: art. 35, §2º, II.	O Executivo deve apresentar a LOA ao Congresso Nacional até 31 de agosto.
↓	↓	↓
Comissão Mista de Planos, Orçamentos Públicos e Fiscalização (CMO).	Comissão Mista de Planos, Orçamentos Públicos e Fiscalização (CMO).	Comissão Mista de Planos, Orçamentos Públicos e Fiscalização (CMO)
↓	↓	↓
O PPA deve ser devolvido para sanção até o encerramento da sessão legislativa. Constituição de 1988. ADCT: art. 35, §2º, I. Na prática, deve ser aprovado até 22 de dezembro.	O Congresso Nacional não pode entrar em recesso sem apreciar a LDO, de acordo com o art. 57, §2º, da Constituição de 1988. O projeto da LDO deve ser devolvido para sanção até o encerramento do primeiro período da sessão legislativa. Na prática, deve ser aprovada até 17 de julho. Constituição de 1988, ADCT: art. 35, §2º, II.	O Congresso Nacional não pode entrar em recesso sem apreciar a LOA, de acordo com o art. 57, §2º, da Constituição de 1988. Na prática, deve ser aprovada até 22 de dezembro. Constituição de 1988. ADCT: art. 35, §2º, III.
		↓
		Até 30 dias após a publicação dos orçamentos, nos termos que dispuser a LDO, o Poder Executivo estabelecerá a programação financeira e o cronograma de execução mensal de desembolso. LRF, art 8º.
		↓
		Decreto nº 6.752, de 28/1/2009. Estabelece o cronograma mensal de desembolso do Poder Executivo.

Em um ambiente social, político e econômico altamente instável, com mudanças intensas e rápidas, o planejamento e o orçamento necessitam de modificações e ajustes ao longo de sua execução, especialmente o PPA, que abrange um período de tempo maior, mais precisamente quatro anos. Com a recente introdução do planejamento por resultados, o PPA deve ser continuamente monitorado, avaliado e revisado, realizando-se as modificações necessárias, para corrigir equívocos, alterar prioridades ou mesmo para inibir ineficiências identificadas. Dessa forma, o Plano Plurianual sofre, sistematicamente, alterações e revisões anuais, tornando-se um instrumento ao mesmo tempo dinâmico, flexível e norteador das ações do governo federal.

No caso dos orçamentos anuais, as modificações e adaptações ocorrem ao longo do ano, sempre mediante projetos de lei. Depois de aprovada a LOA, existem basicamente dois mecanismos para se proceder aos ajustes necessários durante sua execução: a) os conhecidos contingenciamentos previstos na Lei de Responsabilidade Fiscal, quando se pretende segurar as despesas; e b) os créditos adicionais, quando se trata de suplementar ou criar novas dotações orçamentárias. Do ponto de vista legal, cabe ressaltar que os contingenciamentos são sempre realizados por decretos do Executivo, ao passo que os créditos adicionais são introduzidos através de projetos de lei de iniciativa do presidente da República, com a exceção dos créditos extraordinários, também abertos por decreto, com imediata comunicação ao Legislativo (os créditos extraordinários não precisam ser apreciados pelo parlamento).

Um dos princípios mais fundamentais e característicos do orçamento é a não vinculação ou afetação das receitas, o que é previsto pelo art. 167 da Constituição de 1988, que veda:

> IV — a vinculação de receita de impostos a órgão, fundo ou despesa, ressalvadas a repartição do produto da arrecadação dos impostos a que se referem os arts. 158 e 159, a destinação de recursos para as ações e serviços públicos de saúde, para manutenção e desenvolvimento do ensino e para realização de atividades da administração tributária, como determinado, respectivamente, pelos arts. 198, §2º, 212 e 37, XXII, e a prestação de garantias às operações de crédito por antecipação de receita, prevista no art. 165, §8º, bem como o disposto no §4º deste artigo [redação dada pela Emenda Constitucional nº 42, de 19/12/2003].

Note-se que a Constituição veda a vinculação de um tipo específico de tributo — os impostos —, nada dizendo sobre as taxas e contribuições de melhorias, usualmente vinculadas a determinadas despesas ensejadas pela utilização de serviços públicos específicos e divisíveis ou pela realização de obras públicas. Note-se também que algumas exceções ao princípio da não vinculação já estão estabelecidas em artigos distribuídos pelo texto da Constituição de 1988.

Mas, apesar da previsão legal de garantia de um princípio que deveria ser observado na elaboração dos orçamentos, é de amplo conhecimento que a execução orçamentária no Brasil é muito rígida e vinculada. Assim, a vinculação é uma questão muito polêmica e acaloradamente discutida pelos estudiosos do orçamento e das finanças públicas no país desde a promulgação da Constituição de 1988. De acordo com os estudos mais recentes, apenas cerca de 10% do orçamento da União estariam disponíveis para utilização discricionária do presidente da República, sendo os outros 90% já destinados a despesas predeterminadas.

No orçamento da União, determinadas despesas não podem sofrer cortes ou contingenciamentos orçamentários. Vejamos os exemplos mais óbvios e conhecidos: a) o percentual previsto para o atingimento das metas do superávit primário;[137] b) as despesas para cobrir a folha de pagamento dos servidores públicos federais; c) os gastos previdenciários (incluindo, indistintamente, servidores públicos (RJU) e aposentados pelo regime geral da previdência); e d) os gastos da política de seguridade social, como o benefício de prestação continuada (BPC), previsto no art. 203, inciso V da Carta de 1988, que garante um salário mínimo mensal à pessoa portadora de deficiência e ao idoso que comprovem não possuir meios de prover a própria manutenção ou de tê-la provida por sua família.[138]

---

[137] A Lei nº 11.768, de 14/8/2008, que estabelece a LDO de 2009, fixa em 3,8% do PIB a meta para o superávit primário do setor público consolidado.

[138] Segundo dados disponibilizados pela página do Ministério do Desenvolvimento Social e Combate à Fome, <www.mds.gov.br>, em março de 2009 havia 2.992.271 beneficiários do programa, sendo 1.538.523 deficientes físicos e 1.453.748 idosos. O gasto mensal do programa no mês de março de 2009 totalizou R$ 1.389.452.302,00, assim divididos: BPC — R$ 714.100.336,00 e idosos — R$ 675.351.966,00. Ao contrário do Bolsa Família, que pode ser gerenciado e administrado pelo governo em função de prioridades e disponibilidade orçamentária, os benefícios do BPC são obrigatórios e vinculados ao salário mínimo, não deixando qualquer margem de manobra para o Executivo federal. Em 2008, os gastos com o BPC foram de R$ 13,8 bilhões, superiores aos R$ 10,6 bilhões do Bolsa Família, que atende aproximadamente 11 milhões de famílias. Como em todos os programas sociais brasileiros, o BPC tem sido alvo de ações irregulares por parte de quadrilhas e beneficiários, calculando o TCU que cerca de 10% dos benefícios sejam pagos de forma irregular. Além de matéria constitucional, a assistência ao idoso e à pessoa portadora de deficiência que comprovem não possuir meios de subsistência está prevista na Loas, Lei nº 8.742, de 7/12/1993. Ressalte-se que, ao contrário do que acontece nas áreas da saúde e da educação, a grande maioria das

Por outro lado, existem vinculações constitucionais que determinam repasses automáticos de recursos, como os fundos de participação dos municípios e estados. Algumas das mais conhecidas e importantes estão dispostas no art. 159 da Constituição de 1988, que determina que, do total de tributos arrecadados pela União com o imposto de renda (IR) e o imposto sobre produtos industrializados (IPI), sejam repassados: inciso I, letra a: 21,5% ao Fundo de Participação dos Estados (FPE); inciso I, letra b: 22,5% ao Fundo de Participação dos Municípios (FPM); inciso II: 10% do IPI aos estados e ao Distrito Federal, proporcionalmente ao valor das respectivas exportações de produtos industrializados; inciso III: 29% da contribuição de intervenção no domínio econômico (Cide) dos combustíveis para estados e o Distrito Federal.[139]

Paralelamente às transferências constitucionais obrigatórias, a Carta de 1988 também estabelece certos gastos mínimos com áreas consideradas prioritárias, como saúde e educação. Os gastos mínimos na área da educação foram inicialmente estipulados para as três esferas de governo pelo art. 212:

> A União aplicará, anualmente, nunca menos de dezoito, e os Estados, o Distrito Federal e os Municípios vinte e cinco por cento, no mínimo, da receita resultante de impostos, compreendida a proveniente de transferências, na manutenção e desenvolvimento do ensino.

Na área da saúde, o estabelecimento de vinculações constitucionais aconteceu um pouco mais tarde, pela Emenda Constitucional nº 29, de 13/9/2000. Os §2º e §3º do art. 198, acrescentados pela emenda constitucional, estabelecem gastos mínimos para os três entes da Federação. Dessa maneira, aplicando-se a fórmula introduzida pelo art. 77 dos Atos das Disposições Constitucionais Transitórias (ADCTs), o orçamento da saúde pública no Brasil tornou-se vinculado e crescente, pois a fórmula baseia-se na variação nominal do PIB no caso dos investimentos sob a responsabilidade da União. Para os estados, o inciso II do art. 77 determina a aplicação mínima de 12% do orçamento. Para os municípios, o percentual mínimo é de 15%, conforme redação do inciso III do art. 77 dos ADCTs.[140] Por mais de uma década também houve outra vinculação importante na área específica da

---

verbas destinadas à assistência social é repassada diretamente aos cidadãos pela União, através de um agente repassador, sendo esse papel desempenhado pela CEF no caso específico do Bolsa Família.

[139] A Emenda Constitucional nº 55, de 20/9/2007, estabelece o repasse de mais 1% da arrecadação do IPI e do IR para os municípios.

[140] Matéria regulamentada tardiamente apenas com a Lei complementar nº 141, de 13/1/2012.

Execução orçamentária e financeira

saúde, mediante a Contribuição Provisória sobre Movimentação Financeira (CPMF), que vigorou com vários nomes e alíquotas entre 1994 e 31/12/2007, com recursos supostamente vinculados à área da seguridade social (saúde, previdência e assistência social).

Vejamos alguns dos principais dados relativos à vinculação do orçamento, segundo estudos do Ministério do Planejamento, Orçamento e Gestão, para as receitas primárias arrecadadas pelo governo federal:

Tabela 32. Vinculação das receitas primárias relativas ao exercício de 2007

Áreas	Valor (RS, em milhões correntes)
Saúde	17.639,9
Previdência social	163.282,5
Assistência social	12.976,9
Outras vinculações	110.333,7
Total da seguridade social	**304.233,1**
Transferências a entes subnacionais	105.039,5
Vinculadas outras despesas/órgãos	72.567,7
Total das vinculações do orçamento fiscal	**177.607,2**
Receitas não vinculadas	146.780,6
Total das receitas primárias no exercício de 2007	**628.620,9**

Fonte: Dados da Secretaria do Orçamento Federal (2007), disponíveis em: <www.planejamento.gov.br>.

Como facilmente se pode observar, de um total de receitas primárias da ordem de R$ 629 bilhões, cerca de R$ 482 bilhões já estariam vinculados, ou seja, 76,62%. Ressalte-se que os recursos restantes não ficam inteiramente livres, uma vez que existem despesas inevitáveis, como as de custeio, limitando a discricionariedade do gestor público. Assim, boa parte dos governantes e dos analistas do orçamento argumenta que a margem de discricionariedade do orçamento da União é muito pequena, não deixando espaço para intervenções ou para a redefinição de prioridades nas políticas públicas por parte do Executivo.

Somando-se os gastos mínimos de custeio, as transferências constitucionais aos estados e municípios, os gastos com funcionalismo (ativo e inativo), previdência social, os valores previstos para o superávit nominal do orçamento para pagamento de juros e os gastos mínimos nas áreas de assistência social, educação e saúde, sobram poucos recursos para investimento. Independentemente da coligação política que saia vencedora das urnas, a reclamação é sempre grande no que diz respeito ao fato de o volume de recursos disponíveis para investimento ser muito pequeno nos orçamentos públicos no Brasil.

Os analistas ressaltam que os investimentos têm, efetivamente, a capacidade de apontar as prioridades políticas de determinado governo, garantindo uma diferenciação ideológica que caracteriza uma coligação governante específica. Assim, não havendo margem de discricionariedade e sendo pequeno o volume de recursos para a definição dos investimentos, os críticos da estrutura do orçamento público brasileiro argumentam que os governos tendem a se assemelhar, uma vez que as políticas mais importantes são determinadas pela Constituição Federal (política de Estado) e não pelos programas dos partidos (política de governo).

Existem também várias despesas de custeio que são inevitáveis e necessárias para o funcionamento da máquina administrativa, como a conta de energia elétrica, a segurança dos prédios públicos, telefone, combustível, diárias para servidores, papel, cartuchos para impressoras etc.

A tentativa de quebrar a rigidez do orçamento da União estabelecida pela Constituição de 1988 começou logo no início da década de 1990, contrariando frontalmente a vontade soberana da população, que democraticamente se manifestou durante a Assembleia Nacional Constituinte. Antes mesmo de tomar posse como presidente da República, Fernando Henrique Cardoso e o PSDB trabalharam para liberar o Executivo federal dos gastos previstos na Constituição, a fim de aumentar o nível de discricionariedade do orçamento da União.

Pouco mais de cinco anos se passaram entre a promulgação da Constituição, em 5/10/1988, e a promulgação da Emenda Constitucional de Revisão nº 1, de 1/3/1994, que estabeleceu inicialmente o Fundo Social de Emergência. O fundo foi criado com o objetivo de propiciar o saneamento financeiro do Tesouro Nacional e contribuir para a estabilização econômica, sendo os recursos aplicados prioritariamente no custeio das ações dos sistemas de saúde e educação.

A emenda constitucional acrescentou os arts. 71, 72 e 73 ao Ato das Disposições Constitucionais Transitórias, que liberaram 20% dos tributos arrecadados pela União nos exercícios financeiros de 1994 a 1999. Dessa maneira, gastos mínimos com educação, por exemplo, previstos pela Carta de 1988, ficaram desobrigados, o que liberou o Executivo federal para alocar recursos de maneira mais flexível e discricionária. A Emenda Constitucional nº 10, de 4/3/1996, converteu o Fundo Social de Emergência em Fundo de Estabilização Fiscal. Através de sucessivas emendas constitucionais, o Fundo de Estabilização Fiscal vem sendo sistematicamente renovado, sendo agora já conhecido por um conceito que retrata mais fielmente sua característica precípua: Desvinculação das Receitas da União (DRU).[141] Atualmente, o prazo de vigência da desvinculação está assim estipulado pela Emenda Constitucional nº 56, de 20/12/2007:

> Art. 76. É desvinculado de órgão, fundo ou despesa, até 31 de dezembro de 2011, 20% (vinte por cento) da arrecadação da União de impostos, contribuições sociais e de intervenção no domínio econômico, já instituídos ou que vierem a ser criados até a referida data, seus adicionais e respectivos acréscimos legais.

Ao longo de todos esses anos, tanto o PSBD quanto o PT, que encabeçaram as últimas coligações vencedoras para a Presidência da República, lutaram fortemente pela prorrogação da desvinculação das receitas. Também a presidente Dilma Roussef conseguiu a prorrogação da DRU, através da EC 68, de 21/12/2011, estendendo-a por mais quatro anos. Depois da desvinculação das receitas entrar com o texto: Também a presidente Dilma Rousseff conseguiu a prorrogação da DRU em dezembro de 2011, estendendo-a por mais quatro anos.

Para além do acalorado debate político e mesmo ideológico que o tema da desvinculação de receitas desperta entre os analistas mais credenciados, a trajetória desses 24 anos de experiência possibilita algumas reflexões e qualificações. Inequivocamente, em um cenário ideal de uma sociedade mobilizada, culturalmente evoluída, educada e bem-organizada, com governantes preparados, responsáveis e preocupados com a res publica, a melhor institucionalização do orçamento aponta para a mais completa autonomia e flexibilidade do gestor público. Este deve fazer suas opções e estabelecer suas prioridades em função dos problemas mais urgentes enfrentados pela sociedade em determinado momento específico.

---

[141] Emendas constitucionais nº 27, de 21/3/2000, nº 42, de 19/12/2003, e nº 56, de 20/12/2007. Apenas na EC nº 27 a denominação correta é instituída, abandonando-se eufemismos anteriores, como Fundo Social de Emergência ou Fundo de Estabilização Fiscal. O texto da emenda fala claramente em instituir a desvinculação da arrecadação de impostos e contribuições sociais da União.

Especialmente no cenário político e ideológico brasileiro, enfrentamos um problema grave relacionado com a visão que a sociedade tem do Estado e dos bens públicos em geral, que não são entendidos como algo que pertença a toda a coletividade, mas como bens que não pertencem a ninguém. Nesse cenário culturalmente adverso, torna-se de fácil entendimento a célebre frase de Madison, inscrita em *The Federalist*, n. 51: "Se homens fossem anjos, não seria necessário haver governos". Considerando que Madison tinha em mente uma sociedade mais mobilizada e organizada que a brasileira, com forte inspiração republicana e democrática, a tarefa de conter a vocação individualista, predatória e patrimonial dos governantes brasileiros torna-se crucial e estratégica.

Dessa forma, de certa maneira, a vinculação de receitas e o estabelecimento de gastos mínimos em determinadas áreas sociais específicas representam uma blindagem legal e institucional contra um ataque patrimonialista e irresponsável por parte de governantes descompromissados com as causas políticas mais emergenciais e estruturais da sociedade brasileira, como a seguridade social e a educação. Num cenário de apatia, baixa participação e mobilização, combinado com o patrimonialismo que caracteriza a política brasileira, a administração pública torna-se presa fácil e cobiçada para práticas predatórias e corruptas.

Os críticos da vinculação dizem que esta representaria, injustificadamente, uma desconfiança prévia e generalizada em relação ao gestor público brasileiro, que automaticamente receberia um certificado de inapto, socialmente insensível e corrupto. Como sempre acontece com as generalizações, é claro que nem todos os governantes eleitos seriam desonestos e ineficientes, pois é evidente que temos administradores públicos competentes e honestos no Brasil. Ocorre que, infelizmente, o histórico da administração pública brasileira, em todos os três entes federativos e poderes, é fortemente marcado, sim, pela voracidade patrimonial dos governantes, que enxergam no controle do Estado, com seus cargos e orçamentos, uma oportunidade ímpar de se apropriar de riquezas públicas.

Como a sociedade estabeleceu certas prioridades fundamentais através da Assembleia Nacional Constituinte convocada em 1986, e não existe instrumento político mais democrático no âmbito institucional da democracia representativa, considero correto o entendimento de que a desvinculação das receitas da União representa uma burla ou desvio à vontade soberana da nação. Essa situação é especialmente alarmante se considerarmos o curto espaço de tempo transcorrido entre a promulgação da Carta de 1988 e o início do processo de desfazer parte do trabalho constituinte através da desvinculação das receitas. A realidade é que, num espaço de tempo tão curto, não há como caracterizar uma mudança do contexto cultural, social ou econômico do Brasil, que continua essencialmente com as mesmas carências e prioridades levantadas pelos constituintes entre 1986 e 1988.

Em outra linha de raciocínio, pode-se fazer também a defesa das vinculações simplesmente observando o que acontece com as verbas discricionárias do orçamento público. Ao contrário das vinculações e transferências constitucionais obrigatórias, as transferências voluntárias, realizadas mediante convênios e termos de parcerias, entre outros instrumentos jurídicos congêneres, caracterizam-se pelo elemento da discricionariedade, com o gestor definindo livremente em que áreas serão alocados os recursos disponíveis.

Porém, como visto no capítulo 1, o histórico das transferências voluntárias, especialmente as emendas parlamentares, não pode ser mais desanimador. Num cenário de total liberdade e flexibilidade para o gestor público têm prevalecido critérios essencialmente clientelistas e patrimoniais na execução do orçamento. Nesse contexto, recursos vultosos são aleatoriamente distribuídos obedecendo apenas critérios eleitorais, partidários e clientelistas, passando galhardamente ao largo de estudos técnicos ou da definição das prioridades sociais identificadas pela administração pública.

Como as verbas discricionárias são relativamente pequenas no orçamento público brasileiro, o impacto desse amadorismo, clientelismo e politização excessiva, característicos das transferências voluntárias, é menos grave, apesar de condenável. O ponto que se levanta pode ser provocativamente colocado da seguinte maneira: considerando as desventuras observáveis nas transferências voluntárias, qual seria o impacto para a administração pública e para a sociedade do aumento das verbas discricionárias nos orçamentos públicos do Brasil? Evitando qualquer julgamento calcado em ideologias, filiação partidária ou teorias sociais, mas atendo-me à análise da realidade dura e fria, creio que o aumento da desvinculação das receitas traria apenas e tão somente mais amadorismo, fraude e patrimonialismo ao gerenciamento do Estado brasileiro.

Dados do Ministério da Educação relativos aos 12 anos entre 1997 e 2008 estimam que, nesse período, aproximadamente R$ 27 bilhões deixaram de ser investidos na educação.[142] Especificamente na área da educação, as vin-

---

[142] A Emenda Constitucional nº 59, de 11/11/2009, retirou as verbas da educação do cálculo dos 20% da desvinculação dos recursos da União, alterando a redação do art. 76 dos ADCTs.

culações estabelecidas pela Carta de 1988 produziram uma transformação radical na sociedade, universalizando efetivamente a educação para todos os brasileiros. É evidente que graves problemas relacionados à qualidade do ensino público ainda devem ser enfrentados, mas os avanços propiciados pelas vinculações na área da educação são cristalinos. Importantes, gigantescos e onerosos programas, como distribuição do livro didático, merenda escolar, transporte escolar, valorização do magistério, avaliação do ensino fundamental, médio e superior, entre outros, não podem ficar sujeitos à discricionariedade do gestor público ou mesmo dependentes do desempenho da arrecadação tributária.

Na área da saúde, a mesma linha de raciocínio se aplica, haja vista a hercúlea tarefa de se universalizar o acesso aos serviços de saúde para uma população enorme como a brasileira. Assim como na educação, o grande desafio na área da saúde é a melhoria da qualidade dos serviços prestados. De qualquer modo, os avanços são perceptíveis e gigantescos, especialmente se considerarmos programas vitais como as campanhas de vacinação, a distribuição de medicamentos, a política universal de tratamento da Aids, o trabalho de vigilância sanitária, a política inteiramente gratuita para o tratamento de doenças como lepra e tuberculose, o programa público de transplantes de órgãos (com procedimentos caríssimos e complexos), que fazem do Sistema Único de Saúde (SUS) uma referência internacional e importante instrumento de distribuição de riquezas (transferências não monetárias) em um país marcadamente injusto e desigual como o Brasil.[143]

Espelhando-se na experiência da União, os estados também têm procurado estabelecer na Constituição algo parecido com a desvinculação observada no plano federal. Felizmente, a ideia não tem prosperado, pois implicaria uma redução vertiginosa nos orçamentos públicos da saúde e da educação, áreas ainda prioritárias para a sociedade brasileira. Fazendo um balanço das vinculações estabelecidas depois da Constituição Federal de 1988, é possível estabelecer uma relação direta entre o estabelecimento

---

No exercício de 2009, o percentual baixou para 12,5%, caindo ainda mais, para 5%, no exercício de 2010 e zerando no ano fiscal de 2011. Dessa forma, a perda da área da educação em função da DRU vem sendo progressivamente zerada.

[143] Vejamos o gigantismo do sistema público de saúde no Brasil em números referentes ao ano de 2005: "O SUS tem uma rede de mais de 63 mil unidades ambulatoriais e de cerca de 6 mil unidades hospitalares, com mais de 440 mil leitos. Sua produção anual é de aproximadamente 12 milhões de internações hospitalares, 1 bilhão de procedimentos de atenção primária à saúde, 150 milhões de consultas médicas, 2 milhões de partos, 300 milhões de exames laboratoriais, 132 milhões de atendimentos de alta complexidade e 14 mil transplantes de órgãos" (Graef, 2010:45).

desses gastos mínimos em áreas sociais prioritárias e os avanços observáveis na universalização dos serviços de saúde e educação. Ainda que o problema da qualidade na prestação dos serviços não tenha sido equacionado de maneira satisfatória pela administração pública brasileira, creio que o desafio da universalização da saúde e da educação não teria sido alcançado sem as vinculações estabelecidas pela Carta de 1988.

Os avanços são perceptíveis, apesar das tentativas de vários gestores públicos, especialmente municipais, de mascarar os gastos efetuados nas áreas da saúde e da educação. Não raro as auditorias dos tribunais encontram prestações de contas de estados e municípios que apropriam, de maneira indevida, gastos nas rubricas da saúde e da educação que não têm qualquer relação com essas áreas, demonstrando a clara intenção de burlar as determinações constitucionais. Exemplo clássico e muito comum dessa fraude seria apropriar como gasto em educação a construção de uma ponte que dá acesso a uma escola rural.[144]

Por outros ângulos também se pode defender as vinculações constitucionais no caso das áreas da saúde e da educação: chamando a atenção para o caráter essencial e urgente da prestação de serviços públicos na área da saúde e para a capacidade transformadora dos gastos com educação. Essas duas áreas caracterizam a essência e o maior volume das transferências não monetárias do orçamento social da União. Como já dito, a implantação do SUS, com as diretrizes estabelecidas pela Lei nº 8.080, de 19/9/1990, nesses 24 anos é um marco para a sociedade brasileira. Por outro lado, o gasto com educação deve ser considerado um investimento e, não, uma despesa, dada a capacidade de transformação social que potencializa. Há estudos unânimes e abundantes relacionando o aumento da educação com níveis mais elevados de renda, bem-estar e cidadania, e destacando a ampla capacidade de reverter em enormes benefícios os investimentos realizados nessa área.

Como vimos, as vinculações limitam muito a ação do governante, inibindo ou cerceando o estabelecimento de novas prioridades que possam surgir em função das intensas e complexas transformações que caracterizam nossas sociedades. Naturalmente, em situações específicas, essa rigidez pode trazer prejuízos para a sociedade, que pode ficar sem uma resposta adequada do setor público para problemas também importantes, cruciais

---

[144] Na verdade, a intenção não é dar acesso à escola, que pode inclusive ter outros acessos, mas construir uma ponte que atenda a outras demandas da sociedade ou mesmo da administração municipal. As auditorias dos tribunais têm encontrado muitas situações como essas, em que ações sem vínculo direto com saúde ou educação são contabilizadas indevidamente nessas rubricas.

e frequentes. Por outro lado, como existe uma desconfiança mais do que justificada nos políticos e gestores públicos brasileiros, creio que o saldo da experiência recente das vinculações estabelecidas pela Carta de 1988 é extremamente positivo, haja vista as conquistas apontadas.

Uma alternativa possível para o problema da rigidez orçamentária e da falta de flexibilidade do gestor público talvez fosse estabelecer determinadas vinculações por prazos estipulados, 20 ou 30 anos, por exemplo. Transcorrido esse período, haveria um balanço da experiência e o Congresso Nacional se pronunciaria novamente sobre a matéria, observadas as determinações legais. Como muitos de nossos problemas são estruturais e profundos, como os desafios da saúde e da educação, o estabelecimento de períodos longos para as vinculações permitiria atacar esses problemas de maneira eficiente e efetiva. O estabelecimento *a priori* de uma data para a revisão das vinculações determinadas pela Constituição também tornaria o processo mais ético e profissional, livre de influências pessoais, partidárias ou eleitorais. Dessa forma, seria possível conciliar, dentro das limitações existentes, os benefícios da vinculação com as vantagens proporcionadas pela maior flexibilidade do orçamento.

Outra característica forte e já informalmente institucionalizada no âmbito da administração pública brasileira é a concentração da execução orçamentária nos últimos meses do ano fiscal. Como visto no capítulo 3, essa concentração da execução orçamentária no último bimestre acarreta perdas enormes para a administração pública. Primeiramente, a mais óbvia e inequívoca: o quadro de pessoal fica muito ocioso nos primeiros meses do ano e sobrecarregado nos últimos, implicando uma sazonalidade prejudicial aos servidores e à administração pública. Esse desequilíbrio é especialmente nefasto considerando-se a falta de flexibilidade do Estado para administrá-lo, uma vez que inexistem instrumentos legais como banco de horas, jornadas reduzidas ou possibilidade de pagamento de horas extras, que poderiam amenizar o problema.[145]

Do ponto de vista das compras governamentais, a concentração dos orçamentos públicos dos três níveis de governo e poderes nos últimos meses do ano é um desastre. As comissões de licitações, o setor financeiro e o almoxarifado, setores mais diretamente ligados ao processo de compras, ficam extremamente ociosos no início do ano. Já no último bimestre, há uma intensa descentralização e liberação de recursos orçamentários e financei-

---

[145] Os dissídios coletivos comuns no mundo corporativo possibilitam essas flexibilidades, muito utilizadas para o enfrentamento de crises e sazonalidades do processo produtivo.

Execução orçamentária e financeira

ros, implicando processos de licitação, assinatura de contratos e celebração de convênios malfeitos e ineficientes, que potencializam erros e fraudes. Pela urgência dos processos, falhas legais e materiais se multiplicam, trazendo prejuízos enormes para a administração pública. Como os órgãos lutam durante todo o ano por recursos orçamentários, há uma corrida louca para que, ao final do exercício, o dinheiro não retorne ao Tesouro Nacional. Naturalmente, nenhuma instituição ou gestor público quer ser considerado ineficiente por devolver recursos escassos, e isso implica procedimentos burocráticos que, pela urgência da última hora, são mal formalizados e executados. Para ilustrar essa situação caótica, vejamos os dados relativos à execução orçamentária do governo federal para o exercício de 2007:

Tabela 33. Valores totais licitados pelo governo federal no exercício de 2007

Meses	Valores
Janeiro	531.325.881,46
Fevereiro	945.397.121,33
Março	1.448.711.859,95
Abril	1.609.719.585,57
Maio	1.215.368.277,22
Junho	1.028.432.046,84
Julho	1.029.015.149,19
Agosto	1.321.791.795,24
Setembro	1.175.696.305,92
Outubro	1.835.062.586,20
Novembro	4.646.845.174,87
Dezembro	6.985.795.847,53
Total licitado em 2007	**23.773.161.631,32**

Fonte: Secretaria de Logística e Tecnologia da Informação (2007).
Obs.: Excluídas as dispensas, inexigibilidades, tomadas de preços e concorrências por técnica e preço.

Essa execução orçamentária é tão ou mais concentrada nos estados e municípios, especialmente considerando-se que, no arranjo federalista brasileiro, esses entes apresentam problemas fiscais bem mais agudos que os enfrentados pela União. De certa forma, mesmo contando com uma situação fiscal mais equilibrada em função dos altos superávits primários, a União acaba por influenciar muito na execução orçamentária de estados e municípios, que dependem das transferências voluntárias para complementar seus orçamentos. Assim, a retenção das verbas da União acaba criando um efeito cascata sobre a execução orçamentária dos entes subnacionais, que forçosamente empurram suas despesas para o último momento do exercício fiscal.

Como é fácil constatar pela análise dos dados da tabela, a execução orçamentária concentra-se no último bimestre do ano, que, sozinho, foi responsável por 48,93% dos valores licitados pelo governo federal no exercício financeiro de 2007. Em quaisquer das outras categorias de gastos do Executivo federal que se tomem como referência — diárias para viagem de servidores e colaboradores eventuais; gastos com passagens aéreas; repasses através de convênios, consórcios públicos ou congêneres; consumo de combustível e demais despesas de custeio —, o padrão altamente concentrado das licitações se repete, mostrando uma dificuldade histórica da administração pública brasileira.

Os problemas fiscais agudos e crônicos que a administração pública enfrenta, especialmente os entes subnacionais, explicam em parte a alta concentração da execução orçamentária, causando os danos apontados. Por essa lógica, a crise fiscal do Estado força a tendência de se administrar os gastos na "boca do caixa", ou seja, de liberar os recursos apenas ao final do exercício, quando as receitas já se concretizaram e o superávit primário está garantido. Assim, somente quando o orçamento apresenta alguma folga já no final do exercício, depois de garantidos os recursos para a observância dos gastos com pessoal e demais itens obrigatórios previstos na legislação, especialmente na Lei de Responsabilidade Fiscal, os dirigentes liberam os recursos para que as unidades gestoras executem os gastos previstos.

Desse modo, depois de transcorrido quase todo o ano fiscal é que os gestores aplicam os recursos previstos no orçamento, em especial os investimentos, que ficam em *stand-by*. Os administradores aguardam a evolução das receitas e a garantia de recursos para a execução dos gastos legais previstos e das despesas inevitáveis, como as de custeio das instituições públicas. Apenas em um segundo momento, quase no término do exercício, são liberados recursos para os investimentos, causando as dificuldades esperadas para uma execução de despesas realizada de forma apressada e atabalhoada.

Para administrar melhor os efeitos da crise fiscal foram desenvolvidos vários mecanismos, sendo os cortes orçamentários os mais conhecidos. No caso da União, as leis de diretrizes orçamentárias (LDOs) geralmente estabelecem metas para o superávit primário[146] do setor público consoli-

---

[146] Superávit primário é a diferença entre a arrecadação de receitas correntes e os gastos com despesas primárias, não contabilizando a conta de juros e amortizações da dívida pública, que caracteriza o superávit nominal.

Execução orçamentária e financeira   217

dado (3,8% do PIB para o exercício de 2009, conforme a Lei nº 11.768, de
14/8/2008).[147] Assim, uma vez estabelecida a meta de superávit, a Lei de
Responsabilidade Fiscal, Lei nº 101, de 4/5/2000, art. 9º, estabelece mecanismos que possibilitam o atingimento das metas mediante os conhecidos
contingenciamentos:

> Se verificado, ao final de um bimestre, que a realização da receita poderá não
> comportar o cumprimento das metas de resultado primário ou nominal esta-
> belecidas no Anexo de Metas Fiscais, os Poderes e o Ministério Público pro-
> moverão, por ato próprio e nos montantes necessários, nos trinta dias subse-
> quentes, *limitação de empenho e movimentação financeira*, segundo os critérios
> fixados pela Lei de Diretrizes Orçamentárias [grifo meu].

É cristalino que a concentração da execução orçamentária no último bimestre do ano fiscal não é causada exclusivamente pelos problemas fiscais
já apontados. As enormes dificuldades enfrentadas pela administração pública para realizar um planejamento ao mesmo tempo factível e gerencial
refletem-se negativamente na execução orçamentária.

Entre as dificuldades observáveis na árdua tarefa de realizar o planejamento da administração pública brasileira, apesar das inovações legais da
Constituição de 1988, figuram: a) a ausência de estruturas institucionais
bem-aparelhadas, autônomas e com pessoal qualificado para fazer o planejamento governamental (carência de expertise e de apoio institucional que é
verdadeira no caso do governo federal, mas especialmente grave no de estados e municípios, com suas precárias estruturas burocráticas); b) o gigantismo da administração pública, com suas enormes instituições, orçamentos e
atribuições precípuas, torna a tarefa de realizar um planejamento adequado
algo desafiador; c) a cultura prevalecente no Brasil, inclusive no mundo corporativo, é negligente e adversa em relação ao planejamento, traço especialmente forte no âmbito da administração pública; d) a pequena contribuição
do Congresso Nacional ao processo orçamentário, por estar mais preocupado em atender e acomodar as emendas parlamentares do que efetivamente
em avaliar a precisão e a fidedignidade das previsões de receitas e despesas
realizadas pelo Executivo através da SOF/MP; e) o passado recente, marcado pela espiral inflacionária, também contribuiu muito para desacreditar

---

[147] O setor público consolidado abrange governo central — Tesouro, previdência, Banco
Central e empresas estatais —, estados e municípios, incluindo as empresas estatais dos entes subnacionais.

e dificultar o planejamento no âmbito da administração pública brasileira, haja vista as dificuldades adicionais de se executar algo programado em um ambiente macroeconômico instável.

A combinação de problemas fiscais e culturais com as profundas deficiências relacionadas ao planejamento governamental tem transformado a execução orçamentária num processo altamente sazonal, trazendo enormes deformações e prejuízos para a sociedade, os servidores e a administração pública brasileira.

Uma consequência importante da concentração da execução orçamentária e financeira no final do exercício é a grande quantidade de "restos a pagar" inscritos na passagem do ano, criando situações contábeis que dificultam inclusive o controle social do orçamento.[148] Como no Brasil existia até 2009 dois regimes contábeis para a administração pública (regime de caixa para as receitas e de competência para as despesas), o alto volume de restos a pagar gera um descompasso entre a execução orçamentária e a financeira, assim descrito por Giacomoni (2009:327):

> Outra limitação da norma geral é fomentar o descompasso entre a execução orçamentária e a financeira, ou seja, a despesa é gravada num exercício, mas seus efeitos financeiros ocorrem no seguinte. Essas disfunções são potencializadas negativamente pelas práticas, comuns na gestão pública brasileira, de concentrar as liberações financeiras no final do exercício e de produzir grande número de empenhos, visando ao aproveitamento dos créditos.

No mesmo sentido, complementa outro grande especialista:

---

[148] De acordo com a Lei nº 4.320/64, a despesa pública pode ser dividida em três estágios: empenho, liquidação e pagamento. Empenho é o compromisso ou contrato que cria para o Estado a obrigação de pagar por um bem ou serviço prestado. A liquidação da despesa consiste na verificação do direito adquirido pelo credor de receber do Estado pela prestação do serviço ou entrega da mercadoria. O pagamento consiste na autorização da autoridade competente para que o pagamento seja realizado. Em função desses três estágios da despesa, existe uma distinção entre os "restos a pagar" processados e não processados. Os processados são os que já passaram pelo estágio da liquidação, ou seja, a adimplência do fornecedor na entrega de bens ou na prestação de serviços já foi averiguada e confirmada, podendo ser feito o pagamento. Os não processados são os que ainda se encontram no estágio inicial da despesa, ou seja, foram apenas empenhados. Como ilustração, o relatório do TCU (2007) analisando as contas do Executivo federal indica que, ao final do exercício de 2006, foram inscritos como restos a pagar não processados R$ 36 bilhões. Como um retrato fiel das dificuldades que a concentração da execução orçamentária no final do exercício potencializa, cerca de 33% desse valor foram posteriormente cancelados.

Execução orçamentária e financeira   219

As despesas fictícias provocadas por esse conceito e as dificuldades financeiras enfrentadas pelo país motivaram a criação da LRF, mas, como a prática não mudou, a lei teve que adotar o conceito de despesa paga em seu método de cálculo de aferição do resultado fiscal do governo. Esta brecha ocorreu desde a Constituição Federal, que em seu artigo 167 veda ao setor público assumir compromissos sem limites orçamentários, mas não veda sem limites financeiros. Sem essa limitação, vota-se um orçamento irreal, com previsões fictícias de receita, e os gestores assumem compromissos sem recursos, gerando com isso "restos a pagar" e comprometendo uma receita que só vai ocorrer no exercício seguinte[149] [Castro, 2011:79].

Outra característica importante do orçamento público brasileiro é a postura incrementalista adotada pelas unidades responsáveis pela elaboração das peças orçamentárias, em especial a Secretaria do Orçamento Federal (SOF/MP). Por esse mecanismo, a execução orçamentária do exercício anterior é a grande referência para a elaboração do orçamento futuro, com pequenas e pontuais alterações. A dinâmica acontece mais ou menos da seguinte maneira: toma-se como referência o último orçamento executado pelo governo central, por exemplo. Em seguida, são introduzidos cálculos e previsões relativos a crescimento do PIB, projeção inflacionária, previsão para os índices da taxa de juros, capacidade de cobrar judicialmente tributos inscritos em dívida ativa, entre outras projeções. Desse complexo arranjo matemático saem as leis orçamentárias anuais enviadas pelo Executivo para a avaliação e a aprovação do Congresso Nacional, que costuma refazer as previsões realizadas pela SOF/MP. Utilizando vários mecanismos, o Legislativo geralmente eleva consideravelmente o valor das receitas estimadas, o que possibilita a elevação das despesas e viabiliza a inclusão de emendas parlamentares.

Quanto à iniciativa para propositura, as emendas ao orçamento se dividem em dois grandes grupos: emendas individuais e emendas coletivas, que se subdividem em emendas de bancadas estaduais e emendas de comissão. Usualmente, existe um teto no orçamento para que os parlamentares gastem livremente com suas bases eleitorais (o teto de cerca de R$ 6 milhões

---

[149] Para acabar com o descompasso entre o orçamentário e o financeiro, o autor propôs a inclusão, na LRF, da proposta radical de anulação dos "restos a pagar não processados" e todos os que fossem onerar o exercício financeiro do ano seguinte. Essas propostas foram vetadas, mas o art. 42 da LRF avançou muito nesse sentido, ao proibir que o gestor contraia obrigação de despesas nos dois últimos quadrimestres do mandato *sem a suficiente disponibilidade de caixa (aqui, a lei não fala de orçamento)*.

anuais pode ser gasto em uma única emenda ou pulverizado até o limite de 20 emendas individuais). As emendas de bancadas são de interesse de cada estado ou do Distrito Federal e as emendas de comissão são privativas das comissões permanentes, que funcionam tanto no Senado quanto na Câmara.[150]

Em frontal contradição com o princípio da exatidão, o Congresso Nacional, ao aumentar a estimativa da taxa de inflação ou do crescimento econômico, por exemplo, aumenta artificialmente o valor das receitas inscritas no orçamento. Dessa forma, parcela significativa do orçamento fica sem previsão de despesas, abrindo caminho para a introdução de milhares de emendas parlamentares, que passam a integrar o orçamento. Em seguida, esse orçamento "inchado" é aprovado e devolvido ao Executivo.[151] A dinâmica recente tem mostrado que o Executivo é mais conservador na previsão das receitas tributárias, mas, quando a peça orçamentária chega ao Congresso Nacional, há uma nova estimativa, que eleva a projeção das receitas, abrindo espaço para uma interferência maior do Legislativo. Analisando cuidadosamente as diferenças entre o projeto de lei da LOA enviado pelo Executivo, o projeto aprovado pelo Congresso Nacional e o posterior decreto de desembolso mensal, todos relativos ao orçamento de 2002, Rezende e Cunha (2002:55) demonstram, com clareza, essa dinâmica:

> De fato, o exame dos números [...] revela que as despesas discricionárias, previstas em R$ 32,7 bilhões na proposta orçamentária, foram elevadas para R$ 37,1 bilhões na lei aprovada pelo Congresso e reduzidas para R$ 25,6 bilhões pelo contingenciamento decretado pelo Executivo.

Como no Brasil o orçamento é apenas e tão somente autorizativo e não impositivo, essa dinâmica perversa acarreta vários problemas institucionais graves. Primeiramente, a não observância correta do princípio da exatidão

---

[150] Em geral, os valores disponíveis para as emendas individuais dos parlamentares são estabelecidos no parecer preliminar da CMO e têm crescido ano a ano. O valor de R$ 6 milhões foi estipulado para o exercício fiscal de 2007.

[151] Essa prática potencializa uma grande assincronia de valores entre as etapas da receita pública. De acordo com Castro (2011), ela pode ser classificada em quatro estágios: a) previsão: quando, por meio da LOA, o Congresso Nacional aprova o orçamento encaminhado pelo Executivo; b) lançamento: momento em que os órgãos de arrecadação identificam o contribuinte e quantificam o tributo a ser pago; c) arrecadação: pagamento por parte do contribuinte junto à rede de bancos conveniados; e d) recolhimento: transferência por parte da rede bancária para a conta única do Tesouro Nacional, no caso específico da União.

alimenta e potencializa uma característica forte do orçamento brasileiro — a difundida prática dos contingenciamentos. Como o Congresso Nacional devolve o orçamento com as receitas superdimensionadas, cabe ao Executivo editar decretos de contingenciamento, trazendo novamente o orçamento da União para patamares mais realistas. Para além de determinada cota de emendas individuais cuja execução orçamentária é garantida, os membros do Legislativo se voltam, num segundo momento, para os ministérios, procurando viabilizar a execução do maior número possível de emendas previstas no orçamento. Como, em geral, os ministérios têm um número enorme de emendas aprovadas, mas que, pela natureza autorizativa do orçamento, não precisam necessariamente ser executadas, os parlamentares se esforçam ao máximo para viabilizá-las.

Aqui surge outro conjunto de problemas graves para a administração pública, uma vez que a barganha política monopoliza os critérios de negociação para a liberação das verbas orçamentárias, como visto no capítulo 1. Dessa forma, a execução orçamentária e a consequente liberação de transferências voluntárias, especialmente através das emendas parlamentares individuais, tornam-se um poderoso instrumento de controle, manipulação e enquadramento do Legislativo pelo Executivo.

Naturalmente, essa relação desequilibrada gera prejuízos enormes para o funcionamento do regime democrático, fundado essencialmente na autonomia e harmonia entre os poderes, como previsto e observável na teoria dos *checks and balances*, aspecto nevrálgico da experiência democrática norte-americana. Dessa maneira, toda a capacidade de controle, fiscalização e autonomia do Legislativo fica comprometida, restando o Executivo como soberano absoluto para governar o país sem as amarras proporcionadas por uma das principais instituições da democracia representativa. Não bastasse o uso indiscriminado e generalizado de medidas provisórias, também a execução orçamentária tem servido de poderoso instrumento político de submissão do Legislativo.

É tradicional e conhecida a prática do Executivo de obter apoio político para a aprovação de matérias de seu interesse no Congresso Nacional por meio da liberação de emendas parlamentares. Por esse mecanismo, no dia seguinte às grandes e importantes votações no Legislativo, o *Diário Oficial da União* costuma circular com um número maior de páginas, fruto das liberações orçamentárias pendentes. O mecanismo é simples: o parlamentar vota com o governo e tem mais verbas orçamentárias liberadas para seus redutos eleitorais. Por isso é tão difícil ser oposição no Brasil. Poucos parlamentares querem assumir o ônus de criticar o governo e ficar sem verbas orçamentárias para suas bases. Do ponto de vista da democracia representativa, o enfraquecimento da oposição que esse processo potencializa é manifestamente nefasto. Institucionalmente é sempre saudável para a democracia a existência de um parlamento autônomo, que cumpre com eficiência sua função fiscalizadora.

A literatura especializada tem apontado os danos institucionais causados pela excessiva politização da execução orçamentária, que, juntamente com o fatiamento e distribuição de cargos de confiança, estruturam e sustentam as coligações políticas que emergem vencedoras das eleições. Em uma situação institucional normal, as coligações se sustentam, organizam e governam em função de alinhamentos políticos, ideológicos e partidários.

A execução orçamentária acaba influenciando de maneira nefasta o funcionamento das instituições democráticas brasileiras, especialmente o sistema partidário, que sofre com a intensa migração de parlamentares entre os partidos. Apesar de não ser um problema exclusivo da democracia brasileira, a migração partidária tem atingido patamares altíssimos no Brasil. Em um trabalho exaustivo sobre o tema, fruto de sua tese de doutoramento, Ranulfo (2003) se dedicou ao estudo dessa característica bem peculiar de nosso sistema partidário. O autor demonstra que, com o fim da fidelidade partidária (que, por força do art. 149, inciso V, da Constituição de 20/10/1967, vigorou no Brasil de 1969 até a Emenda Constitucional nº 25, de maio de 1985, que a extinguiu), o fenômeno da troca de partidos foi-se multiplicando e se alastrou pelo país. Entre 1985 e outubro de 2001, a média de troca de partidos na Câmara dos Deputados teria sido de expressivos 28,8%. Em dados absolutos, houve precisamente 846 trocas de partidos nesse período.

Um conjunto de fatores favorece a migração partidária, causando assincronia entre os sistemas partidário parlamentar e partidário eleitoral. Os mais importantes arrolados pela literatura especializada são: a) baixo custo político para o parlamentar que troca de agremiação no Brasil; b) a lista aberta do sistema eleitoral, que individualiza muito as campanhas; c) uma legislação eleitoral leniente; d) a utilização do artifício das coligações nas eleições legislativas, o que aumenta o número de partidos no Congresso Nacional; e) o comportamento maximizador dos políticos, que a todo custo querem manter ou incrementar suas possibilidades de reeleição; e f) a luta indiscriminada dos parlamentares para amealhar recursos do orçamento federal e cargos na administração pública, uma vez que ninguém quer ficar no ostracismo imposto aos oposicionistas.

Para efeito deste trabalho é relevante apenas destacar que a "balconização" da execução orçamentária contribui sobremaneira, pela migração par-

Execução orçamentária e financeira 223

tidária que incentiva, para retirar legitimidade do sistema partidário brasileiro, acarretando sérios problemas em relação à qualidade da representação parlamentar, com reflexos na atuação do Legislativo.

Como no Brasil o processo eleitoral é muito leniente e o sistema partidário é amorfo e praticamente não apresenta contornos ideológicos, prevalecendo o mais absoluto pragmatismo eleitoral, equivocadamente a execução orçamentária assume a primordial tarefa de aglutinar e estruturar as coligações políticas vencedoras. Os danos que essa anomalia causa ao regime democrático são conhecidos: a) fraqueza institucional do Legislativo, que se torna apenas um apêndice no arranjo institucional brasileiro, com raríssimos momentos de exceção; b) a excessiva politização da execução orçamentária e sua concentração no Executivo torna a Presidência da República uma instituição poderosíssima; e c) o desequilíbrio entre os poderes tem o condão de afetar todo o arcabouço institucional da democracia brasileira, que fica sem um sistema eficiente de *checks and balances*, o que causa estragos profundos em múltiplas direções.

Para além dos problemas institucionais destacados, cabe também ressaltar que a "balconização" da execução orçamentária, com a prevalência de critérios exclusivamente políticos na liberação de verbas não obrigatórias, inviabiliza a distribuição de recursos baseada em critérios técnicos. Dessa forma, caem por terra o estabelecimento de prioridades sociais em bases científicas e democráticas, o planejamento e a coordenação das políticas públicas, sendo, por fim, anuladas todas as variáveis que deveriam caracterizar o bom funcionamento de uma burocracia estatal.

A fragilidade institucional do Legislativo é consolidada por mecanismos perversos e conhecidos, como o loteamento de cargos entre os partidos da base aliada e a instrumentalização política da execução orçamentária. Por outro lado, métodos menos ortodoxos e transparentes, como demonstram os escândalos dos "mensalões", também ajudam a anular de vez a capacidade do parlamento para cumprir com efetividade suas funções precípuas de legislar e fiscalizar o Poder Executivo.[152]

---

[152] O escândalo do mensalão estourou em 2005, quando Roberto Jefferson (PTB-RJ) denunciou que o governo, através da Casa Civil, comandada por José Dirceu (PT-SP), distribuía regularmente recursos para os deputados que votassem e se alinhassem com o governo. O lamentável episódio caracteriza a compra mais desavergonhada de votos no Congresso Nacional, equiparando-se ao que aconteceu quando da votação da emenda que instituiu a reeleição no Brasil. Antes disso, o esquema foi criado pelo PSDB de Minas Gerais, para tentar reeleger o governador Eduardo Azeredo. Depois, em dezembro de 2009, estourou o mensalão do Distrito Federal, comandado pelo governador José Roberto Arruda, do DEM-DF.

Como a execução orçamentária é importante instrumento de distribuição de riquezas e reordenamento social, as deficiências observadas em função da omissão e da submissão do Legislativo implicam perpetuar as desigualdades e injustiças que tão bem caracterizam o Estado brasileiro. Tivesse o parlamento mais autonomia, compromisso partidário ou algum viés ideológico e programático, sua contribuição na elaboração e execução do orçamento seria infinitamente maior e mais efetiva, abrindo possibilidades de superação de desafios e injustiças históricas.

Nenhuma outra situação demonstra de maneira tão cabal a fragilidade institucional do Legislativo ante o Executivo do que o contumaz descumprimento dos prazos para apreciação das matérias relacionadas com o orçamento. Como já disse, a história do parlamento se confunde com a trajetória de desenvolvimento das questões fiscais e tributárias, especialmente no que se refere à competência legal do Legislativo para apreciar as leis orçamentárias.

Em função dessa evolução histórica, a Constituição de 1988 estabelece prazos rígidos para a apreciação das leis orçamentárias, reforçando o papel do Legislativo nessa matéria. No entanto, nas últimas décadas, os prazos de votação das leis orçamentárias não estão sendo observados, ensejando soluções questionáveis do ponto de vista da relevância institucional do parlamento. Assim Giacomoni (2009:28) descreve essa inusitada situação:

O Congresso Nacional renuncia a uma das suas mais importantes atribuições ao autorizar por meio da LDO a execução de despesas sem orçamento aprovado. Além do mais, a solução adotada é de duvidosa legalidade. A Constituição Federal estabelece precisamente que o projeto de lei orçamentária deve ser devolvido para sanção até o encerramento da sessão legislativa e não há indicações de que entre os conteúdos da LDO está o de autorizar a execução provisória do orçamento. Considerações de ordem prática estão, também, envolvidas aqui, pois o mecanismo que a LDO federal acabou por institucionalizar vem ajudando a tornar rotineiro o atraso na votação do projeto de lei orçamentária anual. Já que as despesas podem ser realizadas mesmo sem o orçamento aprovado, deixam de existir razões para acelerar o processo de apreciação e votação da lei orçamentária. Das leis orçamentárias da década de 1990, apenas a do exercício de 1998 foi promulgada antes do início do exercício.

Pela redação da LDO 2009, Lei nº 11.768, de 14/8/2008, art. 69, inciso VI, o Executivo fica livre para empenhar, sem a devida aprovação da LOA, entre outras, as despesas correntes de caráter inadiável. Naturalmente, essa definição é bastante ampla e subjetiva, abrindo a possibilidade de o Executivo avançar na execução orçamentária sem o pronunciamento do Congresso Nacional.

Como já destacado, uma das grandes novidades na área das finanças públicas no Brasil dos últimos anos está relacionada com a austeridade fiscal introduzida pela Lei Complementar nº 101, de 4/5/2000, complementada pela Lei nº 10.028, de 20/10/2000, que altera o Código Penal (Decreto-lei nº 2.848, de 7/12/1940) nos crimes relacionados com as finanças públicas. Depois da introdução dessa nova legislação, todo planejamento, programação e execução orçamentária está condicionado à capacidade fiscal da administração pública, nos três níveis federativos.

No Brasil, como na esmagadora maioria dos países, o Poder Executivo, sozinho, executa mais de 95% do orçamento da União, sendo, em função disso, o principal responsável pela observância dos limites fiscais a serem obedecidos pela administração pública. De modo geral, essa situação de total supremacia do Executivo na execução orçamentária se reproduz quase fielmente nos estados e municípios da Federação.

Em função desse contexto legal, importantes processos devem ser qualificados quando se pretende fazer uma leitura política e sociológica da execução orçamentária no Brasil. De acordo com os pressupostos da teoria da escolha pública, que acredito válidos, a grande preocupação do político seria, antes de mais nada, viabilizar sua reeleição. Naturalmente, a execução orçamentária representaria, pelo enorme volume de recursos públicos que disponibiliza, um instrumento importante para o político que busca incansavelmente distribuir benefícios para suas bases eleitorais a fim de viabilizar os votos necessários para garantir sua reeleição.

Como o Legislativo, comparativamente, não tem grandes atribuições legais sobre a execução orçamentária, os parlamentares ficam absolutamente "livres" para forçar e aumentar os gastos públicos de maneira intensa, uma vez que não são responsáveis diretos pela manutenção do equilíbrio fiscal do Estado. No caso do Brasil, a passagem das peças orçamentárias pelo Congresso Nacional demonstra com clareza certa irresponsabilidade fiscal do parlamento, que tudo faz para aumentar as estimativas de receitas e despesas elaboradas pelo Executivo, tradicionalmente mais conservador e austero nessa matéria. É conhecida a figura do pejorativamente chamado "vereador federal" — deputados e senadores que atuam como políticos menores e cuja única preocupação seria carrear obras para suas bases eleitorais, prescindindo de discutir os grandes problemas do país.

Esse contexto cultural, histórico e legal cria uma dinâmica relativamente antagônica: o Executivo seria regido por uma racionalidade mais preocupada com a austeridade fiscal, enquanto o comportamento do Legislativo seria pautado por um viés perdulário e irresponsável, dificultando a busca do equilíbrio fiscal que o presidente da República legalmente deve perseguir. Em alguma medida essa situação tem o potencial de dificultar e causar estranhamentos nas relações institucionais entre o Executivo e o Legislativo, exigindo maiores níveis de articulação política da base governista, tarefa já complicada no âmbito do presidencialismo de coalizão que caracteriza a democracia brasileira.

Mas os dados disponíveis mostram que essas lógicas políticas antagônicas entre o Executivo e o Legislativo em relação à execução orçamentária e à responsabilidade fiscal são relativas, uma vez que os chefes de Executivo, em todos os níveis de governo, também buscam incessantemente suas reeleições. Rezende e Cunha (2002:68) bem caracterizam essa dinâmica:

> Analogamente ao que ocorre com os agentes econômicos, a racionalidade dos políticos é tal que eles tendem a atribuir maior peso aos seus interesses individuais imediatos, no atendimento das demandas efetivas ou potenciais de seus redutos eleitorais, do que à adoção e à preservação de regras — constitucionalmente definidas ou não — que sustentem de forma duradoura o equilíbrio orçamentário. Esse tipo de comportamento racional tende a ser tão mais acentuado quanto mais próximo se esteja de uma eleição, como no caso do orçamento para o exercício de 2002.

Confirmando esse comportamento, racional do ponto de vista individual mas irresponsável sob o aspecto fiscal, foi detectada a tendência de aumentar os gastos públicos e os programas sociais do governo nos anos eleitorais, comprometendo, em certos casos, o próprio equilíbrio fiscal das finanças públicas. Como consequência, os que pesquisam a desigualdade e a pobreza descobriram que a renda do brasileiro flutua em função dos ciclos eleitorais:

> Os dados [...] demonstram que a renda domiciliar *per capita* mediana cresceu em todos os anos de eleições nacionais, legislativas ou presidenciais ocorridas desde 1980, isto é — 1982, 1986, 1989, 2002 e 2006 — caiu em todos os anos pós-eleitorais — 1983, 1987, 1990, 1999 e 2003. A taxa média de variação da renda mediana em anos pré-eleitorais foi de 12,52% contra -11,87% em anos pós-eleitorais, quando a conta do ajuste é cobrada. Nas eleições mais recentes, os ciclos políticos foram menos exacerbados, porém ainda com ciclos eleitorais marcados: 4,38% dos anos eleitorais contra -3,68% dos anos pós-eleitorais [Neri, 2007:6].

A aprovação da Emenda Constitucional nº 16, de 4/6/1997, que estabelece a reeleição para os cargos de prefeito, governador e presidente da República, potencializou a tendência de se aumentar os gastos públicos em função dos ciclos eleitorais, minando as condições institucionais e políticas para a consolidação de uma cultura de austeridade, equilíbrio e responsabilidade fiscal nas finanças públicas brasileiras. Nesse aspecto, identifica-se uma assincronia entre a teoria da escolha pública, com o postulado da premente busca pela reeleição dos políticos, e a necessidade de se perseguir a austeridade e o equilíbrio fiscal na administração pública.[153]

Outra utilidade da análise e acompanhamento da execução orçamentária está relacionada com duas características fundamentais: a) retratar a distribuição de poder político e econômico de determinada sociedade em um momento específico; e b) transformar efetivamente a distribuição de poder nas sociedades, por representar ao mesmo tempo a possibilidade de viabilização e materialização das políticas públicas. Como já dito, provavelmente em nenhum outro instrumento institucional ou legal o retrato fiel da distribuição de poder político e econômico da sociedade pode ser percebido de maneira tão cristalina quanto na peça orçamentária.

Da mesma forma, nenhuma grande transformação social pode ser empreendida sem que se redistribuam recursos através da execução orçamentária, que tem papel crucial nos complexos arranjos políticos e econômicos de nossas sociedades. Paradoxalmente, o orçamento público é ao mesmo tempo um retrato fiel da distribuição de poder em determinada sociedade e uma alternativa viável e preferencial para transformar essa mesma estrutura social.

Com o intuito de analisar as características da sociedade brasileira e suas mais recentes transformações, farei uma análise do orçamento da União nos últimos anos. A avaliação que se segue baseia-se em Rezende e Cunha (2002), que fazem uma leitura do orçamento da União buscando identificar os grupos sociais que dele mais se beneficiam. Apesar

---

[153] Dados do IBGE, pesquisas Munic 2001 e 2005, demonstram que, nas eleições de 2000, as primeiras com direito à recondução, 40,9% dos prefeitos se reelegeram, com baixíssima renovação dos mandatários locais. Nas eleições de 2004, o número de prefeitos reconduzidos diminuiu para 28,6%; a taxa de renovação foi maior porque boa parte dos prefeitos já havia concluído dois mandatos consecutivos, estando impedidos por lei de se candidatar novamente. Aos dados relativos à reeleição ainda temos que acrescentar os prefeitos que tentaram a recondução e perderam a eleição. Também nessa situação específica, o impacto sobre as finanças públicas tem o mesmo resultado que se pretende destacar, ou seja, tendência de aumento de gastos públicos em períodos eleitorais.

de se referir ao orçamento de 2002, a análise ainda representa uma interpretação válida e atual de como os recursos orçamentários são distribuídos no Brasil.

No orçamento da União de 2002, os autores identificam gastos com políticas sociais no valor total de R$ 145,7 bilhões, sendo R$ 113,4 bilhões (38,2% do total da receita tributária) em benefícios monetários e R$ 32,3 bilhões (10,9% do total da receita tributária) em benefícios não monetários. Inicialmente, cabe destacar que o volume de benefícios monetários é consideravelmente mais elevado do que os não monetários. Em seguida, reproduzo duas tabelas elaboradas pelos autores identificando que estratos da sociedade mais se beneficiam com os gastos sociais do orçamento da União.

Tabela 34. Distribuição dos benefícios monetários por decil (%)[154]

	Decis de domicílios ordenados pela renda bruta *per capita*										
	1	**2**	**3**	**4**	**5**	**6**	**7**	**8**	**9**	**10**	**Todos**
Benefícios monetários	2	3	3	3	5	7	7	9	15	46	100
Aposentadorias e pensões	0	1	2	3	4	7	7	9	16	51	100
Seguro-desemprego	6	6	8	12	12	9	13	11	14	9	100
Abono salarial e salário-família	2	8	11	13	13	12	10	10	9	12	100
Amparo ao idoso	7	12	28	14	39	0	0	0	0	0	100
Bolsa escola, alimentação e criança cidadã [155]	35	38	19	7	1	0	0	0	0	0	100

---

[154] Consideram-se benefícios monetários: regime geral da previdência social, aposentados pelo regime jurídico único, seguro-desemprego, salário-família, abono salarial, amparo ao idoso, bolsa-escola; bolsa-alimentação e bolsa-criança cidadã. A pesquisa considera benefícios não monetários as áreas da educação e da saúde.

[155] Os programas Bolsa Escola, Bolsa Alimentação e Criança Cidadã foram todos agrupados no Bolsa Família. Durante o governo Lula, o programa foi também aprofundado, chegando a abranger 11 milhões de famílias em 2008. O valor dos benefícios também foi corrigido nesse período.

Execução orçamentária e financeira

Tabela 35. Distribuição dos benefícios não monetários por decil (%)

| | Decis de domicílios ordenados pela renda bruta *per capita* | | | | | | | | | | |
	1	2	3	4	5	6	7	8	9	10	Todos
Saúde	17	16	14	12	11	9	7	6	5	3	100
Educação	6	6	6	6	5	5	10	12	17	27	100
Ensino fundamental	18	19	13	12	10	9	7	6	4	2	100
Ensino médio	3	5	10	11	15	13	13	15	11	4	100
Ensino superior	0	0	1	0	0	1	11	15	26	46	100
Total de benefícios não monetários	13	13	11	10	9	8	8	8	9	11	100

A interpretação dos dados das tabelas aponta para importantes desigualdades na distribuição de recursos orçamentários no Brasil, refletindo um passado histórico em que grupos sociais mais organizados ou politicamente mais fortes se apropriavam de boa parte da riqueza gerada no país. De maneira sucinta, vejamos as principais conclusões a que chegaram os autores: a) a maior parte dos benefícios monetários, especialmente aposentadorias e pensões (51%), é apropriada pelo decil mais rico, caracterizando excessiva regressividade desses gastos; b) os programas que mais tarde foram agrupados pelo Bolsa Família são realmente bem-focalizados, alcançando principalmente a população mais pobre; c) quanto aos benefícios não monetários, observa-se uma progressividade nos gastos com a saúde e forte regressividade nos investimentos com a educação, especialmente nos dispêndios com o ensino superior, onde o decil mais rico se apropria sozinho de 46% dos benefícios.

Pela análise do orçamento da União, constata-se que o gasto social no Brasil é bastante elevado e significativo, necessitando apenas de importantes ajustes para que se torne mais focalizado nos estratos mais pobres da população. Em 2004, para um total de receitas correntes da ordem de R$ 425 bilhões, os gastos sociais diretos do governo federal totalizaram R$ 248,84 bilhões, ou seja, o equivalente a 14,1% do PIB daquele ano, de acordo com estudos da SPE/MF.[156] Se somarmos também os gastos sociais de estados e

---

[156] Em números arredondados, esses R$ 248,84 bilhões podem ser desagregados da seguinte maneira: previdência social — R$ 168,25 bilhões; saúde — R$ 31,79 bilhões; assistência social — R$ 16,23 bilhões; educação e cultura — R$ 13,03 bilhões; proteção do trabalhador — R$ 10,13 bilhões; organização agrária — R$ 2,38 bilhões; habitação e saneamento — R$ 1,35 bilhão; benefícios ao servidor — R$ 2,65 bilhões; sistema S — R$ 3 bilhões. Para números mais precisos e detalhados, ver Secretaria de Política Econômica (2005).

municípios,[157] chegaremos a 24% do PIB, volume equivalente ao dos países desenvolvidos:

No Brasil, o orçamento social do setor público, combinando todos os níveis de governo, corresponde a quase um quarto do PIB. Isso nos coloca emparelhados, em termos de orçamento social como porcentagem do PIB, com a média dos países da OCDE e acima da média dos demais países latino-americanos [Secretaria de Política Econômica, 2005].

É certo que existem algumas regressividades em relação ao orçamento social que precisam ser qualificadas. A mais importante está diretamente relacionada com os gastos da previdência social, que representam cerca de 67,6% de todas as transferências diretas do orçamento social da União. Acontece que, nesse grupo, se encontram os servidores públicos aposentados pelo RJU, que recebem aposentadorias com valores muito altos para os padrões brasileiros, especialmente em comparação com os aposentados pelo regime geral de previdência, e ocupam seguramente o topo da pirâmide social brasileira. Esses dados ficam ainda mais contundentes quando consideramos que são contabilizados como gasto social as generosas aposentadorias concedidas pelo Judiciário, pelo Legislativo e pelo Tribunal de Contas da União, por exemplo.

Excetuando-se algumas regressividades, o que pretendo demonstrar é que o orçamento social do Estado brasileiro é considerável, restando principalmente focar melhor esses gastos e executá-los de maneira mais eficiente e efetiva. Constitui um equívoco centrar a discussão na atuação do Estado no Brasil mirando apenas a questão da quantidade do gasto social, e esquecendo que atualmente o problema maior prende-se essencialmente à focalização, à qualidade e à eficiência do gasto público.

Por uma série de fatores, em especial o aumento dos gastos da União com programas sociais, tem-se observado uma melhora considerável nos índices sociais no Brasil, que apontam para a diminuição da desigualdade e da pobreza absoluta. As tabelas 36 e 37 mostram com clareza essa evolução dos indicadores sociais brasileiros, fruto de ações governamentais que exigiram um reordenamento no orçamento da União. Quando se analisam os dados relativos à diminuição da desigualdade observa-se uma pequena melhora nos últimos anos, ainda que o Brasil continue sendo um país absurdamente desigual. Vejamos como fica a distribuição em função dos estratos de renda:

---

[157] Do total de gastos sociais no Brasil, a União responde por cerca de 60%, estados e municípios dividindo os 40% restantes.

Execução orçamentária e financeira   231

Tabela 36. Distribuição da renda por estratos (%)

Ano	50% + pobres	40% + ricos	10% + ricos
2001	12,5	40,2	47,2
2002	13,0	40,2	46,8
2003	13,2	40,7	46,1
2004	13,9	41,1	45,0
2005	14,1	40,8	45,1
2006	14,6	41,0	44,5

Fonte: Neri (2007).

Analisando-se outro indicador de desigualdade social muito utilizado, também se constata uma melhora significativa nos últimos anos no Brasil. Em 1993, o Índice de Gini para a sociedade brasileira era de 0,6068, diminuindo para 0,5620 em 2006.[158] Em outra seara é possível constatar avanços mais significativos, como na contínua e acentuada redução da população que vive em condições de miserabilidade:

Tabela 37. População miserável

Ano	%
1992	35,16
1993	35,31
1994	–
1995	28,79
1996	28,99
1997	28,50
1998	27,18
1999	28,38
2000	27,63
2001	26,72
2002	28,17
2003	25,38
2004	–
2005	22,77
2006	19,31

Fonte: Neri (2007).
Obs.: Para 1994 e 2000 não houve Pnad.

---

[158] O Índice de Gini é utilizado universalmente para analisar a desigualdade social; varia de 0 a 1, sendo a distribuição de riquezas mais igualitária e homogênea quanto mais perto se estiver de 0.

Mesmo considerando que, em 2006, 19,31% da população significavam 36,154 milhões de brasileiros vivendo em condições de miséria (um contingente ainda muito grande de pessoas), os avanços são perceptíveis.[159] Destaque-se que essa tendência de redução de desigualdades e melhora nos indicadores sociais brasileiros avançou de maneira consistente até o final da década passada, com fortes possibilidades de continuação, ainda que de maneira mais lenta. É importante ressaltar que a melhora dos indicadores econômicos e sociais tende naturalmente a crescer de maneira mais lenta com o passar dos anos, especialmente considerando que a base de comparação torna-se cada vez mais elevada.

Também no *ranking* do Índice de Desenvolvimento Humano (IDH), indicador social criado pela ONU, o Brasil tem progredido, ainda que de maneira lenta. Analisando 187 países em 2011, a ONU classificou o Brasil em 84º lugar, com o índice de 0,718. A Noruega, com índice de 0,943, ocupa o primeiro lugar, e a República Democrática do Congo, com a pontuação de 0,286, apresenta a menor nota do *ranking*. Três variáveis compõem o IDH: a expectativa de vida ao nascer, os anos de estudo e a renda *per capita* anual.

Os estudos especializados indicam basicamente quatro importantes transformações que explicam os progressos apontados: a) as boas taxas de crescimento econômico experimentadas a partir dos primeiros anos da década de 2000 (5,7% em 2004, 3,2% em 2005, 4% em 2006, 6,1% em 2007, 5,2% em 2008, -0,6% em 2009 e expressivos 7,5% de expansão do PIB em 2010, segundo dados do IBGE), garantindo o aumento do emprego e da renda (dados da Rais/MTE informam que, entre 2003 e 2009, foram criados 12.523.633 de empregos formais no Brasil, sendo 1.765.980 novos postos de trabalho apenas em 2009, incluindo o setor público e a iniciativa privada); b) os aumentos reais do salário-mínimo nos últimos anos, política que atinge diretamente a população mais carente, inclusive a grande maioria dos aposentados pelo regime geral de previdência; c) os programas sociais de transferência direta de renda, como o Benefício de Presta-

---

[159] Segundo a pesquisa, miserável é o cidadão que vivia com menos de R$ 125,00 mensais na cidade de São Paulo em 2006. Estabelecido esse padrão para a Grande São Paulo, os valores mínimos exigidos para sobrevivência são ajustados para outras regiões brasileiras, uma vez que sobreviver no interior de Minas Gerais é mais barato do que na cidade do Rio de Janeiro, por exemplo. Os estudos sobre miséria, pobreza e desigualdade não utilizam as mesmas classificações para caracterizar cada uma dessas situações. As metas do milênio da ONU, por exemplo, consideram extremamente pobre quem vive com menos de US$ 1 por dia, dado que caiu de 11,73% da população brasileira em 1992 para 4,69% em 2006.

ção Continuada e o Bolsa Família; e d) a estabilidade econômica obtida após a introdução do Plano Real em julho de 1994, debelando a inflação, esse importante mecanismo de concentração de riquezas.

Por esse conjunto de fatores, a leitura dos dados disponíveis acusa uma queda contínua e considerável dos níveis de pobreza absoluta no Brasil entre 1993 e 2010, de 20% na era FHC e de 51,9% na era Lula, inclusive ultrapassando metas preestabelecidas:

> Esse ponto merece ser ressaltado, pois a primeira Meta do Milênio da ONU é reduzir a pobreza 50% em 25 anos (de 1990 a 2015). Ou seja, na métrica da ONU, o Brasil fez 25 anos em oito (Neri, 2011).

Finalizando, é forçoso reforçar que uma leitura ao mesmo tempo técnica, gerencial e política dos orçamentos públicos representa um instrumento de fundamental importância para o entendimento do Estado e da sociedade brasileira. A percepção de como o processo orçamentário repercute (e ao mesmo tempo reflete) na distribuição de poder político entre os atores sociais, na viabilização das políticas públicas e até nas principais instituições da democracia representativa é crucial para balizar as intervenções legais que podem levar o Brasil a um patamar de maior desenvolvimento econômico com justiça social. Nessa árdua e complexa tarefa, a transparência, o controle social e o monitoramento do processo orçamentário são condições necessárias, ainda que não suficientes, para ensejar as transformações políticas e econômicas que a sociedade tanto almeja.

5. CICLO DE FORMULAÇÃO, EXECUÇÃO E ACOMPANHAMENTO DE POLÍTICAS PÚBLICAS

A natureza deste capítulo é simples e objetiva: levantar um conjunto de problemas e desafios práticos que permeiam o cotidiano de quem atua na administração pública brasileira. Por isso, além da literatura especializada — a nacional é bastante restrita nessa área —, utilizarei exemplos e situações corriqueiras, presentes no amplo e complexo campo de atuação da administração pública.[160]

De início, cabe destacar que a divisão do capítulo em quatro seções — momento da análise política, da formulação, da implementação e da avaliação de políticas públicas — é meramente formal e didática. Naturalmente, para o administrador público, os problemas e desafios relacionados ao processo de execução de políticas públicas se apresentam todos simultaneamente e com variados graus de dificuldade em função do ente político — União, estado ou município — ou do poder — Executivo, Legislativo e Judiciário.

Lembro também que o ambiente em que são implementadas as políticas públicas em geral é muito complexo, com forte interação de grupos sociais e instituições. Dois fatores contribuem para aumentar o grau de complexidade e de imprevisibilidade envolvido na implantação de políticas públicas: a) usualmente o público atingido é enorme, muitas vezes chegando aos milhões de atendidos, como no Sistema Único de Saúde (SUS), na previdência social e na educação fundamental; e b) o ambiente externo costuma ser inóspito e não plenamente controlado pelos gestores públicos, apresentando dinâmica própria instável e mutante, típica dos movimentos sociais e políticos, o que exige um planejamento estratégico sofisticado. Em certos casos, as adversidades e complexidades do ambiente explicam os efeitos perversos ou inesperados que escapam ao planejamento dos gestores públicos.

---

[160] Para uma avaliação dos principais conceitos teóricos e modelos de formulação e análise de políticas públicas, consultar Souza (2006), cujo texto transita pelos mais importantes pesquisadores, como Charles Lindblom, Theodor Lowi, Harold Laswell, Herbert Simon, David Easton e Mancur Olson, entre outros.

Também não se pode esquecer as dificuldades relacionadas com a coordenação intergovernamental. Problemas de coordenação são inerentes às grandes decisões, a projetos e corporações, tanto na administração pública quanto no mundo corporativo. No Brasil, a maneira federativa de se organizar o Estado potencializa essa dificuldade, especialmente considerando que as políticas públicas devem envolver, preferencialmente, os três entes e poderes, organizações não governamentais, grupos mobilizados da sociedade civil, empresas da iniciativa privada, entre outras inúmeras instituições e atores sociais. Esse formato faz do Estado um grande polo de articulação e agregação de atores e instituições, exigindo ao máximo sua capacidade de coordenação, aspecto considerado crucial nos atuais modelos de implementação de políticas públicas.

Antes de entrar propriamente na análise dos desafios envolvidos no processo de implantação de políticas públicas, algumas conceituações se fazem necessárias. Para efeito de precisão analítica, entre as várias definições disponíveis na literatura especializada, utilizarei, pela concisão, objetividade, clareza e praticidade, a definição de política pública adotada por Saravia (2006:29):

> Com uma perspectiva mais operacional, poderíamos dizer que [...] é um sistema de decisões públicas que visa a ações ou omissões, preventivas ou corretivas, destinadas a manter ou modificar a realidade de um ou vários setores da vida social, por meio da definição de objetivos e estratégias de atuação e da alocação dos recursos necessários para atingir os objetivos estabelecidos.

Interligada ao conceito de política pública está a definição dos programas de governo, que mostram as prioridades, diretrizes e objetivos de determinada direção política do Estado. Para efeito deste trabalho, adotarei o conceito técnico utilizado na elaboração do orçamento público pelo Ministério da Fazenda, disponível no site <www.fazenda.gov.br>, que define programa como:

> Desdobramento da classificação funcional programática, através do qual se faz a ligação entre os planos de longo e médio prazo e os orçamentos plurianuais e anuais, representando os meios e instrumentos de ação, organicamente articulados para o cumprimento das funções. Os programas, geralmente, representam os produtos finais da ação governamental.

Como praticamente não existe política pública sem gasto financeiro, é importante que se tenha sempre em mente, e bem definidos, a viabilidade orçamentária e os trâmites burocráticos envolvidos nas ações governamentais, como veremos mais adiante.

Finalmente, a título de introdução, cabe ainda destacar que uma abordagem como a deste capítulo objetiva propiciar ao gestor público uma visão ampla de como funciona por dentro e na prática a máquina governamental brasileira, com a pretensão de contribuir para o aperfeiçoamento da ação estatal. Nesse sentido, apontar equívocos a serem evitados, evidenciar algumas experiências bem-sucedidas que devem ser reproduzidas e descobrir alguns atalhos que poderiam ser trilhados representam um conhecimento acumulado que em muito qualifica e aprimora a intervenção dos gestores públicos que atuam nos vários níveis da administração pública brasileira.

Momento da análise política

Ao contrário da concepção weberiana mais clássica, hoje a literatura especializada é praticamente unânime em considerar que, para o bem ou para o mal, burocracia pública e mundo político, corpo técnico e representantes do povo estão intrinsecamente interligados, não havendo condições de se estabelecer uma distinção visível entre essas duas faces da mesma moeda. Ainda no início do século XX, Weber (2003:34 e 43) entendia como possível e desejável uma nítida divisão entre burocratas e políticos, como demonstram as seguintes passagens:

> O desenvolvimento da política para moldes empresariais, que requeria um aprendizado na luta pelo poder e a criação de métodos — como de fato ocorreu com os partidos modernos —, condicionou a divisão dos funcionários públicos em duas categorias bem definidas: os administrativos e os "políticos".

E mais adiante, na mesma linha de raciocínio, sendo ainda mais enfático e detalhado:

> O verdadeiro burocrata — isso é fundamental para julgarmos nosso *Antigo Regime* — deve administrar tudo de forma apartidária e, em razão de sua vocação, não deve fazer política. Tal exigência também é aplicável aos funcionários ditos políticos, ao menos oficialmente e na medida em que os interesses fundamentais da ordem existente — da *razão de Estado* — não estejam em jogo. Deve ele desempenhar sua missão sem amor e sem ódio, razão pela qual não deve fazer o que constitui característica básica do homem político: lutar. Tomar partido,

lutar, apaixonar-se por uma causa caracterizam o homem político, acima de tudo o chefe político. Sua conduta está submetida a um princípio de *responsabilidade* estranho e mesmo contrário ao que norteia o funcionário burocrático.

É bem provável que, mais uma vez, ao escrever a passagem acima, Weber tivesse em mente um modelo ou tipo ideal, para usar seu próprio conceito, aceitando que a realidade seja mais complexa e que essas áreas estejam bastante interligadas. Atualmente, a literatura especializada é unânime em caracterizar como impossível uma distinção tão clara e nítida entre política e burocracia, apesar das bases diferenciadas de legitimação. É sabido que a legitimidade do corpo burocrático baseia-se na hierarquia, nas regras universalistas, no sistema de mérito, na especialização, na competência técnica e na neutralidade política. Por outro lado, os políticos legitimam seu poder pelo funcionamento do regime democrático, pela expressão da vontade popular, pelo mecanismo da representação e das principais regras e instituições da democracia. Dessa forma, existe uma relação de influências mútuas e cruzadas entre o corpo técnico da burocracia pública, que ingressa mediante concursos, e os políticos, que chegam ao poder por meio de eleições representativas.

Assim, a neutralidade que caracterizaria e legitimaria a atuação da burocracia pública tem sido amplamente contestada:

> Os teóricos da escolha pública enfatizam a natureza egoísta dos burocratas, argumentando que são tomadores de decisões economicamente racionais e que buscam objetivos como a maximização do poder, base de recursos e autoridade, em vez de se dedicarem à busca desinteressada do interesse público. Essas teorias desafiam as expectativas da expertise técnica, da especialização e da administração neutra sobre a qual a legitimidade da burocracia pública repousa [Bryner, 2010:329].

O fato é que boa parte das intervenções estatais envolve escolhas políticas e ideológicas. Na execução de políticas públicas sempre haverá distribuição de benefícios, garantia de direitos políticos e sociais, imposição de sacrifícios e leis, dispêndio de recursos para atender aos interesses de um grupo social específico em detrimento de outros atores etc. Considerando que os recursos orçamentários são recolhidos por toda a sociedade e as políticas públicas geralmente são direcionadas a determinados grupos sociais, a esfera política torna-se intrínseca à ação governamental. Desse modo, sempre haverá um componente ideológico e político na execução de políticas públicas, especialmente considerando-se que: a) os recursos utilizados são recolhidos, através dos impostos, de toda a sociedade; b) usualmente, as políticas são voltadas para maiorias ou minorias politicamente definidas e mobilizadas; c) um grupo social específico e delimitado (os servidores públicos), com seus próprios interesses e características, é responsável pela realização do conjunto das ações estatais, interagindo intensamente com os políticos profissionais.

A visão idealizada por Weber de que o corpo burocrático age de maneira racional, desinteressada, e atua acima das disputas sociais e políticas que marcam a sociedade não se coaduna com nossas realidades. Como demonstram fartamente os estudos especializados, a burocracia estatal não está livre do espírito corporativista que caracteriza os diversos grupos sociais. A experiência histórica mostra que os burocratas tendem a se descolar dos interesses sociais mais amplos quando confrontados com suas próprias expectativas corporativas e profissionais, principalmente em função da visão política da sociedade que esse grupo específico tende a desenvolver.

Dessa forma, atualmente, as melhores análises consideram salutar para a administração pública o entrelaçamento intenso e inevitável com o mundo político e partidário, envolvimento que possibilitaria uma espécie de contrapeso ideológico ou controle social sobre a tendência de insulamento do estamento burocrático. Assim, na incapacidade ou dificuldade para o exercício do controle direto da sociedade sobre o mundo burocrático, políticos e partidos, através das instituições da democracia, acabam representando um contraponto importante à tendência de autorreferência dos servidores.

Em princípio, uma vez estabelecida certa divisão de tarefas, não haveria muita margem para conflitos, pois os políticos determinariam as diretrizes ideológicas do Estado e os técnicos se encarregariam de implementá-las da melhor forma possível. Na prática, sabe-se que as coisas não funcionam exatamente dessa maneira, uma vez que, na grande maioria dos casos, as políticas públicas não representam opções meramente técnicas. Por outro lado, não existem decisões absolutamente políticas ou descoladas em relação à burocracia pública que irá desenvolvê-las. Por esse raciocínio, quem ousaria dizer que uma decisão do Comitê de Política Monetária do Banco Central (Copom) sobre a taxa de juros é apenas técnica ou essencialmente política? Provavelmente, decisões dessa natureza envolvem elementos técnicos interconectados com questões políticas e ideológicas relevantes.

Ao tomar decisões sobre a taxa de juros, inúmeras e complexas variáveis técnicas são consideradas: taxa de câmbio, política monetária, pressão da demanda, volume de gasto público etc. Sabe-se que o impacto de cada opção técnica terá repercussão diferenciada sobre grupos sociais ou setores econômicos distintos, exigindo critérios políticos para definir que setores ou grupos sociais devem arcar com o ônus ou receber os benefícios de cada opção. Dessa maneira, pode-se argumentar que a administração pública e as instituições e atores da democracia representativa atuam de maneira complementar, conjunta, dinâmica e intercambiável. Segundo Pierre e Peters (2010:26):

> Do servidor de carreira espera-se que propicie a continuidade, a expertise e a lealdade. Do representante eleito espera-se que traga legitimidade, julgamento político e orientação política.

Ou ainda, em passagem mais enfática dos autores (2010:19), corroborando o entendimento predominante hoje na literatura especializada:

> O argumento que emerge do debate clássico entre Friedrich e Finer — "políticas são implementadas quando formuladas e são formuladas quando implementadas" — parece ser uma representação acurada do entendimento corrente da relação entre política e administração.

Mas, se do ponto de vista analítico existe certa dificuldade em segregar a esfera administrativa das atividades essencialmente políticas, ainda persistem significativas diferenças quando se aborda a questão pelo aspecto estritamente jurídico, como Hely Lopes Meirelles (1996:61):

> Comparativamente, podemos dizer que *governo* é atividade política e discricionária; *administração* é atividade neutra, normalmente vinculada à lei ou à norma técnica. *Governo* é conduta independente; *administração* é conduta hierarquizada. O *Governo* comanda com responsabilidade constitucional e política, mas sem responsabilidade profissional pela execução; a *Administração* executa sem responsabilidade constitucional ou política, mas com responsabilidade técnica e legal pela execução. A *Administração* é o instrumental de que dispõe o Estado para pôr em prática as opções políticas do Governo.

Em um nível político e ideológico mais amplo, a definição das políticas públicas está intimamente ligada à própria concepção de Estado, envolvendo um intenso debate teórico acerca do seu tamanho, seu plexo de atribuições, o alcance de suas atividades, sua organização interna e modo de operação, entre outras questões.

Ciclo de formulação, execução e acompanhamento de políticas públicas   241

Paralela e estreitamente ligados à questão das atribuições e responsabilidades constitucionais dos Estados estão os problemas relacionados com a mobilização, a articulação e a organização dos atores sociais. Como bem demonstra a literatura especializada, não basta que os atores sociais compartilhem os mesmos interesses. Do ponto de vista social, a questão se torna de fato relevante para a administração pública apenas quando esses atores conseguem colocar seus temas e demandas na agenda política dos Estados.[161] Dessa forma, o debate sobre o tamanho e as atribuições do Estado está umbilicalmente atrelado à capacidade de pressão política e à demanda social de atores mobilizados e organizados, que se esforçam para influenciar a agenda nacional.

Historicamente, as grandes correntes teóricas têm-se colocado em lados opostos por divergirem quanto à natureza, as funções e o tamanho do Estado. Farei uma breve menção às quatro visões mais importantes do ponto de vista teórico e histórico: a anarquista, a marxista, a social-democrata e a liberal.

Os anarquistas sempre difundiram uma percepção muito negativa e pessimista do Estado, considerando-o um eficiente instrumento de dominação política a serviço dos grupos mais poderosos em termos econômicos, políticos e sociais. A visão anarquista foi concebida e consolidou-se através dos embates, nem sempre pacíficos, que caracterizaram o surgimento do proletariado na cena política da Europa ocidental ao longo do século XIX. Esse século na Europa ocidental foi particularmente intenso e violento, marcado pela ascensão política da classe trabalhadora, fruto do próprio desenvolvimento do capitalismo, que passava pela segunda fase da Revolução Industrial. Desse modo, a visão anarquista é bastante marcada por esses embates revolucionários, com certo destaque para a Comuna de Paris de

---

[161] Para efeito da teoria da ação coletiva, a sociedade usualmente é dividida em três grupos, que normalmente se sucedem de acordo com seu nível de organização social. Em primeiro lugar, chamamos de *categoria social* um grupo de pessoas que têm apenas algumas características em comum, como gostar de viajar, ter olhos azuis ou possuir um animal de estimação. É cristalino que não existe necessariamente um interesse ou organização em comum entre os vários componentes desse grupo social. O estágio intermediário, denominado *grupo latente*, usualmente composto de grandes grupos, representa pessoas que claramente têm algum interesse comum, como estudar em uma mesma escola, morar em Belo Horizonte ou o enorme grupo dos consumidores de determinado país. Nesse estágio, apesar do interesse comum, ainda não se observa nenhum tipo de ação coletiva sincronizada. A terceira e última categoria, o *grupo organizado*, representa já um grupo de interesse com mecanismos de decisão e capacidade de ação coletiva, ou seja, com habilidades e meios para demandar políticas públicas. Em outras palavras, o grupo organizado representa um grupo latente, com capacidade de mobilizar seus integrantes. Essa divisão foi formulada por Boudon e Bourricaud (2000).

1871, entre outras tantas revoltas violentas que caracterizam o período. Entre os anarquistas mais conhecidos estão o russo Mikhail Bakunin (1814-1876) e o francês Joseph Proudhon (1809-1865), que participaram intensamente das revoltas dos trabalhadores europeus que lutavam para defender seus interesses (Hobsbawm, 1979).

Os anarquistas são radicalmente contra toda e qualquer forma de organização estatal, entendida como opressora e desnecessária, representando apenas e tão somente um instrumento de dominação política a serviço dos capitalistas.

Mas o desenvolvimento histórico de nossas complexas sociedades acabou demonstrando a inevitabilidade do aparato estatal, haja vista que o exercício do poder popular através de algo como a democracia direta, com comitês e assembleias, mostrou-se operacional e politicamente inviável como alternativa à democracia representativa. O fato é que o lema clássico da teoria anarquista de que "toda representação é uma usurpação" não encontrou respaldo na realidade, deixando a doutrina sem referência histórica.[162] Na ausência de experiências concretas, factíveis e relevantes, a corrente anarquista praticamente desapareceu do ponto de vista teórico, sendo condenada a uma posição periférica nos debates atuais no que se refere à organização e à existência do Estado e sobrevivendo de maneira residual apenas em grupos mais radicais e relativamente minoritários no cenário político contemporâneo (em várias revoltas e manifestações políticas mais recentes, como a de maio de 1968 em Paris, era comum ouvir chavões de inspiração anarquista, como "é proibido proibir" e "todo poder diretamente ao povo", grafados em cartazes e pichados em muros).

A visão marxista do Estado também surgiu, em grande medida, dos conflitos políticos que marcaram a Europa ocidental do século XIX e que tanto influenciaram a obra dos alemães Karl Marx (1818-1883) e Friedrich Engels (1820-1895). Já no século XX, a teoria marxista do Estado foi também pensada e trabalhada no desenrolar da Revolução Russa de 1917, comandada

---

[162] Esse lema é bem característico da obra de Rousseau, que no clássico *Do contrato social* defende enfaticamente a democracia direta, em confronto com a ideia da democracia representativa, em que as relações políticas são mediadas por partidos e políticos profissionais. Vejamos textualmente: "Desde que o serviço público deixa de constituir a atividade principal dos cidadãos e eles preferem servir com sua bolsa a servir com sua pessoa, o Estado já se encontra próximo da ruína. Se lhes for preciso combater, pagarão tropas e ficarão em casa; se necessário ir ao conselho, nomearão deputados e ficarão em casa. À força de preguiça e de dinheiro, terão, por fim, soldados para escravizar a pátria e representantes para vendê-la" (Rousseau, 1991:106).

por Vladimir Ulianov Lênin (1870-1924). Apesar das diferenças conceituais observáveis entre os teóricos do marxismo, pode-se sustentar que o Estado era percebido como instrumento de dominação entre classes. No caso específico do Estado liberal dos séculos XIX e XX, o Estado era considerado pelos marxistas o comitê executivo da burguesia, ou seja, um enorme e complexo aparato institucional que servia aos interesses dos capitalistas em detrimento da classe operária.

Nessa mesma linha de raciocínio, o Estado, ainda de acordo com a teoria marxista, não existiria na ausência de dominação política e econômica entre as classes sociais. Assim, depois de realizada a revolução socialista, seria necessária uma fase de transição, na qual o Estado seria direcionado unicamente para o atendimento das demandas sociais da classe trabalhadora, fase que a literatura consagrou como ditadura do proletariado. Na passagem de uma sociedade socialista para a comunista, na qual não existiria exploração política e nem mesmo classes sociais, o Estado estaria fadado ao desaparecimento (a expressão mais usual na literatura é definhamento), dada a forte correlação entre exploração política, social e econômica e a existência do Estado, essa poderosa e complexa estrutura institucional garantidora de sociedades desiguais.

Argutamente, alguns analistas, como Bobbio (1979), destacam uma certa fragilidade ou mesmo a pobreza da visão marxista do Estado, que nunca foi alvo das principais preocupações dos teóricos dessa corrente de pensamento. Sendo o Estado visto como descartável e condenado ao desaparecimento, não havia muito sentido em se dedicar ao aprofundamento dos estudos relativos ao seu funcionamento e estruturação. Sem dúvida, os marxistas estavam muito mais preocupados com a revolução e a conquista do poder, ou seja, do próprio Estado do que propriamente com o entendimento de sua dinâmica de funcionamento. Segundo Bobbio (1979:14):

> Para tentar explicar a situação, adotei [...] dois argumentos: o interesse prevalecente, se não exclusivo, dos teóricos do socialismo pelo problema da conquista do poder, onde o realce dado ao problema do partido mais do que ao do Estado, e a persistente convicção de que uma vez conquistado o poder o Estado seria um fenômeno de "transição", isto é, destinado mais cedo ou mais tarde a desaparecer, sendo-lhe portanto particularmente adequada aquela forma de governo, dada sua natureza transitória, que é a ditadura (no sentido original de governo extraordinário por tempos e eventos extraordinários).

Na montagem do Estado soviético, logo em seguida ao sucesso da revolução bolchevique em 1917, pela primeira vez na história tentou-se construir uma sociedade nos moldes preconizados pela teoria marxista. Para além do importante debate que procura ressaltar a diferença entre a teoria marxista e o que foi implementado *em seu nome* em vários países, o fato é que a experiência soviética e das nações-satélites na montagem de uma estrutura estatal diferente das vertentes liberal e social-democrata não foi bem-sucedida.

A experiência histórica de criação de um Estado tendo como referência a teoria marxista apresentou um conjunto enorme de deformações, que terminou por levá-lo à bancarrota, implicando o fim da União Soviética em dezembro de 1991, fruto da *glasnost* (transparência) e da *perestroika* (reestruturação) comandadas por Mikhail Gorbachev, secretário-geral do Partido Comunista entre março de 1985 e agosto de 1991. Também os historiadores consideram um marco importante no processo de desmonte do Estado edificado *em nome do socialismo* a queda do muro de Berlim em 9 de novembro de 1989, que reunificou a Alemanha e pôs fim à Guerra Fria.

Os Estados criados em nome da teoria marxista apresentaram problemas estruturais que inviabilizaram sua passagem para o século XXI: a) houve a criação de uma oligarquia de burocratas e políticos que dirigiram o Estado em benefício próprio, transformando na prática o chavão "ditadura do proletariado" em obtenção de privilégios privados; b) apesar do bom desempenho econômico inicial da União Soviética, que trouxe a Rússia diretamente da Idade Média para a corrida armamentista nos *fronts* da Guerra Fria, a economia dirigida pelo Estado começou a apresentar níveis cada vez maiores de ineficiência e obsolescência, levando os países ao colapso nos anos 1980; c) a falta de liberdade política, econômica e cultural foi a marca registrada desses Estados, que se mantiveram por décadas sustentados apenas na força militar e no doutrinamento ideológico e personalista, que ceifou milhões de vidas entre os oponentes do regime. A literatura é farta também em apontar outros problemas que marcaram a existência do Estado socialista ao longo de boa parte do século XX.

Assim, tanto pelas deficiências teóricas apontadas quanto pelas duras réplicas da história, a teoria marxista do Estado pouco contribuiu para o entendimento do desenvolvimento histórico do século XX, significando apenas dirigismo, totalitarismo, ineficiência econômica e corrupção. Por todo esse legado, acabou lentamente sendo relegada a um plano periférico nos debates atuais sobre os desafios da estruturação política de nossas complexas sociedades. Não só a teoria marxista do Estado sofreu grandes reveses nas últimas décadas, como o próprio socialismo científico, enquanto método de interpretação do devir histórico, tem sido amplamente contestado, de maneira convincente, por analistas credenciados, como tão bem demonstra os argumentos de Aron (1987:45):

A ciência econômica ou sociológica de hoje dispõe de análises parciais válidas do modo de funcionamento do capitalismo, dispõe de análises sociológicas válidas da condição dos homens ou das classes num regime capitalista, dispõe de certas análises históricas que explicam a transformação do regime capitalista, mas não existe uma teoria de conjunto que vincule, de modo necessário, estrutura social, modo de funcionamento, destino dos homens no regime, evolução do regime. E se não existe uma teoria que consiga abraçar o conjunto talvez seja porque esse conjunto não exista e a história talvez não seja tão racional e necessária.

As influências históricas, teóricas e conceituais que marcaram o aparecimento e a consolidação do Estado liberal também encontram nos séculos XVII, XVIII e XIX importantes referências. Mediante outro processo de desenvolvimento, a teoria liberal do Estado, vertente radicalmente oposta à marxista, foi-se moldando ao longo de séculos e tem como referências históricas várias importantes revoluções, com destaque para a Gloriosa na Inglaterra do século XVII, a da Independência norte-americana, em 1776, e a Revolução Francesa de 1789. Do ponto de vista teórico, o trabalho seminal é o livro do economista escocês Adam Smith (1723-1790), publicado no mesmo ano da independência dos EUA com o sugestivo título de "Uma investigação sobre a natureza e as causas da riqueza das nações".

Ao contrário do que é aceito e divulgado pelo senso-comum, a teoria liberal nunca defendeu a tese do Estado fraco e, sim, de que este deve ser enxuto e bem-estruturado o suficiente para desempenhar satisfatoriamente suas funções precípuas. Do ponto de vista econômico, a ideia principal é que o mercado tem regras próprias de funcionamento — como a Lei da Oferta e da Procura —, que prescindem de qualquer intervenção do Estado.

Historicamente, o século XIX pode ser considerado a grande vitrine da doutrina liberal, uma vez que combinou uma pequena interferência do Estado com enorme crescimento econômico nos países centrais da Europa, com ganhos gigantescos de produção, produtividade e volume do mercado internacional, fruto da segunda fase da Revolução Industrial. Nesse período, o Estado desempenhava poucas mas vitais atividades, especialmente nas áreas de diplomacia, garantia da soberania nacional, distribuição de justiça, garantia de contratos, emissão e controle da moeda, entre outras. Do ponto de vista econômico, a interferência do Estado era mínima, pois se acreditava que a mão invisível do mercado garantiria os ganhos de produção, produtividade, seleção das melhores empresas, sucesso das pessoas mais bem-preparadas, distribuição de riquezas geradas pelo crescimento econômico etc.

A história se encarregou de demonstrar que o custo social desse tipo de crescimento econômico foi enorme, haja vista as péssimas condições de existência da classe trabalhadora europeia do período. Os estudos apontam a superexploração da mão de obra, mediante jornadas de trabalho intermináveis, mal remuneradas e insalubres, inclusive com exploração de mulheres e crianças. Tanto na literatura (vale a leitura de *Germinal*, de Émile Zola, entre outros) quanto na historiografia, são categóricos e convincentes os relatos das precárias condições de existência da maior parte da população europeia no século XIX. As evidências do período mostram que a operação do mercado, por si só, não traz automaticamente a distribuição das riquezas, deixando de fora dos benefícios do crescimento econômico uma grande parcela da população e países inteiros, que não apresentam as melhores condições de inserção e competitividade.

Pelo menos três grandes acontecimentos históricos do século XX puseram em xeque, de maneira interligada mas cada qual a seu modo, o modelo de desenvolvimento econômico, político e social estruturado em torno do Estado liberal: a) a Revolução Russa de 1917; b) a crise econômica de 1929 e c) a I Guerra Mundial, entre 1914-18. Vejamos, sucintamente, a influência de cada um desses acontecimentos históricos sobre os alicerces da teoria liberal.

De modo geral, o sucesso inicial dos bolcheviques, obtido com a estatização da cadeia produtiva, a coletivização dos campos, o planejamento estatal e o total controle do processo produtivo pelo Estado, conseguiu fazer da antiga União Soviética uma potência mundial. Do ponto de vista teórico, importa ressaltar que uma maneira alternativa de organizar o Estado foi implementada com relativo êxito, fornecendo subsídios ideológicos e políticos aos questionamentos sobre a organização liberal do Estado. A partir daí, ficou evidente que não havia apenas uma única maneira bem-sucedida de se organizar as instituições do Estado, e que se podia, inclusive, comparar os formatos liberal e socialista. De certa forma, a Guerra Fria foi um retrato fiel dessa competição entre modelos diferentes de organização do Estado.

Por outro lado, a crise econômica que abalou os Estados Unidos em 1929 também contribuiu para fortalecer os teóricos que criticavam o Estado liberal, acusando-o de propiciar um desenvolvimento econômico desequilibrado, errático, cíclico e desigual. A mensagem principal pode ser assim resumida: o Estado não pode ficar indiferente e omisso enquanto a economia e a sociedade se esfacelam, como mostravam os suicídios de empresários, as filas de desempregados e os milhões de americanos que, para se alimentar, dependiam de sopas distribuídas gratuitamente em todo o país. Em um cenário trágico e emergencial como esse, a intervenção do Estado torna-se inevitável, contrariando frontalmente os dogmas liberais de contenção da ação estatal e de autocorreção automática dos desvios cíclicos do mercado.

Por fim, o impacto da I Guerra Mundial (28/4/1914 a 11/11/1918) sobre os fundamentos teóricos do Estado liberal relaciona-se com certo esgotamento do modelo de desenvolvimento colonialista do século XIX, em que o comércio internacional era rigorosamente dividido entre as potências econômicas da época. Com a chegada de novos países ao cenário econômico e social no princípio do século XX, a antiga divisão do mercado internacional começou a ser questionada, mostrando claramente os limites do modelo de desenvolvimento do Estado liberal do século XIX. Nesse cenário de ampla e milimétrica divisão do comércio internacional, as nações mais desenvolvidas se beneficiavam dos lucros propiciados pelo mercado. Já as nações mais pobres e em desenvolvimento, pouco consolidadas politicamente no cenário internacional, eram obrigadas a se contentar com os ganhos periféricos. O fato é que a divisão política que sustentou o desenvolvimento econômico patrocinado pelo Estado liberal do século XIX, com reserva dos mercados coloniais, não resistiu à entrada de novos atores competitivos na cena mundial.

Assim, pela conjugação desses três processos históricos, a doutrina liberal sofreu forte contestação teórica e empírica, perdendo boa parte do purismo e dos dogmas colocados seminalmente por Adam Smith em 1776. Do ponto de vista teórico, a doutrina liberal se rearranjou e se adaptou ao longo do século XX, chegando ao XXI com bastante vigor. Teóricos liberais clássicos como o nova-iorquino Milton Friedman (1912-2006), Ludwig von Mises (1881-1973) e Friedrich August von Hayek (1899-1992), os dois últimos expoentes da escola austríaca, tiveram importante papel ao longo do século XX, inclusive influenciando os governos neoliberais de Margaret Thatcher e Ronald Reagan.

De certa maneira, o desenvolvimento histórico parece ter deixado claro que o mercado sozinho não resolve boa parte dos problemas sociais e econômicos gerados pelo processo de desenvolvimento do capitalismo. Definitivamente, a ideia inicial de que o mercado, gratuitamente e de modo mais eficiente, organiza a produção e a distribuição de riquezas não encontra respaldo na realidade de nossas sociedades. Assim, fica evidente que aquela que é provavelmente uma das mais importantes ambições da humanidade — a compatibilização ou equacionamento entre a busca pela liberdade política e o desejo de igualdade social — não pode ser resolvida apenas pela articulação das forças do mercado. Nesse sentido, vale destacar que mesmo as agências multilaterais criadas a partir de Bretton Woods, em 1944, como o Fundo Monetário Internacional (FMI), o Banco Internacional para Reconstrução e Desenvolvimento (Bird) e a Organização Mundial do Comércio (OMC), que sucedeu ao antigo Gatt; adotam hoje uma postura mais flexível e otimista em relação ao papel do Estado na organização de nossas sociedades, reconhecendo sua relevância, eficiência e necessidade.

Em função das graves falhas observáveis no funcionamento do mercado, conceitos como monopólio, oligopólio, concorrência imperfeita, cartel, truste, assimetria de informações, grupos sociais não competitivos, entre outros, entraram para a agenda política e econômica com muita força, apontando de maneira cabal a necessidade de intervenção estatal. Todas essas imperfeições e dificuldades estruturais levaram ao questionamento sistemático de alguns dos mais fundamentais conceitos da doutrina liberal, inaugurando uma nova fase de debates e construções teóricas com propostas alternativas ou complementares relativas à capacidade e à viabilidade do modelo liberal clássico. Mas, de todas as teorias que se contrapõem ao modelo liberal, nenhuma foi tão disseminada quanto a social-democrata.

No tumultuado século XX, que experimentou tantas guerras e revoluções, uma visão do Estado foi sendo teorizada, elaborada e testada em muitos países: a visão social-democrata ou Estado de bem-estar social. Concretamente, o arranjo político da social-democracia foi sendo construído em resposta aos sérios problemas econômicos, políticos e sociais causados pela II Guerra Mundial; pelas crises cíclicas do capitalismo, como a de 1929; como contraponto à ascensão do fascismo na Alemanha, além das demandas advindas do sufrágio universal, que verbaliza a luta social da classe trabalhadora, entre outros fatores.

Como mostrado no capítulo 1, a social-democracia representa uma visão da sociedade em que o Estado desempenha um conjunto enorme de atribuições fundamentais, praticamente enterrando de vez importantes dogmas do antigo *laissez-faire*. O trabalho seminal do escocês John Maynard Keynes — *Teoria geral do emprego, do juro e da moeda* —, publicado em 1936, foi uma resposta teórica às crises cíclicas do capitalismo que logo foi colocada em prática em vários países, a começar pelos Estados Unidos, com o *New Deal* do presidente Franklin Delano Roosevelt (1882-1945).

A corrente social-democrata sempre encontrou adeptos fiéis em importantes universidades, partidos políticos e instituições não governamentais. Essa recepção fortaleceu de maneira contínua a visão do Estado como essencial para a correção dos desvios do mercado, especialmente no que se refere a regulação, planejamento, fiscalização e inclusão de grupos sociais não competitivos ou simplesmente excluídos pelos setores mais organizados. Nas Américas, a Comissão Econômica para a América Latina e o Caribe (Cepal), criada em 1948 pelo Conselho Econômico e Social das Nações Unidas, representou um importante foco de irradiação do pensamento keynesiano, por acreditar que a industrialização, mediante o incentivo estatal, seria uma via preferencial para a superação do subdesenvolvimento econômico da região.

Atualmente, com maior ou menor grau de aproximação, os países mais importantes evoluíram no sentido de adotar um arranjo social, político e econômico nos moldes social-democratas, em que o Estado desempenha funções cruciais e intransferíveis, tanto para a sociedade quanto para o mercado. Se fosse possível e viável fazer aqui um inventário das quatro visões de Estado descritas, é inegável que a percepção social-democrata apresenta maior vigor e prestígio, especialmente se considerarmos os países da Europa ocidental. Mas as posições keynesianas mostram-se sólidas mesmo em países de maior tradição liberal, como Inglaterra e Estados Unidos, atingindo também países emergentes importantes como o Brasil. Parece-me que, hoje, existe consenso quanto à necessidade da intervenção estatal, tanto no que se refere à regulação e ao controle do mercado quanto ao processo de redistribuição de riquezas, permanecendo o debate caloroso apenas no que diz respeito ao tamanho e à intensidade dessa intervenção.

Apesar dos arroubos típicos de campanhas políticas, a realidade é que os governos se alternam entre conservadores e trabalhistas na Inglaterra, republicanos e democratas nos EUA, direita e socialistas na França, e as atribuições dos Estados permanecem crescentes e intensas. A sensação é de que direita e esquerda, ou, se preferirem, socialistas e liberais chegaram a consenso quanto ao papel do Estado como regulador, fiscalizador e redistribuidor de riquezas, para corrigir as imperfeições do funcionamento do mercado.

Todo esse esboço sobre as várias visões do Estado, com diferentes enfoques teóricos e diversas experiências históricas concretas, é importante para ressaltar que o escopo das políticas públicas e o alcance das ações estatais dependem fundamentalmente do arranjo político vencedor na arena eleitoral.

Dessa forma, o que chamo de momento político na definição das políticas públicas está diretamente ligado a uma série de fatores estruturais e conjunturais de cada país, como: a) a evolução histórica do desenvolvimento econômico e social; b) o nível de organização e mobilização dos grupos sociais; c) o amadurecimento institucional do regime democrático; d) a estrutura federal ou unitária da organização dos Estados nacionais; e) a estrutura de *checks and balances* entre os poderes Judiciário, Legislativo e Executivo; f) a qualidade e o nível de liberdade de imprensa, entre outras variáveis.

Naturalmente, essa ampla estrutura institucional determina diretamente o tamanho e as atribuições do Estado e o escopo das políticas públicas. A experiência histórica recente tem demonstrado que quanto mais a sociedade é democrática, mobilizada, organizada, com instituições políticas maduras e legítimas, maiores são as demandas sobre o Estado, que se vê pressionado a atender aos pleitos advindos dos mais diversos setores sociais.

Assim, para atender às demandas que emergem do funcionamento do sufrágio universal e do regime democrático, o Estado tem de se aparelhar para realizar com eficiência políticas públicas cada vez mais abrangentes e sofisticadas. O resultado natural de todo esse processo é o crescimento vertiginoso das burocracias públicas, cada vez mais exigidas para propiciar proteção e bem-estar a parcelas crescentes da população de cada país.

De modo genérico, pode-se dizer que os Estados historicamente mais ligados à social-democracia, como os países escandinavos, a Alemanha e a França, têm burocracias públicas maiores e mais complexas, ao passo que países de maior tradição liberal, como os Estados Unidos, apresentam um Estado mais enxuto e com um plexo de políticas públicas de menor escopo.

No caso brasileiro, que historicamente sempre contou com um Estado grande e interventor, em detrimento de uma sociedade civil frágil e pouco mobilizada, fruto da herança colonial ibérica, observou-se uma mudança radical com a Constituição Federal de 1988. Pelo menos desde a década de 1930 até os anos 1980, o Estado sempre capitaneou o processo de desenvolvimento do capitalismo nacional. Esses incentivos sempre se traduziram em planejamento governamental, investimentos diretos em áreas consideradas estratégicas como energia e infraestrutura, políticas tarifárias protecionistas para poupar a indústria nacional da concorrência externa, empréstimos de agências governamentais a juros menores, subsídios ao setor agrícola, entre outras políticas públicas de favorecimento e tonificação da incipiente burguesia nacional. Por todo esse processo histórico, os economistas são unânimes em considerar que o desenvolvimento do capitalismo nacional sempre foi dirigido pelo Estado, afastando-se da trajetória mais tradicional e liberal de desenvolvimento dos países centrais do capitalismo, como Estados Unidos e Inglaterra.

Em sintonia com o processo de reordenamento dos Estados nacionais que teve início na década de 1980, também no Brasil o desenvolvimento econômico alavancado pelo poder público começou a ser questionado. Dessa forma, o Brasil passou por um amplo processo de privatização de empresas estatais, abertura econômica ao mercado externo, reformas constitucionais que quebraram monopólios estatais etc., diminuindo fortemente a partici-

Ciclo de formulação, execução e acompanhamento de políticas públicas   251

pação do Estado no processo produtivo. Um retrato perfeito dessa importante mudança são o Programa Nacional de Desestatização — Lei nº 8.031, de 12/4/1990 — e o *caput* do art. 173 da Constituição de 1988, que veda a exploração direta de atividade econômica pelo Estado, salvo quando houver relevante interesse coletivo ou por imperativos da segurança nacional.

Os dados da tabela 38 são relevantes para a análise do processo de privatização no Brasil. De acordo com o relatório de atividades de 2005 do Programa Nacional de Desestatização, produzido pelo BNDES (disponível em <www.bndes.gov.br>), o processo de privatização foi mais intenso nos setores petroquímico, siderúrgico e ferroviário.[163] Do ponto de vista financeiro, também o impacto do processo de privatização foi muito intenso para o Estado brasileiro, totalizando, ainda segundo dados do BNDES, US$ 105,8 bilhões, assim distribuídos:

Tabela 38. Privatizações no Brasil (em US$ bilhões)

Programa	Receita de vendas	Dívidas transferidas	Resultado total
Privatizações federais (PND e telecomunicações)	59,8	11,3	71,1
Privatizações estaduais	28,0	6,7	34,7
Total	**87,8**	**18,0**	**105,8**

Mas, assim como se observa um considerável enxugamento do Estado no que se refere à atividade econômica, também se constata que a Carta de 1988 é bastante pródiga na área social, que exige uma burocracia pública grande e complexa para garantir uma gama enorme de direitos relativos à cultura; inclusão de minorias e setores sociais excluídos, como mulheres, deficientes físicos, idosos e negros; políticas universalistas nas onerosas áreas da educação e da saúde. Ou seja, explodiu a demanda por políticas públicas abrangentes na área da seguridade social, que, de acordo com o art. 194 da Constituição de 1988, inclui saúde, previdência e assistência social.

---

[163] Como muitas corporações tinham subsidiárias, o número de empresas privatizadas na esfera federal totalizou 71 corporações. Somente o sistema Telebras envolvia 27 empresas de telefonia fixa e 26 de telefonia móvel, arrecadando, sozinho, US$ 29 bilhões. Vejamos a distribuição das 71 empresas privatizadas, por área de atuação: 27 petroquímicas, oito siderúrgicas, sete ferroviárias, sete portuárias, seis financeiras, cinco de fertilizantes, três de energia elétrica, duas de mineração, uma de petróleo e gás e outras cinco.

O assunto é controverso na literatura especializada, mas creio ser possível afirmar que a Carta de 1988 foi inédita na história nacional, marcando a chegada do Brasil ao Estado de bem-estar social, apesar de todas as dificuldades observáveis na real transposição para a realidade dos objetivos fundamentais arrolados pela Constituição. É natural que a estrutura governamental, para realizar tamanha tarefa de incorporação social, cresça proporcionalmente à ampliação das políticas públicas e da população coberta pelos novos direitos. Assim, a retirada estratégica do Estado da área econômica, com a Constituição de 1988, foi compensada pelo aumento da cobertura das políticas públicas na área social.

Em função desse processo histórico, o Brasil permanece com uma burocracia pública grande e complexa, cabendo ao Estado um conjunto muito amplo de atribuições na área social, o que foge à tradição de intervenção econômica característica do período que se estende da década de 1930 até a de 1980. De certo modo, no Brasil, as próprias atribuições sociais que constam da Carta de 1988 tornam vazio e falso o debate sobre o tamanho e a natureza do Estado, haja vista que o amplo, universalista e complexo conjunto de políticas públicas socialmente incorporadoras exige uma burocracia grande, eficiente e bem-estruturada.

Assim, o que inicialmente chamei de momento político na definição das ações governamentais interage, em grande parte, com a busca pela implementação de dispositivos constitucionais socialmente incorporadores.

Nesse ponto, é importante fazer uma distinção crucial, que não raro passa despercebida, entre políticas de governo e políticas de Estado. A grande maioria das políticas públicas na área social, como saúde, previdência e educação, são fruto de uma determinação constitucional, representando uma política de Estado, portanto, não sujeitas às vicissitudes das injunções políticas, como descontinuidades ou reviravoltas, características das políticas de governo. Entre outras diferenças importantes, as políticas de Estado se caracterizam por estabilidade e base legal consolidadas, em contraste com as descontinuidades e a legislação mais facilmente modificável, inerentes às políticas de governo.

São visíveis nas últimas décadas os avanços da sociedade civil brasileira, que pelo menos desde 1985 tem conseguido, mediante maior participação e mobilização social, ampliar a agenda política nacional no sentido de direcionar o Estado para o atendimento das demandas sociais mais prementes da sociedade. Em alguma medida, esse complexo e dinâmico jogo em que atores sociais diferentes se enfrentam, aqui considerado o momento político na definição de políticas públicas, determina a estrutura, o plexo de atribuições e a natureza do Estado, com reflexos diretos sobre a burocracia pública.

A disputa política democrática repercute de várias formas na formulação e gestão das políticas públicas. Vejamos alguns aspectos importantes. Como já disse, a definição de um Estado de natureza mais liberal ou social-democrata depende de vários fatores, como a tradição histórica de cada país e o grau de mobilização e participação política da sociedade. O Brasil, depois da Carta de 1988, tem enfrentado com relativo sucesso, haja vista os progressos nas áreas da saúde, educação e previdência social, a desafiadora tarefa de montar um Estado de bem-estar social para incorporar setores historicamente excluídos. Os avanços são perceptíveis, especialmente se considerarmos os séculos de escravidão e exclusão social que tão profundamente marcam a história brasileira.

É natural que, para além das determinações constitucionais que acabo de ressaltar, a natureza política da coligação vencedora das eleições, especialmente no nível federal, influencie profundamente a administração pública. Essa influência é fruto de compromissos eleitorais com grupos sociais distintos, que fatalmente implicam sensibilidade política diferente no atendimento dos pleitos que chegam ao governo. Um governo mais próximo dos movimentos sociais organizados, dos sindicatos, movimentos negros, de consumidores e dos setores populares naturalmente desenvolve políticas públicas direcionadas para o atendimento das demandas dessa população.

Por outro lado, a vitória de uma coligação política mais vinculada ao capital e à burguesia implica maior sensibilidade para os problemas relativos aos desafios que esses setores enfrentam. Em função dessas escolhas e afinidades políticas, a estrutura da administração pública toma diferentes direções, exigindo competências específicas para cada conjunto de políticas públicas. Simplificando, determinado governo pode buscar mais fortemente a estabilidade econômica, ao passo que outro pode privilegiar políticas universalistas na área de saúde. No primeiro caso, a burocracia pública relacionada aos fundamentos macroeconômicos será mais privilegiada e exigida; no segundo, a dotação orçamentária do SUS deve ser aumentada, sendo necessários investimentos maciços em laboratórios de produção de medicamentos, centros de diagnósticos, contratação de servidores, reestruturação de carreiras etc.

Enfim, a direção política do governo determina que grupos sociais e políticos devem ser preferencialmente atendidos, com amplos e intensos reflexos sobre a burocracia pública. Cabe observar que esse momento antecede em muito o da elaboração e execução de políticas públicas, refletindo-se apenas posteriormente na estrutura da administração pública. Nesse aspecto, a capacidade de cada grupo social para colocar na agenda política suas demandas é de fundamental importância. Espera-se que uma gama variada e múltipla de interesses se coloque conjuntamente na arena política através de partidos, sindicatos, associações etc., visando conquistar ou simplesmente ampliar nichos de poder.

Obviamente, para o sucesso das demandas, não basta apenas conseguir a mobilização política necessária, colocar seus problemas na agenda do dia e ganhar as eleições. Vários aspectos importantes relacionados ao conceito de governabilidade são cruciais para que uma demanda deixe de ser apenas uma promessa de campanha e se torne uma política pública efetiva.

Para a implantação de uma política pública bem-sucedida inúmeras questões de engenharia institucional devem ser consideradas, como: a) a viabilidade política, uma vez que critérios essencialmente técnicos não são suficientes; b) o relacionamento institucional entre os poderes, especialmente a estrutura de *checks and balances* entre Executivo, Legislativo e Judiciário; c) a natureza e o histórico do pacto federativo; d) a capacidade operacional das máquinas públicas federal, estadual e municipal; e) a capacidade de interação e integração das burocracias públicas envolvidas; f) a disponibilidade orçamentária e problemas de natureza fiscal, entre outros fatores institucionais.

No caso brasileiro, cabe fazer uma pequena qualificação, uma vez que políticas importantes são implantadas através de um instrumento legal bastante peculiar: as famosas medidas provisórias (MPs).

Previstas na Constituição Federal de 1988, art. 62, *caput*, para casos de relevância e urgência, como sucessora dos decretos-leis do regime militar, as medidas provisórias apresentam um *trade-off* entre agilidade e legitimidade. Instituídas com base no correto argumento de que determinadas medidas não podem esperar pela tramitação sempre longa e tumultuada no Congresso Nacional, as MPs entram em vigor assim que são publicadas no *Diário Oficial*.[164] Ressalte-se que a Emenda Constitucional nº 32, de 11/9/2001 procurou disciplinar e restringir a utilização de medidas provisórias. Foram alterados os prazos de tramitação das MPs no Congresso Nacional e vedada sua utilização para um conjunto amplo de matérias, como detalhado no §1º do art. 62.

Para além das várias polêmicas legais e teóricas que o tema desperta, interessa-nos especialmente os aspectos relacionados com a legitimidade. Do mesmo modo que determinada legislação ou política pública ganha em agi-

---

[164] Para um aprofundamento do tema, consultar Figueiredo e Limongi (2000).

Ciclo de formulação, execução e acompanhamento de políticas públicas 255

lidade e facilidade por ser implantada mediante um instrumento jurídico tão poderoso como as MPs, perde também em legitimidade, uma vez que praticamente não existem debates, críticas etc. Instrumentos tradicionais da democracia, como conferências, consultas populares, audiências públicas etc., não se coadunam com a urgência e a rapidez das medidas provisórias, implicando menores graus de legitimidade para as políticas públicas por elas introduzidas.

Naturalmente, quanto mais uma dada ação estatal é analisada e debatida, maiores suas chances de acerto e sucesso, até mesmo pelo comprometimento dos grupos sociais, partidos e políticos que lutaram por sua implantação. A formulação e implantação de políticas públicas via medidas provisórias é algo frontalmente contrário aos dispositivos atualmente recomendados pela melhor teoria de gestão. Os novos postulados enfatizam a importância das consultas e audiências públicas, do envolvimento dos grupos sociais interessados, da formação de conselhos para consulta e deliberação, de plebiscitos e iniciativa popular, como previsto no art. 14, §2º da Constituição Federal de 1988 etc.

A elaboração e implementação de políticas públicas estão inseridas em um vasto contexto econômico, social, institucional e político, que, na maioria das vezes, transcende o cenário ou a perspectiva analítica de formuladores e executores. De qualquer modo, mesmo considerando a complexidade desse quadro geral, é importante que se tenha em mente que o gestor público transita em um cenário rico e dinâmico que não controla plenamente, o que exige um planejamento estratégico cada vez mais sofisticado. Assim, o gestor público deve estar ciente das incertezas e complexidades necessariamente envolvidas na desafiante tarefa da formulação de políticas públicas, como veremos a seguir.

Momento da formulação

O momento da formulação propriamente dita das políticas públicas é especialmente desafiador e importante para determinar o sucesso ou o fracasso da empreitada, exigindo do gestor público um conjunto complexo de habilidades: conhecimento técnico sobre o problema em questão, sensibilidade política, capacidade de articulação com atores sociais e instituições públicas e privadas, entre outros desafios. Veremos adiante alguns dos problemas práticos, teóricos e legais que costumam funcionar como obstáculos no momento da formulação de políticas públicas e que devem ser considerados e analisados com cautela pelos gestores. De modo geral, pode-se caracterizar esse momento como a transição entre a teoria e a prática, ou seja, a hora de implantar as decisões tomadas na arena política. Nas palavras de Souza (2006:23):

> Pode-se, então, resumir política pública como o campo do conhecimento que busca, ao mesmo tempo, "colocar o governo em ação" e/ou analisar essa ação (variável independente) e, quando necessário, propor mudanças no rumo ou curso dessas ações (variável dependente). A formulação de políticas públicas constitui-se no estágio em que os governos democráticos traduzem seus propó-sitos e plataformas eleitorais em programas e ações que produzirão resultados ou mudanças no mundo real.

Primeiro, é importante levantar o histórico das políticas públicas na área específica em que se pretende trabalhar, verificar se já existe experiên-cia acumulada ou mesmo similar sobre a política pública em questão. Para tanto, faz-se necessário consultar a iniciativa privada, o terceiro setor, en-tes subnacionais e mesmo a literatura internacional acerca da existência de ação semelhante, que pode fornecer ao gestor público um *benchmarking* de fundamental importância. Essa avaliação das experiências já em curso e testadas pode fornecer subsídios importantes, na medida em que tem o potencial de apontar os equívocos a serem evitados e as experiências bem--sucedidas que podem ser reproduzidas ou mesmo ampliadas.

Nessa tarefa, entre outros cuidados, deve-se evitar especialmente duas armadilhas perigosas: a) o gestor público deve ter humildade para identi-ficar práticas positivas e bem-sucedidas e abrir mão da pretensão de ser o criador genial de determinada política pública ou programa social (nada mais equivocado do que a posição arrogante de quem acredita na possibili-dade de reinventar a roda a cada nova intervenção estatal; se algo está dando certo, o correto é identificar, reconhecer os créditos e, se possível, reproduzir a ação); e b) em função da postura anterior, nunca é demais alertar que as experiências bem-sucedidas dificilmente são aproveitáveis sem uma adequa-ção criteriosa. Em políticas públicas, os alvos e as realidades costumam ser diferentes e dinâmicos, exigindo do gestor governamental muita habilidade para, quando possível, fazer as adaptações necessárias para a reprodução ou ampliação das ações e programas de governo.

Outro desafio a ser enfrentado no momento da formulação das políticas públicas é definir com precisão o público-alvo da ação estatal. Para além do debate teórico sobre as virtudes e os benefícios de focar ou universalizar

Ciclo de formulação, execução e acompanhamento de políticas públicas   257

as políticas públicas, em geral o gestor trabalha com um público-alvo bem recortado e identificado. Apesar das políticas públicas universalistas com que nos deparamos atualmente, sobretudo nas áreas da saúde e da educação fundamental, fruto das determinações da Carta de 1988, o mais usual é o gestor público trabalhar com um recorte social, geográfico ou populacional, que, dentro dos limites técnicos disponíveis, precisa ser retalhado e identificado com a maior precisão possível.

Essa tarefa é de fundamental importância para se evitar desperdícios, duplicidades, capacidade ociosa da máquina governamental, desvios de recursos públicos, dimensionamento equivocado da capacidade operacional exigida para a execução das ações, injustiça na alocação de recursos, entre outros problemas. Para atingir esse objetivo, é imprescindível definir com rigor e precisão o público-alvo e os objetivos da ação governamental para determinar o sucesso de uma dada política e agregar eficiência, efetividade e justiça social ao gasto público.

Relacionado a esse aspecto trabalhado está o desafio de se buscar uma visão estratégica e integrada dos atores sociais envolvidos na formulação de determinada política pública. Em princípio, não basta apenas identificar e recortar com precisão cirúrgica o público-alvo e conhecê-lo perfeitamente do ponto de vista quantitativo. A análise dos aspectos qualitativos de determinado público-alvo é importante para a formulação correta das políticas públicas pelo gestor governamental. Nesse aspecto, conhecer o nível de organização e a capacidade de mobilização política da população alcançada é vital, uma vez que esse conhecimento determina a capacidade de contribuição e o nível de interlocução que pode ser estabelecido entre a administração pública e determinado grupo social.

Tais informações são estratégicas para determinar o grau de interação de uma política pública. Nessa fase, é desejável mapear a capacidade de exercício do controle social de determinado ator político e reconhecer o grau de representatividade e legitimidade dos dirigentes e representantes do público-alvo, entre outros aspectos.

Como já destacado, no momento da formulação das políticas públicas, o gestor público deve considerar atentamente os aspectos quantitativos e qualitativos da população interessada, o que dá complexidade, sofisticação e eficiência ao gasto governamental. Trata-se, em última análise, de avaliar o capital social do público-alvo, o que determinará a intensidade e a qualidade da interação/parceria entre a administração pública e o cidadão/sociedade civil.

Na medida do possível, o gestor governamental deve dominar um instrumental analítico robusto e atualizado e dispor de habilidades para gerenciar com eficiência as adversidades do contexto, as limitações orçamentárias e operacionais da administração pública e as complexidades dos atores políticos envolvidos. Nesse sentido, é preciso que a administração pública estreite relações e parcerias com universidades e centros de pesquisa, a fim de se apropriar do melhor conteúdo técnico e teórico disponível, que fatalmente se traduzirá em qualidade, eficiência e efetividade na formulação de políticas públicas.

Dois conceitos são fundamentais no estabelecimento da estrutura institucional necessária à implementação de políticas públicas: descentralização e complementaridade. Já tratamos da descentralização no capítulo 1, restando agora tecer algumas considerações acerca da necessidade de parcerias e de interlocução entre a administração pública, a sociedade civil, os níveis federal e subnacional, as organizações do terceiro setor etc. Na definição do escopo das políticas públicas, o gestor governamental deve considerar e buscar estabelecer as mais variadas formas de cooperação e de parceria, visando integrar um grupo de instituições públicas e privadas para trabalharem de maneira conjunta e articulada na tarefa de formular e implementar determinada política pública.

Assim, a administração pública deve se tornar uma grande agregadora de instituições e atores políticos e sociais, compartilhando responsabilidades e experiências na área de políticas públicas. Merece especial atenção a possibilidade de ação intergovernamental, para que se procure compatibilizar as ações dos níveis federal, estadual e municipal. O compartilhamento da capacidade instalada da administração pública brasileira deve ser buscado intensamente, para otimizar recursos humanos, estrutura administrativa, despesas de custeio etc. Nessa área específica, a experiência do Sistema Único de Saúde (SUS) serve como referência teórica e prática da maior relevância, acumulando experiências, fracassos e muitos sucessos desde a Carta de 1988, quando começou a ser implantado. No contexto do federalismo brasileiro, não existe alternativa mais apropriada e inteligente para a formulação de políticas públicas do que o aprofundamento da interação entre União, estados e municípios.[165]

---

[165]Uma comprovação da tendência de se aproveitar a experiência do SUS foi a edição da Lei nº 12.435, de 6-7-2011, que no art. 6º cria o Suas: "A gestão das ações na área de assistência social fica organizada sob a forma de sistema descentralizado e participativo, denominado Sistema Único de Assistência Social (Suas), com os seguintes objetivos: I — consolidar a gestão compartilhada, o cofinanciamento e a cooperação técnica entre os entes federativos que, de modo articulado, operam a proteção social não contributiva; II — integrar a rede pública e privada de serviços, programas, projetos e benefícios de

Naturalmente, quando se trata de políticas públicas articuladas em vários níveis, envolvendo inúmeros atores sociais e instituições governamentais e privadas, o problema da coordenação assume enorme relevância. Como facilmente se constata no Brasil, especialmente em relação aos três níveis federativos, a coordenação intergovernamental tem sido o grande desafio para a formulação e a implantação de políticas públicas, haja vista a característica predatória e competitiva das relações federativas. Como é desejável que as políticas públicas envolvam vários órgãos, instituições e atores sociais, as habilidades de coordenação, articulação, agregação e motivação de servidores e da sociedade civil assumem importância fundamental para o sucesso das ações estatais. Por tudo isso, no momento em que são formuladas as políticas públicas, a coordenação e a articulação de atores sociais e instituições devem ser consideradas os principais desafios a serem superados para que a ação estatal obtenha sucesso.

A articulação com empresas, organizações não governamentais (ONGs), sociedade civil organizada, sindicatos, escolas etc. é sempre muito bem-vinda à administração pública, por propiciar transparência, legitimidade e eficiência ao gasto governamental. Essas parcerias tendem a despertar um maior nível de participação e mobilização política, agregando mais qualidade e trazendo contribuições importantes na formulação de políticas públicas.

Como em toda atividade, a informação é um bem muitíssimo valioso para o gestor público no momento da formulação das ações governamentais e na definição dos métodos e critérios que integrarão as estratégias a serem consideradas pela administração pública. Nesses aspectos, a administração pública brasileira encontra-se em boas condições técnicas, operacionais e administrativas. Tanto na iniciativa privada quanto no setor público temos importantes centros de pesquisa e estudos científicos, que produzem um volume enorme de informações de alta qualidade que são fundamentais para os gestores públicos. Instituições como o Instituto de Pesquisa Econômica Aplicada (Ipea), Fundação Getulio Vargas (FGV), Departamento Intersindical de Estudos Sociais e Econômicos (Dieese), Fundação João Pinheiro (FJP) e principalmente o Instituto Brasileiro de Geografia e Estatística (IBGE), entre outras, fornecem ao gestor público informações e dados gerenciais rela-

---

assistência social, na forma do art. 6º C; III — estabelecer as responsabilidades dos entes federativos na organização, regulação, manutenção e expansão das ações de assistência social; IV — definir os níveis de gestão, respeitadas as diversidades regionais e municipais; V — implementar a gestão do trabalho e a educação permanente na assistência social; VI — estabelecer gestão integrada de serviços e benefícios; e VII — afiançar a vigilância socioassistencial e a garantia de direitos".

tivos à sociedade brasileira absolutamente cruciais no momento da formulação de políticas públicas.

Não existe boa política pública sem informação precisa, tempestiva e abundante sobre o tema que se pretende trabalhar. No caso brasileiro, temos informações de boa qualidade sobre a sociedade, a administração pública, os números da economia, entre outras, que subsidiam com eficiência a formulação das políticas públicas, que sempre precisam de projeções econômicas e demográficas, além de recortes teóricos e estatísticos precisos. Nesse aspecto da quantidade e qualidade das informações gerenciais, a administração pública brasileira não tem encontrado maiores dificuldades, dado o alto nível técnico dos órgãos públicos, universidades e centros de pesquisa que atuam na área de produção de dados.[166]

Outra preocupação fundamental para o gestor no momento da formulação de políticas públicas é definir de maneira realista o escopo das intervenções estatais, evitando o sub ou superdimensionamento das ações, do orçamento ou mesmo do público-alvo envolvido. Nada mais improdutivo ou ineficiente para a administração pública do que ações absurdamente irrealistas, que frustram e desmotivam os gestores, atores sociais e instituições. O gestor público deve, pois, ser o mais realista possível, conhecendo e considerando as dotações orçamentárias disponíveis para o programa, as deficiências institucionais e operacionais da administração pública, as fragilidades políticas e organizacionais da sociedade e dos grupos sociais envolvidos, os interesses específicos e limitações das entidades parceiras, entre outros.

Como já disse, é um péssimo sinal quando o gestor assume a posição de quem está reinventando o Estado, pretendendo realizar literalmente uma revolução quanto aos mecanismos de ação da administração pública. Nesses casos, para evitar fracassos e desilusões, a melhor postura é adotar uma estratégia bem focada, incrementalista, que reproduza sucessos e corrija fracassos de maneira paulatina. O gestor pode até apresentar um plano ousado de crescimento e ampliação, mas jamais deve pecar pela grandiloquência ou pela pretensão demasiada nos momentos iniciais de implantação de determinada política pública. A área governamental não é o palco adequado para ações mirabolantes, muito menos laboratório de teste de políticas públicas irrealistas.

---

[166] É evidente que ainda existem problemas de informação escassa ou insuficiente em áreas específicas da sociedade brasileira, o que prejudica o correto dimensionamento das políticas públicas. Por definição, a sociedade é sempre um objeto complexo, cambiante e de difícil aproximação, exigindo muita habilidade e conhecimento técnico por parte de analistas e gestores governamentais.

Na formulação de políticas públicas, a simplicidade e o pragmatismo devem ser os princípios norteadores. Nessa situação específica, mais do que nunca vale a posição de Steve Jobs, criador da Apple, que associava simplicidade e inteligência, por um lado, e relacionava complexidade com confusão mental, por outro, valorizando a clareza e a objetividade de raciocínio. O problema a ser enfrentado pela administração pública pode até ser complexo e difícil, mas devem ser buscadas as soluções mais simples, objetivas e diretas.

A questão da juridicidade é de fundamental relevância nesse momento inicial de formulação de políticas públicas, e tem sido, na grande maioria das vezes, negligenciada pelos gestores governamentais. Não raro, as políticas públicas têm um alcance populacional e temporal que abrange milhões de pessoas por várias décadas, exigindo uma criteriosa avaliação da viabilidade jurídica por parte dos gestores governamentais. A preocupação principal nessa fase é evitar embaraços jurídicos futuros que envolvam a administração pública e tragam prejuízos financeiros e questionamentos legais que persistam por gerações. O retrato acabado dessa fragilidade jurídica das políticas públicas pode ser ilustrado pela constatação de que a União figura como ré em mais da metade das ações julgadas pelo Supremo Tribunal Federal (STF). O crescimento da Advocacia-Geral da União (AGU) nos últimos anos, institucionalmente responsável pela defesa dos interesses da União, com forte contratação de procuradores, também corrobora a ideia de que a administração pública se envolve desnecessariamente em imbróglios jurídicos em função de descuidos no momento da formulação e implantação de políticas públicas.[167]

Visando evitar problemas futuros que não raro geram "esqueletos" de bilhões de reais para o Estado, a política pública deve passar, no momento da formulação, por um crivo jurídico rigoroso. Nesse caso, o instrumento legal da medida provisória, vastamente utilizado pelo Executivo federal para implementar políticas públicas, não contribui muito. A tarefa de introduzir inovação legal com boa qualidade jurídica não é facilitada pelo instituto das MPs, que são menos debatidas pelos atores sociais interessados e também não transitam pelos canais formais e comissões temáticas do Congresso Nacional, que poderiam filtrar e evitar possíveis equívocos jurídicos.

Para a administração pública brasileira, a combinação explosiva de má qualidade jurídica dos projetos e celeridade no trâmite legal que as medidas

---

[167] Entre 1995 e 2009 foram contratados, por concursos públicos, 1.467 assistentes jurídicos para a AGU e 552 advogados para as autarquias e fundações (*Boletim Estatístico de Pessoal*, n. 165, jan. 2010).

provisórias potencializam é desastrosa e tem acarretado prejuízos financeiros enormes. A situação é preocupante especialmente se considerarmos que inúmeras políticas públicas, em sentido amplo, são introduzidas através desse instrumento legal. É comum que, apenas depois de implementada e ter gerado milhões de atos jurídicos e situações fáticas concretas, a medida provisória seja questionada por apresentar problemas legais que a tornam inconstitucional, trazendo embaraços e prejuízos à administração pública. Dessa forma, a análise da constitucionalidade e da base legal das políticas públicas é um ponto crucial para dar segurança jurídica aos gestores públicos, às instituições envolvidas e ao público-alvo.

Momento da implementação

No momento da implementação das políticas públicas, surge uma gama enorme de problemas. Como uma primeira aproximação para o nível de dificuldades encontradas nessa fase, vale lembrar uma regra geral de administração e crescimento profissional: as razões do sucesso são 99% de transpiração e 1% de inspiração. Tais razões estão relacionadas com a arquitetura institucional e a qualidade jurídica das políticas públicas, mas também estão diretamente condicionadas à capacidade de trabalho duro, disciplinado e constante dos gestores e instituições envolvidas no programa ou ação governamental.

Nas atuais condições da administração pública brasileira, creio que os maiores desafios não têm a ver com a formulação e a base legal, mas, principalmente, com a operacionalização e execução das políticas públicas, que exigem jornadas árduas que em geral não dão visibilidade ou prestígio fácil às equipes e aos servidores encarregados dessas funções. A implementação bem-sucedida de políticas públicas requer apoio político e institucional, mas depende essencialmente de trabalho árduo, cotidiano e dedicado de servidores bem-preparados e motivados. A realidade da administração pública brasileira indica que, apesar do trabalho importante e essencial dos formuladores e idealizadores, o sucesso das políticas públicas tem dependido mais da vontade, da dedicação e da capacidade das equipes executoras que atuam na ponta do sistema.

Como é natural, esse trabalho árduo exige servidores públicos motivados, tecnicamente preparados e bem-remunerados, que possam garantir a qualidade, a eficiência e a efetividade na implementação das políticas públicas. Sem dúvida, este é um dos maiores desafios e gargalos da administração pública brasileira, cuja burocracia precisa se profissionalizar, desenvolver e aparelhar para prestar melhores serviços à população. Dificuldades ainda maiores enfrentam os municípios, que, como visto no capítulo 1, se encontram em um impasse gerencial terrível: são constitucionalmente responsáveis pelos serviços mais essenciais à população, como os das áreas de saúde e educação, ao passo que dispõem da burocracia menos preparada e qualificada no âmbito do federalismo brasileiro.

A despeito das dificuldades apontadas, é perfeitamente factível, no âmbito da administração pública brasileira, montar grandes equipes motivadas, capazes e dedicadas, que garantam o sucesso das ações estatais. Tal como na iniciativa privada, a montagem desses grupos de trabalho é de fundamental importância, assim como a seleção de pessoas certas para as posições e atribuições adequadas e uma liderança que imponha respeito e produza admiração e motivação.

Como já disse, e isso serve como regra geral, os programas e ações estatais devem ser implementados de maneira gradual, com a realização de pequenos laboratórios experimentais que sirvam para apontar as deficiências e os pontos fortes de determinada política pública. Ainda em estágio inicial e com menor alcance, os problemas e deficiências são mais facilmente identificáveis e corrigíveis, dando segurança ao administrador. Desse modo, as políticas públicas devem começar em um nível menor e com escopo reduzido. Num segundo momento, a partir da experiência acumulada, deve-se cumprir um cronograma de expansão e ampliação compatível com a capacidade operacional da esfera pública ou das instituições responsáveis pelo programa ou projeto.

Nesse aspecto específico, o gestor não pode errar pela grandiosidade ou por pretensão exagerada. Tomando o rumo oposto, deve valorizar a cautela, a prudência, a experimentação, o incrementalismo e a humildade, que representam virtudes importantes nesse momento complexo e desafiador.

A infraestrutura exigida para a execução das políticas públicas deve ser sempre erigida com rigor e precisão pelo gestor público. Dessa forma, os braços operacionais têm de ser compatíveis com os objetivos e o alcance da intervenção governamental. É muito comum na administração pública nos depararmos com um programa bem pensado e juridicamente correto que encontra uma realidade institucional tão precária que praticamente inviabiliza suas chances de sucesso.

Por isso é preciso contar com servidores tecnicamente capazes, além de dispor de uma boa estrutura administrativa que contemple veículos, computadores, equipamentos, bons softwares de gerenciamento, entre outros itens inerentes à estrutura burocrática mínima necessária para a implementação de políticas públicas. Por mais que pareça óbvio e elementar, programas governamentais são pensados e implementados sem se dispensar a atenção adequada à estrutura institucional, administrativa e operacional exigidas na sua execução. Um exemplo geral nesse sentido é o processo de descentralização de políticas públicas para os municípios, que assumiram importantes atribuições a partir da Constituição de 1988 sem dispor da estrutura burocrática necessária para desempenhar tais funções, como visto no capítulo 1.

Assim, deve-se realizar, criteriosamente, uma avaliação adequada e realista da capacidade operacional dos órgãos e instituições responsáveis pela implementação de determinada política pública. Essa preocupação torna-se especialmente relevante quando a execução da política pública é compartilhada ou descentralizada para entidades parceiras, como ONGs ou Oscips (Torres, 2007), que muitas vezes não possuem a capacidade operacional e técnica necessária para o sucesso das políticas públicas.

Ainda com relação à tarefa de delimitar com precisão o escopo das políticas públicas, é importante, além do tradicional recorte populacional do público-alvo, conhecer adequadamente o alcance institucional, espacial e regional dessas políticas, o que permitirá ao gestor governamental intervir com precisão na realidade em que pretende atuar. Nesse aspecto, conhecer a capilaridade e a capacidade burocrática das instituições envolvidas é crucial para o êxito das políticas públicas.

Em função do modelo descentralizado adotado pela Carta de 1988, é muito comum existir uma divisão rígida entre formuladores e executores de políticas públicas, cabendo aos municípios as tarefas mais diretamente ligadas à implementação das políticas. Para contornar os possíveis problemas dessa cisão, é essencial explicitar e esclarecer para os atores o arcabouço institucional, orçamentário e operacional de determinada política pública. Todas as formas de disseminação e convencimento acerca de determinada ação governamental devem ser repassadas aos atores sociais envolvidos: elaboração de cartilhas didaticamente pensadas, treinamento de equipes e multiplicadores, formação e aperfeiçoamento de conselheiros e agentes comunitários etc. Para quem atua na ponta do sistema, implementando as políticas públicas, esse apoio institucional, jurídico e operacional é fundamental, especialmente considerando-se as deficiências da burocracia pública municipal.

Por fim, cumpre mencionar um último aspecto em relação ao momento da implementação das políticas públicas: os problemas relacionados com a execução orçamentária e financeira. A administração pública brasileira é fortemente marcada por contingenciamentos de recursos, realizados em função de políticas macroeconômicas administradas em conjunto pelos ministérios da Fazenda e do Planejamento e pelo Banco Central do Brasil (Bacen). Assim, baseando-se em indicadores como crescimento da economia, evolução das receitas da União, taxa de inflação, metas de superávit primário, entre outros, o Tesouro Nacional administra o caixa, autoriza gastos ou realiza contingenciamentos combinando uma gama enorme de variáveis macroeconômicas.

No âmbito da administração pública brasileira, as grandes exceções aos contingenciamentos são as políticas públicas com recursos vinculados pela Constituição de 1988, como ocorre nas áreas da saúde e da educação. O gestor deve, pois, ficar atento às incertezas da execução orçamentária no planejamento e execução das políticas públicas, a fim de evitar desacertos, frustrações, quebra de cronogramas ou mesmo o fim abrupto e sem aviso prévio dos recursos orçamentários e financeiros. Outra característica importante da execução orçamentária brasileira que tem forte impacto sobre a implementação das políticas públicas é a concentração da execução do orçamento no segundo semestre do ano, como visto no capítulo 4.

Dessa forma, as características e incertezas da execução orçamentária na administração pública brasileira, que tão fortemente impactam a implementação das políticas públicas, devem ser especialmente observadas pelo gestor para não comprometer ou mesmo inviabilizar o sucesso das ações do Estado.

Momento da avaliação

De início, cabe esclarecer que o termo avaliação, neste contexto, deve ser entendido em sua concepção mais estrita e operacional, estando diretamente relacionado com a possibilidade de se alcançar os objetivos propostos por determinada política pública ou projeto social. O objetivo deste capítulo não é fazer uma avaliação política mais abrangente, que implicaria analisar a justiça, a oportunidade ou a prioridade elencada em um plexo enorme de opções, inclusive questionando atores e grupos sociais beneficiados.

Na crucial tarefa de avaliar políticas públicas é fundamental ter clareza acerca dos conceitos de eficácia, eficiência e efetividade. Gestores públicos e órgãos de controle enfrentam muitas dificuldades no momento de gerar indicadores objetivos e confiáveis para avaliar uma dada política pública, sobretudo no tocante a sua efetividade. Vejamos que desafios técnicos devem ser superados para se proceder a uma adequada avaliação de programas e projetos públicos.

Ultimamente, após as reformas administrativas das décadas de 1980 e 90, um dos instrumentos mais úteis para se avaliar o desempenho institucional e proceder à fiscalização da administração pública são os contratos de gestão. Por sua ampla utilização, seria até possível sustentar que existe uma afinidade eletiva entre os contratos de gestão e o controle de resultados, uma vez que o estabelecimento de metas e objetivos bem-delineados e quantificados nesses instrumentos facilita o monitoramento, o controle e a avaliação das políticas públicas. Nessa avaliação, a qualificação de alguns instrumentos analíticos importantes é fundamental.

A literatura especializada costuma utilizar três conceitos, que, em certa medida, abrigam significados parecidos mas diferenciados:

- *Eficácia:* basicamente, a preocupação, nesse conceito, tem a ver com o atingimento dos objetivos desejados por determinada ação estatal, pouco importando os meios e mecanismos empregados para atingi-los. De maneira simples e prática, para uma avaliação da eficácia, basta comparar as metas programadas e as alcançadas em determinado programa ou ação estatal.
- *Eficiência:* nesse caso, mais importante que o simples alcance dos objetivos estabelecidos é deixar explícito como foram atingidos. Existe uma clara preocupação com os mecanismos utilizados para obter êxito na ação estatal, ou seja, é preciso buscar os meios mais econômicos e viáveis, e utilizar a racionalidade econômica para maximizar resultados e minimizar custos, ou seja, fazer o melhor com o menor custo, gastando com inteligência os recursos recolhidos pelo contribuinte.
- *Efetividade:* a avaliação deve se esforçar para demonstrar o impacto da política pública nas condições de vida da população atingida, ou seja, a real capacidade do Estado de transformar a vida dos atores e grupos sociais previamente elencados. É o mais complexo dos três conceitos, sendo sua preocupação central averiguar a real necessidade e oportunidade de determinadas ações estatais, deixando claro que setores são beneficiados e em detrimento de que outros atores sociais. Esse conceito não se relaciona estritamente com a ideia de eficiência, que tem uma conotação econômica muito forte, pois nada é mais impróprio para a administração pública do que fazer com eficiência o que simplesmente não precisa ser feito.[168]

---

[168] Um exemplo prático pode elucidar esses conceitos. Inicialmente, imaginemos que determinada ação estatal preveja a construção de uma ponte entre as localidades A e B. Se os avaliadores/controladores vão ao local e constatam que a ponte foi construída, pode-se sus-

Como se pode observar, os conceitos de eficiência e efetividade de políticas públicas são mais complexos, exigindo o desenvolvimento de instrumentos, técnicas e indicadores mais sofisticados por parte de gestores e avaliadores, e constituindo grandes desafios para os órgãos de controle e tribunais de contas.

A divisão rigorosa dos momentos que caracterizam todo o processo de formulação e implementação de políticas públicas tem caráter meramente didático, sendo a realidade bem mais complexa e dinâmica do que nossa capacidade de racionalizá-la. Essa ponderação é especialmente válida para o que chamo de momento da avaliação, *que definitivamente não deve ser considerado a última fase do processo de implantação de políticas públicas.* As avaliações devem começar antes mesmo de ter início a execução das políticas públicas, permeando de maneira concomitante todo o processo.

A avaliação e o controle abrangem inúmeros aspectos fundamentais. Para começar, existe a noção mais difundida e conhecida de que o controle e a avaliação servem como ferramentas poderosas para evitar desvios, corrupção, desperdícios e ineficiência nos gastos públicos. Realmente, é autoexplicativo que todas as ferramentas de controle sejam utilizadas para garantir a probidade na execução do gasto público. Nesse aspecto, dois pontos são essenciais: a transparência e a capacidade operacional de acompanhar e controlar as políticas públicas.

Quanto à transparência, a administração pública brasileira evoluiu muito nas últimas décadas. De modo geral, houve avanços importantes em vários sentidos: a) a começar pela Constituição Federal de 1988, passando pela Lei de Responsabilidade Fiscal (Lei Complementar nº 101/00, com suas alterações) e pelas legislações mais específicas, a base legal de implementação de políticas públicas atingiu um elevado nível de transparência, disponibilizando informações cruciais sobre a execução orçamentária e as

---

tentar com tranquilidade que a ação foi eficaz. Se, para construir a ponte, foi realizado um processo licitatório muito competitivo e transparente, com emprego dos melhores produtos e técnicas de engenharia ao menor custo possível, também pode-se dizer que o princípio da eficiência foi observado. Por fim, o mais difícil: faz-se necessário avaliar os impactos na vida das comunidades envolvidas. Se as condições das populações melhoraram com o encurtamento das distâncias, com um maior acesso a serviços de saúde, educação etc., pode-se também afirmar que a ação estatal foi efetiva. Por outro lado, se a ponte simplesmente não precisasse ser construída por ligar "nada" a "lugar nenhum", pode-se até afirmar que a ação governamental foi eficaz e eficiente, mas jamais efetiva. Finalizando, nada mais inadequado para o Estado do que realizar com eficiência políticas públicas que não deveriam existir. Nesse caso específico, o aumento da eficiência implica intervenções mais precárias.

ações do Estado para a sociedade; b) o uso da tecnologia da informação tem sido fundamental para dar visibilidade às informações sobre o gasto público, cabendo destaque para a introdução do pregão eletrônico, a difusão das páginas institucionais na internet, o aperfeiçoamento dos grandes sistemas de acompanhamento da administração pública federal, como Siape (pessoal), Siafi (execução financeira), Comprasnet (aquisições governamentais), Sisconv (acompanhamento dos convênios); c) a implantação e difusão das ouvidorias no âmbito das agências reguladoras e órgãos da administração pública federal, assim como a divulgação e o desenvolvimento de sites especializados na internet, como o portal da transparência do governo federal; d) a criação, pela Emenda Constitucional nº 45, de 8/12/2004, do Conselho Nacional de Justiça, que instituiu o controle externo do Poder Judiciário, considerado um dos mais fechados segmentos do Estado brasileiro, entre outras iniciativas.

Atualmente, a legislação brasileira relativa às políticas públicas caracteriza-se pela busca de transparência e mais controle social, objetivos que se complementam no sentido de evitar práticas patrimonialistas nas ações governamentais. Naturalmente, o aumento da transparência e do controle social não resolve automaticamente os graves problemas históricos de corrupção e fraudes na administração pública, mas tem sido importante na mitigação dessas práticas.

Nesse cenário, requerem atenção especial algumas questões já levantadas, como o volume imenso de informações disponibilizadas, a forma de organização dessas informações, a capacidade de processamento desses dados técnicos, a vontade da sociedade (em especial uma pouco organizada e mobilizada) de realmente ajudar a administração pública na fiscalização desses recursos. Enfim, é importante demonstrar que os avanços da legislação e o aumento da transparência não representam um tiro certeiro na corrupção, mas são ferramentas modernas, que, se bem utilizadas, podem evitar desvios de recursos na implantação de políticas públicas.

Vários dos problemas relacionados com o controle da administração pública acima levantados podem também ser percebidos e analisados pela teoria *agent/principal*, desenvolvida por Jensen e Meckling (1976). No modelo original, problemas de controle, acompanhamento, coordenação e assimetria de informações surgem quando um ator (*principal*) contrata outro (*agent*) para executar uma tarefa ou serviço. Como o *principal* não tem condições operacionais ou não dispõe do conhecimento técnico necessário para desenvolver a atividade atribuída ao *agent*, surgem os problemas de acompanhamento e controle, especialmente considerando que os interesses dos atores tendem a ser conflitantes, uma vez que se trata de atores racionais e maximizadores. Em determinadas situações, o executor do trabalho (*agent*) aproveita-se das dificuldades do contratante (*principal*) para se beneficiar e obter vantagens não previstas. No mundo corporativo, esse tipo de problema pode ser observado no relacionamento nem sempre amistoso entre os acionistas, muitas vezes representados nos conselhos de administração (principal), e os membros da diretoria executiva (agentes) encarregados de atingir os objetivos institucionais de determinada empresa.

Em um exercício de livre adaptação, pode-se considerar que o *principal* (sociedade civil) contrata a burocracia ou administração pública (*agent*) para enfrentar o desafio de administrar os recursos orçamentários para desenvolver políticas de bem-estar na busca do interesse comum da nação. Acontece que a sociedade, por sua complexidade e multiplicidade de atores, às vezes nem mesmo consegue definir com clareza e racionalidade seus grandes objetivos e propósitos mais fundamentais. Por outro lado, a burocracia pública (*agent*) tem um perfil social mais definido, conhece seus interesses de forma mais clara e manipula um conjunto de informações que não está facilmente disponível para a sociedade. Assim, em função de interesses muitas vezes conflitantes e também por uma severa assincronia de informações, a sociedade (*principal*) se depara com muitas dificuldades de natureza técnica, social e organizacional para controlar e fiscalizar a administração pública/políticos (*agent*).

Este exemplo é importante porque deixa claro que a tarefa da sociedade de controlar e fiscalizar os administradores públicos é inerentemente complexa, difícil do ponto de vista técnico e socialmente árdua sob o aspecto organizacional. Em vários níveis, essa abordagem teórica poderia ser utilizada, com proveito, nas análises da administração pública brasileira. Por exemplo: no processo de descentralização do governo federal (*principal*) para os entes subnacionais (*agents*); para efeitos da supervisão ministerial, fruto da criação de entidades da administração indireta, na qual o ministério (*principal*) deve coordenar os trabalhos das entidades descentralizadas (*agents*).

Mas controle e transparência não são armas importantes apenas para se evitar a corrupção, podendo contribuir de maneira proveitosa como instrumentos gerenciais. Tanto na área governamental quanto no mundo corporativo são as ferramentas de controle que subsidiam os dirigentes, propiciando informações importantes para se avaliar a eficiência e a efetividade de determinada intervenção ou programa de governo. As informações e dados gerenciais disponibilizados pelos instrumentos de controle e por atores sociais participativos representam uma contribuição importante para o aperfeiçoamento de processos e a identificação de gargalos, viabilizando a tempestiva intervenção dos gestores governamentais no sentido de aperfeiçoar a eficiência do gasto público. As informações gerenciais produzidas pelo controle potencializam a avaliação da relação custo/benefício de determinada intervenção ou política pública, propiciando qualidade e sofisticação às ações estatais. Dessa forma, a transparência e o controle devem ser entendidos não só como ferramentas eficazes para evitar atos de corrupção e desvios de recursos, mas essencialmente como instrumentos poderosos no gerenciamento e aperfeiçoamento de políticas públicas.

No Brasil, o aperfeiçoamento do acompanhamento, um dos cinco princípios fundamentais da administração pública estipulados pelo Decreto-lei nº 200/67, tem passado pela discussão acerca do que se denominou "controle de resultados". Por esse novo entendimento, consagrado em todo o mundo, não basta mais analisar apenas a correção legal e a observância dos requisitos formais e burocráticos na execução de determinada política pública. É preciso avançar e comprovar que, além de observarem a legislação e os procedimentos, as políticas públicas são eficientes e efetivas. O controle de resultados busca avaliar o real alcance das políticas públicas, que, acima de tudo, devem ser efetivas, ou seja, devem impactar as condições de existência de determinado público-alvo.[169]

Um programa de merenda escolar financiado com recursos da União, por exemplo, deve ser auditado em vários aspectos. Primeiramente, cabe verificar como o dinheiro foi gasto, quais os procedimentos legais adotados, se houve licitação para realizar as compras etc. Mediante essa análise, pode-se fazer uma avaliação da legalidade e dos procedimentos burocráticos formais que envolvem a despesa pública, contemplando o que se poderia chamar de uma modalidade mais formal de controle. Mas esse tipo de controle deve ser *complementado* pela avaliação dos resultados efetivos da política pública em questão, ou seja, sua capacidade de interferência na realidade. Para tanto, outras variáveis devem ser desenvolvidas e trabalhadas, como: a disponibilidade de merenda para os estudantes contribuiu para diminuir a evasão escolar? Houve algum impacto sobre o aproveitamento dos alunos? Ocorreu alguma mudança na relação escola/comunidade? Para avaliar essas

---

[169] Os instrumentos mais conhecidos do controle de resultados são: assinatura de contratos de gestão, com o estabelecimento de metas físicas bem-definidas e objetivas; avaliação de desempenho de servidores e instituições; repasse de recursos orçamentários em função do atingimento de metas, e melhoria do desempenho institucional, entre outros.

novas variáveis, um conjunto de indicadores de resultados deve ser elaborado pelos gestores públicos, que, além dos controles burocráticos, precisam também trabalhar com indicadores de resultados, que irão trazer sofisticação e eficiência ao gasto público.

Quanto ao controle de resultados, deve ficar claro que não se trata de uma substituição dos controles formais e legais por uma nova modalidade de monitoramento. No âmbito da administração pública brasileira, por uma série de fatores conhecidos e autoexplicativos, os controles burocráticos e legais são tão importantes quanto sempre foram. Nesse contexto, o controle de resultados deve ser entendido como um aperfeiçoamento, uma evolução ou sofisticação do controle burocrático tradicional, caracterizando antes uma relação de complementaridade do que de substituição em relação às antigas ferramentas de avaliação de políticas públicas.

Por força da introdução de novas leis e também por mudanças de mentalidade nas instituições de auditorias, externas e internas, tem-se fortalecido na administração pública brasileira o controle do desempenho através de indicadores de resultados. Faz parte dessa nova mentalidade uma mudança radical na postura dos órgãos de controle, que ultimamente se esforçam para perder sua característica essencialmente fiscalizadora e punitiva em favor de uma postura mais voltada para a parceria e o assessoramento das entidades envolvidas na execução de políticas públicas.

Naturalmente, para atingir o objetivo de propiciar transparência, eficiência e efetividade ao gasto público, a ação dos órgãos de controle não deve se concentrar apenas na fase final do procedimento de implantação de políticas públicas e, sim, se estender por todas as fases desse longo e complexo processo. Preferencialmente, a atuação dos órgãos de controle deve começar já nas fases iniciais do planejamento e atingir até a fase final de avaliação das políticas públicas. A literatura especializada recomenda que seja feito um controle preventivo, concomitante e *a posteriori*, abrangendo literalmente todas as fases envolvidas na implantação de políticas públicas.

A transformação verificada na sociedade brasileira nas últimas décadas, com a volta da democracia a partir de 1985, produziu uma maior mobilização e participação da sociedade, que passou a se interessar mais pela ação do Estado, exigindo transparência, eficiência e qualidade no gasto público. Assim, o controle e a fiscalização das ações do Estado são exercidos por uma gama variada de instituições e setores sociais, como o Ministério Público, a imprensa, os controles interno e externo, as várias formas de controle social como o orçamento participativo e os conselhos de políticas públicas, os poderes Legislativo e Judiciário, além de uma infinidade de ações oriundas da sociedade civil.[170]

Depois da Constituição de 1988, o Ministério Público assumiu uma enorme gama de atribuições relativas ao controle da administração pública, contribuindo em muito para evitar e punir os casos de improbidade administrativa. A imprensa também tem desempenhado papel importante nessa transformação e aperfeiçoamento da administração pública brasileira, uma vez que possui ampla liberdade e tem agido de maneira positiva ao denunciar casos de corrupção e desvio de recursos públicos. Em muitos casos, as condenações judiciais ocorrem, os desvios de recursos são evitados ou o corporativismo dos servidores é combatido apenas pela interferência da imprensa, que, no Brasil, de maneira geral, apresenta uma característica investigativa bem acentuada.

Como veremos no próximo capítulo, uma deficiência observável no processo de controle e avaliação das políticas públicas no Brasil está relacionada com a fragilidade institucional e operacional dos órgãos de controle interno. Em muitos municípios, o chamado controle interno é realizado apenas por um servidor, geralmente um contador, sem qualquer estrutura operacional e autonomia institucional para exercer suas atribuições. Nos Executivos estaduais, as estruturas de controle interno em geral são bastante precárias, tecnicamente frágeis e manipuladas pelos governadores, o que causa enormes prejuízos institucionais à avaliação das políticas públicas.

Do ponto de vista do controle externo exercido pelo Poder Legislativo, com o auxílio dos tribunais de contas, a grande deficiência observável está relacionada com a forte politização das cortes de contas, o que acaba por anular as qualidades técnicas e a capacidade operacional dessas instituições. As nomeações dos ministros são essencialmente políticas. No caso da União, o Executivo nomeia um terço e o Congresso Nacional, dois terços dos ministros, de acordo com o art. 73, §2º da Carta de 1988. Nos estados, o processo é basicamente o mesmo, levando à politização excessiva dos tribunais, inclusive com nomeações de ministros de vida pregressa inidônea, e fazendo dessas instituições, como disse Getúlio Vargas, um lugar ideal para arquivar amigos. Naturalmente, esse modo de operação dificulta o fortalecimento institucional e o desempenho funcional dos tribunais de contas, que teriam grande potencial para trazer eficiência ao gasto público no Brasil. Assim, apesar de contar com um quadro técnico bem-remunerado e preparado, a própria estrutura institucional e legal dos tribunais de contas mina

---

[170] Essas questões serão abordadas mais detalhadamente no capítulo 6.

seu enorme potencial para propiciar eficiência e justiça ao gasto público brasileiro.

Com a Carta de 1988, houve forte investimento no chamado controle social, caracterizado por uma gama de possibilidades de atuação da população na fiscalização e acompanhamento das políticas públicas. Entre os vários mecanismos de participação popular, cabe ressaltar a obrigatoriedade de formação de conselhos federais, estaduais e municipais de acompanhamento de políticas públicas, as audiências e consultas públicas, o orçamento participativo, ouvidorias, entre outros.

Apesar dos avanços observados no que se refere ao acompanhamento e à fiscalização da administração pública brasileira, o controle social enfrenta, como visto no capítulo 1, duas limitações importantes: a) a história brasileira é marcada pelo desenvolvimento de um Estado forte e interventor, em detrimento de uma sociedade civil fraca e desmobilizada, com baixo capital social (essa herança ibérica precisa ser superada para que o controle social se concretize plenamente no Brasil, realizando seu potencial de fiscalização e aprimoramento da gestão pública); e b) as informações relativas à administração pública são muito volumosas e essencialmente técnicas, impactando negativamente a capacidade da população de controlar e acompanhar a execução das políticas públicas.

Por tudo isso, o controle e acompanhamento do processo de formulação e execução de políticas no Brasil tem passado por profundas transformações nas últimas décadas, configurando um controle mais efetivo e eficaz. Resumidamente: a grande mudança foi a introdução do controle de resultados, complementando o tradicional controle burocrático, que idealmente deveria abranger também todas as fases do processo de implantação de políticas públicas e não apenas a parte final, como costuma acontecer. Para completar esse processo de transformação, cabe ressaltar que o controle das políticas públicas deve ser exercido por vários órgãos, instituições e grupos sociais, mobilizados de forma simultânea, multifacetada e interligada, como veremos adiante, com impacto positivo sobre a qualidade e a eficiência do gasto público.

Observando-se todo o ciclo do complexo processo de formulação, execução e acompanhamento das políticas públicas, identificam-se muitos avanços e também desafios no desempenho da administração pública brasileira. As ponderações aqui feitas não têm a pretensão de abarcar todos os problemas práticos e teóricos que o gestor governamental enfrenta no seu cotidiano, mas podem apontar um conjunto de procedimentos úteis aos responsáveis pela desafiadora tarefa de trabalhar com políticas públicas no Brasil.

6. O CONTROLE DA ADMINISTRAÇÃO PÚBLICA NO BRASIL

Considerando nosso passado histórico e a intensidade da corrupção que atualmente corrói o Estado brasileiro, a questão do controle é especialmente relevante para a administração pública. Neste livro, aspectos do tema foram abordados no capítulo 1 e no 5, quando trato do momento da avaliação das políticas públicas. Dada a centralidade do tema deste capítulo, tentarei elucidar a vasta legislação, as múltiplas instituições e os diferentes atores sociais envolvidos na árdua e necessária tarefe de controlar a administração pública no Brasil. Mas, antes de entrarmos propriamente na avaliação dos mecanismos de controle, cabem algumas qualificações importantes sobre o problema da corrupção, que merece especial atenção quando se busca uma análise acurada dos males da sociedade e do Estado brasileiro. O assunto é complexo e tem sido tratado superficialmente pela maioria dos analistas. Tais qualificações são necessárias a fim de se evitar o caminho fácil das generalizações equivocadas, e abordar os temas da corrupção e do controle da administração de modo equilibrado, isento e objetivo.[171]

A primeira postura a ser sustentada diante da corrupção transcende as áreas jurídica, técnica ou acadêmica: na sociedade brasileira, deve-se buscar um consenso no sentido de marcar uma posição firme e decidida quanto a sua condenação moral. A corrupção deve ser entendida como um mal em si, que destrói as relações sociais e éticas mais fundamentais da sociedade. Não se pode fazer concessões quando o assunto é corrupção, pois não há situação em que ela seja justificável. Essa tomada de posição representa um primeiro passo para começarmos a enfrentar e resolver os infinitos problemas que a corrupção desencadeia ou potencializa.

A corrupção deve ser condenada por motivos tanto éticos e morais quanto econômicos e de mercado. Isto porque ela acaba implicando au-

---

[171] Um exemplo de generalizações inconsistentes é o problema da herança patrimonial ibérica, que não deve ser esquecida, mas também não significa a condenação eterna dos avanços institucionais e democráticos da sociedade brasileira, como usualmente se coloca na literatura especializada. O tema é mais detalhado no capítulo 1, quando trato de descentralização e controle social.

mento de custos de produção, comprometendo inclusive a competitividade dos setores ou países onde se encontra generalizada. Nesses tempos em que empresas e países se lançam em disputas acirradas, quando não selvagens, por mercados cada vez mais competitivos, a corrupção representa um custo adicional, que pode ser o diferencial para condenar determinados setores ao fracasso ou à obsolescência, trazendo prejuízos e desemprego. Uma empresa com atividades na África, na América Latina ou no Leste europeu, regiões onde grassam as práticas corruptas, fatalmente terá a composição de seu custo de produção mais onerada pela corrupção se comparada com empresas localizadas na Europa ou nos Estados Unidos, por exemplo.

O fato de a corrupção ser mais generalizada em países menos desenvolvidos e com pouca tradição liberal democrática não invalida a constatação de que representa um mal sistêmico e transnacional que persiste ao longo da história da humanidade. Os constantes escândalos de corrupção noticiados diariamente nos países desenvolvidos e democráticos não deixam dúvidas de que se trata de um problema comum a países pobres e ricos.

O problema da corrupção não é específico da democracia brasileira ou mesmo da América Latina; o mais apropriado seria dizer que é provavelmente um mal comum à maioria dos Estados contemporâneos. Se examinarmos os países desenvolvidos, veremos que neles o problema também é grave. Nos Estados Unidos, na Europa ou no Japão, os escândalos noticiados nos jornais são quase diários. Um estudo da Association of Certified Fraud Examiners, que consta em relatório divulgado pelo Banco Mundial, constata que fraudes e corrupção provocam um desfalque da ordem de 6% nas receitas anuais das empresas públicas e privadas. Apenas nos Estados Unidos esse percentual representa US$ 400 bilhões anuais. Esse é o enorme volume de recursos que se perde por causa da corrupção, mas nos países onde esta mais se alastrou o percentual tende a ser muito maior.

Porém, se é verdade que a corrupção não é um mal brasileiro, o problema tem assumido dimensões consideráveis no atual estágio de nossa evolução política. Por herança histórica e cultural, além de deficiências institucionais importantes, a corrupção tem papel central entre os problemas e desafios enfrentados pela sociedade e pelo Estado brasileiros. Nesse cenário, por mais óbvio que seja, nunca é demais lembrar que a corrupção não é um problema exclusivo da administração pública brasileira e, sim, de toda a sociedade.

Também é errônea a ideia de que a corrupção é mais intensa agora, que passamos por um período relativamente longo sob o regime democrático. A história brasileira ensina que há corrupção tanto em períodos autoritários quanto nas fases em que predomina a democracia. Provavelmente com uma única diferença significativa: sob o regime democrático, os casos de corrupção vêm à tona com muito mais facilidade. Com a imprensa livre, os escândalos ganham maior dimensão, criando a falsa sensação de que o problema tende a se agravar sob a égide dos regimes democráticos. Na época do regime militar havia muita corrupção, mas também dificuldades intransponíveis para tornar públicos os escândalos.

Sendo a estrutura política do regime militar muito centralizada, a corrupção tendia a se concentrar no âmbito da União. Com a Constituição Federal de 1988 houve considerável descentralização em favor de estados e municípios, o que trouxe os problemas da malversação de verbas públicas para mais perto dos cidadãos, alimentando a ideia equivocada do aumento da corrupção. Esse aumento, a meu ver, não ocorreu, a corrupção apenas ficou mais visível pela democratização e pela descentralização política e administrativa estabelecida na Carta de 1988.

Outro equívoco usual na literatura especializada diz respeito ao hábito de associar a corrupção apenas ao setor público quando se analisa o problema no Brasil. Existem diferenças entre a corrupção no setor público e na iniciativa privada que merecem ser exploradas para uma melhor compreensão do tema.

Quando ocorre um caso de corrupção envolvendo o setor público, tudo se faz para dar a mais ampla divulgação possível. Com a ajuda de uma imprensa que evoluiu muito sob o regime democrático e que cultiva uma característica investigativa bem-acentuada, muitos casos de corrupção são constantemente divulgados e denunciados. Isso sem contar com o esforço de divulgação empreendido pelos próprios adversários políticos dos envolvidos, que buscam dividendos eleitorais dando ampla publicidade aos escândalos.

Muito diferente é a maneira de a iniciativa privada enfrentar os casos de corrupção. A regra é sempre evitar, sem poupar esforços, qualquer tipo de divulgação, porque isso depõe contra os próprios administradores das corporações envolvidas. Apenas um grupo pequeno e muito bem-informado fica sabendo dos grandes casos de corrupção que acontecem no mundo corporativo, que tudo faz para abafar essas informações, que podem trazer prejuízos aos acionistas das corporações.

Assim, ao contrário do que ocorre na área pública, os casos de corrupção no setor privado são tratados com a maior discrição, alimentando o equívoco de que a corrupção é um problema essencialmente da área governamental.

Com base em tudo o que foi dito, o mais apropriado talvez seja entender a corrupção como um mal transnacional, sem preferências ideológicas ou econômicas, que atinge países pobres e desenvolvidos, democráticos e autoritários, estendendo seus tentáculos tanto ao setor público quanto à esfera privada.

Há uma dificuldade adicional quando se estuda a corrupção: é que, de modo geral, torna-se complicado dimensionar e quantificar o tamanho das fraudes. Por motivos óbvios, qualquer número que se tome como parâmetro fatalmente será apenas uma aproximação da verdade. Do ponto de vista estatístico, os dados sobre corrupção são escorregadios e pouco confiáveis. Tomemos como exemplo qualquer escândalo recente envolvendo recursos públicos. É impressionante como as cifras divulgadas variam, apresentando pouca ou nenhuma consistência. Mas essa dificuldade estatística não chega a ser um empecilho para se fazer uma boa aproximação sobre o tema.

Outro aspecto também é pouco debatido, mas precisa ser relembrado nesta discussão. Quando o assunto são escândalos de corrupção, muito se fala em valores desviados, pessoas envolvidas, órgãos mais vulneráveis, impunidade etc. Com isso, os efeitos psicológicos perversos que a corrupção desencadeia por todo o tecido social geralmente são pouco lembrados, quase esquecidos. Isso se deve em parte às dificuldades inerentes à avaliação de problemas dessa natureza. Por se tratar de um aspecto muito subjetivo, em que faltam dados e estudos confiáveis, o impacto comportamental decorrente desses escândalos persiste na escuridão. Dessa forma, os efeitos desagregadores da corrupção na sociedade ficam sem tratamento adequado. Creio que, em muitos casos, os danos morais e éticos causados pela corrupção ultrapassam em muito os prejuízos financeiros.

Outra variável que também representa um elemento complicador no que se refere à corrupção é a dificuldade política de combatê-la. Isso acontece porque o governante que declara guerra total à corrupção fica muito exposto na imprensa, causando a falsa impressão de que práticas ilegais de assalto ao Estado estão mais generalizadas em sua gestão. Dessa forma, a imagem do governante que trabalha incansavelmente para investigar e punir irregularidades na administração pública fica negativamente associada ao mal que ele pretende combater. A imprensa enfatiza em demasia esses escândalos, que paradoxal e subjetivamente podem minar a credibilidade e a imagem pública dos políticos que se esforçam para lutar contra a corrupção.

Feitas essas qualificações sobre a corrupção, passarei, mais adiante, a um levantamento dos atores sociais, do arcabouço institucional e dos mecanismos disponíveis para que se exerça no Brasil o controle sobre a administração pública, ou seja, aos instrumentos disponíveis para se combater o desvio de recursos e garantir o interesse público. Apenas para efeito didático, traçarei um quadro relacionando as várias formas de controle que incidem sobre a administração pública, tomando como exemplo uma unidade gestora típica da estrutura do Executivo federal. Ao contrário do que ocorre no mundo corporativo, o controle sobre a administração pública brasileira é exercido de múltiplas formas e em vários momentos. Veremos, em linhas gerais, o que a literatura especializada denomina "sistema nacional de integridade", ou seja, as instituições e atores que procuram coibir a corrupção no setor público brasileiro.

No que diz respeito ao momento em que é exercido, a literatura especializada divide o controle em três modalidades: prévio, concomitante e *a posteriori* em relação à execução da despesa pública. Quanto à forma, pode-se dividir os instrumentos de fiscalização e monitoramento da administração pública em tradicionais/institucionais e em controle social, exercido pelo cidadão de inúmeras maneiras e em diversas instâncias. O controle tradicional/institucional, por sua vez, pode ser interno e externo, em função do poder que o exerce. Na literatura especializada, principalmente na área do direito administrativo, existem várias outras catalogações. Em função do viés didático e das preocupações acadêmicas específicas dessa obra, adotaremos, sempre destacando as imprecisões das classificações, o modelo que segue adiante.

Analisando a figura a seguir, pode-se constatar que a administração pública brasileira é constantemente monitorada e auditada por vários atores e instituições em momentos distintos. Apesar disso, e até de forma antagônica, os casos de corrupção e malversação de recursos são frequentes, continuando a administração pública ainda bastante desprotegida e vulnerável em relação às práticas mais lesivas. Não obstante a vasta legislação e o complexo quadro institucional desenhado, alguns gargalos e deficiências são facilmente identificáveis quando se analisa a questão do controle sobre administração pública brasileira. Em linhas gerais, analisarei a complexa rede de fiscalização do Estado, apontando os problemas mais sérios e persistentes envolvidos na questão. A divisão adotada em relação aos atores e momentos em que o controle é realizado não representa uma linha rígida e imutável de demarcação, servindo mais como instrumento didático e pedagógico.

Tratarei do exemplo abaixo utilizando o conceito amplo de administração pública, com o pensamento fixado em uma unidade gestora padrão do Executivo federal. No entanto, como já destaquei, não se deve desconhecer as variações e especificidades que caracterizam as administrações estaduais e municipais no Brasil. Assim, se tomarmos como referência um órgão estadual que lida apenas com recursos próprios, as atribuições de controle externo serão exercidas pelos tribunais de contas dos estados, sem nenhuma intervenção do TCU. É importante também deixar claro que, do ponto de vista legal, o controle recai sobre os processos administrativos; pessoas e agentes públicos, e, finalmente, sobre os resultados, as metas e os objetivos dos programas de governo, literalmente, o art. 75 da Lei nº 4.320/64:

> Art. 75. O controle da execução orçamentária compreenderá: I — a legalidade dos atos de que resultem a arrecadação da receita ou a realização da despesa, o nascimento ou a extinção de direitos e obrigações; II — a fidelidade funcional dos agentes da administração, responsáveis por bens e valores públicos; III — o cumprimento do programa de trabalho expresso em termos monetários e em termos de realização de obras e prestação de serviços.

Ainda do ponto de vista jurídico, é preciso destacar que o sistema de controle, no âmbito da administração pública, é considerado um dos princípios fundamentais de acordo com art. 6º, inciso V, do Decreto-lei nº 200/67. Assim, da mesma maneira que se observa na iniciativa privada, o controle é ferramenta essencial à boa governança corporativa, indiferente se na administração de empresas ou de instituições públicas. Especialmente no que diz respeito ao controle social, as variações são intensas: constata-se que um dos múltiplos mecanismos corriqueiramente utilizados em uma instituição do Executivo federal, por exemplo, tem pouca aplicabilidade ou nenhuma relevância no nível municipal. A figura a seguir traz um esquema sucinto dos mais importantes e conhecidos mecanismos de controle da administração pública brasileira, sem pretender, é claro, abarcar todas as formas de acompanhamento do Estado.

O controle da administração pública no Brasil

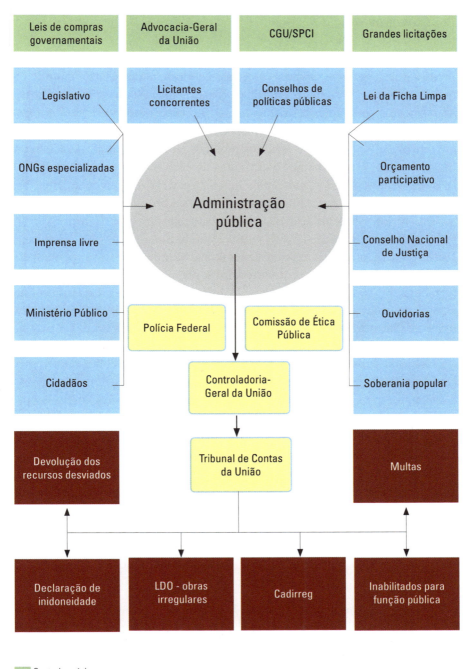

Controle prévio

O momento mais oportuno e eficiente para se monitorar a administração pública e seus gestores talvez seja antes da realização dos gastos, quando os procedimentos para a realização da despesa pública ainda estão incipientes. Atenta a essa questão, a legislação brasileira, especialmente a lei que regulamenta as compras governamentais, obriga a análise prévia dos processos que envolvem aplicação de recursos públicos. A Lei nº 8.666/93, art. 38, parágrafo único, determina que as minutas de editais de licitação, bem como as de contratos, acordos, convênios ou ajustes, devem ser previamente examinadas e aprovadas por assessoria jurídica da administração.

Em função da legislação vigente, o controle prévio da administração pública no caso de órgãos do Executivo federal é realizado pela Advocacia-Geral da União através de sua Consultoria-Geral.[172] Assim, a assessoria jurídica aos órgãos do Executivo federal é prestada por força da Lei Complementar nº 73, de 10/2/1993, art. 11, VI, letras a e b, que determinam que a AGU deve dar parecer conclusivo em todos os processos de licitação dos órgãos da administração direta, inclusive no reconhecimento das inexigibilidades, além de decidir também sobre as dispensas.[173]

Como se constata, mesmo antes de se iniciar a fase pública de um processo licitatório, a AGU analisa as minutas de editais, contratos, convênios e congêneres, pronunciando-se sobre a legalidade das futuras despesas públicas. Nessa fase da despesa pública, seria importante verificar se os princípios fundamentais da administração pública e do processo licitatório estão sendo observados. Atenção especial deve ser dada à clareza do edital, ao levantamento dos preços de referência, à definição precisa do objeto, à absoluta observância do princípio da isonomia, evitando o direcionamento dos certames, entre outros aspectos não menos importantes. A participação da AGU nos procedimentos que envolvem a execução orçamentária é importante na medida em que a instituição conta com quadro especializado de alta qualificação, capaz de corrigir possíveis erros e fraudes pretendidas pe-

---

[172] Por força da Lei Complementar nº 73/93, cabe à Advocacia-Geral da União representar a União judicial e extrajudicialmente, ficando responsável pelas atividades de consultoria e assessoramento do Poder Executivo federal. Organicamente, a AGU é composta dos seguintes órgãos de direção superior: a) o advogado-geral da União; b) a Procuradoria-Geral da União e a da Fazenda Nacional; c) a Consultoria-Geral da União; d) o Conselho Superior; e e) a Corregedoria-Geral da Advocacia da União.

[173] Em geral, as unidades da administração indireta, como autarquias e fundações, têm suas próprias assessorias jurídicas.

las pouco qualificadas comissões de licitação espalhadas pela administração direta e indireta. Não restam dúvidas de que o momento é o mais propício e a qualificação dos servidores da AGU é bem superior à média da administração pública federal, configurando procedimento eficiente no combate às fraudes contra o Estado brasileiro.

O controle interno do Executivo federal também se esforça para agir antes que a administração seja lesada, para evitar que a corrupção se concretize. Reconhecendo a importância e a efetividade do controle previamente exercido sobre os atos administrativos, a Controladoria-Geral da União, através do Decreto nº 5.683, de 24/1/2006, art. 17, criou em seu organograma a Secretaria de Prevenção da Corrupção e Informações Estratégicas (SPCI/CGU). Utilizando vários mecanismos, como análise da evolução patrimonial de servidores, compartilhamento de informações estratégicas com outros órgãos públicos, integração e tratamento gerencial de dados relativos à corrupção, entre outras medidas, a SPCI procura coibir a corrupção e os desvios de recursos públicos antes que ocorram. A ideia básica é autoexplicativa e bastante eficiente: quanto mais cedo se identificarem as práticas lesivas ao erário público, mais simples, efetivos e ágeis serão os procedimentos necessários para inibir tais atitudes ilícitas.

Atentos à importância dos controles preventivos sobre os gestores públicos, vários órgãos têm-se aparelhado institucionalmente para agir de maneira tempestiva e mais eficiente. Quando se trata de licitações de objetos complexos e de valor excessivamente elevado, além do parecer prévio da AGU é comum também o pronunciamento do próprio Tribunal de Contas da União.

Nessas situações especiais, o TCU se distancia do seu modo de atuar mais tradicional, que é exercer a fiscalização dos gestores em um estágio mais avançado da despesa pública. Em grandes projetos de licitação, como a construção de usinas hidrelétricas e o projeto do trem de alta velocidade ligando Rio de Janeiro e São Paulo, sempre há a manifestação prévia do Tribunal de Contas. Esse pronunciamento é importante para coibir a corrupção e também para corrigir erros não intencionais nos editais, pavimentando uma tramitação mais tranquila e rápida pelas fases seguintes do processo licitatório.[174] Um exemplo recente e concreto desse posicionamento pode

---

[174] Naturalmente, as grandes obras despertam o apetite de gestores corruptos, políticos desonestos e empresários inescrupulosos. Assim, apesar do melhor acompanhamento e fiscalização, os órgãos de controle têm enfrentado dificuldades enormes para combater os cartéis das empreiteiras, que dividem entre si as grandes obras no Brasil. Nesse contexto, as hidrelétricas, as obras do Programa de Aceleração do Crescimento (PAC), as expansões das linhas de metrô, entre outros grandes investimentos, continuam apresentando irregularidades que causam prejuízos de bilhões de reais aos cofres públicos.

ser buscado nas obras preparatórias para as Olimpíadas de 2016 no Rio de Janeiro e a Copa do Mundo de Futebol, que se realizará no Brasil em 2014. Nessas duas situações, os órgãos de controle já criaram setores, divisões e comissões internas especiais com a finalidade exclusiva de fiscalizar as obras, buscando evitar que as grandes e caríssimas obras de infraestrutura sejam superfaturadas, trazendo enormes prejuízos para os cofres públicos.

Dada sua grande competência técnica, o TCU, ao corrigir equívocos e ilegalidades em fase ainda incipiente, inibe prováveis questionamentos futuros dos certames, nas áreas administrativa e judicial, trazendo celeridade e idoneidade às grandes licitações. Naturalmente, o TCU não tem capacidade operacional para fazer o controle prévio de todos os processos licitatórios do governo federal. Mas a experiência atual demonstra que a análise do processo licitatório na fase anterior à publicação do edital tem grande capacidade para coibir a corrupção e dar celeridade aos certames, corroborando o entendimento de que o controle mais eficaz é o realizado no primeiro estágio da despesa pública. Nesse momento, os pagamentos são facilmente interrompidos, evitando-se as dificuldades naturais, de ordem prática e legal, dos longos e ineficientes processos de devolução de recursos públicos desviados através de conluios entre empresas e gestores inescrupulosos.

Destaquei aqui a participação preventiva do TCU, mas a prática é comum também em relação ao Ministério Público Federal, que, percebendo a importância e a eficiência desse procedimento, também tem se pronunciado previamente nas grandes licitações. Desnecessário dizer que os ganhos administrativos, jurídicos e morais desses procedimentos são enormes, uma vez que várias instituições e técnicos especializados se envolvem num trabalho conjunto para assegurar a probidade e a efetividade do gasto governamental.

Controles tradicionais e institucionais

Para efeitos didáticos, e também em observância à legislação vigente, considero mecanismos tradicionais e institucionais de acompanhamento da administração pública os controles interno e externo, tal como previsto na Constituição Federal de 1988. Depois de iniciada a execução orçamentária de uma unidade gestora ou de transcorrido determinado processo licitatório, o controle sobre a administração pública brasileira encontra caminhos institucionais e legais claramente definidos. De forma sucinta, analisarei o arcabouço institucional desses mecanismos de controle de acordo com a legislação em vigor.

O controle da administração pública no Brasil

Controle interno

O ciclo de gestão do Executivo federal, por determinação da Lei nº 10.180, de 6/2/2001, organiza-se em quatro grandes sistemas: a) Planejamento e Orçamento Federal, sob a responsabilidade do Ministério do Planejamento; b) Sistema de Administração Financeira, a cargo da poderosa Secretaria do Tesouro Nacional (STN)/Ministério da Fazenda (MF); c) Sistema de Contabilidade Federal, igualmente vinculado à STN/MF; e d) Sistema de Controle Interno, cujo órgão central é a Secretaria Federal de Controle Interno, vinculada à Controladoria-Geral da União. Dessa maneira, o ciclo de gestão do governo federal apoia-se em grandes sistemas ou áreas, representando o controle interno um dos principais alicerces dessa estrutura gerencial.

Destaque-se que, no mundo corporativo, o controle interno também desempenha funções especiais e relevantes, representando importante ferramenta de gestão e governança corporativa. Por meio de auditorias, fiscalizações, conformidade de dados, amostragens etc. o controle interno garante aos acionistas, conselho de administração e demais parceiros envolvidos, que a atuação dos administradores está em sintonia com os objetivos definidos pelos controladores da empresa. Assim, tanto na iniciativa privada quanto na administração pública, o controle interno é instrumento fundamental de gestão, assegurando que os objetivos estratégicos (lucro ou intervenções sociais) da instituição (pública ou privada) estão sendo perseguidos (pelos executivos ou gestores governamentais) de forma eficiente. Mas voltemos ao foco deste livro, que é a área governamental.

A Carta de 1988 determina a obrigatoriedade de se implantar, em todos os poderes, mecanismos de controle interno, conforme reza o art. 74:

> Os Poderes Legislativo, Executivo e Judiciário manterão, de forma integrada, sistema de controle interno com a finalidade de: [...] II — comprovar a legalidade e avaliar os resultados, quanto à eficácia e eficiência, da gestão orçamentária, financeira e patrimonial nos órgãos e entidades da administração federal, bem como da aplicação de recursos públicos por entidades de direito privado.

Atualmente, o controle interno no âmbito do Poder Executivo é exercido pela Controladoria-Geral da União (CGU), instituída pela Lei nº 10.683, de 28/5/2003, com estrutura e funcionamento regulamentados pelo Decreto nº 5.683, de 24/1/2006.[175] O organograma da instituição reflete quatro grandes

---

[175] Domingos Poubel de Castro tem um trabalho em que disseca de forma detalhada a evolução institucional do controle interno no Brasil, narrando sua participação como dirigente nesse processo de amadurecimento institucional (Castro, 2011).

áreas de atuação: fiscalização e controle, correição,[176] ouvidoria e prevenção da corrupção. A leitura atenta do art. 17, *caput*, da Lei nº 10.683/03 deixa claro como são vastas e complexas as atribuições do controle interno:

> À Controladoria-Geral da União compete assistir direta e imediatamente ao Presidente da República no desempenho de suas atribuições quanto aos assuntos e providências que, no âmbito do Poder Executivo, sejam atinentes à defesa do patrimônio público, ao controle interno, à auditoria pública, à correição, à prevenção e ao combate à corrupção, às atividades de ouvidoria e ao incremento da transparência da gestão no âmbito da administração pública federal.

A análise das contas das unidades gestoras, auditorias e fiscalizações é de responsabilidade da Secretaria Federal de Controle Interno (SFCI). Regularmente, a execução orçamentária e financeira das unidades gestoras é analisada e auditada através dos grandes sistemas gerenciais da administração pública federal, como o Siafi e o Siape. A CGU tem acesso irrestrito a todos os gastos do Executivo federal realizados através do Siafi; por isso, vários dados são acessados virtualmente sem que as unidades investigadas sequer tenham conhecimento de que estão sendo auditadas. Assim, informações importantes, como pagamento de diárias aos servidores, empenhos realizados e liquidados, principais fornecedores da instituição, fracionamento de despesas em processos licitatórios, entre outras, são acessadas e auditadas, apontando anormalidades ou desvios a serem conferidos em uma futura auditoria *in loco*.

Desse modo, em tempo real e a custos operacionais baixos, várias fiscalizações são realizadas pela CGU, sendo as "auditorias de sistema" um instrumento importante de acompanhamento e controle da administração

---

[176] Entre 2003 e novembro de 2010 o Executivo federal aplicou punições administrativas expulsivas para 2.823 servidores estatutários que incorreram em faltas graves, demonstrando que a administração pública federal se empenha em punir e fiscalizar os servidores relapsos e inescrupulosos. Vejamos anualmente o número de expulsões: 264 em 2003; 292 em 2004; 272 em 2005; 357 em 2006; 437 em 2007; 347 em 2008; 429 em 2009; 425 até novembro de 2010. Assim se distribuem os fundamentos jurídicos para as expulsões: valimento indevido do cargo, 34,65%; improbidade administrativa, 19,31%; abandono de cargo, 9,54%; recebimento de propina, 6,02%; desídia, 5,69% e outros fundamentos, 24,79%. Proporcionalmente ao número de servidores de cada órgão, o maior número de expulsões concentra-se no Ministério da Previdência Social com 1,768% (720) dos servidores punidos; Ministério do Meio Ambiente 1,499% (129); Ministério da Justiça 1,428% (377); Ministério do Desenvolvimento, Indústria e Comércio 1,326% (34) e Ministério das Minas e Energia 1,245% (33). Ressalte-se que as punições envolvem três categorias jurídicas distintas: demissão para os servidores ativos; cassação de aposentadoria ou disponibilidade e finalmente destituição para os ocupantes de cargos de confiança. Relatório CGU 2010.

pública em pleno andamento da execução orçamentária anual. Esse acompanhamento em tempo real, que a literatura especializada denomina "controle concomitante", é importante, uma vez que abre a possibilidade de intervenção imediata do controle interno, que, mediante esse procedimento, pode estancar e inibir desvios de recursos públicos.

Em situações atípicas, quando se suspeita de grandes casos de corrupção, a SFCI/CGU também realiza auditorias especiais, por vezes em parceria com a Polícia Federal e o Ministério Público. Um exemplo desse tipo de intervenção do controle interno aconteceu no Distrito Federal. Em função do escândalo de corrupção que resultou no afastamento e prisão do governador José Roberto Arruda, do Democratas, em 11/2/2010, a CGU auditou todos os contratos e licitações realizados entre 2006 e 2009, apontando imensos desvios de recursos públicos em uma avalanche de práticas ilegais.

Depois de executado o orçamento anual, todas as unidades gestoras do Executivo federal devem confeccionar seu relatório de gestão, espelhando todos os atos administrativos que envolvam despesa pública, o alcance dos objetivos institucionais do órgão, a movimentação, o aproveitamento e a remuneração dos servidores, a utilização do patrimônio público etc. Por determinação constitucional, art. 74, inciso IV, cabe à Controladoria-Geral da União apoiar o controle externo no exercício de sua missão institucional. Dessa forma, anualmente, a SFCI/CGU analisa o relatório de gestão de todas as unidades gestoras, auditando sua prestação de contas, com o objetivo de verificar as informações prestadas pelos administradores públicos federais e analisar os atos e fatos da gestão, com vistas a instruir o processo de prestação de contas a ser submetido a julgamento final pelo Tribunal de Contas da União.

Desse modo, em conjunto com o TCU, mediante prestações de contas anuais, a CGU realiza o controle *a posteriori* de todos os órgãos públicos federais. Duas observações importantes devem ser feitas nesse momento. Primeiro, a palavra final e o julgamento definitivo da prestação de contas de cada unidade gestora são, por lei, atribuídos apenas ao Tribunal de Contas da União. Na prática, o controle externo acata as determinações contidas nos relatórios elaborados pelos técnicos do controle interno, restando o trabalho realizado rotineiramente pela Secretaria Federal de Controle Interno como grande referência para os julgamentos do TCU. A segunda observação diz respeito às limitações e dificuldades encontradas nesse procedimento de controle realizado depois de transcorrida toda a execução orçamentária anual. De modo geral, com algumas alterações a cada ano, a rotina desse trabalho é a seguinte: a) até fevereiro, o órgão redige o relatório de gestão do exercício anterior e o envia à CGU; b) o controle interno faz uma análise prévia do relatório e, de acordo com os problemas identificados e as técnicas de auditoria estabelecidas, envia uma equipe de auditores para trabalhar *in loco* na instituição;[177] c) em função desse trabalho, é feito um relatório em que a CGU opina pela aprovação ou não das contas, que podem ser consideradas regulares, regulares com ressalvas ou irregulares;[178] d) a CGU encaminha todo o processo ao TCU, que procede ao julgamento final das contas da unidade gestora em questão.

Como facilmente se percebe, esse trabalho de auditoria só consegue identificar os problemas de gestão e de desvio de recursos depois de o orçamento ter sido executado, o que torna muito difícil coibir equívocos e recuperar valores indevidamente gastos. Por uma série de dificuldades legais, a recuperação de recursos desviados da administração pública é morosa e complexa, caracterizando uma das maiores deficiências do controle realizado *a posteriori*, depois de cumpridas todas as fases da despesa pública.[179]

No que diz respeito, especificamente, ao controle interno do Executivo federal, alguns gargalos e desafios ainda precisam ser superados para que se melhore a efetividade do gasto público no Brasil. Um primeiro aspecto que merece destaque é a questão da autonomia da Controladoria-Geral da União, institucionalmente ligada diretamente à Presidência da República. Essa vinculação hierárquica retira autonomia funcional, técnica e política da CGU, características, a meu ver, fundamentais para o sucesso de uma

---

[177] Em geral, a equipe de fiscalização é composta por dois ou três servidores, que passam cerca de uma semana na instituição auditando os processos licitatórios, a folha de pagamentos, as concessões de diárias, os contratos administrativos, a utilização dos bens patrimoniais, entre outros itens levantados previamente pelas auditorias de sistema e pela análise do relatório de gestão.

[178] Em 2008, foram elaborados 1.180 relatórios de prestação de contas anuais pela CGU, sendo 838 da administração direta e 342 da administração indireta. As contas são consideradas "regulares" quando se atesta a exatidão, a legalidade e a economicidade na gestão de recursos públicos. "Regulares com ressalvas" são as contas que evidenciam impropriedades ou falta formal que não resulte em dano ao erário. A prestação de contas considerada "irregular" incorre em uma das situações: a) omissão no dever de prestar contas; b) gestão ilegal de bens ou recursos públicos; c) dano ao erário em função de gestão ilegítima ou antieconômica; e d) desfalque ou desvio de patrimônio público (Castro, 2011).

[179] No exercício de 2008, o TCU encaminhou aos órgãos responsáveis pela execução judicial 1.967 títulos executivos, no montante de R$ 1.582.505.388,45, sendo R$ 1.550.864.863,77 originários de débitos e R$ 31.640.524,68 de multas. A Advocacia-Geral da União foi a grande responsável legal pelo maior número de processos de execução e cobrança junto ao Poder Judiciário: 1.683; cabendo 205 ao FNDE, 23 à CEF e 56 a outros órgãos.

instituição de assessoramento, controle e fiscalização do Poder Executivo. Como no Brasil a figura do presidente da República é muito forte e todo o Executivo converge para sua estrutura centralizada, os conflitos que podem eclodir entre o órgão fiscalizador e as várias instituições auditadas tendem a se resolver de maneira insatisfatória. É institucionalmente problemático ser rigoroso e aplicar fielmente a legislação quando se trata de analisar os procedimentos administrativos de uma vasta e complexa estrutura à qual se está hierarquicamente vinculado. Idealmente, para atingir maiores níveis de eficiência, o controle interno deveria se afastar da estrutura da Presidência da República e buscar autonomia administrativa, funcional e técnica. Certos institutos legais e gerenciais, como mandatos fixos para os dirigentes da CGU e orçamento garantido por lei, talvez pudessem amenizar esses problemas e evitar que a Controladoria-Geral da União continue, dos pontos de vista institucional e orçamentário, totalmente dependente da Presidência da República.

Outra questão relacionada com a autonomia e a independência institucional da CGU é sua incapacidade de se impor de modo mais imperativo aos demais ministérios. Como, para o Executivo federal, as composições políticas necessárias para vencer as eleições são geralmente amplas e heterogêneas, sempre há a dificuldade de se montar um governo em torno de objetivos ideologicamente definidos. Nesse cenário adverso às práticas republicanas, partidos e políticos profissionais essencialmente patrimonialistas fatalmente participam da montagem da equipe de governo. Nessa repartição política da administração pública existem ilhas de fisiologismo, nichos de poder, ministérios ou secretarias inteiras relativamente autônomas em relação à Presidência da República.[180]

Nesse cenário gerencialmente heterogêneo e indisciplinado, a ação da CGU torna-se bastante limitada em função da ausência de mecanismos institucionais, legais e políticos para enquadrar de maneira definitiva instituições e dirigentes recalcitrantes. Devido a essas especificidades, não raro as determinações da CGU são ignoradas na esplanada dos ministérios, comprometendo a eficiência e a efetividade de sua missão institucional de coibir a corrupção e aprimorar o gasto público no Brasil.

---

[180] É comum se utilizar a expressão "porteira fechada" quando se quer frisar que uma dada área da administração pública está sendo integralmente entregue a determinado partido, corrente ideológica ou mesmo a um político influente em particular.

Controle externo

O controle externo da administração pública brasileira está previsto e institucionalmente organizado nos arts. 70, 71, 72 e 73 da Constituição de 1988, devendo ser exercido pelo Congresso Nacional, com o auxílio do Tribunal de Contas da União. A ideia de uma corte de contas no Brasil foi introduzida por inspiração de Rui Barbosa, e desaguou no Decreto nº 996/A, de 7/11/1890. As atribuições aparecem pela primeira vez na Constituição Republicana de 24 de fevereiro de 1891, art. 89: "É instituído um Tribunal de Contas para liquidar as contas da receita e despesa e verificar a sua legalidade, antes de serem prestadas ao Congresso". Até a publicação do Decreto-lei nº 200/67, o TCU ocupava uma posição intermediária entre o Legislativo e o Executivo, inclusive exercendo o controle prévio da administração ao analisar e autorizar todos os empenhos e contratos do governo federal, conforme disposição do Decreto nº 15.783, de 8 de novembro de 1922, que regulamentava a contabilidade pública. Apenas depois do Decreto-lei nº 200/67 houve uma segregação institucional mais nítida entre as atribuições do sistema de controle interno, de responsabilidade do Executivo, e o controle externo, exercido pelo Congresso Nacional com o auxílio do TCU. Atualmente, a atuação dessa instituição já centenária, que se reveste de um conteúdo ao mesmo tempo consultivo, legislativo e judicante, é a mais ampla possível, conforme redação do art. 70, parágrafo único, da Carta de 1988:

> Prestará contas qualquer pessoa física ou jurídica, pública ou privada, que utilize, arrecade, guarde, gerencie ou administre dinheiros, bens e valores públicos ou pelos quais a União responda, ou que, em nome desta, assuma obrigações de natureza pecuniária.

Para exercer suas atividades de fiscalização contábil, financeira, orçamentária, operacional e patrimonial da União, o TCU pode atuar por iniciativa própria ou por solicitação do Congresso Nacional.[181] Hoje, a legislação que estrutura o funcionamento do TCU é a Lei nº 8.443, de 16/7/1992, detalhada pelo Regimento Interno do TCU, publicado no boletim especial do tribunal em 13/2/2007.

É importante destacar a multiplicidade de atribuições constitucionais do TCU, que desempenha ao mesmo tempo funções executivas, legislativas

---

[181] Em 2008 foram realizadas 529 fiscalizações, sendo 360 por iniciativa própria e 169 por solicitação do Congresso Nacional (TCU, 2008).

e judiciárias, configurando uma instituição bastante diferenciada no âmbito da administração pública brasileira. Assim, quando planeja e executa seus créditos orçamentários e financeiros, o tribunal atua com responsabilidades e características próprias do Poder Executivo. Quando seu plenário publica resoluções, súmulas e acórdãos que devem servir de referência para toda a administração pública brasileira, as atribuições do TCU se equivalem às decisões emanadas do Poder Legislativo, tendo força de lei. Por fim, quando o plenário do tribunal se reúne e julga as contas das unidades gestoras e da Presidência da República, suas atribuições são típicas do Poder Judiciário, obrigando em caráter terminativo os órgãos e gestores públicos jurisdicionados. Essas peculiaridades tornam o TCU uma instituição bastante complexa e singular no âmbito da administração pública brasileira, uma vez que exerce funções tão amplas e imprescindíveis.

Como já disse, cabe ao TCU, geralmente depois de considerado o relatório do controle interno (SFCI/CGU), julgar as contas das unidades gestoras que integram a administração pública federal.[182] Nesse trabalho de fiscalização, o tribunal apura os procedimentos dos gestores governamentais que causaram danos ao erário público e aplica as sanções previstas em lei. As penalidades aplicadas pelo TCU são muitas e variadas. Mais adiante detalharei quais são exatamente as principais ações punitivas ao alcance do TCU e farei uma análise das punições na esfera administrativa e civil. Mas não se deve desconsiderar as penas privativas de liberdade de agentes políticos que incorrem em improbidade previstas principalmente no Código Penal.

A estrutura organizacional do TCU é composta de nove ministros e quatro auditores, além de uma representação permanente do Ministério Público (MP), que fica encarregado da cobrança dos débitos apurados (art. 28, II, da Lei nº 8.443/92). Através da Advocacia-Geral da União, a representação do MP no Tribunal de Contas pode inclusive pedir o arresto dos bens dos responsáveis julgados em débito com a administração pública, conforme o art. 61 da mesma lei. Tal Ministério Público compõe-se de um procurador-geral, três subprocuradores-gerais e quatro procuradores, nomeados pelo Presidente da República, entre brasileiros bacharéis em direito.

---

[182] Em 2008 foram apreciados conclusivamente pelo tribunal 3.443 processos, sendo 1.702 de contas ordinárias (tomadas e prestações de contas anuais) e 1.741 processos de tomada de contas especial. A tomada de contas especial é o procedimento adotado quando algum indício de impropriedade já foi detectado e é realizado um procedimento formal para apuração dos responsáveis. É importante ressaltar que, dos 3.443 processos analisados, expressivos 1.212, cerca de 35%, tiveram as contas julgadas irregulares pelo tribunal (TCU, 2008).

Como vimos, a ação que visa recuperar recursos desviados dos cofres públicos fica, na maior parte das vezes, a cargo da Advocacia-Geral da União. De acordo com o art. 57 da Lei nº 8.443/92, o TCU também pode instituir multas no valor de até 100% dos prejuízos causados ao erário, cujo título executivo também fica a cargo da AGU.

Quanto aos licitantes inescrupulosos, a Lei Orgânica do TCU, nº 8.443/92, prevê, em seu art. 46, que cabe ao tribunal declarar sua inidoneidade, impedindo-os de participar de licitações por um período de até cinco anos, dependendo da gravidade da situação.[183] Por esse mecanismo, o TCU pune empresas fraudadoras e protege o mercado da administração pública dos maus fornecedores, além de garantir a participação e a isonomia dos licitantes honestos, que cumprem com seus compromissos. Essa penalidade é importante tendo em vista a grande quantidade de fornecedores que se especializam em fraudar a administração pública. Uma das artimanhas mais utilizadas, especialmente nos pregões eletrônicos, consiste em, no momento da sessão pública da licitação, jogar os preços para baixo e depois entregar produtos ou prestar serviços de péssima qualidade.

Também na tramitação do processo orçamentário, é importante a participação do Tribunal de Contas a fim de garantir a boa e regular aplicação de recursos públicos. Na elaboração das Leis de Diretrizes Orçamentárias (LDOs), a legislação exige a inclusão de um anexo com as obras e serviços em que o TCU tenha apontado indícios de irregularidades graves. Ainda que isso não chegue a representar um impeditivo para que novas inversões de recursos sejam realizadas, espera-se que o Executivo seja mais criterioso e precavido na liberação de verbas para esses planos e projetos denunciados pela corte de contas. De acordo com a legislação, se o Executivo persistir na ideia de direcionar recursos para obras com indícios de irregularidades graves, é preciso que o ministério recebedor adote as medidas saneadoras exigidas pelo tribunal. Em 2008, o TCU realizou fiscalizações em 153 obras, encontrando irregularidades graves em 60 delas. Obedecendo à legislação vigente, o TCU recomendou a paralisação de repasses de recursos públicos para 48 dessas obras, ou seja, havia graves irregularidades em 31% dos contratos de grandes obras de engenharia.

Ainda em se tratando das sanções de responsabilidade da corte de contas, cabe destacar o Cadastro de Responsáveis com Contas Julgadas Irregulares (Cadirreg), elaborado pelo Tribunal de Contas da União e que contém todas as pessoas físicas e jurídicas, vivas ou mortas, cujas contas relativas ao exer-

---

[183] Pode-se consultar facilmente a lista das empresas punidas em <www.tcu.gov.br>.

cício de cargos ou funções públicas tenham sido julgadas irregulares pelo tribunal. Outro relatório informa os nomes de todos os responsáveis que o TCU declarou inabilitados para o exercício de cargo em comissão ou função de confiança no âmbito da administração pública federal, a fim de evitar a nomeação de gestores governamentais com histórico de atitudes inescrupulosas contra o erário. A elaboração dessas duas listas é especialmente importante tendo em vista a ampla distribuição de cargos na administração pública brasileira. No Brasil, em função de deficiências da legislação e das instituições democráticas, existe um loteamento voraz de cargos públicos que compromete o profissionalismo e o mérito na burocracia governamental. Assim, as listagens realizadas pelo TCU servem como um escudo de proteção para que gestores contumazes na arte de fraudar a administração pública não sejam nomeados novamente para cargos estratégicos no Estado.

Por tudo o que foi discutido, e considerando-se a relevância, amplitude e complexidade das atribuições constitucionais do TCU, é temerário que a escolha dos nove ministros que compõem o tribunal continue sendo realizada apenas por critérios políticos, sem a observância das restrições contidas no art. 73 da Constituição de 1988, especialmente os incisos II e III, que tratam da reputação ilibada e do notório conhecimento na área. Pelas regras atuais, o presidente da República indica um terço dos ministros, com a aprovação pelo Senado Federal, e o Congresso Nacional escolhe os dois terços restantes. Ressalte-se que o presidente da República deve escolher dois ministros entre os auditores e membros do Ministério Público, estando realmente livre para efetuar a nomeação de apenas um ministro. Por outro lado, não há qualquer restrição ou impedimento na legislação vigente para a escolha dos dois terços restantes pelo Congresso Nacional.

Ocorre que, na prática, as indicações para o TCU, por excessiva politização, têm recaído em políticos com pouca disposição ou condições partidárias ou morais para efetivamente exercer suas funções de maneira digna e efetiva, o que compromete o desempenho da instituição. Naturalmente, o contraste entre um corpo técnico qualificado e uma direção excessivamente atrelada a interesses políticos e partidários retira legitimidade e eficiência de uma instituição tão vital para garantir a adequada utilização dos recursos públicos.

Dessa forma, diante de problemas institucionais sérios, essa politização excessiva deve ser de alguma maneira contida. Em princípio, são dois os caminhos a trilhar, ambos difíceis: a) mudar as regras constitucionais para a indicação de ministros, tarefa especialmente improvável tendo em vista que os políticos são os maiores beneficiados pelas regras atuais; e b) fortalecer o quadro técnico da instituição e reconhecer sua autonomia para fazer um contraponto ao poder dos políticos que dirigem a instituição de modo a atender a interesses de partidos ou dos poderosos de plantão, sem qualquer compromisso com os princípios da moralidade administrativa.

Apesar dos entraves e desafios expostos, a estrutura institucional de fiscalização da administração pública brasileira, com controles interno e externo, cumpre com certa eficiência sua missão constitucional de inibir fraudes e ilegalidades contra o Estado. Por outro lado, diante de tantos escândalos de corrupção, é evidente que toda essa estrutura tem ainda um longo caminho a percorrer até se tornar mais funcional e efetiva, e conseguir proteger a administração pública brasileira dos ataques patrimonialistas mais vorazes.

Complementando o trabalho de fiscalização da administração pública realizado pelos órgãos mais institucionalizados e vocacionados para tal função, devemos falar também de duas outras instituições que também têm atuado nessa área: a Polícia Federal e a Comissão de Ética Pública.

Polícia Federal

A Polícia Federal, ao contrário das cortes de contas e instituições de controle interno, tem outras atribuições institucionais além do controle da administração pública. Entre suas principais responsabilidades, encontra-se a tarefa de prevenir e reprimir o tráfico de drogas, e exercer, com exclusividade, as funções de polícia judiciária da União. Quanto ao controle da administração pública, suas atribuições estão previstas no art. 144, §1º, inciso II da Constituição Federal de 1988.

Nas últimas décadas, a Polícia Federal (PF)/Ministério da Justiça (MJ) tem atuado de maneira enfática no combate aos crimes de corrupção praticados contra a administração pública brasileira. Apesar dos esforços de valorização institucional, a Polícia Federal/MJ não possui a capilaridade e distribuição espacial pelos milhares e longínquos municípios brasileiros, em contraste com a estrutura descentralizada e pulverizada dos ministérios públicos estaduais.[184] Destaque-se também que, em comparação com o

---

[184] Em menor escala, é possível também apontar para um crescimento institucional considerável da Polícia Federal quanto ao combate aos crimes contra a administração pública. Hierarquicamente vinculada ao Ministério da Justiça, nos últimos anos, as delegacias da PF vêm reproduzindo, de alguma maneira, a experiência bem-sucedida do Ministério Público a partir da CF/88. Em um estudo sobre a corporação, Arantes (2010) elenca algumas ações contundentes de valorização institucional da Polícia Federal: intensa renovação do quadro de pessoal com contratação de delegados, agentes, escrivães e peritos, além de pessoal

Ministério Público, a Polícia Federal/MJ representa para a população uma instituição ainda muito fechada e inacessível ao cidadão comum, que normalmente se sente distante e arredio em relação às forças policiais. Também não possui um corpo de técnicos especializados como o Tribunal de Contas da União e a Controladoria-Geral da União, uma vez que possui várias outras atribuições institucionais além do combate à corrupção. Destaque-se, por fim, que a atuação da PF apresenta também outra limitação legal: age apenas nas situações que envolvem recursos e bens de propriedade da União.

No entanto, apesar das dificuldades institucionais anteriormente levantadas, tem sido crescente a participação da Polícia Federal no combate à corrupção pública no Brasil, que se concretiza por meio das famosas operações com nomes extravagantes, que representam grandes ações que normalmente envolvem várias outras instituições, como Receita Federal, Ministério Público, polícias estaduais etc. Analisando 600 operações da PF entre 2003 e 2008, Arantes constata que a corrupção foi o crime mais combatido pelas ações policiais. Vejamos a distribuição dos cinco crimes mais perseguidos: corrupção pública (136 operações); tráfico de drogas (91 operações); contrabando e descaminho (59 operações); crime ambiental (34 operações); crime contra o sistema financeiro nacional e lavagem de dinheiro (29 operações). Dessa maneira, o autor descreve essa característica das ações da PF:

> Assim, a prática criminosa mais combatida pela PF foi a corrupção pública, mas a uma taxa de 22,7% do total de casos. Mediante autorizações judiciais e sob fiscalização ou participação ativa do Ministério Público, a PF já desencadeou operações contra políticos corruptos em todos os níveis da federação e em todos os ramos do governo. Também já atingiu juízes e policiais de todas as corporações existentes no Brasil, inclusive ela própria. [Arantes, 2010:10]

Assim, atuando de maneira conjunta com as instituições tradicionais de controle, como TCU, CGU e Ministério Público, a Polícia Federal tem contribuído de maneira considerável para combater os crimes contra a administração pública brasileira.

---

para a área administrativa; forte recomposição da remuneração, aproximando os vencimentos dos delegados aos cobiçados salários de juízes e promotores; estruturação e aparelhamento de laboratórios periciais, essenciais para elaboração de provas técnicas de maneira rápida e contundente; além de outras ações de reconhecimento institucional menos contundentes.

Comissão de Ética Pública

Atuando de maneira paralela e contando ainda com baixo nível de institucionalização, devemos também apontar o papel da Comissão de Ética Pública no sistema brasileiro de integridade. Ela foi criada por decreto de 26 de maio de 1999. Posteriormente, em função do trabalho da comissão, foi criado o Código de Conduta da Alta Administração Pública Federal, por meio do Decreto nº 4.081, de 11/1/2002, que busca delimitar um padrão de conduta moral para os administradores públicos, estabelecendo uma série de procedimentos que estimulam a transparência e a probidade do gestor público.

A Comissão de Ética Pública é composta por sete membros nomeados pelo presidente da República, e não possui poderes para investigar, punir ou exonerar agentes públicos. Até agora, sua atuação tem sido tímida em função da ainda baixa institucionalização e vinculação (submissão) excessiva com a presidência da República. Somente no episódio da demissão do ministro do Trabalho e Emprego Carlos Lupi, do PDT, em 4 de dezembro de 2011, a comissão teve um papel mais destacado. Pela primeira vez em toda a sua existência, a comissão tomou uma medida mais drástica, e recomendou à presidente Dilma Rousseff, em 29 de novembro de 2011, a exoneração do ministro, em função dos nítidos sinais de atos de corrupção. É certo que o ministro caiu não apenas pelo pronunciamento da comissão, mas sua atitude contribuiu para tornar sua manutenção insustentável.

De qualquer forma, apesar das deficiências anteriormente apontadas, a Comissão de Ética Pública tem desempenhado um papel, ainda que modesto, no sentido de elevar os padrões de conduta dos dirigentes federais, constituindo mais uma peça no intrigado conjunto de instituições que buscam combater e inibir a corrupção no âmbito da administração pública brasileira.

Em complemento aos instrumentos analisados até agora, a administração pública brasileira desenvolveu mecanismos paralelos e auxiliares de controle do Estado, que neste livro trato genericamente de controle social. De forma sucinta, vejamos quais os principais pressupostos e manifestações desse novo tipo de controle.

Controle social

Além dos controles tradicionais/institucionais descritos, a administração pública brasileira conta com uma gama enorme e variada de mecanismos de controle que, por serem exercidos diretamente pelos cidadãos e pela sociedade civil organizada, a literatura denomina genericamente controle social. Não tenho a pretensão de explorar aqui todas as suas possibilidades, variantes e potenciais; abordarei apenas as alternativas que considero mais importantes e difundidas na estrutura legal vigente. Já tratei de alguns dos problemas mais relevantes, dos pontos de vista teórico e prático, relacionados com o controle social em duas outras seções deste livro. Por isso, farei basicamente uma descrição sucinta da legislação que permite e incentiva o controle social da administração pública, apontando também as práticas mais difundidas e conhecidas da sociedade.

Cidadãos

A Constituição de 1988 albergou dois princípios fundamentais, estreitamente interligados entre si, ao institucionalizar o formato das políticas públicas brasileiras: a descentralização e o controle social, que deve ser entendido como mecanismo auxiliar, como um complemento, jamais como alternativa às instituições tradicionais de controle. Em inúmeras passagens, a Carta de 1988 abre a possibilidade de a sociedade civil organizada participar e se envolver nos assuntos de interesse coletivo, contribuindo de maneira eficaz para o controle do Estado. Vejamos uma dessas convocações mais enfáticas, a do art. 5º, inciso LXXIII:

> Qualquer cidadão é parte legítima para propor ação popular que vise a anular ato lesivo ao patrimônio público ou de entidade de que o Estado participe, *à moralidade administrativa*, ao meio ambiente e ao patrimônio histórico e cultural, ficando o autor, salvo comprovada má-fé, isento de custas judiciais e do ônus da sucumbência [grifo meu].

Em outra tentativa de convocar o cidadão a participar e a se envolver com os assuntos do Estado, e também visando integrar e criar parcerias e canais de interlocução entre o controle institucional estabelecido e a sociedade, o art. 74, §2º, faz um chamamento categórico:

> Qualquer cidadão, partido político, associação ou sindicato é parte legítima para, na forma da lei, denunciar irregularidades ou ilegalidades perante o Tribunal de Contas da União.

Como visto, a legislação maior é incisiva e abrangente ao abrir a possibilidade de intervenção e participação do cidadão no controle da administração pública brasileira. Estritamente do ponto de vista legal, seria possível buscar inúmeros outros exemplos na Constituição Federal de 1988, que encontra ampla repercussão também nas constituições estaduais e na legislação federal infraconstitucional, incentivando e motivando o controle social sobre a administração pública.

Reconhecendo que os procedimentos licitatórios representam boa parte do volume dos gastos governamentais, sendo por isso mesmo alvo preferencial de gestores corruptos, a legislação é taxativa em convocar o cidadão para que denuncie práticas inescrupulosas. A atual Lei de Compras Governamentais brasileira é prolixa nesse aspecto. Existem na Lei nº 8.666/93 seis convocações diretas ao cidadão para que exerça o controle social sobre o procedimento licitatório: art. 4º, *caput*; art. 7º, §8º; art. 15, §6º; art. 41, §1º; art. 63, e art. 101, *caput*.

Como se observa, a legislação brasileira é bastante aberta e democrática quanto à participação da população no controle da administração pública. Os problemas mais desafiadores estão relacionados diretamente com a capacidade de mobilização e organização de cidadãos e atores sociais para que efetivamente participem e se envolvam nos assuntos da *res publica*. Especificamente no que diz respeito ao controle social não identifico problemas mais consistentes com o arcabouço legal e institucional existentes. Por outro lado, deficiências históricas e culturais profundas comprometem o que genericamente se poderia denominar nosso capital social, impactando negativamente a capacidade efetiva de a sociedade brasileira controlar a administração pública.

Ministério Público

Poucas instituições saíram tão fortalecidas da Constituição de 1988 quanto o Ministério Público, que passou a assumir um conjunto enorme de atribuições cruciais para o funcionamento do Estado democrático de direito. Não desconsiderando suas outras inúmeras responsabilidades constitucionais, focarei minha avaliação no controle da administração pública.

Com fundamento legal no art. 127, *caput*, da Carta de 1988, o Ministério Público assumiu importantes funções no sentido de viabilizar o controle social da administração pública, sendo atualmente um dos mais poderosos mecanismos para coibir e punir gestores governamentais corruptos. A Lei nº 8.625, de 12/2/1993, que estabelece a lei orgânica nacional do Ministério Público, é enfática nesse quesito e em seu art. 25, IV, determina que cabe ao Ministério Público promover o inquérito civil e a ação civil pública:

b) para a anulação ou declaração de nulidade de atos lesivos ao patrimônio público ou à moralidade administrativa do Estado ou de Município, de suas administrações indiretas ou fundacionais ou de entidades privadas de que participem.

Discutindo a ampla participação do Ministério Público no controle da administração pública brasileira, Di Pietro (2005:637) sustenta que o MP é o órgão mais bem-estruturado e apto nessa tarefa, inclusive pela ampla capilaridade e presença em todos os rincões do país:

Além da tradicional função de denunciar autoridades públicas por crimes no exercício de suas funções, ainda atua como autor na ação civil pública, seja para defesa de interesses difusos e coletivos, seja para repressão à improbidade administrativa.

Nessa tarefa constitucional de defender a administração pública dos maus políticos e gestores, os ministérios públicos estaduais criaram órgãos especializados, com destaque para as promotorias de defesa do patrimônio público. Em Minas Gerais, por exemplo, foi criado inclusive o Centro de Apoio Operacional do Patrimônio Público (Caop), que presta assessoria material e jurídica aos promotores de justiça que atuam na área da proteção dos princípios constitucionais que devem reger a administração pública. Na grande maioria dos municípios brasileiros, a população encontra no Ministério Público o respaldo institucional e legal para impedir que prefeitos e gestores corruptos se apropriem indevidamente de recursos públicos, instrumentalizando um dos mais eficazes mecanismos de controle social no Brasil. Ao contrário do Judiciário, tradicionalmente mais fechado e voltado para si mesmo, o Ministério Público é uma instituição relativamente mais aberta, democrática e próxima da população, características que contribuem para difundir a prática do controle social no Brasil.

Complemento legal importante aos avanços observáveis a partir da Constituição de 1988 e que fortaleceu institucionalmente o Ministério Público foi a edição da Lei nº 8.429/92, que trata dos crimes de improbidade administrativa. Avançando e aperfeiçoando a legislação brasileira que busca prevenir a corrupção praticada por agentes públicos, a nova lei abriu um campo fértil para a atuação do Ministério Público. Os últimos dados disponíveis informam a existência de mais de 4 mil ações civis de improbidade administrativa tramitando contra agentes públicos em 14 dos 27 estados brasileiros (Arantes, 2010).

Imprensa livre

Outro mecanismo também poderoso no controle da administração pública é a existência de uma imprensa realmente livre e investigativa. Considerada um dos fundamentos essenciais do regime democrático, a liberdade de imprensa também é crucial para que a sociedade fiscalize e controle o Estado, especialmente em relação aos seus gastos e prioridades. Com a redemocratização a partir de 1985, pelo menos desde a Constituição de 1988 a imprensa brasileira tem atuado de maneira relativamente independente e muito tem contribuído para aprimorar o gasto público no Brasil. Não devemos esquecer que a história recente brasileira é marcada pelo impedimento de um presidente da República, afastado e condenado por improbidade administrativa. Para a cassação do mandato do presidente Fernando Collor de Mello, em 29 de setembro de 1992, a atuação da imprensa brasileira foi essencial, demonstrando a força e o potencial do controle social sobre a administração pública.

Mais recentemente, nos inúmeros casos de corrupção e uso indevido de cargos na administração pública, nos três níveis de governo e poderes, o papel da imprensa tem sido de valiosa importância para ajudar na apuração das fraudes e contribuir, de alguma forma, para a condenação dos envolvidos. Nessas situações, o clamor da sociedade por justiça e atitudes moralmente corretas encontra nos meios de comunicação uma via de manifestação poderosa, sensibilizando e pressionando as autoridades do Executivo, do Legislativo e do Judiciário a tomar posições menos corporativistas e a adotar punições mais rigorosas. Por manter os escândalos em evidência e clamando por justiça, a cobrança da imprensa geralmente acaba influenciando positivamente na resposta das instituições.

Estritamente do ponto de vista da punição dos envolvidos, a participação da imprensa tem sido fundamental em um aspecto bastante peculiar. São conhecidas as dificuldades encontradas para efetivamente investigar e punir agentes públicos corruptos no Brasil. Tanto na esfera cível quanto na criminal, os níveis de impunidade das autoridades delinquentes são altíssimos e inaceitáveis. Nas famosas operações realizadas pela Polícia Federal (que envolvem prisões com algemas, exibição de vídeos, transcrição de escutas telefônicas etc.) os agentes públicos colhidos em seus delitos sofrem danos morais. Quando as prisões de políticos e autoridades públicas são transmitidas pela grande imprensa, observa-se pelo menos um dano reputacional enorme ao agente público desonesto.

No Brasil, é usual o gestor corrupto escapar da punição cível e criminal, mas dificilmente se recupera do dano moral causado por uma prisão transmitida e analisada em rede nacional pelos meios de comunicação. De certa forma, a condenação moral é o que resta de uma estrutura punitiva ineficiente em combater crimes praticados contra o Estado no Brasil, servindo como consolo ou como satisfação à opinião pública. Nesse aspecto, as espetaculares e numerosas ações da Polícia Federal têm dado origem a roteiros e fornecido enredos que são constantemente transmitidos pela grande imprensa brasileira. De alguma forma, as operações mais visíveis e midiáticas da Polícia Federal contrastam com as ações mais discretas e cotidianas de outros órgãos de controle da administração pública, sobrevalorizando o real alcance de suas relativamente pouco numerosas operações, apesar do crescimento recente: 288 operações em 2009, 234 em 2008, 187 em 2007, 173 em 2006, 65 em 2005, 41 em 2004 e 15 em 2003 (Arantes, 2010).

ONGs especializadas

Com o crescimento vertiginoso do terceiro setor no Brasil, uma miríade de instituições da sociedade civil foram organizadas e mobilizadas. Genericamente denominadas pela literatura organizações não governamentais (ONGs), essas instituições sem fins lucrativos e muitas vezes porta-vozes de interesses coletivos têm participado ativamente, em situações específicas, do complexo processo de implantação de políticas públicas no Brasil. Por si só, essa parceria entre o poder público e a sociedade civil organizada já representa mais transparência e monitoramento do Estado, incentivando o controle social sobre a administração pública.

Algumas entidades da sociedade civil se especializam em monitorar e fiscalizar a administração pública, contribuindo para o controle social. Dessa forma, várias instituições se voltam para o acompanhamento do cotidiano das mais importantes instituições da democracia brasileira. Entre um número muito grande de instituições especializadas, cabe lembrar dois sites que se destacaram em denunciar casos recentes de corrupção e comportamento impróprio de autoridades públicas, sendo reconhecidos por acompanharem a execução orçamentária do Poder Executivo e as ações e funcionamento do Legislativo federal: <www.contasabertas.uol.com.br> e <www.congressoemfoco.com.br>.

Destaque-se que entre as milhares de ONGs que atuam em parceria com a administração pública brasileira, poucas têm como foco a transparência e a justiça social nos gastos públicos. No outro lado do espectro, também existem instituições que estão se especializando em aproveitar as brechas legais para praticar atos de corrupção e lesar os cofres públicos. Exemplos acabados são os recentes casos de desvios de recursos públicos no Ministério dos Esportes, que provocaram a publicação do Decreto nº 7.592, de 28/10/2011, que suspende por 30 dias o repasse de recursos para as entidades privadas sem fins lucrativos.

Legislativo

Um dos princípios mais fundamentais do regime democrático, especialmente em um Estado federalista como o brasileiro, é a separação dos poderes — a atuação independente e harmônica de Executivo, Legislativo e Judiciário, conforme art. 2º da Constituição de 1988. A ideia seminal que emergiu no processo de independência dos Estados Unidos e se cristalizou na Constituição norte-americana de 17/9/1787, sendo posteriormente incorporada integralmente à legislação brasileira, sustenta que um poder fiscaliza o outro, construindo o que ficou conhecido na ciência política como estrutura institucional dos *checks and balances*.

No Brasil, o grande executor do orçamento público é o Executivo, responsável por cerca de 96% dos gastos. Como o Congresso Nacional representa toda a sociedade, a Carta de 1988 atribuiu ao Legislativo a responsabilidade maior de controle dos atos administrativos da Presidência da República. Como se viu no capítulo 1, a tradição do Legislativo no que respeita ao controle da execução orçamentária e da capacidade do governo de instituir tributos confunde-se com o próprio desenvolvimento institucional do regime democrático, tanto nos Estados parlamentaristas quanto nos presidencialistas, como o Brasil.

O parlamento tem funções importantes, abrangentes e múltiplas no controle político e partidário do Executivo. Para efeito deste trabalho, porém, não tratarei especificamente dessa forma mais ampla e ideológica de fiscalização, apesar de considerá-la essencial ao arranjo das democracias representativas. Focalizarei as atribuições do parlamento diretamente relacionadas com o controle da execução orçamentária e das contas da Presidência da República; portanto, de questões ligadas à legalidade, à moralidade e à eficiência administrativa.

Um dos mais poderosos instrumentos de fiscalização do Executivo, de uso exclusivo do parlamento, está previsto na Carta de 1988: são as conhecidas comissões parlamentares de inquérito (CPIs). Nesse momento específico, o Legislativo atua com poderes típicos de polícia e poder judiciários. Assim determina o art. 58, §3º:

As comissões parlamentares de inquérito, que terão poderes de investigação próprios das autoridades judiciais, além de outros previstos nos regimentos das respectivas Casas, serão criadas pela Câmara dos Deputados e pelo Senado Federal, em conjunto ou separadamente, mediante requerimento de um terço de seus membros, para a apuração de fato determinado e por prazo certo, sendo suas conclusões, se for o caso, encaminhadas ao Ministério Público, para que promova a responsabilidade civil ou criminal dos infratores.

Nesse arranjo, através de seus representantes, a sociedade fiscaliza a administração pública, caracterizando um dos mais importantes mecanismos ou instrumentos de controle social, ainda que exercido de forma indireta.

Por outro lado, no arcabouço legal brasileiro, cabe de forma terminativa ao Legislativo, com o auxílio dos tribunais de contas, a aprovação da execução orçamentária e patrimonial prestada pelo Poder Executivo. No caso dos municípios, essa determinação está prevista no art. 31 da Constituição de 1988:

A fiscalização do Município será exercida pelo Poder Legislativo Municipal, mediante controle externo, e pelos sistemas de controle interno do Poder Executivo Municipal, na forma da lei. §1º — O controle externo da Câmara Municipal será exercido com o auxílio dos Tribunais de Contas dos Estados ou do Município ou dos Conselhos ou Tribunais de Contas dos Municípios, onde houver. §2º — O parecer prévio, emitido pelo órgão competente sobre as contas que o Prefeito deve anualmente prestar, só deixará de prevalecer por decisão de dois terços dos membros da Câmara Municipal.

No caso da União, essa determinação constitucional está albergada no art. 49, inciso IX, no qual se lê que cabe privativamente ao Congresso Nacional julgar anualmente as contas prestadas pelo presidente da República. Reconhecendo a importância do controle social indireto do parlamento, a legislação infraconstitucional também é farta em acionar o Legislativo sempre que há repasses de recursos públicos federais, como estabelece o art. 116, §2º, da Lei nº 8.666/93: "Assinado o convênio, a entidade ou órgão repassador dará ciência à Assembleia ou à Câmara Municipal respectiva".

Estritamente do ponto de vista legal, a administração pública brasileira está aberta ao controle social exercido indiretamente pelo Poder Legislativo, que possui prerrogativas importantíssimas em relação à fiscalização do Estado. Desse modo, as deficiências atualmente encontradas no que se refere à tempestiva e à efetiva fiscalização da administração pública por parte do parlamento não devem ser buscadas preferencialmente na área legal.

Apesar da legislação favorável, é certo que ainda não conseguimos inibir de modo satisfatório as práticas patrimoniais no Estado brasileiro. Como já apontado, os maiores gargalos estão no funcionamento das principais instituições da democracia representativa brasileira, o que leva à excessiva politização da administração pública. Nesse contexto, cabe destacar a relação desequilibrada entre Legislativo e Executivo, os problemas relativos ao arranjo federalista, as legislações partidária e eleitoral, entre outros problemas apontados pela ciência política.

Licitantes concorrentes

No procedimento licitatório, muito visado por gestores corruptos, também existem determinações legais que incentivam o controle social do gasto público. A Lei de Compras Governamentais brasileira, a Lei nº 8.666/93, abriga uma quantidade enorme de momentos em que os concorrentes de um certame podem questionar os atos das autoridades administrativas. Os embargos, impugnações e recursos são albergados em profusão na legislação, representando importantes oportunidades de manifestação da sociedade. O questionamento dos licitantes concorrentes é importante, pois eles provavelmente conhecem bem todo o procedimento de compras governamentais, emprestando qualidade técnica aos questionamentos administrativos e jurídicos. Estudiosos e operadores da Lei de Compras Governamentais ressaltam que a legislação seria até leniente demais com os licitantes concorrentes, dando-lhes inúmeras oportunidades para recursos, petições e impugnações, que atrasam em demasia os procedimentos administrativos. De qualquer forma, evitando-se a situação extrema de questionamentos frenéticos e apenas protelatórios, a oportunidade de manifestação dos licitantes concorrentes pode representar, de fato, importante mecanismo de controle sobre o gestor público.

Ainda que os licitantes estejam principalmente preocupados com seus interesses imediatos em um certame específico, seus questionamentos acabam, mesmo que indiretamente, representando uma oportunidade de a sociedade inibir fraudes e corrupção com o dinheiro público. Concorrentes indevidamente preteridos nos certames, que buscam seus direitos administrativamente ou na justiça, constituem uma boa oportunidade de manifestação do controle social, monitorando importante fonte de gastos da administração pública brasileira.

O controle da administração pública no Brasil

Conselhos de políticas públicas

Após a Carta de 1988 houve um forte crescimento dos conselhos de políticas públicas nas mais diversas áreas, em especial saúde, assistência social e educação, configurando atualmente um dos mais expressivos mecanismos de controle social sobre a administração pública brasileira. São dezenas de milhares de conselhos nos três níveis de governo com funções consultiva, deliberativa e fiscalizadora, mobilizando e ao mesmo tempo educando a sociedade civil organizada para exercer o controle social sobre a administração pública. Não retomarei aqui certas discussões sobre os desafios qualitativos que ainda devem ser superados pelos conselhos de políticas públicas no Brasil. Ressalto apenas sua importância como oportunidade única de aprendizado, organização e manifestação do controle social. Dados do IBGE (pesquisa Munic) relativos ao ano de 2001 já indicavam a presença de expressivos 28.216 conselhos de políticas públicas municipais, com tendência de crescimento nos últimos anos, assim distribuídos:

Tabela 39. Conselhos de políticas públicas municipais (2001)

Área de atuação	Nº
Educação	4.072
Saúde	5.426
Assistência social	5.178
Direitos da criança e do adolescente	4.306
Emprego/trabalho	1.886
Turismo	1.226
Cultura	734
Habitação	628
Meio ambiente	1.615
Transporte	270
Política urbana	334
Promoção do desenvolvimento econômico	924
Orçamento	271
Outros	1.346
Total instalado no Brasil em 2001	**28.216**

Especialmente no nível municipal, a atuação dos conselhos tem sido importante no sentido de acompanhar e fiscalizar a implantação de políticas públicas. Por sua proximidade com a população envolvida, os conselheiros conhecem bem os governantes e a realidade local, constituindo importante instrumento de ajuste, correção e controle das intervenções governamentais.

Atualmente, no Brasil, a quase totalidade das leis que implantam políticas públicas exige como requisito básico a instalação de um conselho de política pública, abrindo oportunidades para a intervenção e a manifestação da sociedade nos assuntos coletivos.

Lei da Ficha Limpa

Mais recentemente, o Congresso Nacional deu um passo crucial no sentido de moralizar a administração pública brasileira, aprovando a Lei Complementar nº 135, de 4/6/2010, logo conhecida como Lei da Ficha Limpa, que altera e torna mais rígida a LC nº 64/90. A aprovação da lei que disciplina as inelegibilidades é uma manifestação do controle social, pois se trata de uma ação de moralização do Estado e de proteção da administração pública que não foi inspirada em recomendação do TCU, mas diretamente pela sociedade, através de seus representantes. Como se verá mais adiante, a Lei da Ficha Limpa representa o exercício da democracia direta, uma vez que a atual legislação foi instituída por um projeto de lei de iniciativa popular.

Ao impedir que condenados pela justiça tenham seus registros de candidatura aprovados pelos tribunais eleitorais, a Lei da Ficha Limpa protege o Estado contra os ataques de predadores contumazes da administração pública. Segundo a nova redação da LC nº 64/90, art. 2º, letra e, 1, são inelegíveis:

> e) os que forem condenados, em decisão transitada em julgado ou proferida *por órgão judicial colegiado*, desde a condenação até o transcurso do prazo de 8 (oito) anos após o cumprimento da pena, pelos crimes: 1. Contra a economia popular, a fé pública, *a administração pública e o patrimônio público* (grifos meus).

A legislação é importante, especialmente considerando-se que a eleição de um político corrupto e inescrupuloso é seguida por várias nomeações de assessores e prepostos com o mesmo perfil. Esses gestores enxergam a administração pública apenas e tão somente como uma oportunidade única de conseguir benefícios particulares gerenciando recursos públicos. Atuando também como uma espécie de controle prévio da administração pública, pois impede a eleição de políticos corruptos, a Lei da Ficha Limpa sem dúvida significa um grande passo no sentido de moralizar e proteger a administração pública dos maus gestores, que antes dessa lei podiam reincidir no erro contando com a morosidade da justiça brasileira. Como são várias as instâncias da justiça e inúmeras as oportunidades de recursos e embargos, os políticos inescrupulosos continuavam ativos até terem sua sentença transitada e julgada em última instância e se tornarem inelegíveis. Como a lei atual só exige a condenação por um órgão judicial colegiado, a possibilidade de exclusão das candidaturas de políticos sabidamente corruptos tornou-se muito mais provável, célere e efetiva.

O primeiro pleito realizado sob a vigência da nova lei ocorreu em 3/10/2010, para a eleição de deputados estaduais, federais, dois terços do Senado, 27 governadores e o presidente da República. Ao todo foram impugnadas 208 candidaturas, que haviam obtido cerca de 8,7 milhões de votos contabilizando todos os candidatos.[185] Com base nessa lei, políticos conhecidos no Brasil tiveram suas candidaturas impugnadas, como Paulo Maluf (PP-SP, com 500 mil votos), Jader Barbalho (PMDB-PA, com 1,8 milhão), Paulo Rocha (PT-PA, com 1,7 milhão) e Cássio Cunha Lima (PSDB-PB, com 1 milhão). Mas o efeito prático da aplicação da nova legislação pode ser bem maior, considerando-se que vários políticos corruptos nem mesmo se apresentaram ao eleitorado, como ocorreu com o candidato Joaquim Roriz (PMDB-DF), que renunciou ao governo do Distrito Federal em favor de sua mulher.[186] Dessa maneira, a nova legislação realizou praticamente uma "limpeza" na política brasileira, excluindo maus políticos que sistematicamente usavam as falhas da legislação para praticar, de maneira sistemática, crimes contra o Estado brasileiro.

Seguindo o exemplo da legislação federal, o governador de Minas Gerais, Antônio Anastasia, editou o Decreto nº 45.604, de 18/5/2011, proibindo condenados em órgão colegiado por crimes contra a administração pública de ocupar cargos de confiança no Executivo mineiro. Ressalte-se que o de-

---

[185] Ver *Folha de S. Paulo*, 5 out. 2010, Caderno Especial, p. 18.

[186] As candidaturas foram inicialmente aceitas pelos TREs em função de uma disputa jurídica para esclarecer se a Lei da Ficha Limpa seria ou não aplicada já nas eleições de 3/10/2010, sem cumprir o prazo de carência estipulado pelo art. 16 da Constituição de 1988: "A lei que alterar o processo eleitoral entrará em vigor na data de sua publicação, não se aplicando à eleição que ocorra até (um) ano da data de sua vigência". Em 23/3/2011, depois de dois empates em cinco a cinco, finalmente o STF decidiu que a Lei da Ficha Limpa *não* seria válida para as eleições de 2010, frustrando a expectativa da população de introduzir mais moralidade à vida pública no Brasil. O voto de minerva contra a aplicação imediata da lei foi dado pelo ministro Luiz Fux, primeira indicação da presidente Dilma Roussef para o Supremo. O efeito prático dessa decisão propiciou o exercício do mandato de vários parlamentares que inicialmente tiveram suas votações anuladas.

creto mineiro é bastante amplo e restritivo, abrangendo uma gama enorme de situações que tornam inviáveis as nomeações de cidadãos envolvidos em crimes contra a administração pública. Como se observa, a expectativa é de que a Lei da Ficha Limpa se espalhe por todas as esferas do Estado brasileiro, moralizando e disciplinando a ocupação de cargos de confiança no âmbito da administração pública.

Orçamento participativo

No cenário atual, poucas experiências de controle social da administração pública brasileira são tão intensas e conhecidas como o orçamento participativo, presente em um número cada vez maior de municípios (segundo dados do IBGE, em 2005, havia experiências de gestão orçamentária participativa em 4.010 das 5.564 cidades brasileiras). Em outras partes deste livro, já foram discutidos alguns aspectos relevantes sobre as experiências de orçamento participativo que não serão retomadas aqui. Nesta parte do trabalho, que trata especificamente do controle social da administração pública, cabe apenas ressaltar a vocação municipal desse instrumento e o potencial didático e mobilizador que ele representa.

Por meio do orçamento participativo a população pode interferir diretamente na execução orçamentária e na definição de prioridades dos Executivos municipais, potencializando a participação da sociedade no controle da administração pública. Como algumas decisões importantes são tomadas em praça pública, o comprometimento dos atores sociais mobilizados é maior, implicando um envolvimento político que provavelmente se traduz em gastos públicos mais eficientes e efetivos.

Conselho Nacional de Justiça

Considerado o mais fechado dos poderes, o Judiciário teve sua atuação e sua estrutura interna profundamente alteradas pela promulgação da Emenda Constitucional nº 45, de 30/12/2004, que, entre outras medidas, criou o Conselho Nacional de Justiça (CNJ) e o Conselho Nacional do Ministério Público (CNMP). Apesar de, a meu ver, a atuação do CNJ ser bastante tímida e corporativista, o controle social dos atos administrativos e orçamentários do Judiciário foi iniciado, com importantes correções e ajustes. A atuação do CNJ é considerada controle social pela possibilidade única que a legislação proporciona de que a população participe, através de representantes, de um colegiado que monitora e fiscaliza os atos gerenciais dos órgãos da justiça.

Por sua alta especialização técnica, o Poder Judiciário sempre foi corretamente percebido pela população como uma enorme e complexa caixa-preta, levando ao extremo a tendência da burocracia pública de voltar-se para si mesma. Nesse cenário, qualquer forma de fiscalização da sociedade sobre as conhecidas fraudes cometidas pelos altos dirigentes dos órgãos do Judiciário era entendida como intromissão indevida da população. Com a criação do CNJ e o maior envolvimento da sociedade, teve início um processo de abertura e arejamento desse poder, e uma manifestação ao mesmo tempo peculiar e promissora de controle social sobre o Estado brasileiro.[187]

Ouvidorias

Na última década houve um grande aumento da utilização da tecnologia da informação nos três níveis da administração pública brasileira. Praticamente todos os órgãos públicos, inclusive prefeituras distantes e menores, implantaram uma página na internet para prestar informações e serviços ao cidadão. Dados sobre a execução orçamentária e financeira, a gestão do patrimônio e os servidores, entre outros, estão disponíveis para a população, que pode fazer uso dessas informações para controlar a administração pública e exercer sua cidadania.

Como há mais informação disponível, potencialmente aumentam as chances de fiscalizar e acompanhar os gestores governamentais. Para incentivar e viabilizar a participação da população nessa tarefa de acompanhamento do Estado vários órgãos estão estruturando e organizando suas ouvidorias, abrindo um importante espaço institucional para que a população participe e controle a administração pública. Ouvidorias realmente autônomas e independentes (duplamente: em relação aos servidores, para que não atuem de forma corporativa; e em relação aos dirigentes, para que não estejam sujeitas a punições e retaliações oriundas do topo da instituição), além de bem-estruturadas, podem representar um crucial mecanismo de controle social sobre o Estado. Estando realmente abertas a toda a sociedade

---

[187] Destaquei a criação do CNJ em relação ao CNMP em função da característica mais tradicional, fechada e menos democrática do Judiciário em comparação com o Ministério Público, nitidamente uma instituição mais aberta e próxima da população.

civil, as ouvidorias podem representar um grande avanço para o conjunto da engenharia institucional da administração pública brasileira, contribuindo tanto para o controle quanto para o melhor gerenciamento dessas organizações.

Os primeiros passos mais consistentes para a implantação das ouvidorias na administração pública brasileira foram dados pelos órgãos de arrecadação e pelas agências reguladoras. Por se tratar de setores recém-privatizados e oligopolizados que envolvem milhões de usuários, as ouvidorias são percebidas como fundamentais para defender os interesses dos consumidores no modelo institucional desenhado para as agências reguladoras. Num segundo momento, as ouvidorias foram se difundindo por todo o Executivo federal, sendo atualmente um importante elo de ligação entre a sociedade e os dirigentes públicos. Dessa forma, as ouvidorias dos órgãos da administração pública constituem um poderoso mecanismo de controle social sobre as instituições governamentais, possibilitando ajustes de políticas públicas e melhor gerenciamento patrimonial, além de potencialmente coibir fraudes de maneira mais eficaz. Vale ressaltar que, no Executivo federal, de acordo com a Lei nº 10.683, de 28/5/2003, é de responsabilidade da Controladoria--Geral da União centralizar, organizar e monitorar ações para promover e incentivar a implantação das ouvidorias.

Soberania popular

No arcabouço institucional da democracia representativa brasileira a participação direta da população nas questões políticas e sociais é disciplinada pelo art. 14 da Constituição de 1988:

A soberania popular será exercida pelo sufrágio universal e pelo voto direto e secreto, com valor igual para todos, e, nos termos da lei, mediante: I — plebiscito; II — referendo; III — iniciativa popular.[188]

Especificamente do ponto de vista do controle social sobre a administração pública, o plebiscito e o referendo não representam instrumentos prefe-

---

[188] O art. 61, §2º, determina que a iniciativa popular pode ser exercida pela apresentação à Câmara dos Deputados de projeto de lei subscrito por, no mínimo, 1% do eleitorado nacional, distribuído pelo menos por cinco estados, com não menos de três décimos por cento dos eleitores de cada um deles.

renciais a essa finalidade, que se encaixa mais no perfil da iniciativa popular. No entanto, por exigir a ampla mobilização da população, o exercício da democracia direta através de projetos de iniciativa popular tem sido pouco utilizado no Brasil. Por outro lado, uma das medidas mais moralizadoras e eficientes de controle social sobre o Estado foi implantada no arcabouço institucional brasileiro pela Lei da Ficha Limpa, um projeto de iniciativa popular. Nesses 24 anos da Carta de 1988, a ficha limpa foi o quarto projeto de iniciativa popular convertido em lei pelo Congresso Nacional.[189]

Desse modo, apesar da escassa utilização dos mecanismos da democracia direta no processo legislativo brasileiro, do ponto de vista qualitativo a iniciativa popular resultou na aprovação de uma lei com enorme potencial para exercer com eficiência um dos mecanismos mais potentes de controle social sobre a administração pública. Ao impedir a eleição de políticos contumazes nas práticas deletérias contra o Estado, a sociedade fica protegida dos maus gestores e a administração pública brasileira tem melhores condições de implantar ações governamentais mais eficientes e efetivas.

Em síntese, são estes os principais instrumentos de controle social atualmente disponíveis na legislação para que o cidadão fiscalize a utilização de recursos públicos no Brasil. Os mecanismos discutidos não representam uma lista exaustiva ou completa, apenas refletem e repercutem algumas das modalidades mais utilizadas ou conhecidas de controle da administração pública pela sociedade. Utilizando esses mecanismos de controle social, a sociedade pode contribuir de maneira proativa para que os princípios constitucionais da moralidade, da publicidade, da legalidade, da impessoalidade e da eficiência (Constituição de 1988, art. 37, *caput*) sejam observados pelos administradores do Estado brasileiro.

Note-se que a discussão aqui empreendida passou ao largo das questões propriamente jurídicas, focando os aspectos relacionados com os instrumentos legais disponíveis para o exercício da cidadania no aspecto específico da execução orçamentária e da administração e gerenciamento do patrimônio público. Os mecanismos jurídicos e os trâmites processuais envolvidos nesse processo de controle devem ser discutidos por obras especializadas na área do direito administrativo. Por isso, o foco deste trabalho se restringiu a desenhar e discutir uma visão mais ampla e genérica de como o cidadão pode contribuir para aprimorar o gasto público

---

[189] O projeto de lei da ficha limpa recebeu mais de 1,6 milhão de assinaturas, sendo inicialmente relatado pelo deputado Índio da Costa, do DEM-RJ.

no Brasil.[190] Como consequência natural do processo de fiscalização da administração pública, cabe também discutir, ainda que resumidamente, as penalidades imputadas aos maus administradores públicos no Brasil.

Penalidades aplicáveis ao gestor público

Paralelamente à questão do controle, há também os aspectos relativos à punição dos gestores corruptos, alvo de legislação específica e prolixa no ordenamento jurídico brasileiro. O Código Penal brasileiro, instituído pelo Decreto-lei nº 2.848, de 7/12/1940, dedica um capítulo especial aos crimes contra a administração pública: título XI, capítulo I. Nos arts. 312 a 327 faz-se a tipificação dos crimes contra a administração pública, estabelecendo também as penas para cada enquadramento.

Legislação ainda mais específica foi instituída pela Lei nº 8.429, de 2/6/1992, que dispõe sobre as sanções aplicáveis aos agentes públicos que pratiquem atos de improbidade administrativa. Esses atos foram divididos em três grandes grupos: a) os que importam em enriquecimento ilícito; b) os que causam prejuízo ao erário; e c) os que atentam contra os princípios da administração pública. Na legislação há também um grande esforço para bem tipificar os crimes e estabelecer sanções. Além da privação de liberdade, as penalidades incluem, de acordo com o crime: perda dos bens ou valores acrescidos ilicitamente ao patrimônio; ressarcimento integral do dano, quando houver; perda da função pública; suspensão dos direitos políticos; pagamento de multa civil proporcional ao acréscimo patrimonial; proibição de contratar com o poder público e proibição de receber benefícios ou incentivos fiscais ou creditícios, direta ou indiretamente.

Apesar de complementares, a utilização da Lei nº 8.429/92 ou do Código Penal na apuração de delitos e fraudes contra a administração pública encontra caminhos e consequências jurídicas diversas:

Pela via judicial, dispomos no Brasil de dois tratamentos possíveis: o enquadramento do ato de corrupção como crime comum ou como ato de improbidade

---

[190] Questões jurídicas específicas e as prerrogativas próprias da administração pública, como o duplo grau de jurisdição, prazos dilatados nos processos, juízo privativo (Justiça Federal), impenhorabilidade dos bens públicos, restrições para concessão de liminares e tutela antecipada, entre outros, não foram discutidas neste livro por serem temas mais apropriados a uma obra de direito administrativo.

administrativa. No primeiro caso, o ato de corrupção está tipificado no código penal e a condenação do réu pode levá-lo à reclusão de 1 a 8 anos, além da perda do mandato e do pagamento de multa. Da mesma forma que o *impeachment*, o julgamento da corrupção como crime comum — até pela gravidade da pena — reveste-se de garantias especiais: o acusado não é julgado pela primeira instância da justiça e goza da prerrogativa de foro especial, isto é, de ser julgado por um tribunal de segundo grau ou superior, dependendo de sua posição na hierarquia federativa (se ocupante de cargo pertencente à União, Estados ou Municípios).[191]

Também a atual Lei de Compras Governamentais, a Lei nº 8.666/93, reconhecendo que o procedimento de aquisições é o alvo preferencial de gestores desonestos, estabeleceu penalidades duras e específicas para o agente que atente contra os princípios da administração pública. Dessa forma, entre os arts. 89 e 108, a lei tipifica os crimes, estabelece as penas e determina como deve ser instruído o procedimento judicial visando a punir os gestores inescrupulosos. Ressalte-se que as sanções penais recaem inclusive contra o licitante desonesto, não apenas sobre o agente público que pratica atos de improbidade administrativa. A lei determina também que esses crimes devem ser apurados através de uma ação penal pública, cabendo sua titularidade ao Ministério Público.

---

[191] Arantes (2010:29). De acordo com o autor, por muitos anos houve uma enorme hegemonia da rota cível de investigação e apuração de crimes contra a administração pública, tendo como protagonista o Ministério Público e como instrumento jurídico principal a Lei nº 8.429/92. Mais recentemente, em função de certo esgotamento e ineficiência desses mecanismos, tem havido uma federalização na apuração desses crimes praticados por agentes públicos, em contraste com a ação pulverizada e isolada do Ministério Público dos estados. Nessa nova forma de atuação há uma ação concatenada entre as instituições encarregadas do combate à corrupção, especialmente entre a Polícia Federal, o Ministério Público Federal e o Judiciário. No tratamento da corrupção como crime comum prevalecem as determinações do Código Penal, exigindo maior capacidade investigativa da Polícia Federal na fase do inquérito, e dependência do Judiciário para emitir ordens de prisão preventiva, escutas telefônicas, apreensão de computadores etc. O fato é que, em ambos os caminhos, a punição efetiva dos agentes públicos desonestos é ainda muito baixa (o autor informa que das 572 ações promovidas pela Promotoria da Cidadania da cidade de São Paulo desde 1992, menos de 10 haviam transitado em julgado 15 anos depois). Por outro lado, a eficácia inicial das ações comandadas pela Polícia Federal, pelo dano reputacional que uma prisão transmitida em rede nacional proporciona, parece aplacar mais a vontade da sociedade de se fazer justiça.

Conclusão

A legislação e o quadro institucional são favoráveis e abertos ao controle da administração pública brasileira, com um amplo conjunto de possibilidades de intervenção da sociedade, além do estabelecimento de penas rigorosas para os agentes que cometam atos de improbidade administrativa. No entanto, apesar desse quadro institucional e legal favorável, ainda é muito alto o nível de corrupção no âmbito da administração pública brasileira, como facilmente se constata analisando os relatórios de auditoria elaborados pelos órgãos competentes. A realidade aponta que vários desafios ainda precisam ser superados para que tenhamos um sistema eficiente de fiscalização sobre o Estado e o gasto público.

Falta aos controles interno e externo estrutura gerencial e operacional para que sejam efetivos e eficientes. Também é preocupante a ausência de autonomia funcional e política dos tribunais e instituições de controle interno em relação ao Executivo federal, o que compromete sua capacidade de realmente exercer o controle da administração pública brasileira de maneira técnica e profissional.

Apesar do estabelecimento de penalidades muito severas no arcabouço legal existente, falta ao Estado brasileiro capacidade operacional e técnica efetiva para realmente punir os gestores públicos desonestos (nas áreas administrativa, civil e penal). Como é muito improvável a condenação do gestor inescrupuloso, o inaceitável nível atual de impunidade age como um incentivo poderoso aos atos de improbidade administrativa no Brasil. Não restam dúvidas de que a punição dos gestores corruptos é uma condição imprescindível para que o nível de corrupção praticado contra o Estado brasileiro regrida para patamares mais civilizados. Com essa finalidade, os mecanismos de punição devem ser revistos e aprimorados, trazendo operacionalidade para uma legislação que, em si, é bastante rigorosa.

Por fim, estritamente do ponto de vista do controle social, um longo caminho ainda precisa ser percorrido pela sociedade brasileira, ainda tributária de uma herança colonial patrimonialista muito forte. Um intenso processo de mobilização e organização de atores sociais precisa ser empreendido para que a sociedade realmente cumpra sua função de fiscalizar e acompanhar a administração pública, fazendo do controle social um instrumento de democratização, justiça distributiva e desenvolvimento da sociedade brasileira.

7. BREVE HISTÓRICO DA ADMINISTRAÇÃO PÚBLICA BRASILEIRA

De 22 de abril de 1500 até a Revolução de 1930

- Prevalência total e absoluta da administração patrimonialista, na qual não existe distinção entre o bem público e o particular. Apropriação privada das riquezas públicas através do domínio dos canais de acesso ao Estado.
- "Havia na colônia uma ampla, complexa e ramificada administração. Caio Prado Júnior (1979:299-300) adverte que, para compreendê-la, é preciso se desfazer de noções contemporâneas de Estado, esferas pública e privada, níveis de governo e poderes distintos. A administração colonial, apesar da abrangência das suas atribuições e da profusão de cargos e instâncias, do ponto de vista funcional, pouco se diferencia internamente. Tratava-se de um cipoal de ordenamentos gerais, encargos, atribuições, circunscrições, disposições particulares e missões extraordinárias que não obedeciam a princípios uniformes de divisão de trabalho, simetria e hierarquia" (Costa, 2008:3).
- O Estado como fonte inesgotável de distribuição de benesses para uma elite agrária sedenta de benefícios.
- Forte presença do Estado, em detrimento de uma sociedade civil fraca e desorganizada. No conceito clássico de Faoro (1984), um estamento burocrático dá vida e forma à sociedade brasileira.
- O contraste entre a colonização de povoamento, característica da sociedade norte-americana, e a colonização de exploração, marca fundamental do desenvolvimento histórico brasileiro, é crucial. No primeiro caso, há o desenvolvimento de uma sociedade participativa e mobilizada, que dificilmente conta com a ação do Estado para resolver seus problemas. Já no caso brasileiro, a dependência em relação ao Estado é evidente, fruto de uma sociedade apática, desorganizada e sempre dependente da ação estatal. Naturalmente, essas diferenças no relacionamento entre Estado e sociedade se refletirão, com intensidade, na organização e no desenvolvimento da administração pública.

- Com a chegada da família real portuguesa ao Rio de Janeiro em 8 de março de 1808, houve a transposição completa do Estado português para o Brasil. Estima-se que desembarcaram nessas paragens cerca de 10 mil funcionários públicos, representando grande parte da estrutura administrativa do Estado português. A transposição histórica consolidou um Estado com todas as características patrimoniais, personalistas e predatórias, frontalmente avesso aos princípios democráticos e liberais que se difundiam pela Europa a partir da Revolução Francesa de 1789. No Brasil, essa estrutura permaneceu praticamente intocada até a Revolução de 1930.

- Antecedendo o processo de regulamentação que se difundiria de maneira mais intensa na década de 1930, necessário à implantação do modelo burocrático weberiano no Brasil, o governo da Primeira República criou, por meio do Decreto nº 15.210, de 28/12/1921, a Contadoria Central da República. Anteriormente, já havia sido criado O Tribunal de Contas da União (TCU), instituído pelo Decreto nº 996/A, de 7 de novembro de 1890. Nesse sentido, mais importante ainda foi o Decreto nº 15.783, de 8/11/1922, que aprovou o Regulamento Geral de Contabilidade Pública, e que pode ser considerado uma espécie de lei geral da administração pública daquele período, normatizando orçamento, finanças, compras governamentais, recursos humanos e demais matérias relacionadas à gestão do Estado.

Revolução varguista

- Com a transformação da sociedade e do Estado, a incipiente burguesia nacional foi incentivada pelo poder público a alavancar o desenvolvimento econômico, criando as bases do capitalismo nacional.

- A intervenção decisiva do Estado no desenvolvimento do capitalismo requereu uma burocracia pública mais profissional e menos patrimonialista. Foram dados os primeiros passos no sentido de profissionalizar a administração pública e de criar uma legislação compatível com o modelo burocrático weberiano.

- A Lei nº 184, de 28/10/1936, cria o Conselho Federal do Serviço Público Civil, que, através do Decreto-lei nº 579, de 30/7/1938, deu origem ao Departamento Administrativo do Serviço Público (Dasp).

- O Dasp assume a função de comandar, a partir do nível federal, a implantação do modelo burocrático weberiano na administração pública brasileira. Introdução lenta e problemática (em função da forte herança da cultura

Breve histórico da administração pública brasileira

patrimonial ibérica) dos princípios da impessoalidade, meritocracia, hierarquia, especialização, continuidade, controle, regras rígidas e universalistas na administração pública brasileira. Segundo o Decreto nº 579/38, art. 2º: "Compete ao DASP: letra a) o estado pormenorizado das repartições, departamentos e estabelecimentos públicos, com o fim de determinar, do ponto de vista da economia e eficiência, as modificações a serem feitas na organização dos serviços públicos, sua distribuição e agrupamentos, dotações orçamentárias, condições e processos de trabalho, relações de uns com os outros e com o público".

- Herança cultural adversa: como falar de regras e leis com pretensões universalistas na terra do jeitinho, do patrimonialismo e das relações pessoais? Entre outros, esse é o grande desafio a ser enfrentado na complexa tarefa de implantar o modelo weberiano no Brasil.
- Forte processo de normatização e padronização dos procedimentos da administração pública. Criação de marcos legais para o regime de pessoal, procedimentos de compras governamentais, finanças públicas e execução orçamentária pela Comissão Permanente de Padronização instituída em 1930.
- Profissionalização da burocracia pública como fator decisivo no desenvolvimento do capitalismo nacional e consequente fonte de sustentação política de Vargas.
- Caráter ambíguo do Dasp, que era ao mesmo tempo modernizador e mantenedor da ordem política vigente. Especificamente em relação à administração pública, é inequívoco seu caráter inovador. No entanto, o Dasp servia como pilar de sustentação política de um regime autoritário, inclusive multiplicando-se pelos estados ("Daspinhos").
- A Constituição Federal de 16/7/1934, arts. 168 e 169, garante o acesso aos cargos públicos a todos os cidadãos brasileiros e institui a estabilidade do servidor.
- A Constituição Federal de 10/11/1937, art. 156, letra b, reza: "a primeira investidura nos cargos de carreira far-se-á mediante concurso de provas ou de títulos". Fator primordial para a formação de uma burocracia pública profissional, pela primeira vez a obrigatoriedade do concurso público aparece em uma Constituição brasileira.
- O Decreto nº 6.016, de 22/12/1943, disciplina o formato jurídico das autarquias. Primeiro instrumento jurídico a institucionalizar o que se conhece atualmente como administração indireta. Formaliza o caráter duplo e desigual de duas áreas complementares da administração pública brasileira. O fosso entre a administração direta e a indireta se aprofunda continuamente até a Constituição Federal de 1988, que reverte e estanca esse processo de diferenciação.

Período democrático de 1945 a 1964

- Instalação da Comissão de Estudos e Projetos Administrativos (Cepa), visando a modernizar e racionalizar a gestão pública brasileira.
- Criação, pelo Decreto-lei nº 39.510, da Comissão para a Simplificação Burocrática (Cosb) em 1956. Antecedente histórico do programa nacional de desburocratização lançado pelo regime militar em 1979 e conduzido por Hélio Beltrão.
- Plano de Metas de JK como referência importante no processo de introdução do planejamento no âmbito da administração pública brasileira. Por definir as prioridades estratégicas do governo federal para um período de cinco anos, o Plano de Metas pode ser considerado o antecessor direto dos planos nacionais de desenvolvimento, os famosos PNDs do regime militar, e dos atuais instrumentos constitucionais, como a Lei Orçamentária Anual (LOA), a Lei de Diretrizes Orçamentárias (LDO) e os planos plurianuais (PPAs), todos previstos no art. 165 da Constituição de 1988.
- Fortalecimento da administração indireta: apenas 5,2% do Plano de Metas foram alocados pela administração direta. Comissões e grupos executivos formaram o que ficou conhecido como "administração paralela" de JK.
- Lei nº 4.320, de 17/3/1964, lei geral de execução financeira, orçamentária e contabilidade pública ainda vigente no que não foi revogado pela Constituição Federal e pela Lei de Responsabilidade Fiscal, entre outras legislações posteriores.

Regime militar

- Com forte inspiração de Amaral Peixoto e Hélio Beltrão, o regime militar baixou o Decreto-lei nº 200, de 25/2/1967, que se propunha consolidar boa parte da legislação existente, representando algo como uma lei geral da administração pública brasileira.
- Em 215 artigos, procurou sintetizar os princípios da reforma administrativa, a organização da administração pública federal, normas de administração orçamentária e financeira, organização de pessoal civil e compras governamentais.
- Ainda em vigência no que não foi revogado pela Constituição de 1988 e por legislação posterior, o Decreto-lei nº 200 institui cinco princípios fundamentais vigentes e atuais para a administração pública brasileira: coor-

Breve histórico da administração pública brasileira

denação, delegação de competência, controle, planejamento e descentralização. Em alguns aspectos, o Decreto-lei nº 200 foi pioneiro e moderno, como na defesa do princípio da descentralização. Até hoje as principais diretrizes da administração pública brasileira estão calcadas nessa legislação, que continua atual depois de 44 anos, algo raro na tradição legal brasileira.

- O princípio da descentralização foi vastamente utilizado em uma de suas modalidades jurídicas, mais precisamente a transferência, mediante lei específica, de atribuições da administração direta para a indireta. Nesse período, a administração indireta foi fortalecida com uma profusão de empresas públicas, sociedades de economia mista, autarquias e fundações públicas.

- Durante o regime militar, apenas no plano federal, foram criadas 267 empresas estatais e outras 68 instituições da administração indireta.

- Aprofundamento radical da divisão entre administração direta e indireta, criando um verdadeiro fosso no Estado brasileiro. Esses dois segmentos da administração pública organizaram-se com diferenciados níveis de eficiência. Também foram distintos as regras de funcionamento, o marco legal e os procedimentos de admissão e remuneração de pessoal.

- De modo geral, as regras de funcionamento da administração indireta nesse período eram bem mais flexíveis do que a legislação que organizava e estruturava a administração direta, especialmente no que se refere à liberdade de contratar sem concurso público e de comprar sem observar integralmente as regras previstas no próprio Decreto-lei nº 200/67. Por falta de mecanismos eficientes de fiscalização e crescimento desordenado, durante o regime militar e nos anos seguintes a administração indireta transformou-se em algo incontrolável: "Por conta do regime autoritário, a sociedade perdeu o controle sobre o setor público como um todo e, por conta da flexibilização obtida através da administração indireta, a administração direta, ora desmoralizada, perdeu o controle, com raras exceções, sobre instituições e empresas a ela vinculadas. Tornaram-se inócuos os sistemas de integração. Os sistemas de controle perderam densidade política e passaram a manifestar sua essência burocrática, limitadora da diferenciação. Incapazes de gerenciar as suas próprias operações e as funções integrativas à supervisão ministerial, os ministérios iniciaram uma fase de decadência a partir dos anos 1980, com o ocaso do próprio regime militar" (Cavalcanti, Ruediger e Sobreira, 2005:293).

- A multiplicação da administração indireta foi tão intensa que se tornou necessária uma legislação específica para contê-la. Determina o Decreto nº 83.740/79, art. 3º, letra h: "velar pelo cumprimento da política de contenção da criação indiscriminada de empresas públicas, promovendo o equacionamento dos casos em que for possível e recomendável a transferência do controle para o setor privado, respeitada a orientação do Governo na matéria".

- Inicialmente, o gerenciamento das empresas estatais estava a cargo da Secretaria de Empresas Estatais (Sest). Atualmente, está sob a responsabilidade do Departamento de Coordenação e Governança das Empresas Estatais (Dest), integrante da estrutura do Ministério do Planejamento, Orçamento e Gestão, conforme o Decreto nº 7.063, de 13/1/2010.

- Mediante o Decreto nº 83.740, de 18/7/1979, foi instituído o Programa Nacional de Desburocratização, visando dinamizar e simplificar o funcionamento da administração pública federal. O primeiro ministro extraordinário da Desburocratização foi Hélio Beltrão, que teve sua gestão marcada, entre outras, pela implantação dos juizados de pequenas causas e pela elaboração do estatuto da microempresa. Atitude pioneira no Brasil no sentido da preocupação com a melhoria do atendimento dos usuários do serviço público.

Constituição Federal de 5/10/1988

- Extensão das regras da administração direta a toda a administração indireta, especialmente quanto à obrigatoriedade de concurso público e da aplicação da Lei de Compras Governamentais. Existem pequenas exceções para as empresas públicas e sociedades de economia mista em relação ao processo licitatório. A nova Lei de Compras Governamentais, Lei nº 8.666, de 21/6/1993, deve ser integralmente observada por autarquias e fundações públicas, além de ser aplicável, sem exceções, aos estados e municípios. Com a nova Lei de Compras Governamentais, há a consolidação do marco legal brasileiro no que se refere à administração pública.

- Dois fatores típicos do contexto histórico da época explicam essa característica da Constituição de 1988: a) o recrudescimento do clientelismo e do nepotismo na administração pública depois da redemocratização; e b) a total e absoluta falta de controle e de coordenação sobre a administração indireta, que cresceu de maneira exponencial e desordenada durante o regime militar.

- Estabelecimento dos princípios fundamentais da administração pública: legalidade, impessoalidade, moralidade, publicidade e eficiência (este último incluído pela Emenda Constitucional nº 19, de 4/6/1998).

- Do ponto de vista do servidor, a Constituição Federal de 1988 determinou: a obrigatoriedade do concurso público, ratificou a estabilidade do servidor, tornou obrigatório o Regime Jurídico Único (RJU), garantiu a isonomia entre os poderes e para cargos "de iguais atribuições" (determinação depois suprimida pela Emenda Constitucional nº 19, de 4 de junho de 1998), estabeleceu regras especiais para a aposentadoria do servidor público, inclusive garantindo alguns privilégios inaceitáveis em relação aos trabalhadores do Regime Geral de Previdência.

- Fortalecimento dos instrumentos de planejamento na administração pública através do art. 165 da Carta de 1988, que estabeleceu critérios rigorosos para a elaboração dos orçamentos anuais, as leis de diretrizes orçamentárias e o plano plurianual. A tríade PPA, LDO e LOA consagra o orçamento programa, com a utilização da funcional programática para sua estruturação.

- Em sintonia com os processos de reforma administrativa pelo mundo, a Constituição de 1988 consagrou dois princípios correlatos que iriam definir os moldes das políticas públicas em todos os entes federados: a descentralização e o controle social.

- Pela Constituição, foi transferida a estados e municípios a responsabilidade pela execução da quase totalidade das políticas públicas, especialmente nas áreas cruciais da educação e da saúde. Através de vários mecanismos, como implantação de conselhos de políticas públicas, realização de audiências públicas, implantação de ouvidorias etc., a sociedade e o cidadão se habilitaram a fiscalizar e acompanhar o Estado, tornando o controle social elemento essencial na formulação e execução de políticas públicas no Brasil.

- Em linhas gerais, o processo de descentralização se voltou mais intensamente na direção municipal, potencializando o relacionamento direto entre a União e os municípios, relegando os estados a um papel menor nesse novo arranjo institucional. Nesse cenário, cabem à União, essencialmente, a normatização, o acompanhamento, o financiamento e a fiscalização das políticas públicas, restando a estados e municípios serem executores diretos das ações estatais.

Governo Fernando Collor de Mello (15/3/1990 a 29/9/1992)

- A primeira eleição para presidente da República em 1989, depois de quase 30 anos de ditadura militar, teve como tema principal o servidor público. Através de um bom marketing, Collor popularizou a figura do marajá. Enfatizou também os casos mais gritantes de ineficiência e corrupção na administração pública brasileira, difundindo equivocadamente e de maneira maldosa esse padrão como retrato fiel e acabado do serviço público no Brasil.

- Reforma da administração pública federal, com demissões em massa e extinção de órgãos sem qualquer critério técnico ou jurídico. Apesar da anistia concedida aos servidores pelo governo Itamar Franco, através da Lei nº 8.878, de 11/5/1994, até hoje existem pendências legais não resolvidas em função da falta de suporte jurídico para as mudanças. O Ministério do Planejamento instituiu uma Comissão Especial Interministerial apenas para analisar os casos não contemplados pela anistia. Em novembro de 2011, a comissão publicou um balanço: 15.232 casos analisados (12.414 pedidos de reintegração deferidos; 2.242 indeferidos; e 576 aguardando nova análise).
- Congelamento brutal dos salários em época de inflação, estrangulando a remuneração de maneira intensa. Por outro lado, ao mesmo tempo que esmagava o funcionalismo, Collor trazia as práticas de corrupção para dentro do Palácio do Planalto.
- Dissociação e antagonismo entre administração pública/servidor, por um lado, e a sociedade brasileira, por outro. Os servidores públicos perderam a autoestima e o senso de relevância de seu trabalho, processo que resultou em mais desmotivação, apatia e prestação de serviços de péssima qualidade, realimentando o descolamento entre sociedade e servidor público.
- Promulgação do Regime Jurídico Único (RJU) para os servidores públicos federais, mediante a Lei nº 8.112, de 11/12/1990, amplamente modificada pela Lei nº 9.527, de 10/12/1997.
- Collor criou o Programa Nacional de Desestatização, pela Lei nº 8.031, de 12/4/1990, que representa uma virada importante na concepção do Estado brasileiro, o grande controlador, patrocinador e coordenador do desenvolvimento do capitalismo nacional. Entre 1990 e 2006, foram privatizadas 71 empresas, principalmente nos setores petroquímico, siderúrgico e ferroviário, com receitas totalizando R$ 105,8 bilhões (Torres, 2007). Difunde-se no Brasil a ideia de um Estado regulador e coordenador, afastado das atividades diretas de produção. A legislação em questão pavimentou o terreno para as privatizações e a quebra dos monopólios estatais, como nas áreas de petróleo, mineração e telecomunicações, que tomaram corpo nos governos de Itamar Franco e Fernando Henrique Cardoso.

Governo Fernando Henrique Cardoso (1/1/1995 a 31/12/2002)

- Criação do Ministério da Administração Federal e da Reforma do Estado (Mare), que, sob a inspiração do ministro Bresser-Pereira, publica, em novembro de 1995, o Plano Diretor da Reforma do Aparelho do Estado (Pdrae).

Breve histórico da administração pública brasileira 323

- Do ponto de vista legal, com algumas significativas alterações realizadas pelo Congresso Nacional, partes importantes do Pdrae foram introduzidas na Constituição de 1988, através da Emenda Constitucional nº 19, de 4/7/1998.

- Em sintonia com países desenvolvidos como Inglaterra, EUA, Nova Zelândia e Canadá, o governo FHC procurou flexibilizar as regras da administração mediante a implantação da reforma gerencial, que pretendia superar o déficit de desempenho da administração pública brasileira. Em linhas gerais, a política de reforma administrativa do governo FHC pretendia, com algumas adequações, introduzir no Brasil o que ficou genericamente denominado mundo afora "Nova Gestão Pública".

- Do ponto de vista teórico, é importante esclarecer a utilização do conceitual analítico muito difundido na literatura especializada, que identifica três grandes modelos de administração observáveis na evolução do aparelho estatal brasileiro: a) o modelo patrimonialista; b) o burocrático weberiano; e c) o gerencial. Como se sabe, é absolutamente equivocado supor que esses três modelos se sucederam de forma linear e inequívoca, marcando fortemente cada período da evolução da burocracia pública brasileira. Na realidade, esses três modelos convivem e sempre conviveram simultaneamente no âmbito da administração pública brasileira. Na melhor das hipóteses, é possível identificar momentos em que a prevalência de alguns dos três modelos é mais acentuada. Por isso, os modelos patrimonial, burocrático e gerencial sempre compartilharam, de maneira harmoniosa até, o ambiente cultural da administração pública brasileira.

- O núcleo central da proposta gerencial pode ser caracterizado pelas seguintes premissas: a) flexibilizar as regras das compras governamentais; b) acabar com a estabilidade do servidor público; c) introduzir e disseminar a figura do contrato de gestão; d) criar novos formatos jurídicos e institucionais, como as agências reguladoras, as agências executivas e as organizações sociais (OSs) (Lei nº 9.637, de 15/5/1998); e) trabalhar em parceria com o setor público não estatal através da regulamentação das organizações da sociedade civil de interesse público (Oscips), regulamentadas no âmbito federal pela Lei nº 9.790, de 23/3/1999; f) investir ao máximo no controle social, incentivando a criação de conselhos de políticas públicas, ouvidorias, audiências públicas; g) introduzir mecanismos de avaliação de desempenho individual e institucional etc.

- Como era esperado, os novos formatos institucionais das agências reguladoras, organizações sociais e organizações da sociedade civil de interesse público se reproduziram nos estados e municípios, que criaram suas próprias legislações, todas inspiradas no modelo federal. Em 2009, havia no Brasil 170 OSs (seis federais, 112 estaduais e 52 municipais), tendo apenas 49 delas assinado contratos de gestão, e 5.050 Oscips (4.856 federais, 167 estaduais e 27 municipais). Apenas 88 Oscips assinaram termos de parcerias, as demais utilizaram os instrumentos tradicionais dos convênios para receber recursos, de acordo com dados de Ribeiro (2009).

- A estabilidade do servidor foi flexibilizada pela Emenda Constitucional no 19, através de duas modalidades: a) por insuficiência de desempenho (art. 41, §10, inciso III); e b) por excesso de despesa com pessoal (art. 169, §40).

- A política de recursos humanos implantada pelo PSDB tinha por base: a) a reestruturação das carreiras típicas de Estado, com forte recomposição salarial; b) o fortalecimento institucional da Escola Nacional de Administração Pública (Enap); c) a revitalização de concursos públicos regulares e periódicos para as principais carreiras; d) um intenso processo de terceirização de mão de obra para as atividades-meio (a Lei nº 9.632, de 7/5/1998, que converteu a Medida Provisória nº 1.602-20/98, extinguiu 72.930 cargos na administração pública federal; e o Decreto nº 4.547, de 27/12/2002, extinguiu mais 28.451 cargos); e) o fim dos aumentos lineares para os servidores; f) a implantação das gratificações por desempenho, inicialmente para as carreiras típicas de Estado e depois, lentamente, para boa parte do funcionalismo federal organizado no Plano Geral de Cargos do Poder Executivo (PGPE). Atualmente, o PGPE está disciplinado pela Lei nº 11.357, de 19/10/1996, agrupando todos os cargos de nível superior, intermediário e auxiliar que não estão estruturados em carreiras específicas.

- Pode-se constatar uma forte descontinuidade entre o primeiro e o segundo mandatos no que se refere à reforma administrativa, como demonstram os seguintes fatos: a) logo no início do segundo mandato, o Mare foi extinto sem ter concluído sua missão institucional, especialmente sem ter conseguido regulamentar boa parte da Emenda Constitucional nº 19/98; b) o número de novas contratações caiu vertiginosamente no segundo mandato, totalizando apenas 30 servidores admitidos em 2002; c) a necessidade do ajuste fiscal teria implicado a supremacia total do Ministério da Fazenda sobre as instituições encarregadas de levar adiante a reforma gerencial. Nesse contexto, caracteriza-se o conhecido "dilema do controle", que pode ser traduzido pela seguinte equação: o ajuste fiscal exige controle de gastos e procedimentos burocráticos mais rígidos, enquanto as reformas administrativas incentivam as flexibilizações das regras de administração e o aumento da autonomia dos órgãos, que tendem a levar inclusive ao aumento das despesas; d) a criação de novas agências executivas e organizações sociais foi interrompida, demonstrando as dificuldades e o desinteresse por esses novos formatos na esplanada dos ministérios, deixando-os inclusive sem coordenação efetiva.

- Introdução de uma nova modalidade de licitação denominada pregão, mais transparente, ágil e menos burocrática. O pregão foi instituído na administração pública federal através da Medida Provisória nº 2.026, de 4 /5/2000, sendo convertida na Lei nº 10.520, de 17/7/2002, e inicialmente regulamentada pelo Decreto nº 3.555, de 8/8/2000. Posteriormente, houve a regulamentação, já no governo Lula, pelo Decreto nº 5.450, de 31/5/2005, do pregão eletrônico, versão ainda mais informatizada, célere e transparente dessa nova modalidade de compra governamental.
- Por decreto de 26 de maio de 1999, foi criada a Comissão de Ética Pública, vinculada à Presidência da República. Pouco mais tarde, foi instituído o Código da Alta Administração Pública Federal, através do Decreto nº 4.081, de 11/1/2002, que, entre outras medidas importantes, estabeleceu a quarentena para os cargos mais estratégicos da administração pública. Apesar das dificuldades de institucionalização e da observância de seus preceitos (a vinculação com a Presidência tende a deixar a comissão muito submissa e sem autonomia), essas inovações institucionais representam algum avanço na luta contra o patrimonialismo na administração pública federal.
- Do ponto de vista das políticas sociais, pode-se apontar uma importante inovação institucional com as seguintes características: a) substituição das transferências materiais, como cestas básicas, para transferências monetárias, que exigem menor logística, apresentam custos menores de administração, além de proporcionar maior discricionariedade de utilização dos recursos para o cidadão; b) por reconhecimento de que as mulheres têm maior estabilidade emocional e mais compromisso com a família, transferência direta e preferencial de valores para seu nome; c) por representarem uma segunda geração de políticas assistenciais no Brasil, os novos programas de transferência de renda exigem uma contrapartida por parte do recebedor do benefício, como verificar a frequência dos alunos na escola, participar de campanhas de vacinação infantil, realizar o pré-natal no caso das gestantes etc.; d) nesses moldes foram criados, pelo governo federal, o Bolsa Alimentação, o Programa de Erradicação do Trabalho Infantil (Peti), o Bolsa Escola, o Auxílio-gás e o Brasil Jovem. Aqui não cabe discussão sobre as dificuldades enfrentadas por esses programas, que têm forte caráter assistencialista. Especialistas ressaltam que existem várias portas de entrada e poucas opções de saída nesses programas (aumento da renda através

de um emprego formal no mercado de trabalho, por exemplo). Também são apontados problemas relativos ao acompanhamento das contrapartidas do cidadão, que se revela ainda pouco eficaz. Não obstante os problemas localizados, a política de assistência social no Brasil evoluiu muito em relação ao passado recente, especialmente quanto ao estabelecimento de "condicionalidades".

- Em 4 de maio de 2000 foi publicada a Lei Complementar nº 101, também conhecida por Lei de Responsabilidade Fiscal. A lei estabelece normas de finanças públicas voltadas para a transparência e a responsabilidade na gestão fiscal, trazendo racionalidade e impondo limites claros a gestores federais, estaduais e municipais.

- Paralelamente ao processo de privatização e quebra de monopólios, surgiu a necessidade de se reordenar também o modo de atuação da administração pública. Em linhas gerais, pode-se afirmar que o processo de privatização impôs a tarefa de desenvolver uma nova estrutura institucional para o Estado, já mais voltado para a regulação, a fiscalização e o controle das atividades econômicas. Foi precisamente nesse contexto que entrou para a agenda nacional o desafio de criar e desenvolver as agências reguladoras, que imediatamente assumiram papel estratégico no novo desenho institucional do Estado brasileiro. No governo FHC foram criadas oito agências — Aneel, Anatel, ANP, Anvisa, ANS, ANA, ANTT e Antaq —, que modificaram profundamente o perfil de parte da administração pública brasileira. Em função de um conjunto de autonomias administrativas e funcionais, as agências reguladoras são juridicamente consideradas autarquias de regime especial. Torres (2007) trata mais detalhadamente do desafio das agências reguladoras no âmbito da administração pública brasileira.

Governo Luiz Inácio Lula da Silva (1/1/2003 a 31/12/2010)

- Promulgação da Emenda Constitucional nº 41, de 19/12/2003, que reformulou a previdência social do servidor público. Em linhas gerais, procurou-se aumentar o tempo de contribuição e a idade mínima para a aposentadoria, aproximando um pouco do Regime Geral de Previdência, válido para os trabalhadores da iniciativa privada. A emenda constitucional foi importante por trazer ao mesmo tempo mais racionalidade, sustentabilidade e justiça social às aposentadorias do RJU.

- A política de recursos humanos foi basicamente mantida, com mais contratações regulares via concursos públicos. O serviço público federal cres-

Breve histórico da administração pública brasileira 327

ceu durante o governo Lula, ao contrário do que havia acontecido nos anos de FHC. De acordo com o *Boletim Estatístico de Pessoal* (n. 177, jan. 2011), elaborado pela SRH/MP, quando FHC assumiu havia 583.020 servidores ativos no Executivo federal. Ao término do mandato, em dezembro de 2002, havia 485.741, uma redução de significativos 97.279 servidores. Já em dezembro de 2010, os servidores públicos civis da ativa (incluindo fundações e autarquias) totalizavam 577.215, representando considerável aumento do quantitativo de servidores.

- Em dezembro de 2010, havia 21.870 cargos de DAS no Executivo federal, com a expressiva criação de 3.496 novos cargos de confiança em oito anos. Por concurso público, houve o ingresso de 155.533 novos servidores públicos no governo Lula, com destaque para as áreas administrativas, em contraste com as nomeações do governo FHC, que se concentraram nas áreas finalísticas, ou seja, nas carreiras típicas de Estado.

- Os formatos das organizações sociais e agências executivas foram praticamente abandonados, não tendo sido mais criada nenhuma instituição com essa plataforma jurídica. Mediante a Ação Direta de Inconstitucionalidade (Adin) nº 1.923, o Partido dos Trabalhadores (PT) e o Partido Democrático Trabalhista (PDT) questionaram juridicamente importantes artigos da Lei nº 9.637/98, que instituiu as organizações sociais. Em 1º de agosto de 2007, o Supremo Tribunal Federal, através do voto vista do ministro Gilmar Mendes, reconheceu a validade jurídica do modelo das organizações sociais. No entanto, mesmo com a resolução de aspectos jurídicos importantes, os novos modelos de gestão não prosperaram na esplanada dos ministérios na gestão do presidente Luiz Inácio Lula da Silva.

- Apenas uma única agência reguladora foi criada, a Agência Nacional de Aviação Civil (Anac), pela Lei nº 11.182, de 27/9/2005. O Palácio do Planalto oscilou em relação ao modelo, inicialmente procurando enfraquecê-lo por entender que limitava a ação do governo. O governo temia especialmente os problemas de coordenação e definição de políticas públicas, que poderiam criar atritos consideráveis entre o ministério supervisor e a agência reguladora a ele vinculada. Num segundo momento, o governo Lula acabou por consolidar as agências reguladoras através de significativa contratação de pessoal para a área de regulação. Não foi conseguida ainda a votação de uma lei geral para normatizar as agências reguladoras no Congresso Nacional (tramita ainda sem votação o Projeto de Lei nº 3.337/04).

- Ainda no que diz respeito ao fortalecimento e à consolidação do modelo das agências reguladoras, três aspectos merecem destaque: a) entre 2005 e 2010, o governo Lula contratou, por concurso público, 5.560 servidores, dando a estrutura mínima de pessoal imprescindível para o funcionamento das agências; b) alinhado com trabalho da OCDE sobre as agências no Brasil, o governo, através do Decreto nº 6.062, de 16/3/2007, institui o PRO-REG, Programa de Fortalecimento da Capacidade Institucional para Gestão em Regulação (<www.regulacao.gov.br>). Em linhas gerais, o PRO-REG define como prioridade: i) maior coordenação entre as instituições de regulação; ii) melhorar a qualidade dos serviços prestados pelas agências na regulação dos mercados em que atuam; iii) reforçar o papel da Casa Civil na coordenação de todo o processo de regulação; e iv) aproximar mais as agências que integram o Sistema Brasileiro de Defesa da Concorrência (SBDC), organizado pela Lei nº 8884/94 (Conselho Administrativo de Defesa Econômica — Cade, e Secretaria de Direito Econômico — SDE, ligados ao Ministério da Justiça, e Secretaria de Acompanhamento Econômico — SAE, integrante da estrutura do Ministério da Fazenda); c) publicação do Decreto nº 6.523, de 31/7/2008, regulamentando a Lei nº 8.078, de 11/9/1990. O decreto estabeleceu regras rígidas para o Serviço de Atendimento ao Consumidor (SAC) dos prestadores de serviços regulados. Em linhas gerais, diante dos péssimos serviços prestados pelas empresas que atuam nos setores regulados, como energia elétrica e telefonia, o decreto buscou defender a posição do consumidor e fortalecer e facilitar a capacidade de punição por parte das agências reguladoras.

- Por iniciativa própria ou por decisões judiciais e termos de ajustamento de conduta (TACs) com o Ministério Público do Trabalho, foi interrompida a política de terceirização. Também por decisão do governo Lula, o processo foi estancado e as novas contratações de servidores atingiram inclusive áreas administrativas da máquina governamental, ao contrário do que ocorria no governo FHC, que concentrou novos concursos apenas nas carreiras típicas de Estado. No governo Lula, entre 2004 e 2009, foram autorizadas 20.651 contratações de servidores por concurso público apenas para substituir terceirizados em situação irregular.

- Em uma parceria da Seges/MP com o Ministério da Saúde, em meados de 2007 começou a ser discutido um novo formato jurídico/institucional para solucionar os problemas gerenciais na área da saúde, alvo preferencial mas não o único desse novo formato. As fundações públicas de direito privado integrariam um regime administrativo mínimo. Em linhas gerais, são essas as suas características: a) criadas por lei específica; b) com autonomia orçamentária e financeira, sem recursos garantidos no orçamento anual e sem integrar o Siafi ou outros sistemas administrativos do governo federal;

Breve histórico da administração pública brasileira

c) regime celetista para os servidores, sem estabilidade mas observando a obrigatoriedade do concurso público; d) obrigatoriedade da assinatura de um contrato estatal de serviços, fonte principal de renda das fundações públicas de direito privado; e) observância integral da Lei nº 8.666/93, que trata das compras governamentais.

- Edição do Decreto nº 5.497, de 21/7/2005, que estabeleceu parâmetros para o preenchimento dos cerca de 21 mil cargos de confiança (DAS) no Executivo federal. Apesar de tímido, o decreto representou um importante passo no sentido de moralizar e profissionalizar a administração pública brasileira.
- Para disciplinar os repasses de recursos via transferências voluntárias foram editados dois decretos disciplinando os convênios: o Decreto nº 6.170, de 25/7/2007, alterado pelo Decreto nº 6.428, de 14/4/2008. De algum modo, os decretos reconhecem que as fraudes são endêmicas nas transferências realizadas através de convênios, especialmente as emendas parlamentares. A nova legislação criou o portal dos convênios, por se acreditar que, através de maior transparência e controle social, a corrupção declinaria. Apesar das dificuldades envolvidas, o portal dos convênios representa uma boa oportunidade de melhorar o controle sobre a administração pública (<www.convenios.gov.br>).
- Em 20 de outubro de 2003, através da Medida Provisória nº 132, o presidente Lula unificou quatro programas de transferência direta de renda sob a denominação Programa Bolsa Família. A MP foi convertida pela Lei nº 10.836, de 9/1/2004, que trata da unificação dos procedimentos de gestão e execução das ações de transferência de renda do governo federal, especialmente as do Programa Nacional de Renda Mínima vinculada à Educação — Bolsa Escola, instituído pela Lei nº 10.219, de 11/4/2001; do Programa Nacional de Acesso à Alimentação (PNAA), criado pela Lei nº 10.689, de 13/6/2003; do Programa Nacional de Renda Mínima vinculada à Saúde — Bolsa Alimentação, instituído pela Medida Provisória nº 2.206-1, de 6/9/2001; do Programa Auxílio-Gás, instituído pelo Decreto nº 4.102, de 24 de janeiro de 2002; e do Cadastramento Único do Governo Federal, instituído pelo Decreto nº 3.877, de 24/7/2001. Paralelamente ao processo de unificação das políticas sociais, o governo criou, em 23 de janeiro de 2004, o Ministério do Desenvolvimento Social e Combate à Fome (MDS). O Bolsa Família, que tem seus bancos de dados administrados pelas prefeituras, que recebem recursos financeiros para cuidar de algumas tarefas administrativas do programa, explora bem a parceria com as prefeituras, fortalecendo o caráter descentralizado das políticas públicas. Sem dúvida, pela

dimensão das políticas de assistência social (apenas o Bolsa Família atende a mais 11 milhões de famílias carentes) do Estado brasileiro, a unificação de todos os programas em uma única instituição governamental representa enorme ganho econômico, administrativo, gerencial e qualitativo para a população e para a administração pública brasileira.

- O governo editou a Medida Provisória nº 440, de 29/8/2008, convertida na Lei nº 11.890, de 24/12/2008. Ao estabelecer a remuneração através de subsídio para importantes carreiras estruturadas do Executivo federal, a avaliação de desempenho individual se fragilizou sensivelmente. A eliminação do impacto da avaliação na remuneração do servidor fez com que o instrumento da avaliação de desempenho individual, tido como importante mecanismo de gestão de recursos humanos, introduzido na agenda modernizadora pelo Plano Diretor, perdesse relevância significativa.
- O Decreto nº 5.707, de 23/2/2006, instituiu a política e as diretrizes para o desenvolvimento de pessoal da administração pública federal direta, autárquica e fundacional. Instrumento importante para destacar a relevância das ações de qualificação, com reforço institucional das escolas de governo.
- Com o Decreto nº 6.906, de 21/7/2009, o Executivo federal procurou combater o nepotismo na administração pública, buscando profissionalizar as indicações para os cargos de confiança e contratos administrativos de prestação de serviços. O Decreto nº 7.203, de 4/6/2010 tornou ainda mais rígidas e abrangentes as restrições ao nepotismo.

Bibliografia

ABRANCHES, Sérgio Henrique Hudson de. Presidencialismo de coalizão: o dilema institucional brasileiro. *Revista Dados*, n. 31, 1988.

ABRUCIO, Fernando Luiz. O impacto do modelo gerencial na administração pública. *Cadernos Enap*, Brasília, n. 10, 1997.

_____. *Os barões da Federação*. São Paulo: Hucitec, 1998.

_____. A experiência de descentralização: uma avaliação. In: *Balanço da reforma do Estado no Brasil*: a nova gestão pública. Brasília: MP, Seges, 2002. v. 2.

ARANTES, Rogério Bastos. Corrupção e instituições políticas: uma análise conceitual e empírica. In: ENCONTRO DA ASSOCIAÇÃO BRASILEIRA DE CIÊNCIA POLÍTICA, 7., 2010, Recife. *Anais...* Recife, PE, 2010.

ARON, Raymond. *As etapas do pensamento sociológico*. 2. ed. São Paulo: Martins Fontes, 1987.

BOBBIO, Norberto. *O futuro da democracia*. Rio de Janeiro: Paz e Terra, 1964.

_____. *O marxismo e o Estado*. São Paulo: Graal, 1979.

_____; PASQUINO, Gianfranco; MATTEUCCI, Nicola (Orgs.). *Dicionário de política*. 2. ed. Brasília: UnB, 1986.

BOLETIM ESTATÍSTICO DE PESSOAL. Brasília: Secretaria de Recursos Humanos do Ministério do Planejamento, Orçamento e Gestão, n. 129, jan. 2007; n. 131, mar. 2007; n. 165, jan. 2010; n. 172, ago. 2010; n. 177, jan. 2011, e n. 179, mar. 2011.

BOUDON, Raymond; BOURRICAUD, François (Orgs.). *Dicionário crítico de sociologia*. São Paulo: Ática, 2000.

BRESSER-PEREIRA, Luiz Carlos. *Construindo o Estado republicano*. Rio de Janeiro: FGV, 2009.

BRYNER, Gary C. Organizações públicas e políticas públicas. In: PIERRE, Jon; PETERS, B. Guy (Orgs.). *Administração pública*: coletânea. São Paulo: Unesp; Brasília: Enap, 2010.

CASTRO, Domingos Poubel de. *Auditoria, contabilidade e controle interno no setor público*. 4. ed. São Paulo: Atlas, 2011.

CAVALCANTI, Bianor Scelza. *O gerente equalizador*: estratégias de gestão no setor público. Rio de Janeiro: FGV, 2005.

_____. A gerência equalizadora: estratégias de gestão no setor público. In: MARTINS, Paulo Emílio Matos; PIERANTI, Octavio Penna (Orgs.). *Estado e gestão pública*. Rio de Janeiro: FGV, 2007.

_____; RUEDIGER, Marco Aurélio; SOBREIRA, Rogério (Orgs.). *Desenvolvimento e construção nacional*: políticas públicas. Rio de Janeiro: FGV, 2005.

CGU (Controladoria-Geral da União). Relatório de acompanhamento das punições expulsivas aplicadas a estatutários no âmbito da administração pública federal. Brasília: CGU, nov. 2010. Disponível em: <www.cgu.gov.br>.

CHIAVENATO, Idalberto. *Introdução à teoria geral da administração*. 8. ed. Rio de Janeiro: Elsevier, 2011.

COSTA, Frederico Lustosa da. Brasil: 200 anos de Estado; 200 anos de administração pública; 200 anos de reformas. *Revista de Administração Pública*, v. 42, n. 5, set./out. 2008.

CUNHA, Rosani Evangelista da. Federalismo e relações intergovernamentais: os consórcios públicos como instrumento de cooperação federativa. *Revista do Serviço Público*, v. 55, n. 3, jul./set. 2004.

D'ARAUJO, Maria Celina. *A elite dirigente do governo Lula*. Rio de Janeiro: FGV, 2009.

DI PIETRO, Maria Sylvia Zanella. *Direito administrativo*. 18. ed. São Paulo: Atlas, 2005.

_____. *Parcerias na administração pública*. 6. ed. São Paulo: Atlas, 2008.

DÓRIA, Palmério. *Honoráveis bandidos*. São Paulo: Geração, 2009.

ESPING-ANDERSEN, Gosta. O futuro do *Welfare State* na nova ordem mundial. *Lua Nova*, n. 35, 1995.

FAHEL, Murilo; NEVES, Jorge Alexandre Barbosa (Orgs.). *Gestão e avaliação de políticas sociais no Brasil*. Belo Horizonte: PUC-MG, 2007.

FAORO, Raymundo. *Os donos do poder*. [1958], 6. ed. Porto Alegre: Globo, 1984.

FERRER, Florência; SANTOS, Paula (Orgs.). *E-government* — o governo eletrônico no Brasil. São Paulo: Saraiva, 2004.

FIGUEIREDO, Argelina; LIMONGI, Fernando. *Executivo e Legislativo na nova ordem constitucional*. Rio de Janeiro: FGV, 2000.

GAETANI, Francisco. Políticas de gestão pública para o próximo governo. In: *Res Pvblica — Revista de Gestão Governamental e Políticas Públicas*, Brasília, v. 1, 2002.

GIACOMONI, James. *Orçamento público*. 14. ed. ampl. rev. e atual., 3. reimp. São Paulo: Atlas, 2009.

_____; PAGNUSSAT, José Luiz (Orgs.). *Planejamento e orçamento governamental*. Brasília: Enap, 2006. v. 1.

GOMES, Laurentino. *1808*. São Paulo: Planeta do Brasil, 2007.

Bibliografia

GRAEF, Aldino. Articulação federativa na prestação de serviços sociais no Brasil. *Revista do Serviço Público*, v. 61, n. 1, jan./mar. 2010.

GUIMARÃES, Carlos Augusto Sant'Anna. Participação e governança local: a experiência dos conselhos municipais de educação na gestão da política educacional. In: FAHEL, Murilo; NEVES, Jorge Alexandre Barbosa (Orgs.). *Gestão e avaliação de políticas sociais no Brasil*. Belo Horizonte: PUC-MG, 2007.

HOBSBAWN, Eric. *A era das revoluções*. 2. ed. São Paulo: Paz e Terra, 1979.

HUNTINGTOM, Samuel. *A terceira onda*. São Paulo: Ática, 1994.

IBGE (Instituto Brasileiro de Geografia e Estatística). *Pesquisa de informações básicas municipais* — gestão pública. Rio de Janeiro: IBGE, 2001, 2006 e 2009.

_____. *Perfil dos municípios brasileiros*: gestão pública — 2005. Rio de Janeiro: Coordenação de População e Indicadores Sociais, 2006.

_____. *Estatísticas do cadastro central de empresas* — Cempre — 2009. Rio de Janeiro: IBGE, 25 maio 2011.

IPEA (Instituto de Pesquisa Econômica Aplicada). *Emprego público no Brasil*: comparação internacional e evolução. Brasília: Ipea, 30 mar. 2009a. (Comunicado da Presidência, 19.)

_____. *Produtividade na administração pública brasileira*. Brasília: Ipea, 19 ago. 2009b. (Comunicado da Presidência, 27.)

_____. *Salários no setor público versus salários no setor privado no Brasil*. Brasília: Ipea, 10 dez. 2009c. (Comunicado da Presidência, 37.)

_____. *Ocupação do setor público brasileiro*: tendências recentes e questões em aberto. Brasília: Ipea, 8 set. 2011. (Comunicado do Ipea, 110.)

JENSEN, M. C.; MECKLING, W. H. Theory of the firm: managerial behavior, agency costs and ownership structure. *Journal of Financial Economics*, v. 3, n. 5, p. 305-360, 1976.

JUSTEN FILHO, Marçal. *Comentários à Lei de Licitações e Contratos Administrativos*. 14. ed. São Paulo: Dialética, 2010.

KAHNEY, Leander. *A cabeça de Steve Jobs*. Rio de Janeiro: Agir, 2009.

KEYNES, John Maynard. *A teoria geral do emprego, do juro e da moeda*. São Paulo: Atlas, 1982.

LIMA JÚNIOR, Olavo Brasil. As reformas administrativas no Brasil: modelos, sucessos e fracassos. *Revista do Serviço Público*, ano 49, v. 122, n. 2, 1998.

LONGO, Francisco. *La reforma del servicio civil en las democracias avanzadas*: mérito con flexibilidad. Barcelona: Instituto de Dirección y Gestión Pública de Esade, abr. 2001.

MAQUIAVEL, Nicolau. *O príncipe*. 5. ed. São Paulo: Nova Cultural, 1991.

MARTINS, Luciano. Reforma da administração pública e cultura política no Brasil: uma visão geral. *Cadernos Enap*, 1997.

MARTINS, Paulo Emílio; PIERANTI, Octávio Penna (Orgs.). *Estado e gestão pública:* visões do Brasil contemporâneo. 2. ed. Rio de Janeiro: FGV, 2007.

MATIAS-PEREIRA, José. *Finanças públicas:* a política orçamentária no Brasil. 4. ed. São Paulo: Atlas, 2009a.

_____. *Curso de administração pública.* 2. ed. São Paulo: Atlas, 2009b.

MEIRELLES, Hely Lopes. *Direito administrativo brasileiro.* 21. ed. São Paulo: Malheiros, 1996.

METTENHEIM, Kurt von. A presidência brasileira e a separação dos poderes (1988-2002). In: ABRUCIO, Fernando; LOUREIRO, Maria Rita (Orgs.). *O Estado numa era de reformas:* os anos FHC. Brasília: MP, Seges, 2002. parte 1.

MICHELS, Robert. *Sociologia dos partidos políticos.* Brasília: UnB, 1982.

MOTTA, Carlos Pinto Coelho. *Eficácia nas licitações e contratos.* 9. ed. Belo Horizonte: Del Rey, 2002.

MPOG (Ministério do Planejamento, Orçamento e Gestão). *A política de recursos humanos na gestão FHC.* Brasília: MP, Seges, 2002.

_____. *Relatório de estatísticas fiscais.* Brasília: SOF, 17 mar. 2008. Disponível em: <www.planejamento.gov.br>.

_____. *A evolução setorial da força de trabalho no governo Lula.* Brasília: MP, Seges, 2009.

_____. *Substituição de mão de obra terceirizada em situação irregular no Poder Executivo Federal.* Brasília: MP, Seges, jan. 2010. (Comunicado Seges, 03.)

NERI, Marcelo. *Miséria, desigualdade e políticas de renda*: o real do Lula. Rio de Janeiro: FGV, set. 2007. (Sumário Executivo de Pesquisa.) Disponível em: <www. fgv.br/ibre/cps>.

_____. Colhendo o fim da pobreza. *Folha de S. Paulo*, 13 fev. 2011.

OCDE (Organização para a Cooperação e o Desenvolvimento Econômico). *Brasil* — fortalecendo a governança para o crescimento. Brasília: OCDE, 2008. (Relatório sobre a reforma regulatória.)

_____. *Avaliação da gestão de recursos humanos no governo.* Brasília: OCDE, maio 2010. Disponível em: <www.planejamento. gov.br>.

OFFE, Claus. *Problemas estruturais do Estado capitalista.* Rio de Janeiro: Tempo Brasileiro, 1984.

OLSON, Mancur. *A lógica da ação coletiva.* São Paulo: Edusp, 1999.

OSBORNE, David; GAEBLER, Ted. *Reinventing government.* Reading, Mass.: Addison-Wesley, 1992.

PARES, Ariel; VALLE, Beatrice. A retomada do planejamento governamental no Brasil e seus desafios. In: GIACOMONI, James; PAGNUSSAT, José Luiz (Orgs.). *Planejamento e orçamento governamental.* Brasília: Enap, 2006. v. 1.

OS PENSADORES. São Paulo: Abril, 1979.

PIERRE, Jon; PETERS, B. Guy (Orgs.). *Administração pública*: coletânea. São Paulo: Unesp; Brasília: Enap, 2010.

POLLITT, Christopher; BOUCKAERT, Geert. Avaliando reformas da gestão pública: uma perspectiva internacional. *Revista do Serviço Público*, v. 53, n. 3, jul./set. 2002.

PRESIDÊNCIA DA REPÚBLICA. *Plano diretor da reforma do aparelho do Estado*. Brasília: Presidência da República, nov. 1995.

PRZEWORSKI, Adam. *Capitalismo e social-democracia*. São Paulo: Companhia das Letras, 1989.

PUTNAM, Robert. *Comunidade e democracia*: a experiência da Itália moderna. 4. ed. Rio de Janeiro: FGV, 2004.

RANULFO, Carlos. Migração partidária na Câmara dos Deputados. In: BENEVIDES, Maria Victória; VANNUCHI, Paulo; KERCHE, Fábio (Orgs.). *Reforma política e cidadania*. São Paulo: Fundação Perseu Abramo, 2003.

REZENDE, Fernando; CUNHA, Armando. *Contribuintes e cidadãos*: compreendendo o orçamento federal. Rio de Janeiro: FGV, 2002.

_____; _____. (Orgs.). *O orçamento público e a transição do poder*. Rio de Janeiro: FGV, 2003.

REZENDE, Flávio da Cunha. As reformas e as transformações no papel do Estado: o Brasil em perspectiva comparada. In: ABRUCIO, Fernando Luiz; LOUREIRO, Maria Rita (Orgs.). *O Estado numa era de reformas*: os anos FHC. Brasília: MP, Seges, 2002. parte 1.

_____. *Por que falharam as reformas administrativas?* Rio de Janeiro: FGV, 2004.

RIBEIRO, Darcy. *O povo brasileiro*: a formação e o sentido do Brasil. São Paulo: Companhia das Letras, 2006.

RIBEIRO, Sheila Maria Reis. Estrutura da administração pública federal. In: SEMANA ORÇAMENTÁRIA – 2009. Brasília: Escola Superior de Administração Fazendária (Esaf), 2009.

ROBBINS, Stephen. *Comportamento organizacional*. Rio de Janeiro: Livros Técnicos e Científicos, 1999.

ROUSSEAU, Jean-Jacques. *Do contrato social*. 5. ed. São Paulo: Nova Cultural, 1991.

SALGADO, Valéria Alpino Bigonha; LUNA, Goiaciara Aires. *Projeto Fundação Estatal* — principais aspectos. Brasília: MP/Secretaria de Gestão, 2007. (Texto para Discussão.)

SARAVIA, Enrique. Introdução à teoria da política pública. In: Saravia, E.; FERRAREZI, Elisabete (Orgs.). *Políticas públicas*. Brasília: Enap, 2006. v. 1.

SCHWARTZMAN, Simon. *Bases do autoritarismo brasileiro*. 3. ed. Rio de Janeiro: Campus, 1988.

SECRETARIA DA RECEITA FEDERAL. *Carga tributária no Brasil 2005*. Brasília: Ministério da Fazenda, ago. 2006. (Estudos Tributários, 15.) Disponível em: <www.receita.fazenda.gov.br>.

_____. *Carga tributária no Brasil 2008*. Brasília: Ministério da Fazenda, jun. 2009. (Estudos Tributários, 21.) Disponível em: <www.receita.fazenda.gov.br>.

SECRETARIA DE LOGÍSTICA E TECNOLOGIA DA INFORMAÇÃO. *Estatísticas gerais de compras governamentais 2007*. Brasília: Ministério do Planejamento, Orçamento e Gestão, 2007. Disponível em: <www.planejamento.gov.br>.

SECRETARIA DE POLÍTICA ECONÔMICA. *Orçamento social do governo federal 2001-2004*. Brasília: Ministério da Fazenda, abr. 2005. Disponível em: <www.fazenda.gov.br>.

SECRETARIA DO ORÇAMENTO FEDERAL. *Estatísticas fiscais*. Brasília: Ministério do Planejamento, Orçamento e Gestão, mar. 2008. Disponível em: <www. planejamento.gov.br>.

SECRETARIA NACIONAL DE SEGURANÇA PÚBLICA. Relatório descritivo da pesquisa do perfil das guardas municipais para o exercício de 2003. Brasília: Ministério da Justiça, nov. 2005. Disponível em: <www.mj.gov.br>.

SILVA, Virgílio Afonso da. Federalismo e articulação de competências no Brasil. In: PIERRE, Jon; PETERS, B. Guy (Orgs.). *Administração pública*: coletânea. São Paulo: Unesp; Brasília: Enap, 2010.

SMITH, Adam. *An enquiry into the nature and causes of the wealth of nations*. Nova York: Modern Library, 1937.

SOARES, Márcia Miranda. Federação, democracia e instituições políticas. *Lua Nova*, n. 44, 1998.

SOUZA, Celina. Políticas públicas: uma revisão da literatura. *Sociologias*, n. 16, p. 20-45, dez. 2006.

TCU (Tribunal de Contas da União). *Síntese do relatório sobre as contas do governo da República*: exercício de 2006. Brasília: TCU, 2007.

_____. *Prestação de contas e relatório de gestão*. Brasília: TCU, 2008.

TENÓRIO, Fernando; SARAVIA, Enrique. Escorços sobre gestão pública e gestão social. In: MARTINS, Paulo Emílio; PIERANTI, Octávio Penna (Orgs.). *Estado e gestão pública*: visões do Brasil contemporâneo. 2. ed. Rio de Janeiro: FGV, 2007.

THOMPSON, James R. Relação e parceria trabalho-gestão: elas foram reinventadas? In: PIERRE, Jon; PETERS, B. Guy (Orgs.). *Administração pública*: coletânea. São Paulo: Unesp; Brasília: Enap, 2010.

TOCQUEVILLE, Alexis de. *A democracia na América*. 3. ed. São Paulo: Martins Fontes, 2005. v. 1 e 2.

TORRES, Marcelo Douglas de Figueiredo. *Para entender a política brasileira*. Rio de Janeiro: FGV, 2002.

_____. *Estado, democracia e administração pública no Brasil*. Rio de Janeiro: FGV, 2004.

Bibliografia 337

_____. *Agências, contratos e Oscips:* a experiência pública brasileira. Rio de Janeiro: FGV, 2007.

VILHENA, Renata et al. (Orgs.). *O choque de gestão em Minas Gerais.* Belo Horizonte: UFMG, 2006.

VIOL, Andréia Lemgruber. *O fenômeno da competição tributária:* aspectos teóricos e uma análise do caso brasileiro. Brasília: Esaf, 1999. (IV Prêmio de Monografia do Tesouro Nacional.)

WEBER, Max. *Economia e sociedade:* fundamentos da sociologia compreensiva. Brasília: UnB; São Paulo: Imprensa Oficial do Estado de São Paulo, 1999. v. 2.

_____. *A política como vocação.* Brasília: UnB, 2003.

WEFFORT, Francisco (Org.). *Os clássicos da política.* São Paulo: Ática, 1991.

WILSON, Woodrow. O estudo da administração. *Revista do Serviço Público,* n. 56, v. 3. Brasília: jul/set 2005.

ZILLER, Jacques. O sistema continental de legalidade administrativa. In: PIERRE, Jon; PETERS, B. Guy (Orgs.). *Administração pública:* coletânea. São Paulo: Unesp; Brasília: Enap, 2010.

ZOLA, Émile. *Germinal.* São Paulo: Martin Claret, 2006.

Anexo — Legislação federal consultada

- Constituição Política do Império do Brasil, de 25/3/1824.
- Constituição da República dos Estados Unidos do Brasil, de 24/2/1891.
- Constituição da República dos Estados Unidos do Brasil, de 16/7/1934.
- Constituição dos Estados Unidos do Brasil, de 10/11/1937.
- Constituição dos Estados Unidos do Brasil, de 18/9/1946.
- Constituição da República Federativa do Brasil, de 24/1/1967.
- Emenda Constitucional nº 1, de 17/10/1969.
- Constituição da República Federativa do Brasil, de 5/10/1988.

Emendas constitucionais

Número	Data	Assunto
01 (ECR)*	1/3/1994	Acrescenta os arts. 71, 72 e 73 ao Ato das Disposições Constitucionais Transitórias.
16	4/6/1997	Estabelece a possibilidade de reeleição para prefeitos, governadores e presidente da República.
19	4/6/1998	Modifica o regime e dispõe sobre princípios e normas da administração pública, servidores e agentes políticos, controle de despesas e finanças públicas, e custeio de atividades a cargo do Distrito Federal, e dá outras providências.
20	15/12/1998	Modifica o sistema de previdência social, estabelece normas de transição e dá outras providências.
29	13/09/2000	Altera os arts. 34, 35, 156, 160, 167 e 198 da Constituição Federal e acrescenta artigo ao Ato das Disposições Constitucionais Transitórias, para assegurar os recursos mínimos para o financiamento das ações e serviços públicos de saúde.
32	11/9/2001	Altera dispositivos dos arts. 48, 57, 61, 62, 64, 66, 84, 88 e 246 da Constituição Federal, e dá outras providências. Restringe e disciplina a utilização das medidas provisórias.

* Emenda Constitucional de Revisão.

Número	Data	Assunto
41	19/12/2003	Modifica dispositivos para a aposentadoria dos servidores públicos, retardando a entrada na inatividade.
45	30/12/2004	Altera dispositivos dos arts. 5º, 36, 52, 92, 93, 95, 98, 99, 102, 103, 104, 105, 107, 109, 111, 112, 114, 115, 125, 126, 127, 128, 129, 134 e 168 da Constituição Federal, acrescenta os arts. 103-A, 103-B, 111-A e 130-A, e dá outras providências.
55	20/9/2007	Altera o art. 159 da Constituição Federal, aumentando a entrega de recursos pela União ao Fundo de Participação dos Municípios.
57	18/12/2008	Acrescenta artigo ao Ato das Disposições Constitucionais Transitórias para convalidar os atos de criação, fusão, incorporação e desmembramento de municípios.
59	11/11/2009	Acrescenta o §3º ao art. 76 do Ato das Disposições Constitucionais Transitórias para reduzir, anualmente, a partir do exercício de 2009, o percentual da Desvinculação das Receitas da União incidente sobre os recursos destinados à manutenção e ao desenvolvimento do ensino de que trata o art. 212 da Constituição Federal.
68	21/12/2011	Desvincula de órgão, fundo ou despesa, até 31/12/2015, 20% (vinte por cento) da arrecadação da União de impostos, contribuições sociais e de intervenção no domínio econômico, já instituídos ou que vierem a ser criados até a referida data, seus adicionais e respectivos acréscimos legais.

Leis complementares

Número	Data	Assunto
01	9/11/1967	Estabelece os requisitos mínimos de população e renda pública e a forma de consulta prévia às populações locais para a criação de novos municípios, e dá outras providências.
73	10/2/1993	Institui a Lei Orgânica da Advocacia-Geral da União e dá outras providências.
101	4/5/2000	Estabelece normas de finanças públicas voltadas para a responsabilidade na gestão fiscal e dá outras providências.
123	14/12/2006	Institui o Estatuto Nacional da Microempresa e da Empresa de Pequeno Porte; altera dispositivos das leis nº 8.212 e 8.213, ambas de 24/7/1991; da Consolidação das Leis do Trabalho (CLT), aprovada pelo Decreto-lei nº 5.452, de 1/5/1943; da Lei nº 10.189, de 14/2/2001; da Lei Complementar nº 63, de 11/1/1990; e revoga as leis nº 9.317, de 5/12/1996, e 9.841, de 5/10/1999.

Anexo   341

Número	Data	Assunto
131	27/5/2009	Acrescenta dispositivos à Lei Complementar nº 101, de 4/5/2000, que estabelece normas de finanças públicas voltadas para a responsabilidade na gestão fiscal e dá outras providências, a fim de determinar a disponibilização, em tempo real, de informações pormenorizadas sobre a execução orçamentária e financeira da União, dos estados, do Distrito Federal e dos municípios.
135	4/6/2010	Altera a Lei Complementar nº 64, de 18/5/1990, que estabelece, de acordo com o §9º, do art. 14, da Constituição Federal, casos de inelegibilidade, prazos de cessação, e determina outras providências, para incluir hipóteses de inelegibilidade que visam proteger a probidade administrativa e a moralidade no exercício do mandato.
141	13/1/2012	Regulamenta o § 3º do art. 198 da Constituição Federal para dispor sobre os valores mínimos a serem aplicados anualmente pela União, estados, Distrito Federal e municípios em ações e serviços públicos de saúde; estabelece os critérios de rateio dos recursos de transferências para a saúde e as normas de fiscalização, avaliação e controle das despesas com saúde nas 3 (três) esferas de governo; revoga dispositivos das Leis nºˢ 8.080, de 19/7/1990, e 8.689, de 27/7/1993; e dá outras providências.

Leis ordinárias

Número	Data	Assunto
4.320	17/3/1964	Estatui normas gerais de direito financeiro para elaboração e controle dos orçamentos e balanços da União, dos estados, dos municípios e do Distrito Federal.
7.783	28/6/1989	Dispõe sobre o exercício do direito de greve, define as atividades essenciais, regula o atendimento das necessidades inadiáveis da comunidade e dá outras providências.
8.031	12/4/1990	Cria o Programa Nacional de Desestatização e dá outras providências.
8.080	19/9/1990	Dispõe sobre as condições para a promoção, proteção e recuperação da saúde, a organização e o funcionamento dos serviços correspondentes e dá outras providências.
8.112	11/12/1990	Dispõe sobre o regime jurídico dos servidores públicos civis da União, das autarquias e das fundações públicas federais.
8.429	2/6/1992	Dispõe sobre as sanções aplicáveis aos agentes públicos nos casos de enriquecimento ilícito no exercício de mandato, cargo, emprego ou função na administração pública direta, indireta ou fundacional e dá outras providências.
8.443	16/7/1992	Dispõe sobre a Lei Orgânica do Tribunal de Contas da União e dá outras providências.

Número	Data	Assunto
8.625	12/2/1993	Institui a Lei Orgânica Nacional do Ministério Público, dispõe sobre normas gerais para a organização do Ministério Público dos estados e dá outras providências.
8.666	21/6/1993	Regulamenta o art. 37, inciso XXI, da Constituição Federal, institui normas para licitações e contratos da administração pública e dá outras providências.
8.742	7/12/1993	Dispõe sobre a organização da assistência social e dá outras providências.
8.745	9/12/1993	Dispõe sobre a contratação por tempo determinado para atender a necessidade temporária de excepcional interesse público, nos termos do inciso IX, do art. 37, da Constituição Federal, e dá outras providências.
8.878	11/5/1994	Dispõe sobre a concessão de anistia nas condições que menciona.
8.884	11/6/1994	Transforma o Conselho Administrativo de Defesa Econômica (Cade) em autarquia, dispõe sobre a prevenção e a repressão às infrações contra a ordem econômica e dá outras providências.
8.911	11/7/1994	Dispõe sobre a remuneração dos cargos em comissão, define critérios de incorporação das vantagens de que trata a Lei nº 8.112, de 11/12/1990, no âmbito do Poder Executivo, e dá outras providências.
9.452	20/3/1997	Determina que as câmaras municipais sejam obrigatoriamente notificadas da liberação de recursos federais para os respectivos municípios e dá outras providências.
9.472	16/7/1997	Dispõe sobre a organização dos serviços de telecomunicações, a criação e o funcionamento de um órgão regulador e outros aspectos institucionais, nos termos da Emenda Constitucional nº 8, de 1995.
9.527	10/12/1997	Altera dispositivos das leis nº 8.112, de 11/12/1990, 8.460, de 17/9/1992, e nº 2.180, de 5/2/1954, e dá outras providências.
9.624	2/4/1998	Altera dispositivos da Lei nº 8.911, de 11/7/1994, e dá outras providências.
9.632	7/5/1998	Dispõe sobre a extinção de cargos no âmbito da administração pública federal direta, autárquica e fundacional, e dá outras providências.
9.637	15/5/1998	Dispõe sobre a qualificação de entidades como organizações sociais, a criação do Programa Nacional de Publicização, a extinção dos órgãos e entidades que menciona e a absorção de suas atividades por organizações sociais, e dá outras providências.
9.784	29/1/1999	Regulamenta o processo administrativo no âmbito da administração pública federal.
9.790	23/3/1999	Dispõe sobre a qualificação de pessoas jurídicas de direito privado, sem fins lucrativos, como organizações da sociedade civil de interesse público, institui e disciplina o termo de parceria, e dá outras providências.

Anexo   343

Número	Data	Assunto
9.801	14/6/1999	Dispõe sobre as normas gerais para a perda de cargo público por excesso de despesa e dá outras providências.
9.876	26/11/1999	Dispõe sobre a contribuição previdenciária do contribuinte individual, o cálculo do benefício, altera dispositivos das leis nº 8.212 e nº 8.213, ambas de 24/7/1991, e dá outras providências.
10.028	19/10/2000	Altera o Decreto-lei nº 2.848, de 7/12/1940 — Código Penal, a Lei nº 1.079, de 10/4/1950, e o Decreto-lei nº 201, de 27/2/1967.
10.180	06/02/2001	Organiza e disciplina os Sistemas de Planejamento e de Orçamento Federal, de Administração Financeira Federal, de Contabilidade Federal e de Controle Interno do Poder Executivo Federal, e dá outras providências.
10.520	17/7/2002	Institui, no âmbito da União, estados, Distrito Federal e municípios, nos termos do art. 37, inciso XXI, da Constituição Federal, modalidade de licitação denominada pregão, para aquisição de bens e serviços comuns, e dá outras providências.
10.521	18/7/2002	Assegura a instalação de municípios criados por lei estadual.
10.683	28/5/2003	Dispõe sobre a organização da Presidência da República e dos ministérios, e dá outras providências.
10.836	9/1/2004	Cria o programa Bolsa Família e dá outras providênciasx
10.866	4/5/2004	Acresce os arts. 1º-A e 1º-B à Lei nº 10.336, de 19/12/2001, com o objetivo de regulamentar a partilha com os estados, o Distrito Federal e os municípios da arrecadação da contribuição de intervenção no domínio econômico (Cide) incidente sobre a importação e a comercialização de petróleo e seus derivados, gás natural e seus derivados, e álcool etílico combustível, e dá outras providências
11.107	6/4/2005	Dispõe sobre normas gerais de contratação de consórcios públicos e dá outras providências.
11.357	19/10/2006	Dispõe sobre a criação do Plano Geral de Cargos do Poder Executivo (PGPE).
11.526	4/10/2007	Fixa a remuneração dos cargos e funções comissionadas da administração pública federal direta, autárquica e fundacional.
11.530	24/10/2007	Institui o Programa Nacional de Segurança Pública com Cidadania (Pronasci) e dá outras providências.
11.784	22/9/2008	Entre outras medidas, institui, partir de 1º de janeiro de 2009, a Gratificação de Desempenho do Plano Geral de Cargos do Poder Executivo (GDPGPE).
11.890	24/12/2008	Dispõe sobre a reestruturação da composição remuneratória de várias carreiras do Executivo federal.

Número	Data	Assunto
11.897	30/12/2008	Estima a receita e fixa a despesa da União para o exercício financeiro de 2009.
11.907	3/2/2009	Dispõe sobre a reestruturação da composição remuneratória das carreiras de oficial de Chancelaria e de assistente de Chancelaria e dá outras providências.
12.435	6/7/2011	Altera a Lei nº 8.742, de 7/12/1993, que dispõe sobre a organização da assistência social.
12.462	5/8/2011	Institui o Regime Diferenciado de Contratações Públicas (RDC) e dá outras providências.
12.618	30/4/2012	Institui o regime de previdência complementar para os servidores públicos federais titulares de cargo efetivo; e dá outras providências.

Decretos-leis

Número	Data	Assunto
2.848	7/12/1940	Código Penal.
5.452	1/5/1943	Aprova a Consolidação das Leis do Trabalho.
200	25/2/1967	Dispõe sobre a organização da administração federal, estabelece diretrizes para a reforma administrativa, e dá outras providências.
1.660	24/1/1979	Reajusta os vencimentos e salários dos servidores civis do Poder Executivo, dos membros da magistratura e do Tribunal de Contas da União, e dá outras providências.
83.740	18/7/1979	Institui o Programa Nacional de Desburocratização e dá outras providências.

Decretos

Número	Data	Assunto
15.783	8/11/1922	Regulamento Geral de Contabilidade Pública.
1.480	3/5/1995	Dispõe sobre os procedimentos a serem adotados em caso de paralisações dos serviços públicos federais, enquanto não regulado o disposto no art. 37, inciso VII, da Constituição.
2.271	7/7/1997	Dispõe sobre a contratação de serviços pela administração pública federal direta, autárquica e fundacional e dá outras providências.
3.529	30/6/2000	Dispõe sobre a publicação quadrimestral das remunerações dos cargos e empregos da Administração Pública Federal direta, autárquica e fundacional do Poder Executivo Federal.

Anexo   345

Número	Data	Assunto
3.555	8/8/2000	Aprova o regulamento para a modalidade de licitação denominada pregão, para aquisição de bens e serviços comuns.
3.931	19/9/2001	Regulamenta o Sistema de Registro de Preços previsto no art. 15 da Lei n° 8.666, de 21/6/1993, e dá outras providências.
4.081	11/1/2002	Institui o Código de Conduta Ética dos Agentes Públicos em exercício na Presidência e Vice-Presidência da República.
4.547	27/12/2002	Dispõe sobre a extinção de cargos efetivos no âmbito da administração pública federal.
4.567	1/1/2003	Dispõe sobre o quantitativo de cargos em comissão e funções de confiança da administração pública federal direta, autárquica e fundacional; estabelece metas e diretrizes relativas à revisão de estruturas dos ministérios, autarquias e fundações federais; fixa os parâmetros a serem observados para a criação, por transformação, ou transferência de cargos em comissão ou funções gratificadas, e dá outras providências.
5.450	31/5/2005	Regulamenta o pregão, na forma eletrônica, para aquisição de bens e serviços comuns, e dá outras providências.
5.482	30/6/2005	Dispõe sobre a divulgação de dados e informações pelos órgãos e entidades da administração pública federal, por meio da rede mundial de computadores (internet).
5.497	21/7/2005	Dispõe sobre o provimento de cargos em comissão do grupo Direção e Assessoramento Superiores (DAS), níveis 1 a 4, por servidores de carreira, no âmbito da administração pública federal.
5.504	5/8/2005	Estabelece a exigência de utilização do pregão, preferencialmente na forma eletrônica, para entes públicos ou privados, nas contratações de bens e serviços comuns, realizadas em decorrência de transferências voluntárias de recursos públicos da União, decorrentes de convênios ou instrumentos congêneres, ou consórcios públicos.
5.683	24/1/2006	Aprova a estrutura regimental e o quadro demonstrativo dos cargos em comissão e das funções gratificadas da Controladoria-Geral da União, e dá outras providências.
5.707	23/2/2006	Institui a política e as diretrizes para o desenvolvimento de pessoal da administração pública federal direta, autárquica e fundacional, e regulamenta dispositivos da Lei n° 8.112, de 11/12/1990.
6.062	16/3/2007	Institui o Programa de Fortalecimento da Capacidade Institucional para Gestão em Regulação (PRO-REG), e dá outras providências.
6.170	25/7/2007	Dispõe sobre as normas relativas às transferências de recursos da União mediante convênios e contratos de repasse, e dá outras providências.

Número	Data	Assunto
6.204	5/9/2007	Regulamenta o tratamento favorecido, diferenciado e simplificado para as microempresas e empresas de pequeno porte nas contratações públicas de bens, serviços e obras, no âmbito da administração pública federal.
6.428	14/4/2008	Altera o Decreto nº 6.170, de 25/7/2007, que dispõe sobre as normas relativas às transferências de recursos da União mediante convênios e contratos de repasse.
6.523	31/7/2008	Regulamenta a Lei nº 8.078, de 11/9/1990, para fixar normas gerais sobre o Serviço de Atendimento ao Consumidor (SAC).
6.906	21/7/2009	Estabelece a obrigatoriedade de prestação de informações sobre vínculos familiares pelos agentes públicos que especifica.
6.932	11/8/2009	Dispõe sobre a simplificação do atendimento público prestado ao cidadão, ratifica a dispensa do reconhecimento de firma em documentos produzidos no Brasil, institui a Carta de Serviços ao Cidadão, e dá outras providências.
6.944	21/8/2009	Estabelece medidas organizacionais para o aprimoramento da administração pública federal direta, autárquica e fundacional; dispõe sobre normas gerais relativas a concursos públicos; organiza, sob a forma de sistema, as atividades de organização e inovação institucional do governo federal, e dá outras providências.
7.133	19/3/2010	Regulamenta os critérios e procedimentos gerais a serem observados para a realização das avaliações de desempenho individual e institucional e o pagamento das gratificações de desempenho para os servidores do Executivo da União.
7.203	4/6/2010	Dispõe sobre a vedação do nepotismo no âmbito da administração pública federal.
7.592	28/10/2011	Determina a avaliação da regularidade da execução dos convênios, contratos de repasse e termos de parceria celebrados com entidades privadas sem fins lucrativos até a publicação do Decreto nº 7.568, de 16/9/2011, e dá outras providências.

Anexo

Instruções normativas

Número	Data	Assunto
01/STN	15/1/1997	Disciplina a celebração de convênios de natureza financeira que tenham por objeto a execução de projetos ou a realização de eventos, e dá outras providências.
02/MPOG	30/4/2008	Dispõe sobre regras e diretrizes para a contratação de serviços, continuados ou não.

Portaria

Número	Data	Assunto
MPOG 39	28/3/2011	Suspende, por tempo indeterminado, os efeitos das portarias de autorização para realização de concursos públicos e de autorização para provimento de cargos públicos no âmbito da administração pública federal direta, autárquica e fundacional publicadas até a presente data.

Lista de tabelas

Tabela 1. Pessoal ocupado na administração, por escolaridade (%), p. 41

Tabela 2. Distribuição dos servidores nos municípios, por faixa da população, p. 44

Tabela 3. Distribuição da população, dos servidores públicos municipais e relação habitantes/servidores, p. 45

Tabela 4. Organização das guardas municipais, p. 51

Tabela 5. Gastos com as guardas municipais (2003), p. 51

Tabela 6. Carga tributária no Brasil, p. 53

Tabela 7. Repartição da carga tributária entre os entes federativos brasileiros (em bilhões de R$), p. 54

Tabela 8. Instalação de municípios no Brasil e em Minas Gerais, p. 57

Tabela 9. Transferências voluntárias, p. 71

Tabela 10. Existência de consórcio público na administração municipal, p. 74

Tabela 11. Existência de parceria com o setor privado ou com a comunidade na administração municipal, p. 76

Tabela 12. Assiduidade das reuniões dos conselhos de políticas públicas realizadas em 2005, p. 76

Tabela 13. Principais características do serviço público em 11 países da OCDE, p. 88

Tabela 14. Empregos formais no Brasil em 31/12/2007, p. 105

Tabela 15. Percentual de servidores públicos em países da OCDE, p. 106

Tabela 16. Servidores públicos ativos no Brasil: quantitativo, distribuição entre os níveis de governo e entes federados, relação população/servidores públicos, p. 107

Tabela 17. Efetivo das forças de segurança pública no Brasil em 2003, p. 108

Tabela 18. Servidores públicos municipais, administração direta, p. 109

Tabela 19. Servidores públicos municipais, administração indireta, p. 110

Tabela 20. Distribuição dos DAS em função do vínculo do servidor, p. 118

Tabela 21. Cargos de confiança, p. 119

Tabela 22. Remuneração dos cargos de confiança, p. 121

Tabela 23. Admissões por concurso no governo FHC, p. 125

Tabela 24. Servidores públicos municipais, p. 127

Tabela 25. Despesa com salários no orçamento federal, p. 133

Tabela 26. Folha de pagamento dos três poderes da União em 2009, p. 134

Tabela 27. Estruturação das agências reguladoras da administração federal, p. 139

Tabela 28. Servidores públicos federais, p. 139

Tabela 29. Admissões por concurso, p. 140

Tabela 30. Compras governamentais, 2002 e 2007, p. 176

Tabela 31. Carga tributária em 2003 (% do PI B), p. 189

Tabela 32. Vinculação das receitas primárias relativas ao exercício de 2007, p. 205

Tabela 33. Valores totais licitados pelo governo federal no exercício de 2007, p. 213

Tabela 34. Distribuição dos benefícios monetários por decil (%), p. 226

Tabela 35. Distribuição dos benefícios não monetários por decil (%), p. 227

Tabela 36. Distribuição da renda por estratos (%), p. 229

Tabela 37. População miserável, p. 229

Tabela 38. Privatizações no Brasil (em US $ bilhões), p. 249

Tabela 39. Conselhos de políticas públicas municipais (2001), p. 303

Esta obra foi produzida nas
oficinas da Imos Gráfica e Editora na
cidade do Rio de Janeiro